主编简介

魏礼群，江苏睢宁人，著名经济学家。曾任原国家计委政策研究室主任、国家计委秘书长兼党组成员、中央财经工作小组办公室副主任、国务院研究室主任、党组书记、国家行政学院党委书记、常务副院长（正部长级）。中国共产党第十六、十七届中央委员。

主持或参加大量党中央、国务院重要文件以及国家领导重要讲话文稿的起草。主持或参加大量中国改革开放和现代化建设重大理论问题与决策咨询课题研究，取得了大批有重大理论价值和深远影响的科研决策咨询成果。

1993 年以后，先后被聘为中国人民大学、国家信息中心、国家行政学院、北京师范大学、上海财经大学、中国国际经济交流中心等机构的教授、博士生导师。目前主要社会兼职有：全国社会科学基金应用经济学组组长，中央马克思主义理论研究和建设工程咨询委员会委员，国家哲学社会科学研究专家咨询委员会委员，中国行政体制改革研究会会长，中国国际经济交流中心常务副理事长，国际行政院校联合会副主席等。

中国改革与发展热点问题研究（2016）

魏礼群　主编

2015年·北京

图书在版编目(CIP)数据

中国改革与发展热点问题研究. 2016 / 魏礼群主编.
— 北京：商务印书馆，2015
ISBN 978-7-100-11848-4

Ⅰ. ①中… Ⅱ. ①魏… Ⅲ. ①中国经济—经济体制改革—研究②政治体制改革—研究—中国 Ⅳ. ①F121 ②D6

中国版本图书馆CIP数据核字(2015)第292872号

本书由中国行政体制改革研究会
“行政改革研究基金”资助出版

中国改革与发展热点问题研究（2016）
魏礼群　主编

商务印书馆出版
（北京王府井大街36号　邮政编码 100710）
商务印书馆发行
三河市尚艺印装有限公司印刷
ISBN 978-7-100-11848-4

2015年12月第1版　开本 710×1000　1/16
2015年12月北京第1次印刷　印张 30 3/4　彩插 2

定价：90.00元

序

改革开放三十多年来，中国国民经济和社会发展取得了历史上从没有过的辉煌成就，成为世界发展史上的伟大奇迹。在实现历史性巨大进步的同时，一些始料不及的问题和难以完全避免的问题也相伴而生甚至积聚起来。现在，中国经济发展进入新常态，全面改革处于攻坚期，结构调整正值阵痛时，各种矛盾错综复杂，改革发展稳定任务之重前所未有，前进道路上的挑战风险也前所未有。在中国发展的新形势新阶段，亟待研究解决许多新问题新矛盾。

本书结集的论文是中国行政体制改革研究会2015年度重点研究课题的成果之一。全书围绕“十三五”时期国内外政治经济发展环境和变动趋势，聚焦研讨改革和发展中的热点、难点、重点问题。一是“十三五”时期的全球大势与我国战略选择，主要讨论全球经济趋势、中美经贸关系、区域经济合作、财政体制改革、“一带一路”战略等问题。二是“十三五”时期我国经济改革热点，主要讨论经济发展新常态下的改革任务、产业结构升级、城镇化创新发展、土地管理改革、企业公司治理等问题。三是“十三五”时期我国的行政改革热点，主要讨论简政放权、放管结合，“为官不为、懒政怠政”治理、政府职能转变、执行力提升，中央与地方关系等问题。四是“十三五”时期我国社会体制改革热点，主要讨论社会事业改革、基层社会治理现代化、社会组织内部治理、老年人社会服务、社会风险管理等问题。通览诸篇，本书有以下几个突出特点：

一是问题导向性。书中所涉及改革发展中的问题，包括农业“走出去”、国防工业发展、金融改革、国企改革、土地改革、简政放权、老龄化等，都是中国面临的突出问题，也是正在深入推进的改革任务。论文作者从不同角度进行了深入研究，其中一些观点颇有创新。

二是建言前瞻性。有些文章对现实问题进行了深入的调研分析，在此基础上展望未来趋势，提出了富有超前性解决问题的对策建议，其中一些建言颇有见地。

三是内容综合性。本书分为四大板块，涉及国家战略选择以及经济、行政、社会领域的改革发展，不仅有对国内问题的探究，也有对国际形势的研判，涉及广泛，内容丰富，颇有深度。

作为中国行政改革智库研究成果的一个名牌，《中国改革与发展热点问题研究》已经连续出版了两年结集本，社会各界对每本文集都给予了充分肯定和热情点赞。今年，第三本论文集的编撰工作受到了部分知名专家、学者的关注，他们不仅积极参与文稿的审校工作，而且还奉献出自己的最新研究成果。这说明，研究解决中国改革与发展中的热点问题，越来越受到人们的重视和支持。

刚刚闭幕的党的十八届五中全会，审议通过了中共中央关于制定“十三五”规划的建议，描绘了未来五年以至更长时期国民经济和社会发展的改革发展蓝图，提出了一系列重大的新观点、新论断、新思想、新任务、新举措。我们要认真学习贯彻五中全会精神，深入研究“十三五”时期经济社会发展和改革开放中的新课题。

“天下兴亡，匹夫有责。”我们要以国家兴盛为己任，坚持以中国特色社会主义理论为指引，认真贯彻习近平总书记系列重要讲话精神，坚持围绕中心、服务大局，增强问题意识，运用战略思维、创新思维、辩证思维，独立思考，大胆探索，提出真知灼见。当今中国这样一个伟大的时代，为人生出彩提供了广阔舞台。每一个有志者都应当弘扬“先天下之忧而忧，后天下之乐而乐”的奉献精神，自觉地把服务于国家富强、民族振兴、人民幸福作为神圣职责和崇高使命，积极地为全面建成小康社会，加快社会主义现代化，实现中华民族伟大复兴的中国梦而不懈努力奋斗！

本书付梓之时，草成以上文字。是为序。

魏礼群

2015 年 11 月 1 日

目　录

协调推进"四个全面"战略布局

魏礼群

"四个全面"是以习近平为总书记的党中央全面总结我们党领导社会主义现代化建设实践经验教训、深刻把握中国特色社会主义事业发展规律和党的执政规律形成的新时期治国理政的重大战略布局，是把马克思主义与当前中国实际相结合的最新理论成果。要认真深刻领会其科学内涵和重大意义，正确把握其逻辑关系，统筹协调推进"四个全面"战略布局的实施。协调推进"四个全面"的基本原则：一是坚持党的领导，二是坚持从中国实际出发，三是坚持整体推进与重点突破相结合，四是坚持近期目标与长远目标相衔接，五是坚持改革与法治相协调。

2014年12月，习近平在江苏调研时强调，要"协调推进全面建成小康社会、全面深化改革、全面推进依法治国、全面从严治党，推动改革开放和社会主义现代化建设迈上新台阶"，首次提出了"四个全面"这一新的重大战略思想。2015年2月，在省部级主要领导干部学习贯彻十八届四中全会精神全面推进依法治国专题研讨班上，习近平提出了"四个全面"的战略布局，深刻阐述了"四个全面"的相互关系，并强调要协调推进"四个全面"的战略布局。"四个全面"是以习近平为总书记的党中央全面总结我们党领导社会主义现代化建设实践经验教训、深刻把握中国特色社会主义事业发展规律和党的执政规律形成的新时期治国理政的重大战略布局，是把马克思主义与当前中国实际相结合的最新理论成果。我们要认真深刻领会其科学内涵和重大意义，统筹协调推进"四个全面"战略布局的实施。

魏礼群，原中央财经工作小组办公室副主任、国务院研究室主任、党组书记、国家行政学院党委书记、常务副院长（正部级）。现任中国行政体制改革研究会会长。

一、深刻领会"四个全面"战略布局的科学内涵

"四个全面"战略布局，无论是其中的每一个"全面"，还是战略布局总体，都有其丰富、深刻的科学内涵。

（一）全面建成小康社会的科学内涵

改革开放之初，在谋划和构思我国社会主义现代化蓝图时，邓小平首先提出了"小康"目标。在这一战略构想基础上，党的十二大和十三大形成了我国社会主义现代化的"三步走"战略部署，实现"小康"作为"第二步"目标，成为我国社会主义现代化进程中的一个重要里程碑。2002 年，党的十六大提出，要在本世纪头 20 年，全面建设惠及十几亿人口的更高水平的小康社会，把全面建设小康社会的内涵发展为"中国特色社会主义经济、政治、文化全面发展"。2007 年，党的十七大进一步丰富了"小康社会"的内涵，把中国特色社会主义社会建设纳入全面建设小康社会的范畴，明确提出要确保到 2020 年实现全面建成小康社会的奋斗目标。党的十八大进一步丰富了小康社会的内涵，形成了经济建设、政治建设、文化建设、社会建设、生态文明建设"五位一体"的全面建成小康社会总布局。经过三十多年的理论和实践发展，"全面建成小康社会"战略目标的内涵越来越丰富，也越来越明晰，主要有以下三个方面：

一是所涵盖的领域更加全面。相比于提出小康社会之初主要指经济发展和人民生活水平，党的十八大对全面建成小康社会宏伟目标做了清晰的勾画，包括经济、政治、文化、社会、生态文明等五个方面，就是经济持续健康发展，人民民主不断扩大，文化软实力显著增强，人民生活水平全面提高，资源节约型、环境友好型社会建设取得重大进展。要实现社会主义物质文明、精神文明、政治文明全面协调发展。

二是所覆盖的人群更加全面。就是要在 2000 年全国总体达到小康的基础上，使所有人群都实现小康。无论是城市居民，还是农村居民；无论是经济较

发达地区，还是欠发达地区；无论是中等收入人群，还是低收入人群；无论是人口较多的民族，还是人口较少的民族，都要共同实现小康。习近平2012年12月到河北阜平看望慰问困难群众时讲话指出：“没有农村的小康，特别是没有贫困地区的小康，就没有全面建成小康社会。”2015年1月，习近平在昆明会见独龙族怒族自治县干部群众代表的座谈会上强调，全面实现小康，一个民族都不能少。这一系列论断，充分体现了全面建成惠及十几亿人的小康社会的美好愿景和坚定决心。

三是所要达到的水平更高。全面建成小康社会，不仅要覆盖全部领域和人群，而且要使所有人群在所有领域达到更高水平。在经济发展方面，要实现国内生产总值和城乡居民人均收入比2010年翻一番；同时，要转变经济发展方式，增强发展的平衡性、协调性、可持续性，提高发展质量和效益。在扩大人民民主方面，要使民主制度更加完善，民主形式更加丰富；要全面落实依法治国基本方略，基本建成法治政府，不断提高司法公信力，使人民积极性、主动性、创造性进一步发挥，人权得到切实尊重和保障。在文化建设方面，要使文化软实力显著增强，社会主义核心价值体系深入人心，公民文明素质和社会文明程度明显提高；文化产品更加丰富，公共文化服务体系基本建成，文化产业成为国民经济支柱性产业，中华文化走出去迈出更大步伐，社会主义文化强国建设基础更加坚实。在人民生活水平方面，要总体实现基本公共服务均等化，使全民受教育程度和创新人才培养水平明显提高，基本实现教育现代化；就业更加充分；收入分配差距缩小，社会保障实现全民覆盖，人人享有基本医疗卫生服务，住房保障体系基本形成，社会更加和谐稳定。在生态文明建设方面，要基本形成主体功能区布局，初步建立资源循环利用体系，单位国内生产总值能源消耗和二氧化碳排放大幅下降，主要污染物排放总量显著减少；森林覆盖率提高，生态系统稳定性增强，人居环境明显改善。

（二）全面深化改革的科学内涵

党的十一届三中全会开启了我国改革开放的伟大征程。此后三十多年里，我国改革从农村向城市，从经济、政治、文化、社会、生态文明体制到党的建设制度，范围不断扩展，层次不断深化。

1987年，党的十三大提出了政治体制改革的任务。党的十四大明确提出要围绕建立社会主义市场经济体制，加快经济体制改革的步伐，要积极推进政治体制改革，下决心进行行政管理体制和机构改革。党的十六大强调必须坚定不移地推进各方面改革，不仅对多方面经济体制改革和政治体制改革做出部署，而且提出要深化文化体制改革。党的十七大强调，要把改革创新精神贯彻到治国理政各个环节，并提出要推进社会体制改革，使改革的内容进一步丰富。2012年，党的十八大进一步提出"全面深化改革开放"的目标。党的十八届三中全会通过的《关于全面深化改革若干重大问题的决定》，提出了全面深化改革的指导思想、目标任务和重大原则，描绘了全面深化改革的新蓝图、新愿景、新目标，进一步丰富了全面深化改革的内涵。习近平关于全面深化改革的系列论述，使全面深化改革的内涵更加丰富、科学。在"四个全面"战略布局中，全面深化改革的科学内涵主要有以下四个方面：

一是明确了全面深化改革的总目标。在党的十八届三中全会之前，我们党提出过一些领域的改革目标，如党的十四大把我国经济体制改革的目标确定为建立社会主义市场经济体制，但是没有就各方面改革提出总的目标。十八届三中全会通过的《关于全面深化改革若干重大问题的决定》明确提出，"全面深化改革的总目标是完善和发展中国特色社会主义制度，推进国家治理体系和治理能力现代化"，从而为全面深化改革和各领域各方面的改革确定了目标取向。

二是改革范围更加全面。随着中国特色社会主义理论和实践的发展，我国改革从经济领域向政治、文化、社会、生态文明等领域逐步扩展。党的十八届三中全会提出的全面深化改革包括经济体制、政治体制、文化体制、社会体制、生态文明体制等五大领域改革，以及国防和军队改革、党的建设制度改革，在每一个领域又涉及各方面改革，形成党和国家事业发展各领域各方面全覆盖的改革总体部署。

三是改革层次向纵深推进。三十多年来，我国改革总体上采取了渐进策略，由浅入深、由表及里、由易到难，循序推进。进入新时期，越来越多的深层次矛盾表现出来，一些领域带有根本性的体制障碍制约着改革发展，而且这些矛盾和障碍相互交织、彼此相连，我国改革进入了攻坚期和深水区。全面深化改革，就是要把各领域改革持续向纵深推进，敢于啃硬骨头，敢于涉险滩，解决这些深层次矛盾，突破体制性障碍和阻力，推动中国特色社会主义制度自我完善和发展。

四是要统筹推进改革。2014 年 2 月，习近平在省部级主要领导干部学习贯彻十八届三中全会精神全面深化改革专题研讨班的讲话中指出：“全面深化改革，全面者，就是要统筹推进各领域改革。”深水区的改革，各领域各方面相互联系、相互掣肘，单兵突进或各行其是，不仅难以取得成效，而且影响整体改革布局和推进。全面深化改革，就是要更加注重改革的系统性、整体性、协同性，统筹部署、协调推进各领域各方面改革。

（三）全面依法治国的科学内涵

新中国成立后，我们党着手加强社会主义法制建设。改革开放之后，鉴于“文化大革命”中对法制的践踏破坏给党和国家造成巨大损失的沉痛教训，我们党多次强调要加强社会主义法制。1997 年，党的十五大不仅把依法治国提到治国方略的高度，还明确提出了建设社会主义法治国家的目标。党的十七大强调要坚持和落实依法治国基本方略，建设社会主义法治国家，实现国家各项工作法治化。2012 年，党的十八大明确提出“全面推进依法治国”的要求，强调“法治是治国理政的基本方式。要推进科学立法、严格执法、公正司法、全民守法”。党的十八届三中全会要求推进法治中国建设，强调坚持依法治国、依法执政、依法行政共同推进，坚持法治国家、法治政府、法治社会一体建设。2014 年 10 月，十八届四中全会，在党的历史上第一次把法治建设作为中央全会的专门议题，通过了《关于全面推进依法治国若干重大问题的决定》，提出了全面推进依法治国的总目标，对全面推进依法治国做出系统部署。2015 年 2 月，习近平把全面依法治国作为三大战略举措之一纳入“四个全面”战略布局之中。

全面依法治国的科学内涵主要有以下三个方面：

一是明确了全面依法治国的总目标。党的十八大报告围绕“全面建成小康社会”，确立了中国法治建设的总目标，那就是：到 2020 年，“依法治国基本方略全面落实，法治政府基本建成，司法公信力不断提高，人权得到切实尊重和保障”。这是一个以 2020 年为时间点的法治建设目标。党的十八届四中全会通过的《关于全面推进依法治国若干重大问题的决定》指出：“全面推进依法治国，总目标是建设中国特色社会主义法治体系，建设社会主义法治国家。”这既为我们明确了全面依法治国的目标方向和性质，又指出了全面推进依法治国的制度抓手。

二是体现了中国特色社会主义法治道路、法治理论和法治体系的统一。全面依法治国包含着坚持走中国特色社会主义法治道路、发展和贯彻中国特色社会主义法治理论、建设中国特色社会主义法治体系。中国特色社会主义法治道路，是中国特色社会主义道路在法治领域的具体体现；中国特色社会主义法治理论，是中国特色社会主义理论体系的重要组成部分；中国特色社会主义法治体系，包括完备的法律规范体系、高效的法治实施体系、严密的法治监督体系、有力的法治保障体系、完善的党内法规体系，是中国特色社会主义制度的重要内容。三者相辅相成，统一于建设社会主义法治国家这一总目标，为实现这一目标提供道路指引、理论支撑和制度保障。

三是做出了推进法治建设的工作布局。党的十八届四中全会通过的《关于全面推进依法治国若干重大问题的决定》强调，要坚持依法治国、依法执政、依法行政共同推进，坚持法治国家、法治政府、法治社会一体建设，实现科学立法、严格执法、公正司法、全民守法。全面依法治国，就是要按照这一工作布局，全面落实依法治国这一宪法确定的治国基本方略，使我们的党依法治国理政，使各级政府全面推进依法行政，依法严格规范立法、执法、司法行为，在建设法治国家、法治政府的同时，加强法治社会建设，实现全民守法。现阶段，特别是要抓住领导干部这个“关键少数”，着力提高他们的法治思维和依法办事能力。

（四）全面从严治党的科学内涵

加强党的建设、从严治党是我们党的优良传统，是我们党历经各种严峻考验而不断发展壮大并始终保持先进性、纯洁性的重要法宝。在革命、建设、改革等各个时期，毛泽东、邓小平等党的领导人高度重视党的建设和从严治党，做出过许多精辟论述，领导了建党治党的卓越实践。特别是党的十一届三中全会以来，党要管党、从严治党，成为加强党的建设的基本方针和具体实践。党的十三大正式提出把从严治党作为新时期加强党的建设的基本方针。党的十四大首次把坚持从严治党载入党章的总纲，进一步肯定了从严治党方针在党的建设中的重要地位和作用。党的十五大强调：“各级党委要坚持‘党要管党’的原则，把从严治党的方针贯彻到党的建设的各项工作中去。”[①]党的十六大强调：“一定要坚持党要管党、从严治党的方针，进一步解决提高党的领导水平和执政水平、提高拒腐防变和抵御风险能力这两大历史性课题。”[②]党的十八大要求，以改革创新精神，全面推进党的建设新的伟大工程，再次强调“坚持党要管党、从严治党，全面加强党的思想建设、组织建设、作风建设、反腐倡廉建设、制度建设，增强自我净化、自我完善、自我革新、自我提高能力”。2014年10月，在党的群众路线教育实践活动总结大会上，习近平对从严治党进一步提出要求，强调要落实从严治党责任，坚持思想建党和制度治党紧密结合，严肃党内政治生活，坚持从严管理干部，持续深入改进作风，严明党的纪律，发挥人民监督作用，深入把握从严治党规律，对全面、科学推进从严治党做出系统论述和重大部署。

在“四个全面”战略布局中，全面从严治党的科学内涵包括以下四个方面：

一是内容的全面性。就是要从党的建设的各个方面，包括思想建设、组织建设、作风建设、反腐倡廉建设、制度建设，加强从严治党，增强党的自我净

① 《十五大以来重要文献选编》（上），人民出版社2000年版，第50页。

② 《十六大以来重要文献选编》（上），中央文献出版社2005年版，第38页。

化、自我完善、自我革新、自我提高能力。特别是要按照习近平提出的要求，把思想建党和制度建党紧密结合起来，在加强对广大党员干部教育的同时，进一步完善各方面制度，切实严格执行制度，推进管党治党的制度化、规范化。

二是对象的全体性。全面从严治党，就是要对全体党员和各级党组织严格加强管理，从每一名普通党员到每一位党的高级领导干部，从基层党组织到党的领导机关，没有例外，都要按照从严治党的要求，加强教育，严格管理，严格监督，做到管到位上、严到份上。特别是对于党员领导干部，要以更严格的标准和更高的要求，加强教育和管理。

三是措施的长期性。全面从严治党的“全面”还体现为长期性，就是从严治党的各项措施不是雨过地皮湿、活动一阵风，而是要常抓不懈，成为一种新常态。习近平在党的群众路线教育实践活动总结大会上的讲话强调，必须以锲而不舍、驰而不息的决心和毅力，把作风建设不断引向深入，把目前作风转变的好势头保持下去，使作风建设要求真正落地生根。不仅是作风建设，党的思想建设、组织建设、反腐倡廉建设、制度建设也要不松劲、不懈怠，长期坚持下去。

四是推进的综合性。就是要按照习近平在党的群众路线教育实践活动总结大会上强调的，从落实从严治党责任、坚持思想建党和制度治党紧密结合、严肃党内政治生活、坚持从严管理干部、持续深入改进作风、严明党的纪律、发挥人民监督作用、深入把握从严治党规律等八个方面，全方位地推进从严治党，增强从严治党的系统性、预见性、创造性、实效性，从而增强党自我净化、自我完善、自我革新、自我提高能力，提高党的领导能力和执政能力，保持和发展党的先进性和纯洁性，确保我们党始终成为领导中国特色社会主义事业的核心力量。

从改革开放之初把建设小康社会作为实现社会主义现代化进程的阶段性目标，到党的十七大把“全面建设小康社会”发展为“全面建成小康社会”，确立“一个全面”的战略目标，到党的十八大提出全面建成小康社会和全面深化改革开放，到十八届三中全会对全面深化改革做出部署，再到十八届四中全会对全面依法治国做出部署，直至2014年12月习近平提出协调推进“四个全面”，在2015年将“四个全面”整合定位为新时期治国理政的战略布局，“四个全面”的内涵不断丰富发展，并成为重大的战略思想。

二、充分认识“四个全面”战略布局的重大意义

“四个全面”抓住了党和国家事业发展的关键问题，顺应了时代要求和人民愿望，为夺取中国特色社会主义事业新胜利提供了基本遵循和行动指南，具有重大现实意义和深远历史意义。

（一）“四个全面”是马克思主义与中国现阶段实际相结合的重大理论成果

“四个全面”是以促进社会公平正义、增进人民福祉为目的，体现了马克思主义的基本价值立场，体现了对马克思主义世界观和方法论的自觉运用。“四个全面”是立足于我国仍处于社会主义初级阶段的基本国情，立足于我国社会的主要矛盾提出的，体现了辩证唯物主义的世界观和实事求是的思想路线，体现了尊重客观规律与发挥主体能动性的统一。“四个全面”是针对决定或影响我国发展大局的改革、法治、党建等领域内存在的矛盾和问题提出来的，抓住了矛盾也就抓住了事物发展的关键，抓住了辩证法的精髓。“四个全面”以经济社会发展为目标，同时重视改革、法治建设和党的建设，体现了对生产力与生产关系、经济基础与上层建筑辩证关系等唯物史观基本原理的自觉运用。“四个全面”注重发挥人民群众在改革和依法治国中的主体地位，注重密切党同人民群众的血肉联系，巩固党执政的群众基础，这是马克思主义群众史观和执政党建设理论的生动体现。

“四个全面”是中国特色社会主义伟大实践的经验结晶。当今中国，改革是社会进步的动力和历史潮流，法治是国家治理体系和治理能力现代化的重要依托，从严治党是执政党加强自身建设的一般规律。“四个全面”战略布局表明，

我们的发展、我们的改革、我们的依法治国都是在中国共产党引领的中国特色社会主义道路上进行的，走中国特色社会主义道路的伟大实践必然能够孕育形成“四个全面”这样的创新理论，必然能够进一步丰富和发展中国特色社会主义理论体系的新内涵，主要表现为：一是深化了对社会主义本质的认识。全面建成小康社会，让发展改革成果全面惠及十几亿人口，真正体现了社会主义本质。二是将“全面建成小康社会”定位为实现中华民族伟大复兴中国梦的关键一步，深化了对社会主义现代化建设目标的认识。三是深化了对社会主义发展战略的认识。发展和建设既要全面，也不能胡子眉毛一把抓，而是必须走全面发展和重点发展相结合的路子，“全面深化改革”与“全面依法治国”就是我们的重大战略举措。四是“全面从严治党”将党的领导作为中国特色社会主义的最本质特征，深化了执政党建设理论。正因为有了创新的理论，才能够进一步推动中国特色社会主义实践水平。也正是在理论与实践的不断相互推动中，才能最终形成理论创新和实践创新的良性互动。

（二）“四个全面”是推进国家治理体系和治理能力现代化的必然要求

国家治理体系和治理能力是一个国家的制度和制度执行能力的集中体现。国家治理体系和治理能力现代化要有完善的、成熟的制度。“四个全面”能够推进中国特色社会主义制度更加成熟。党的十八届三中全会关于全面深化改革的决定提出，全面深化改革的总目标就是要完善和发展中国特色社会主义制度，推进国家治理体系和治理能力现代化；“全面依法治国”的总目标是建设中国特色社会主义法治体系，建设社会主义法治国家；“全面从严治党”要求党员要守纪律、讲规矩，要求加强反腐倡廉和各方面制度建设。总之，“四个全面”的贯彻落实必然促进形成一套保证国家长治久安的更完备、更稳定、更管用的制度体系，从而能够进一步完善国家治理体系，更好地发挥中国特色社会主义制度的独特优势，进一步增强人们对中国特色社会主义的制度自信。

“四个全面”布局的实施将进一步提升国家治理能力现代化水平。“四个全面”属于宏观性的顶层设计，更加注重战略目标和战略举措的系统性、整体性和协同性，体现了全面的联动、系统的集成：改革要在法治轨道上推进，立法也需适应改革需要；改革提升发展的活力和效率，法治守护发展的公平和正义；社会主义法治必须坚持党的领导，党的领导必须依靠社会主义法治；党要总揽全局、协调各方，党员干部要做尊法、学法、守法、用法的模范。总之，作为治国理政的新战略布局，“四个全面”将加快发展、改革创新、完善法治、管党治党几个方面有机整合为一个统一的整体，开辟了我们党治国理政的新境界，可有效提升国家治理能力现代化水平。

（三）“四个全面”是实现“两个一百年”奋斗目标和中华民族伟大复兴中国梦的必由之路

“四个全面”是新一届中央领导集体在历史地、辩证地把握社会发展规律，战略性地把握社会发展基本趋势基础之上提出来的，其中的每一个方面都是面向未来的。全面建成小康社会是我们实现社会主义现代化的阶段性目标，也是实现中华民族伟大复兴中国梦的关键一步。只有在全面建成小康社会这个基础上，才能建成富强民主文明和谐的社会主义现代化国家，才能为实现中国梦夯实坚实的基础。

从人类社会发展的一般规律来看，一个国家的发展必须注重生产力与生产关系、经济基础与上层建筑的协调统一。全面深化改革、全面依法治国、全面从严治党三大战略举措涉及对我国生产力与生产关系、经济基础与上层建筑关系中不适应因素的全方位调整，这些调整都是面向未来的，其重要价值不仅在于为“全面建成小康社会”提供保证，而且也为21世纪中叶实现现代化和实现民族伟大复兴中国梦提供重要支撑。适应我国发展新要求和人民新期待，进一步解放和发展生产力，就必须全面深化改革，以此为实现中国梦增添新动力。从世界范围来看，一个国家的法治建设程度是衡量其文明程度的重要标志，也是其社会正常运行的重要保障。进一步提高我国社会的文明程度，规范我国经济社会生活的良好秩序，就必须全面依法治国，建设社会主义法治国家，以此为实现中国梦的新征程保驾护航。一个政党要长期执政，就必须加强自身建设，这也是执政党建设的一般规律。作为执政党，中国共产党是实现中国梦的领导核心，只有全面从严治党，才能够契合全面建成小康社会、全面深化改革、全面依法治国对加强和改进党的领导和建设的迫切要求，才能够为实现“两个一百年”奋斗目标和中国梦提供坚强有力的领导核心。

（四）“四个全面”是推进中国特色社会主义伟大事业的行动指南

当前，我国经济社会发展进入新阶段，改革发展面临许多新的矛盾和问题。在发展方面，我国正处于经济增速换挡期、结构调整阵痛期、前期刺激政策消化期“三期叠加”阶段，经济发展方式粗放、质量和效益不高，收入差距较大、公正程度与人民群众期待有距离，资源环境压力较大、创新能力不足等等。在改革方面，我国正处于改革攻坚期和深水区，陈旧的思想观念、深层次的体制机制障碍、固化的利益藩篱需要破除。在法治方面，无法可依、有法不依、执法不严、违法不究现象比较严重，执法体制不合理、执法行为不规范、司法不公，在这些形势下，“四个全面”成为推进我国社会主义现代化建设和中国特色社会主义伟大事业的行动指南。

三、正确把握“四个全面”的逻辑关系

“四个全面”既各有不同内涵和重点，又彼此联系、不可分割。我们要运用马克思主义辩证法明晰“四个全面”的内在逻辑，推进这一重大战略布局顺利实施。

（一）“四个全面”的相互关系

2015年2月，习近平明确指出：“全面建成小康社会是我们的战略目标，全面深化改革、全面依法治国、全面从严治党是三大战略举措。”我们必须深刻领会和把握习近平对“四个全面”关系的科学定位，提高按照“四个全面”战略布局推进工作的能力。

全面建成小康社会是中心。全面建成小康社会是我们党长期以来描绘的国家发展愿景，是我们党在新时期的重大使命。作为战略目标，全面建成小康社会是整个战略布局的中心，是其他三个“全面”的引领，内含着对三大战略举措的必然要求。全面深化改革、全面依法治国、全面从严治党，都必须紧紧围绕这一战略目标、服从和服务于这一战略目标。这些战略举措的谋划和实施，必须以是否有利于全面建成小康社会战略目标的实现为出发点；这些战略举措成效的衡量，必须以在多大程度上推动了全面建成小康社会这一战略目标的实现为标准。如果偏离全面建成小康社会战略目标，三大战略举措就会失去方向和意义，也会失去广大人民群众的支持，因而难以推进下去；三大战略举措如果实施不力，战略目标就难以实现。

全面深化改革是动力。党的十八届三中全会指出，全面建成小康社会，进而建成富强民主文明和谐的社会主义现代化国家、实现中华民族伟大复兴的中国梦，必须在新的历史起点上全面深化改革。习近平强调，不全面深化改革，发展就缺少动力，社会就没有活力。三十多年来，我国经济社会发展取得巨大成就，得益于不断深化改革。在新的历史条件下，继续推进社会主义现代化进程、实现全面建成小康社会目标，必须依靠全面深化改革带来的动力。只有通过全面深化改革，克服制约经济社会发展的各种体制机制障碍和各方面阻力，才能推动全面建成小康社会目标的实现。只有通过全面深化改革，突破思想观念和体制制度障碍，才能完善法治，建设中国特色社会主义法治体系，建设社会主义法治国家，真正实现全面依法治国。也只有通过全面深化改革，深化党的建设制度改革，才能为全面从严治党提供制度保障。

全面依法治国是保障。党的十八届四中全会指出，依法治国，是坚持和发展中国特色社会主义的本质要求和重要保障，是实现国家治理体系和治理能力现代化的必然要求。全面建成小康社会、实现中华民族伟大复兴的中国梦，全面深化改革、完善和发展中国特色社会主义制度，提高党的执政能力和执政水平，必须全面推进依法治国。习近平强调：“不全面依法治国，国家生活和社会生活就不能有序运行，就难以实现社会稳定。”历史经验告诉我们，依法治国事关我们党执政兴国，事关人民幸福安康，事关党和国家长治久安。只有全面依法治国，才能为经济社会发展创造公平有序、安定和谐的环境，从而为全面实现小康社会提供可靠的保障。只有全面依法治国，才能为全面深化改革保驾护航，使改革在法治轨道上有序推进，使改革成果得到巩固。只有全面依法治国，推进法治国家、法治政府、法治社会一体建设，我们党才能真正做到依法执政，才能治得好国、理得好政，全面从严治党才有意义。

全面从严治党是根本保证。解决中国的事情，关键在党。《中国共产党章程》总纲规定："必须紧密围绕党的基本路线加强党的建设，坚持从严治党，发扬党的优良传统和作风，提高党的战斗力，把党建设成为领导全国人民沿着有中国特色的社会主义道路不断前进的坚强核心。"习近平强调，不全面从严治党，党就做不到"打铁还需自身硬"，也就难以发挥好领导核心作用。我们党要保持长期执政，领导全国人民推进中国特色社会主义现代化进程，实现"两个一百年"奋斗目标，实现中华民族伟大复兴的中国梦，必须全面从严治党。只有全面从严治党，才能保持党的纯洁性、先进性，增强党的创造力凝聚力战斗力，提高执政能力和水平，领导人民共同奋斗，实现全面建成小康社会的战略目标。只有全面从严治党，才能有足够的勇气、坚定的决心、强大的能力来领导和推进全面深化改革、全面依法治国。

总之，"四个全面"相互联系、相辅相成，共同构成一个逻辑严密的重大战略布局。

（二）"四个全面"战略布局的内在统一性

尽管"四个全面"有目标有举措，三大战略举措着力的方面和重点也不同，但"四个全面"战略布局在整体上具有内在统一性，主要体现在以下四个方面：

一是目标与举措的统一。全面建成小康社会作为"四个全面"战略布局中的战略目标，是我国社会主义现代化"三步走"战略的第二步，是实现中华民族伟大复兴中国梦的关键一步。全面深化改革、全面依法治国，既是服务于全面建成小康社会的战略举措，也是完善和发展中国特色社会主义制度、推进国家治理现代化的重要举措。全面从严治党旨在保持我们党的先进性、纯洁性，提高党的创造力、凝聚力、战斗力，使我们党始终成为中国特色社会主义事业的坚强领导核心。全面建成小康社会这一战略目标与全面深化改革、全面依法治国、全面从严治党三大战略举措，统一于推进我国社会主义现代化、实现中华民族伟大复兴中国梦的进程之中，统一于建设中国特色社会主义事业之中。“四个全面”就像是“一体三足之鼎”，在三足鼎立基础之上支撑起中国未来发展的美好蓝图。

二是突破与规范的统一。全面深化改革，一方面要解放思想，打破旧的思想观念束缚，突破各方面体制机制制度障碍；另一方面要创立新的体制机制制度，使各方面制度更加成熟更加定型。全面依法治国，一方面要转变人治观念和传统，克服以言代法、以权压法、有法不依等现象，改革不合时宜的立法、执法、司法体制机制，修订或废止过时的法律法规；另一方面要建立社会主义法治体系，用法律引导、推动、规范、保障各主体的权益和行为。全面从严治党，一方面要坚决制止党员干部违背党的宗旨、违背党的纪律和规矩的不良思想、作风和行为，修订或废止不合时宜的制度规定；另一方面要提出新的要求，建立新的制度，严格规范党员干部行为。三大战略举措都是突破与规范的统一，不同战略举措的侧重点也有突破有规范，它们统一于完善和发展中国特色社会主义制度之中。

三是治党与治国的统一。改革开放以来，我们党逐步形成了中国特色社会主义事业经济建设、政治建设、文化建设、社会建设、生态文明建设“五位一体”总布局；同时在党的建设方面也形成了思想建设、组织建设、作风建设、反腐倡廉建设、制度建设五个方面紧密结合的“五位一体”。这两个“五位一体”之间的内在紧密关系在“四个全面”中得到充分体现。全面深化改革包括经济体制、政治体制、文化体制、社会体制、生态文明体制改革以及国防和军队改革，也包括党的建设制度改革；全面依法治国，要求坚持依法治国、依法执政、依法行政共同推进，坚持法治国家、法治政府、法治社会一体建设，要求党必须在宪法法律范围内活动，要依宪执政、依法执政；全面从严治党，目的是提高党的执政能力，从而更好地治国理政；要实现全面建成小康社会目标，也必然要求全面从严治党。在“四个全面”战略布局中，治党与治国高度统一，统一于党领导人民建设中国特色社会主义事业之中。

四是理论与实践的统一。理论来源于实践、应用于实践并在实践中得到丰富和发展。“四个全面”是在我们党领导人民推进改革发展和社会主义现代化建设实践经验基础之上形成的重大理论创新，是马克思主义中国化的最新理论成果，蕴含着马克思主义理论观点和思想方法。其中的每一个“全面”都是马克思主义与中国现实相结合的产物。同时，“四个全面”不仅是一种理论创新，更是指导和统领新时期中国社会主义现代化建设实践的行动纲领，是我们党在新形势下治国理政实践的战略部署。总之，“四个全面”战略布局是高屋建瓴的指导思想与现实可行的实践战略的统一，体现了以习近平为总书记的党中央高超的政治智慧、深厚的理论修养和强烈的实践精神。

四、协调推进“四个全面”的基本原则

“四个全面”战略布局是一个相互联系、相互贯通、相互依存、不可分割的统一整体。实施这一重大战略布局，既不能不分轻重缓急，不论主次先后，齐头并进；也不能相互脱节，各行其是。必须科学统筹，协调推进“四个全面”，为此需要把握以下基本原则：

（一）坚持党的领导

党的领导是中国特色社会主义最本质的特征，是党和国家的根本所在、命脉所在，是全国各族人民的利益所系、幸福所系，也是“四个全面”战略布局的灵魂。无论是全面深化改革、全面依法治国、全面从严治党，还是全面建成小康社会，都必须把坚持党的领导作为首要原则。只有坚持党的领导，全面深化改革才能保持正确的政治方向，才能沿着正确的轨道，突破各种艰难险阻持

续推进下去，才能确保改革的成果符合最广大人民群众的利益。只有在党的领导下依法治国、厉行法治，人民当家做主才能充分实现，国家和社会生活法治化才能有序推进，中国特色社会主义法治体系才能建成。全面建成小康社会是中国共产党提出的国家现代化进程的阶段性目标，是实现中华民族伟大复兴中国梦的关键一步。只有中国共产党才能领导全国人民朝着这一目标一以贯之地奋斗，只有中国共产党才有决心、有能力带领人民实现这一目标。全面从严治党，目的就是要提高党的先进性和纯洁性，增强党的创造力、凝聚力、战斗力，不断加强和改善党的领导，使党始终成为领导中国特色社会主义事业的核心力量。总之，只有坚持党的领导，才能真正做到科学统筹“四个全面”战略布局中的各个方面，协调推进这一重大战略布局按照正确方向和既定目标顺利实施。

（二）坚持从中国实际出发

我们党领导人民进行革命、建设和改革的长期实践经验表明，我们从事的一切事业、开展的一切工作，只有坚持从中国实际出发才能成功。马克思主义辩证唯物论告诉我们，客观存在决定主观意识，因此在实际工作中必须坚持一切从实际出发。当代中国最大的客观实际，就是我国仍处于并将长期处于社会主义初级阶段。无论是全面深化改革、全面依法治国、全面从严治党，还是全面建成小康社会，都不能脱离这个客观实际。只有始终坚持从中国实际出发，推进“四个全面”的部署和举措才能符合我国基本国情、符合现实发展要求、符合广大人民的意愿，才能完善和发展中国特色社会主义制度、建设中国特色社会主义法治体系、使党始终成为中国特色社会主义事业的领导核心，惠及全体中国人民的全面建成小康社会目标才能如期实现。

（三）坚持整体推进与重点突破相结合

“四个全面”战略布局的内涵十分丰富，涉及众多领域和方面。协调推进不是要求各方面齐头并进，这既不科学也不现实。一方面，要从“四个全面”及每一个“全面”包含的内容相互联系的角度出发，对全局统筹部署、全方位整体推进；另一方面，要区分主次先后，选择那些牵一发而动全身的重点领域和关键环节，优先着力推进。如在全面深化改革中，以经济体制改革为重点，以处理好政府和市场的关系为核心，发挥经济体制改革的牵引作用；在全面依法治国和全面从严治党中，要抓住领导干部这个“关键少数”；在全面建成小康社会中，要始终坚持以经济建设为中心。只有把整体推进与重点突破结合起来，才能使“四个全面”有序、高效推进，使整个战略布局积极稳步实施。

（四）坚持近期目标与长远目标相衔接

“四个全面”是根据现阶段国内外形势和要求，着眼于我国社会主义现代化整个过程和中国特色社会主义事业长远发展做出的战略布局，其中既有近期目标任务，也有长远愿景规划。全面深化改革不仅包括党的十八届三中全会决定中部署的重点改革任务，更是着眼于完善和发展中国特色社会主义制度、推进国家治理体系和治理能力现代化总目标。全面依法治国不仅包括党的十八届四中全会决定中明确的主要任务，更是着眼于建设中国特色社会主义法治体系、建设社会主义法治国家总目标。习近平在党的群众路线教育实践活动总结大会上的讲话中对新形势下坚持从严治党所强调的八个要点，也与全面从严治党的长远目标高度统一，就是要增强党自我净化、自我完善、自我革新、自我提高的能力，提高党的领导能力和执政能力，保持和发展党的先进性和纯洁性。全面建成小康社会是我们党确定的到2020年的奋斗目标，但我们党是把它作为推进社会主义现代化进程中的阶段性目标，是实现中华民族伟大复兴中国梦的关键一步。推进“四个全面”战略布局的实施，必须着眼于中国特色社会主义事业的长远愿景，使各方面的近期目标与远期目标很好地衔接起来。

（五）坚持改革与法治相协调

改革和法治相辅相成、相伴而生。在“四个全面”战略布局中，全面深化改革、全面依法治国如车之两轮、鸟之双翼，必须相互协调、密切配合，才能使整个战略布局顺利实施。要坚持改革决策和立法决策相统一、相衔接，做到改革和法治同步推进。立法要主动适应改革需要，积极发挥引导、推动、规范、保障改革的作用，使重大改革于法有据。对实践证明已经比较成熟的改革经验和行之有效的改革举措，要尽快上升为法律；对实践条件还不成熟，需要先行先试的，要按照法定程序做出授权，选择合适的地方或部门进行试点。既不能随意突破法律红线，也不能以现行法律没有依据为由迟滞改革。对不适应改革要求的现行法律法规，要及时修改或废止。只有坚持在法治下推进改革，在改革中完善法治，才能使改革与法治相互协调、相互促进。

总之，必须把每一个“全面”以及每个“全面”的具体内容都放在“四个全面”的总体布局中来把握，才能正确认识这一重大战略布局的内在逻辑关系，统筹部署实施路径，协调推进各个方面，才能做到“四个全面”相辅相成、相互促进、相得益彰。

（本文合作者王满传，中国行政体制改革研究会秘书长。）

“十三五”时期的全球大势与我国战略选择

积极构建中美新型大国经贸关系

任海平

【导语】习近平总书记指出，要从战略高度和长远角度出发，以积水成渊、积土成山的精神，不断推进中美新型大国关系建设。经贸关系是构建中美新型大国关系的重要突破口和奠基石。要全面看待中美经贸关系中的共同利益和基本形成的利益共生格局，充分发挥各自经济比较优势，共同推进全球经济治理机制改革，促进双边贸易健康发展。

大国是影响世界和平与发展的决定性力量，大国关系关乎全球战略的平衡与稳定。推动建立新型大国关系，是推动我国建立新型国际关系的重要组成部分，在我国国际战略总体布局中处于关键地位。

中国是当今世界最大的发展中国家，也是迅速发展的新兴大国；美国是最大的发达国家，也是当今世界唯一的超级大国。美国是影响我国和平发展的最大外部因素，也是影响全球发展的重要因素。中美关系作为当今世界最重要和最复杂的双边关系，也是最具代表性的新兴大国与超级大国的关系。面向未来，构建中美新型大国关系，不仅有利于中美关系长远发展，而且有利于巩固我国在大国关系新一轮调整互动中的主动有利地位，对稳定我国外部环境、延长战略机遇期和经济发展周期具有决定性意义，对不同社会制度和发展道路的国家处理相互关系、对推动建立以合作共赢为核心的新型国际关系也具有重要启示作用。

任海平，中国国际经济交流中心战略研究部副部长，北京大学博士。主要研究领域为国际战略与全球发展。

一、积极主导中美新型大国关系的构建与发展

中美如何相处，不仅关乎双边，更关乎全人类。实力日益增强的中国与当今世界唯一超级大国美国建立长期稳定健康发展的新型大国关系，不仅对中美两国且对全球都具有重要意义。在当今信息网络时代，中美两国紧密相连，合则两利，也对世界各国有利，能为全球发展输入更多正能量，积极促进世界和平、秩序与规则的构建，斗则两国俱伤，也对世界各国不利。

经过 65 年的发展，中国不仅摆脱了建国之初积弱积贫、百废待兴的状态，而且一举跃升为全球第二大经济体，在世界政治经济格局中的地位得到显著提高。中国历来以天下为己任。构建“中美新型大国关系”，既是新时期中国“推动建立长期稳定健康发展的新型大国关系”的重要尝试，也是在系统总结过去 40 年中美关系基本经验、全面审视当今时代特点的基础上，置身迅速崛起阶段的中国对美战略的新思维、新主张，是破解历史上后起大国与守成大国走向冲突这一世界性难题的新理念、新实践。构建新型大国关系符合中美两国利益，符合人类社会发展趋势和国际社会共同利益。

中美应当共同致力于构建新型大国关系，是 2012 年初以来由中国领导人提出、美国领导人做出回应的重大议题，两国领导人也就此达成了基本共识：21 世纪的中美关系必须避免大国对抗和零和博弈的历史覆辙，切实走出一条新路。按照中方的说法，就是“不冲突不对抗、相互尊重、互利共赢”；按照美方的说法，就是要打破“崛起国与守成国必然冲突”的历史魔咒，建立基于“务实合作和建设性处理分歧”的大国关系新模式。

新型大国关系是一个崛起大国和守成大国对未来彼此关系的战略定位和历史抉择，即以合作而非对抗、和平而非战争的方式共存共处。历史上，新崛起的大国和守成的大国之间总会猜疑、对抗甚至不惜诉诸战争，最终导致国际体系的更替。新型大国关系的核心，就是要打破这一怪圈。其中心内涵是以相互尊重、互利共赢的合作伙伴关系为主要特征的大国关系，是崛起国和既成大国

之间处理冲突和矛盾的新方式。2013 年 6 月 7 日，习近平主席在美国加州同美国总统奥巴马举行中美元首会晤时，双方确认共同构建新型大国关系，并明晰了其内涵、勾画了其路径。一是不冲突、不对抗。就是要客观理性看待彼此战略意图，坚持做伙伴、不做对手；通过对话合作、而非对抗冲突的方式，妥善处理矛盾和分歧。二是相互尊重。就是要尊重各自选择的社会制度和发展道路，尊重彼此核心利益和重大关切，求同存异，包容互鉴，共同进步。三是合作共赢。就是要摒弃零和思维，在追求自身利益时兼顾对方利益，在寻求自身发展时促进共同发展，不断深化利益交融格局。

中美两国作为世界最大的经济体、贸易体和制造业大国，相互经贸关系至关重要，对全球经济发展也有着重大的引领作用。构建中美新型大国关系，首先要加紧充实两国新型经贸关系的内涵。同时，从建立中美新型经贸关系入手，消除中美战略互疑，突破有损于双方的高成本不当博弈迷局，也是构建中美新型大国关系的“奠基石”和“牛鼻子”。

二、全面看待中美经贸关系中的共同利益

进入 21 世纪以来，中美两国关系的内涵正在发生深刻变化，二者关系已成为世界各国间最重要且最复杂的双边关系。重要，体现在两国在国际社会中的分量极重；复杂，体现在两国已经发展出一种全面的相互依赖关系。近年来，中美关系步入了以良性互动为主的轨道，双方建设性合作关系得到全面加强，其中经贸关系发展尤为强劲，已成为全球增长最快、规模最大的双边经济关系之一，是中美总体关系中的“明星”领域。中美经济关系已从通常的经贸合作提升到深度相互依存的阶段，两国在经济上已成为战略合作伙伴。目前，中国是美国第一大进口国，美国也是中国最大的贸易伙伴国。在可预见的不远将来，两国有望互相成为彼此最大的贸易伙伴和全球规模最大的双边贸易伙伴。

（一）中美经贸关系持续快速发展

1972 年中美关系解冻以来，两国经贸交流从无到有、从小到大呈直线上升之势，平均年增幅达两位数。如此高的增长速度，在世界贸易史上十分罕见。自 2002 年起，随着中国加入世界贸易组织，中美经贸关系更是进入加速增长的新阶段，接连跃升新台阶。现在，美国是中国的最大贸易伙伴国和最大的海外市场。按美方计算，中国是美国第二大贸易伙伴国，第二大进口来源地和第三大出口市场。随着双边贸易的迅速扩大，美国对华投资日益增长，成为中国最大的外资来源国之一；中国庞大外汇储备大多数是美元，其中大部分用以购买美国债券，现在中国已成为美国主要债权国之一。

（二）中美利益共生的关系格局基本形成

中美经济关系已从通常的交流合作提升到深度相互依存的阶段，两国在经济上已成为战略合作伙伴，中美两国的共同利益远远大于分歧。这既是两国经济合作不断扩大与深化的结果，也是推动中美经贸关系长期稳定和进一步强劲发展的可靠保证和强大动力。在经济上，两国实际上形成了你中有我，我中有你，利益交错，荣损与俱的一种关系格局。就中国来说，美国的国内市场容量十分庞大，每年的进出口总额远远超过中国的全年国民生产总值。对美经济关系已成为确保国民经济持续快速增长的关键因素之一。目前美国已经成为中国出口产品的最大市场，也是除香港外，中国获得贸易顺差的最大来源。现在美国是中国外部资金的主要来源。即中国经济增长的相当一部分是通过对美国出口实现的。近年来，美国超过日本，成为除香港外对中国的最大直接投资国。从美方看，其经济对中国的依赖也很可观。中国是美国主要贸易伙伴和出口市场之一，并且中国是美国出口速度增长最快的外国市场，不久的将来，中国可望成为美国最大的出口市场。美国对华出口迅速增长，为美国创造了大量就业机会。中国购买巨额美国债券，对美国平衡财政预算，稳定金融市场起着至关重要的作用。中国每年出口到美国上千亿美元优质廉价商品，对美国稳定市场减少通货膨胀压力贡献巨大。中国还是美国回报率最高的投资场所，中国业务成为美国许多公司全球业务的重要增长点。近年来，美国企业在华投资的回报率比美国国内的回报率高出5—10个百分点，美国金融和消费市场的稳定，巨大财政赤字的弥补，国民经济的正常良性运行及国家经济实力的增长，在一定程度上有赖于同中国保持和发展密切的经贸合作关系。

（三）互补的中美经贸关系对两国及世界影响巨大

中美两国，一个是世界上最大的发展中国家，拥有丰富的劳动力资源，明显的成本优势，广阔的市场和无可限量的发展潜力；一个是拥有世界上最强大经济、科技实力的最大的发达国家。中美两国的关系，直接影响到世界经济的发展。两国都有广阔的市场，经济互利性和互补性很强。中国正致力于加速改革和扩大对外开放，更注重同美国在经济、文化教育方面的合作。美国的资金、技术及管理经验，对推动中国的发展无疑会起重大作用。而中国的劳动密集型产品又补充美国的大众市场，有利于美国产业结构的调整。

三、构建中美新型大国经贸关系的主要内容

中国和美国在当今世界经济中都扮演着重要角色。两国同属经济大国，GDP位居世界第一、第二；500强跨国公司数量，位居世界第一、第二；国际贸易位居世界第一、第二；既是外商直接投资（Foreign Direct Investment，FDI）流出的大国，也是重要的FDI接收国。但中美两国之间的经济关联存在突出的不协调和不平衡现象。

在经济全球化的世界里，在相互依存的世界里，摩擦是正常的，也是无法避免的。中美经常性的经贸摩擦，也反映出两国经济关系的密切。从中美经贸摩擦来看，都是因为中美双方的意识形态不同，国情不同，相互不了解、不信任等原因所致。中美双方应采取合作的态度，创新性地构建新型大国经贸关系，才能更切实地找到两国利益的平衡点，才能实现真正的双赢发展。

（一）双方应充分发挥各自经济比较优势，实现互补型共赢

中美作为全球最大的发展中国家和发达国家，国情不同，发展阶段不同，比较优势明显，发展差异是中美之间互补和合作的最佳切合点。美国在市场、自然资源、金融、科技和管理经验等方面具有优势，中国在劳动力资源、商品制造、产业配套和潜在产品和金融服务业需求方面具有优势。中国在不断扩大内需和开放市场，美国在努力扩大出口和振兴制造业，尽管不可避免会在一些领域有竞争，但总体上还是高端与中低端不对等的竞争，是互相适应而不是冲突。推动美国优势和中国优势结合形成互补性优势，实现双方经济结构和产业结构的低成本重构，对两国有利，对世界有利。

（二）双方应努力探索协调经济政策和管控经贸分歧的新办法，实现互信型共赢

构建中美新型经贸关系，需要双方对相互行动有足够的包容度和信任度。建立于互信基础上的良好沟通是解决中美经贸问题的前提和关键，双方要算合作的大账、总账和历史账，管控分歧，良性互动，共同构建体现新型大国关系互相依赖共同繁荣的新格局。

（三）双方应共同维护国际贸易多边和双边贸易关系的准则，实现包容型共赢

作为世界性贸易大国，中美两国要处理好多边贸易体制和区域贸易协定的关系，防止全球贸易体系碎片化。应坚持开放、包容、透明原则，共同推进多边贸易体制优化，使多边贸易体制更加有利于各参与方，为促进世界经济整体复苏注入活力。

（四）双方应避免将双边经贸问题泛政治化的“冷战”或“凉战”思维，实现务实型共赢

中美经贸关系“你中有我，我中有你”，存在深度合作和相互依赖。双方要以理性、平和的心态对待和处理发展阶段、社会制度、文化传统和经济利益等方面的差异，避免具体问题扩大化，简单问题复杂化，避免经贸问题政治化，不因一时一事动摇中美关系稳定发展的基础。

（五）双方应作为利益攸关方共同推进全球经济治理机制改革，实现携手型共赢

中美在推进全球治理改革方面，有着广泛的共同利益和合作空间，两国应坚持“共同但有区别的原则”，顺应潮流，相互配合，各尽所长，消除国际社会中中美互为对手“选边站队”的顾虑，实现全球治理机制有序变革和平稳转型，携手迈入跨越太平洋合作的新时代。

中美双方要共同努力形成有序、有利、有理的竞争与合作关系，在竞争中合作，在合作中竞争，不断寻找更多的共同点，发展更高、更深层次的合作，从维护全球利益出发，共同推进世界经济新秩序的建立和国际组织的改革。

四、构建中美新型大国经贸关系的路径

（一）抓住机遇，促进相互直接投资是充实中美新型大国经济关系的重要内容

进入新世纪以来，中美经贸出现了巨大转变。首先是美国对中国出口的增长速度超过了中国对美国的增长速度；其次是中国对美国的投资增长速度超过了美国对中国投资的增长速度。投资量的多少最能反映国家间经贸往来的实质性关系，因为投资是长期的，很少有“一锤子买卖”。中国企业对在美投资有着强烈的意愿；对美国而言，在吸引外资能力持续下降的情况下，来自中国的

投资可谓是“及时雨”。中美双方应正视分歧，不断寻找和发现基础利益共同点，多栽花，少栽刺。

虽然中国和美国都是全球直接投资的最重要角色，但美国对中国的投资远低于美国对世界投资的平均水平，在投资目的地选择上，中国是美国对外投资中微不足道的东道国；中国对美国的投资快速增长，美国是中国对外投资的重要目的地，但总体规模偏小。中国在美国利用 FDI 角色中，也是微不足道的。可见，中国和美国经济合作中，存在短板现象，与两国在世界中的经济地位不匹配，与全球投资中的角色不平衡，与两国之间的贸易规模不协调。因此，促进是中美直接的相互投资，是构建、充实中美新型大国关系的重要内涵和空间。

要坚持反对美国对华投资的种种歧视。在一些情况下，中美经贸关系中的许多问题与美国限制中国企业在美投资有关系，需要美国取消安全审查制度。有些问题也可以通过中国企业自身的努力来解决，不能完全指望由美国来解决，例如在产业选择方面，不能总是盯着一些资源性、高盈利、高技术甚至是高敏感的产业。另外在强化中美两国政府之间沟通的同时，企业也要强化对美国政治经济法律体制的研究和了解。

（二）互惠互利，不断深化双边贸易健康发展是夯实中美新型大国经济关系的重要基础

中美双边经贸合作促进了中美两国经济的发展，给两国带来了利益，也为世界经济发展做出了贡献。有合作就会有问题，这需要两国在坚持互惠互利、合作共赢的基础上客观对待。只有双方妥善处理好贸易关系，才能更好地巩固双方的关系，才能更好使意识形态、政治问题得到解决。

从美方来看，美国关注的主要问题仍然是中国的经济制度与发展模式问题，希望中国坚持市场化的改革方向，加强法制建设，进一步扩大内需，减少对出口的依赖程度，实现中美贸易的平衡。长期以来，由于统计口径的差异，美国严重高估对华贸易逆差：根据美国海关发布的最新统计，2014 年 1—9 月，美中货物贸易额达到 4400 亿美元，其中，美国进口额达 3531 亿美元，出口额达

869亿美元，对华货物贸易逆差高达2662亿美元。其次关注的是政府管理与产业竞争、知识产权保护、政府采购和技术转让等问题。知识产权保护问题是美国历来关注的重点，因为美国经济结构日趋服务化和信息化，产业结构不断向着资本、技术和信息密集型方面转化，对华贸易方面，美国主要在科技信息和服务领域占据较强优势，希望中国加大力度保护知识产权，在政府采购方面也希望中国降低或取消门槛，解除对美国产品设置的壁垒。另外还有汇率制度和市场准入问题，希望为美国企业的出口和投资争取更加广阔的中国市场。美方简单地认为对华贸易逆差的扩大是由人民币汇率的低估导致的，是人为的因素使得中国商品在美国市场上形成了非自然的竞争优势，所以希望人民币能够继续走强。实际上，美国对人民币的升值也有疑虑，担心输入通货膨胀。更有效的方法是希望中国进一步开放国内市场。

中国关注的问题，首先是美国在高技术产品出口方面对华的限制，不利于两国经贸合作的平衡发展。在美国，贸易政策作为对外经济政策的组成部分常被用于军事与国家安全目的，从长远来说，美国仍然有人认为中国是其潜在的战略竞争对手，有意遏制中国发展，防止中国崛起而挑战其全球霸主地位，总是以中国获取其高技术产品可能用于军事目的而威胁自身安全为理由，限制对中国出口高科技产品，导致在中美贸易规模不断扩大的同时，高技术产品贸易的增长速度却逐年下降，形成贸易逆差的扩大。作为世界头号科技强国的美国长期处于逆差的地位，这既不符合传统的国际贸易惯例，也不符合中美比较优势的实际状况，有待于两国协商解决。其次，中美在使用反倾销、反补贴等贸易补救措施方面的分歧和摩擦也比较大。作为贸易往来最大的两大经济体，中美的贸易摩擦一直没有间断过，尤其是金融危机后期，肇始于美国的贸易保护主义，一度使得中美之间的贸易摩擦频繁、剧烈。从2006年以来，美国在频繁使用反倾销的同时，又对中国产品采取了反倾销和反补贴的“双反”措施，给中国企业的出口造成巨大的损失。金融危机以来，美国从单纯反倾销，演变到反倾销和反补贴并用，进而发展到利用知识产权保护的“337调查”，过度滥用贸易保护措施，成为中国对美出口产品的严重壁垒。

（三）求同存异，建立经贸关系的长效合作机制是构建中美新型大国经贸关系的重要保障

目前，中美两国贸易规模庞大，增长潜力巨大，同时伴随着大量的贸易摩擦。双方 FDI 发展方向相反，出现不协调、不平衡特征。美国企业要求中国开放准入限制，给予非歧视性待遇。中国企业对美投资总是受到安全审查等政治干扰的阴影，联邦政府和地方政府不一致的激励措施，以及其他非便利化的措施，严重阻碍了两国间的贸易平衡发展和深化合作，这对两国都是不利的，建立一个稳定、长效、透明的合作机制是非常迫切的工作。

这种合作机制可以采取两个步骤，一是尽快达成双边投资协议（BIT），更大程度地保障中、美投资者所面临的市场确定性。二是积极开展两国 FTA 的可行性研究与协商。与 BIT 相比，FTA 更加符合经济全球化、自由化的发展需要，也将对成员国产生更加积极的影响。中美之间目前日益增多的贸易和投资摩擦，最终能够通过直接建立 FTA 加以解决。

中国和美国在许多方面存在优势互补、合作共赢的机会。从中美贸易、投资的结构和规模来看，无论是服务业还是制造业，在和美国的经济合作中，应该不畏惧开放。尽快达成中美之间的 BIT，包括 FTA，加入 TPP，都是促进中国扩大开放，倒逼改革的重要的措施。

（四）增进互信，共同完善国际经济治理体系是促进中美新型大国经贸关系构建的重要手段

大国关系在相当程度上决定着国际体系的走向。中国倡导的新型大国关系理念有利于引导国际秩序和体系朝着更加公正合理的方向发展。中美构建新型大国关系的一个重要方面，就是通过平等对话增进双方在国际事务中的理解与沟通，加强在全球性问题上的协调与合作。中美两国要利用各自优势，共同推动构建一个更符合世界生产力发展要求、更有利于世界各国共同发展、更加完善的全球治理体系，这符合两国和世界各国的共同利益。中美应继续共同建设

好、维护好二十国集团机制，实现二十国集团发展和中美互利共赢的统一，不断推进国际体系的建设和改革，努力建设一个更符合时代发展需要，更能反映国际社会呼声、更具代表性、更富生命力的国际经济治理体系。

总之，在处理中美经贸关系时注意消除两种倾向或两个极端：一方面不能过分低估美国的实力，对中国情况过分乐观；另一方面，在与美国的交往中要坚持平等对话，不能迁就，据理力争，要坚持互惠互利的原则。在新的历史时期，要根据中美新型大国关系发展的需要，进一步加强对美工作的战略研究和战略布局，制定一个长期的、整体的、系统的和一致的对美行动方案和指导原则，并贯穿于国家有关部门的日常国际事务中。同时要综合利用多边和双边的两个渠道，积极引领中美经贸关系健康发展：从双边的角度看，在进一步扩大中美两国高层对话的同时，积极促进两国政府、议会、地方、智库、媒体、青年等各界交流，夯实两国关系社会基础。加强对美国政策法律和管理程序的研究，强化对美国社会的影响，将中美两国政府之间的对话扩大到企业之间的经营对话和专家之间的学术对话上来。从多边的角度看，要把构建新型大国关系的国际战略思想落实到行动上，积极参与国际规则的制定，通过改革完善现行的国际经济体系，消除不适应我国经济体制的内容，维护我们国家和企业的合法权益，积极主动地引领中美经贸关系的健康发展。

【参考文献】

[1] 曾培炎：《全球经济的重心向亚太地区转移的趋势越来越明显》，和讯网：http://news.hexun.com/2013-01-26/150615433.html，2013 年 1 月 26 日。

[2] 魏礼群：《世界上经济强国崛起的启示》，光明网：http://bigs.gmw.cn/gzb/www.gmw.cn/xueshu/2013-11/27/content_9617742.htm，2013 年 11 月 27 日。

[3] 陈文玲、任海平：《美国全球战略调整及影响》，《全球化》2015 年第 2 期。

[4] 任海平、王天龙：《当前我国国家安全形势综合评估及应对》，《全球化》2015 年第 1 期。

[5] 任海平、徐长春：《全球军品贸易现状及发展趋势》，《全球化》2014 年第 8 期。

影响全球经济未来走向的十大趋势

张茉楠

【导语】习近平总书记指出，当前国际形势继续发生深刻复杂变化，世界多极化、经济全球化深入发展，文化多样化、社会信息化持续推进，国际格局和国际秩序加速调整演变。本文认为，当前世界经济已进入深度结构调整期，全球经济治理、国际贸易规则转变、能源和资源供应、区域自贸战略等领域都呈现出诸多不同于以往的十大趋势性特征，并将深远影响全球经济的未来走向。

趋势一：全球经济仍难完全走出危机阴影，已由国际金融危机前的快速发展期进入深度结构调整期

全球经济复苏步伐低于预期，产出能力过剩，一些国家仍然在消化包括高负债、高失业率在内的金融危机后续影响。同时，由于劳动力人口老龄化、劳动生产率增长缓慢导致全球经济潜在增速下降，投资率下降及实际利率下降，大多数经济体仍需将“保增长”作为首要任务。全球贸易增长则更为缓慢。根据世界贸易组织（WTO）发布的全球贸易增长预测，2014 年和 2015 年全球贸易额增长预期分别为 3.1% 和 4%，远远低于 2008 年金融危机前 10 年平均贸易年增长率 6.7% 的水平。近期，IMF 将 2015—2016 年的全球增长率预期分别下调为 3.5% 和 3.7%，这预示着未来全球经济复苏与增长之路变得漫长和艰难，全球将面临一个增长中枢下移的过程，并进入低于趋势增长率的“经济新常态”。

张茉楠，中国国际经济交流中心战略研究部副研究员，国家信息中心博士后。主要研究领域为全球宏观经济、国际金融、宏观政策分析等。

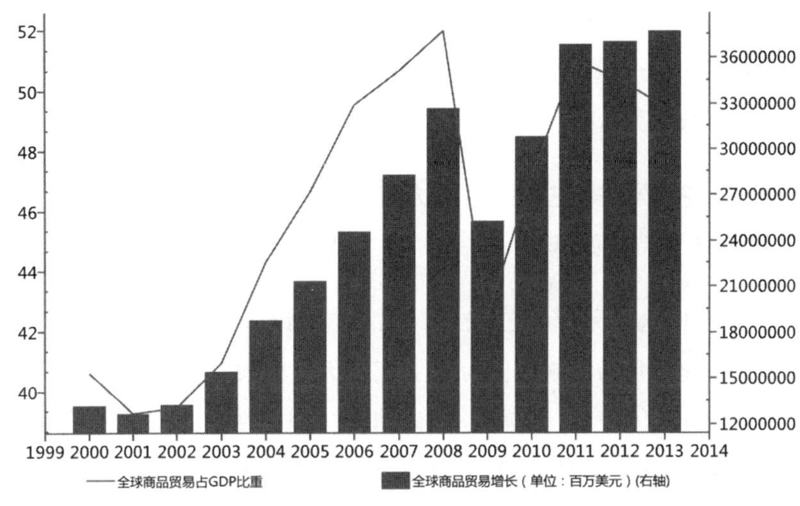

图1 全球贸易增长比头10年趋缓

数据来源 :WTO

趋势二：全球实际利率仍处于较低水平，但未来全球廉价资本融资时代可能趋于结束

目前全球利率仍处于低位，美国等发达经济体经济依然疲软，高负债使居民信贷需求低迷，央行普遍执行刺激性货币政策。IMF 在最新的《世界经济展望》报告中对主要工业国家实际利率水平趋势进行考察，得到类似结论。通过对 19 个发达经济体自 1985 年以来 10 年期国债收益率以 GDP 规模加权平均可以看到，在过去 30 年，世界实际利率水平由 1986 年峰值 5% 下降到金融危机前的 2%，2012 年进一步下降到接近零的水平。然而，廉价资本的时代可能即将结束。一个时期以来，新兴经济体的“储蓄过剩”不仅为美国提供了大量的融资资源，也大大压低了美国的长期利率水平。现在这种格局正在改变：以往经济全球化中的过度消费、过度借贷、过度福利的失衡关系正在被打破：一方面，受消费需求收缩，信贷规模萎缩、债务重组以及“再工业化”的推动，发达经济体贸易赤字有望减少，与此同时，外部需求疲软，贸易汇率风险、贸易保护主义抬头也降低了新兴经济体的贸易盈余水平，全球贸易收支开始趋于

平衡；另一方面，投资回报率、储蓄—投资组合、风险偏好水平等因素的趋势性改变，也将影响全球资金流向，特别是随着美联储将进入加息进程，这种局面将推动全球长期实际利率上升。

趋势三：主要国家主权债务压力较大，“去杠杆化、去债务化、去福利化”进程还要持续数年

全球债务水平处于持续上升之中。国际清算银行数据显示，2007 年中旬、金融危机前，全球债务总规模仅为 70 万亿美元；但截至 2013 年底，这一规模就已攀升至 100 万亿美元，涨幅逾 42%，根据《日内瓦报告》，全球债务总负担（包括私营部门债务和公共部门债务）占国民收入的比例从 2001 年的 160% 升至此次金融危机爆发后 2009 年的近 200%，2013 年更是达到 215%。除发达经济体之外，新兴市场在金融危机后通过各种刺激政策推动经济，信贷的大幅投放带动了投资增速，相伴随的是私人部门（企业）债务大幅增加。以中国为例，2009 年中国广义信贷增速一度达到 35%，而广义信贷与 GDP 比值由 2008 年不到 130% 上升至 2010 年末的 170%，目前已接近 200%。当前，各国政府出于控制经济风险继续上升的考虑而着手降低杠杆，清偿债务，也即“去债务化、去杠杆化、去福利化”。许多国家必然要经历财政紧缩的过程，将公共债务降低到可持续水平，公司和家庭部门必须提高储蓄、降低负债，修补资产负债表，这个过程仍将持续数年，这些均将对经济增长动力形成负面影响，抑制总需求的增加。

趋势四：美国从宽松周期转向紧缩周期，恐引发全球金融格局大分化和主权货币洗牌

美元主导全球经济金融周期，美元周期的转变是认识全球经济金融体系的前提。美联储退出 QE，这是美联储从过去近十年的量化宽松周期开始转向紧缩周期的开始。在此过程中，美元、美债再次成为全球资本的“避风港”和“安全资产”，特别是如果参考美国货币政策周期与美元周期的关系，美元强势周期

可能会持续 4—5 年左右，美元在相当长时期内还是全球追逐的安全资产。美元升值也将导致其他非美元货币、新兴经济体货币出现一轮贬值潮和资本外流潮，未来几年，全球主权货币将面临新一轮洗牌过程，并导致更多的外溢风险，主要体现在：

首先，美元资本流动转向。国际金融协会（IIF）显示，新兴市场 ETF 前 9 个月资本流出 190 亿美元。

其次，石油美元缩水也对资本流动产生影响。过去五年中，大量的石油美元都流入了债券市场。自 2009 年以来，欧佩克国家的外汇储备暴涨了 60% 至 1.3 万亿美元。如果算上俄罗斯等非欧佩克产油大国，这一数字甚至超过了 2 万亿美元。与此同时，这些国家的主权财富基金规模则扩大了 80%，至 4 万多亿美元。综合来看，石油美元投资者的资产规模在过去五年中增加了 2.5 万亿美元，平均每年增加 5000 亿美元。然而这种情况发生逆转，根据国际金融协会 IIF 报告，随着国际油价暴跌和石油美元的大幅缩水，新兴市场能源出口国 2014 年在全球市场的净撤资额将高达 80 亿美元，为 18 年来首次净撤资。

第三，美元升值直接抬高新兴经济体外债水平。新兴经济体企业外债高达 2.6 万亿美元，其中 3/4 以美元计价。2014 年年中，跨国银行向新兴经济体发放的跨境贷款高达 3.1 万亿美元，主要是美元贷款。目前，美联储结束量宽和美元升值已使新兴经济体企业偿还美元债务的成本走高，资金链断裂甚至破产风险上升，并可能传导至本国经济金融体系。

趋势五：大宗商品繁荣周期结束，全球价格总水平趋于下降，面临通货紧缩压力

当前，全球许多国家均不同程度遭遇整体通胀率和核心通胀率的“双下降”。根据摩根大通全球通胀数据，2015 年第二季度全球通胀率仅为 1.6%，不仅低于去年底的 2%，更远远低于 1990—2013 年间全球通胀 11% 的平均水平，欧美国家的核心通胀率偏离于通胀目标轨道。在全球通缩阴霾笼罩之下，即便是欧洲央行祭出新一轮宽松货币政策的通胀效应也难以力挽狂澜，欧元区通胀

跌至零，日本CPI时隔两年再度跌入负值，新兴市场和发展中国家国家内部增长乏力，结构性问题突出，工业生产下行，通缩风险正在全球范围内继续蔓延。

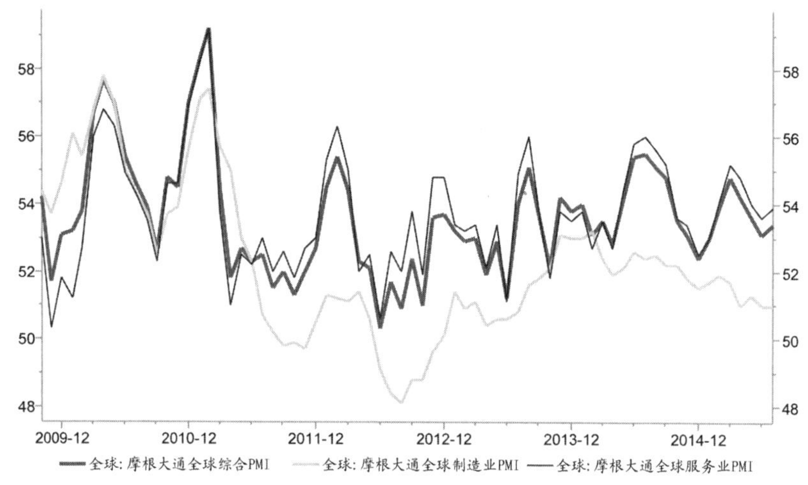

图2 PMI持续下滑使全球陷入通货紧缩边缘

数据来源：Wind

第一，大宗商品繁荣周期趋于结束引发价格危机。从价格传导链条看，2014年以来，由于供过于求拖累价格，全球大宗商品价格下跌20%左右，这也是2011年大宗商品价格达到峰值后连续第三年出现下滑。特别是在全球能源供应过剩和“三国杀”式国际博弈中，国际油价更是油价自由落体式的下落，国际油价创五年来新低。

第二，全球需求结构变化导致供需出现缺口。2008年次贷危机、欧债危机以来，全球需求动能和格局发生了重大变化，增量需求从美欧主导开始转变。根据世界贸易组织数据，2008—2012年，中国进口占全球进口总额的比例由6.9%升至9.5%。金融危机肆虐三年间（2008—2010年），全球进口总体萎缩8.4%，中国逆势增长23.3%，成为全球需求的主要支撑者之一，然而随着近几年中国启动去杠杆化和去产能化进程，增量需求大大放缓，全球有限的市场资源成为各国的竞争焦点直接导致了全球价格总水平的下降。

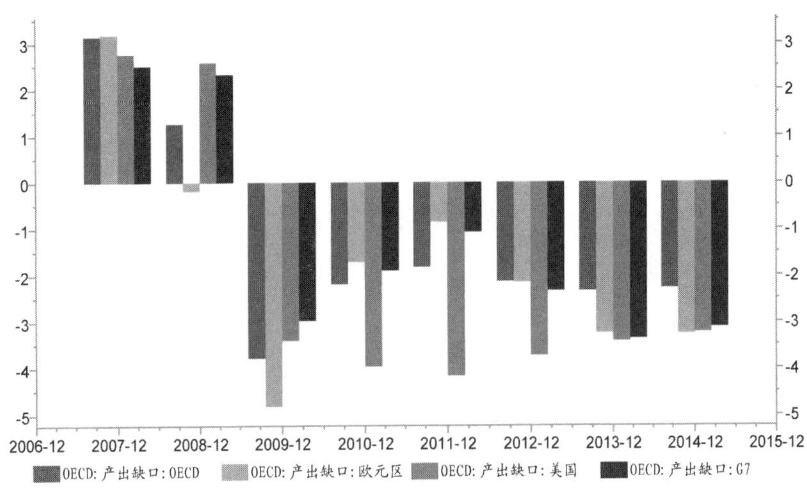

图3 全球普遍存在负的产出缺口

数据来源：OECD

第三，强势美元回归引发全球“输入型通缩”压力。美国货币政策回归正常的过程中，美元升值效应将通过“进口—购进价格—PPI—CPI”的渠道影响价格总水平，从而可能会加剧未来一段时间的通缩压力。与通货膨胀相比，通货紧缩同样会给全球带来非常大的风险。

第四，全球主要经济体处于劳动人口周期变化的拐点。从长期因素来看，2008—2014年的这个时间周期叠加了美系国家（美、英、澳、加）和中国这两个全球最大经济体的劳动人口周期拐点。相关研究显示，以15—64岁劳动年龄人口比重来衡量，美系国家（美、英、澳、加）和中国在2006—2009年经历了劳动年龄人口周期峰值，欧元区国家（德、法、意等）和日本人口周期此前已于1988—1992年见顶，人口结构变化以及老龄化趋势直接导致储蓄与消费结构变化，消费增长趋于停滞或放缓，这是导致供给失衡以及产能过剩，并进一步引发价格总水平下滑的重要因素。

趋势六：国际贸易“规则之争”已超越“市场之争”，成为新一轮全球化博弈角力点

全球贸易投资结构正处于调整时期。新一代国际贸易规则演进趋势将以区域贸易规则创建为基础，辅以规范某一领域的诸边贸易规则的发展，通过货物贸易、投资、服务贸易规则的融合后逐渐形成新的多边贸易规则，全球贸易保护主义会更加激烈和隐蔽，从自由贸易转向规则贸易。

首先，区域自贸协定竞争趋于激烈。美国等发达国家通过主导跨太平洋伙伴关系协议（TPP）、跨大西洋贸易与投资伙伴关系协议（TTIP）、诸（多）边服务业协议（TISA）等贸易投资协定谈判，力图推行代表发达国家利益的高标准的贸易投资规则。未来“规则之争”已经超越了“市场之争”，成为新一轮全球化博弈的角力点。

其次，贸易与投资日趋融合发展。新规则体系强调货物贸易、投资和服务规则的整合。在投资领域，强化对投资者利益的保护；在服务贸易领域，采用负面清单方式，建立全面的、高标准的服务贸易自由化。

第三，全球新的贸易协定影响渐强。目前正在谈判的最重要的多边协议是服务贸易协定（TISA），三个其他的多边协议——信息技术协定第二部（ITA2），政府采购协议（GPA），以及环境商品协议（EGA）——也将为双边和多边贸易谈判提供重要动力。

第二部信息技术协定（ITA2）致力于减少或消除在多类先进的信息技术产品上的关税，包括了80个国家。第一部信息技术协定于1997年开始生效；这项新协议旨在扩大产品覆盖范围，进而实现囊括全球97%的IT产品的目标。中国承诺扩展贸易壁垒自由化的IT产品范围。然而，由于中国和韩国不能在关于有机发光二极管（OLED）技术和产品的重要关税细目上达成共识，第二部信息技术协定谈判没有达成。只有等到在一些高价值关税细目上的争议解决，才有可能合作完成谈判。

此外，政府采购协定（GPA）是非常困难的协议。取消对政府采购的限制，既有利于政府更高效地配置资源，也会减少在竞标政府合同中的腐败风险。根据2001年加入WTO的文件，中国同意“尽快”加入政府采购协定。中国已经就政府采购协定的加入问题进行了多年的谈判；尽管中国最近提出扩大国际规则对省级政府的约束范围，但仍未能让其他政府采购协定成员国满意，因此谈判还在继续。

环境商品协议（EGA）旨在消除对一系列有助于减轻污染等恶劣环境作用的商品征收关税。这项倡议于2014年提出，如今包括了中国、美国、欧盟国家，以及其他14个国家。环境商品协议的谈判代表目前正在制定可用于关税改革的商品清单，其后将探讨关税逐步废除的时间跨度和可能免于自由化承诺的有限例外。环境商品协议潜在的工作量非常巨大，因为第二阶段谈判的目标是将改革扩大到关税自由化以外的领域，呼吁减少非关税壁垒和倡导环境保护相关的服务。环境商品领域的世界贸易估值为1万亿美元左右，作为贸易大国的中国将面临较大挑战。

趋势七：全球跨境投资总体趋缓，中国“走出去”步伐加快将成全球主要资本输出国

根据IMF2013年统计预测，2013—2018年全球经济年复合增长率将达到4.18%，比2007—2012年增加1.88个百分点。此背景下，全球FDI流量在2014年达到1.35万亿美元。联合国贸发会议《全球投资趋势监测报告》，2015年进一步上升至1.8万亿美元。鉴于主要经济体增长的不均衡性、脆弱性、不确定性，以及美国及其他一些大国货币政策分化，也可能带来新的风险，影响全球FDI的流向。2013年底公布的跨境并购及绿地投资项目均表明，总体而言，全球FDI短期内不会出现强劲增长。但中国可能是一个特例，“一带一路”沿线大多是新兴经济体和发展中国家，涵盖中亚、南亚、西亚、东南亚和中东欧等国家和地区。这些地区总人口44亿，经济总量约21万亿美元。未来几年，中国正面临从“商品输出”到“资本输出”的新阶段，通过深化“一带一路”战

略带动资源配置的全球化拓展。同时，加快与“一带一路”沿线国家签订双边或区域投资协定，拓展中国海外经济利益。特别是人民币国际化将作为货币发行保证金的外汇储备释放出来，成为可以动用的一种战略性资产，成为中国实行资本输出战略的重要保障。

趋势八：再工业化与新技术革命步入孕育期，将导致全球产业格局重组和重构

以美欧为代表的发达国家正在启动“再工业化”周期，“再工业化”的本质是产业升级和“归核化”（即向设计、研发、标准等价值链高端抬升）。一方面，宽带、智能网络将继续快速发展，超级计算、虚拟现实、网络制造、网络增值服务等产业快速兴起。另一方面，集成电路将逐步进入“后摩尔时代”，计算机将逐步进入“后 PC 时代”；“Wintel”（Windows + Intel）平台正在瓦解，多开放平台将会形成，云计算、大数据、物联网的兴起也是信息技术应用模式的一场变革。受此影响，“工业 4.0”和产业物联网将对全球产业格局产生重大颠覆性重构。

目前，智能化工业装备已经成为全球制造业升级转型的基础，发达国家不约而同地将制造业升级作为新一轮工业革命的首要任务。美国的“再工业化”风潮、德国的“工业 4.0”和“互联工厂”战略以及日韩等国制造业转型都不是简单的传统制造业回归，而是伴随着生产效率的提升、生产模式的创新以及新兴产业的发展，特别是德国“工业 4.0”战略更被视作新一轮工业革命的代表。

此外，当前全球制造业出现“制造业服务化”新趋向。在全球 500 强企业所涉及的 51 个行业中，有 28 个属于服务业；500 强企业有 56% 在从事服务业，而且在西方发达国家普遍存在两个“70%”的现象，服务业增加值占 GDP 比重的 70%，制造服务业占整个服务业比重的 70%。国际制造业跨国巨头都在推进制造服务化转型（见下表），这意味着制造业服务化时代正在到来。

表 1 80 家制造业公司中服务业务所占比例

行业	在全部销售收入中服务业所占比重	
	平均值	最高的 10 个企业
航空和国防	47%	超过 50%
汽车制造	37%	超过 50%
电子信息产业	19%	超过 50%
生物和医药设备	21%	超过 50%
所有制造业公司	26%	超过 50%

来源：德勤"基于全球服务和零件管理调研"研究报告

然而，不能回避的是，基于产业物联网和基于大数据的"工业 4.0"将对全球就业市场产生巨大影响。智能制造的兴起、机器效率的提高会使得人的简单劳动面临"失业"的危险。不单只是简单的体力劳动的失业，甚至还有可能是技能性岗位的失业。

趋势九：全球资源能源面临新供给冲击，初级矿产资源、基础大宗商品需求将趋下降

全球资源能源领域的长期传统格局正在发生重大改变，并出现三大新趋势：需求增长的趋势性放缓、新供给的结构性变化，以及消费增长重心转移。

首先，结构因素持续影响全球资源能源需求变化。发达国家消费萎缩、人口老龄化趋势不会改变，对资源能源的需求量和人均消耗量将趋势性下降。2014 年 1 月中旬，BP 公司发布了《2035 世界能源展望》。《展望》预计，从 2012 年到 2035 年，全球能源消费将增长 41%，年均增长 1.5%。增速将从 2005—2015 年的 2.2% 降至 2015—2025 年的 1.7%，再之后十年降至仅有 1.1%。

其次，全球资源能源格局面临"新供给冲击"。能源效率的提高、页岩气革命、新能源等替代能源的开发以及环境标准的提升，将大大改变全球资源能源的供给结构。全球产业结构趋向低碳化，以新能源、环保、高附加值制造业、生产服务性制造业以及能够提高能源效率的高技术产业为代表的低碳经济将

成为新一轮产业结构调整的主要推动力，初级矿产资源、基础大宗商品，以及化石能源需求会趋于减少。

第三，资源能源消费重心“由西向东”转移。随着全球经济增长重心“由西向东”转移，全球资源能源消费重心也随之转移。以能源需求为例。根据 BP Energy Outlook 2030 预测，未来 20 年，发展中国家将以更加迅猛的势头加速发展，2030 年发展中国家人口、GDP 总量和一次能源消费总量占全球的份额将分别达到 87%、60% 和 70%，届时全球人口增长总量的 95%、GDP 增量的 70%、能源消费总量的 93% 将来自于发展国家，特别是以中国、印度、巴西等新兴发展大国，对全球经济和能源消费增长将起到显著推动作用。

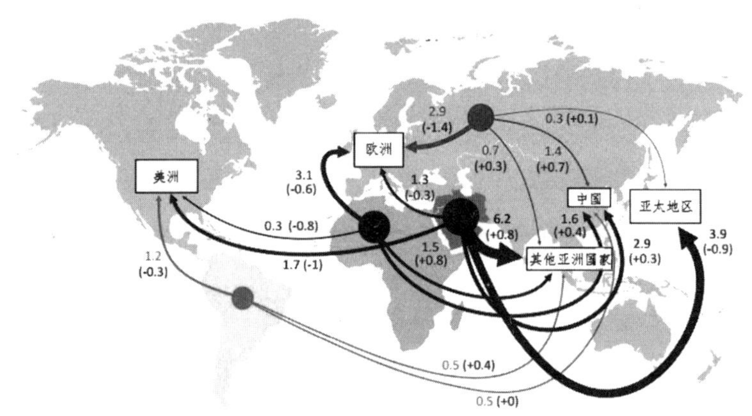

图4　2012—2018年主要原油贸易路线增长预期

资料来源：IEA，2014

趋势十：未来全球财富继续增长，但须高度警惕全球财富分配失衡加剧风险

根据瑞信发布的《全球财富报告 2013》，当前，美国、中国和德国是全球财富的三大增长来源。全球财富未来五年预计将上升 39%，到 2018 年达 334 万亿美元，年增长率为 6.7%。预测期内全球财富将增长 93 万亿美元，其中新兴市场占 29%，中国占近 50%。报告也预测，2000 年以来，中国国民财富每年

都增长 13.3%，并有可能在未来五年依然以 10.1% 的幅度快速增长。未来五年，中国人均财富将从现在的 1.21 万美元提升至 3.44 万美元，这意味着到 2018 年，将有超过 211 万中国人拥有百万美元财产，达到美国 20 世纪 90 年代水平。

然而，全球仍需高度警惕由于社会分配不公、资源配置和财富分配失衡，以及新技术，以及货币超发、贬值致财富隐形再分配所导致的日益恶化的贫富差距风险。瑞信银行所发布的《2014 年度全球财富报告》显示，从区域分布看，欧洲、北美和亚太国家（不含中国和印度）依次拥有世界总财富的 32.8%、31.7% 和 20%，相比之下，拉丁美洲拥有 3.8%，而非洲和印度仅拥有 2.5%。拥有世界人口总量 58% 这部分发展中、最不发达的国家和地区仅仅拥有全球财富的 16%。从人口分布看，全球人口被财富等级严格区分，占全球人口数量将近一半的人群仅分享全球总财富的 1%，而全球最富 10% 的群体则掌握着全球财富的 86%，全球顶尖富豪 1% 的群体更是支配着其中的 46%，俨然形成了一个由人口数量与财富数量构成且成负相关的“金字塔”。在金字塔的底部，沉淀着大量的人口和与此伴生的贫困；在金字塔的顶端，却在极少数精英的统治下进行着惊人的财富积累。因此，如何解决和管理全球越来越严重的财富分配失衡，并由此引发的国家与国家之间，阶层与阶层之间的冲突将是更为严峻的挑战。

【参考文献】

[1] 陈彩虹：《世界大转折》，生活 · 读书 · 新知三联书店 2013 年版，第 3—6 页。

[2] IMF World Economic Outlook: A Survey by International Monetary Fund, October, Washington DC, 2013.

[3] National Intelligence Council ed.,*Global Trends 2030:Alternative Worlds*（*NIC*），Military Bookshop, 2012.

[4] 社会科学院世界经济与政治研究所：《世界能源中国展望（2013—2014）》，社会科学文献出版社 2014 年版。

[5] http: / /www.whitehouse.gov/issues /blueprint-secure-energy-future.

[6] 许涛：《未来世界的财富格局》，《中国投资》2015 年第 1 期。

深化中国与亚欧区域经济合作的战略思考

朱　振

【导语】以习近平同志为总书记的新一届中央领导集体提出了“丝绸之路经济带”和“21世纪海上丝绸之路”的战略倡议，构建中国与亚欧区域各国的命运共同体和利益共同体。本文认为，应着力推动以“丝绸之路经济带”建设为主要内容的陆域国际经济合作圈，携手共建“21世纪海上丝绸之路”为主要内容的海域国际经济合作圈，加大区域内金融开放与合作力度，深化口岸合作，促进基础设施互联互通。

改革开放是当代中国最鲜明的时代特征，是中国发展的最大红利，也是强国、富民、稳边、睦邻的必由之路。中国共产党第十八次全国代表大会以来，以习近平同志为总书记的新一届中央领导集体精准把握时代脉搏，高瞻远瞩，运筹帷幄，坚持向西开放与向东开放并重，于2013年9月和10月分别提出“丝绸之路经济带”和“21世纪海上丝绸之路”战略倡议，之后中国与沿线国家一系列的务实合作结出了早期的果实。2015年3月28日，国家发展改革委、外交部和商务部联合发布了《推动共建丝绸之路经济带和21世纪海上丝绸之路的愿景与行动》，宣告“一带一路”进入了全面推进阶段。加快实施更加积极主动的开放战略，着力促进沿海、内陆、沿边区域实现优势互补共济、均衡持续发展，着力统筹推进双多边、区域次区域深化合作、互利共赢，着力打造中国与亚欧区域经济合作的“升级版”，在更大范围、更广领域、更高水平深化对外开放，以开放促改革、强国力、富百姓、睦四邻，更好地构建了中国与亚欧区域各国间的命运共同体和利益共同体。

朱振，国家口岸管理办公室，副处长，国家信息中心博士后。

一、深化中国与亚欧区域经济合作具有重大意义

当今世界是开放的世界，开放的本质是依托全球化和区域经济一体化发展趋势，充分利用有利的国际国内战略条件、本地区的比较优势，以世界眼光、战略思维来整合全球要素资源，形成自身富有特色的开放路径和开放模式。

（一）新时期贯彻落实“两个大局”战略思想，实现向东开放与向西开放并重，推动东中西部均衡协调发展的具体行动

1. 改革开放三十多年，依托沿海地区向东开放取得了辉煌成就

我国东南部海域濒临太平洋，是亚洲重要航运线路的必经之路。自近代以来，我国政治、经济重心不断东移，对外贸易主要依靠太平洋的海上运输通道，东南沿海地区自然成为开放的最前沿。

改革开放以来，中国紧紧抓住历史机遇，大力推进以融入全球为导向的对外开放和实施市场趋向的经济体制改革，充分利用西太平洋海上运输通道，重点实施向东开放，主要面向发达国家市场，加强与美国、欧洲、日本等国家间经贸、科技、人文等合作交流，凭借优越的区位、政策、资源优势，肇始于四个经济特区的沿海地区对外开放取得成功，并逐步向沿江（河）、沿边、内陆地区梯度推进，培育造就了珠江三角洲、长江三角洲、环渤海地区三大重要区域增长极和一系列城市集群，沿海地区率先发展辐射带动了中西部地区渐次发展；成功打破了计划经济的禁锢，释放了生产要素活力，提高了资源配置的效率，较好地承接了全球产业转移，充分利用两个市场、两种资源，保持了相当长时间内经济社会持续快速的发展。回顾改革开放30年的发展历程，中国经济长期高速增长既离不开内部改革创新所激发的动力和活力，更离不开对外开放所带来的全球市场融入、产业转移承接的机遇和空间。

2. 当前区域经济发展中存在的突出问题亟须统筹解决

在看到成绩的同时，还应看到，由于受地理区位、交通运输、发展条件等

诸多因素影响制约，从开放程度和开放成效上来说，我国对外开放、区域经济发展总体还呈现“东强西弱、海强边弱”和东中西发展不均衡、南北方发展不协调、沿海内陆沿边差距大的现实状况，特别是沿边地区对外开放的整体规模、总体水平、发展方式、对区域经济拉动等方面滞后，须从国家全局上统筹谋划，着力推动解决。

3. 未来 30 年要推动区域经济持续协调发展，应依托周边、两洋齐重，实现海陆空统筹推进、东中西互补共济

沿边和内陆地区的开放水平决定着对外开放的广度与深度。改革开放前三十多年主要成就看沿海，从目前至全面建成小康社会的未来 30 年间，主要成就应当看沿边和内陆地区。

为此，既要承袭改革开放的成功经验，继续推进面向太平洋区域的向东、向南、向东南开放，依托海洋着力建设好 21 世纪海上丝绸之路，大力提升沿海地区对外开放水平；还应坚持与时俱进、应时而变，以大国胸怀、世界眼光和战略思维加强顶层设计，统筹谋划未来发展之路，以亚欧大陆为支撑，充分利用好印度洋“通西域”、“下西洋”，更多地面向发展中国家和新兴市场，着眼睦邻、安邻、富邻和平等、互利、合作，进一步扩大沿边内陆地区开放，加快推进向西南、向西、向北开放，同时还要加强和深化大图们江区域合作，深化中国与亚欧各国特别是周边国家间的交流协作，扩大各方利益汇合点，使命运共同体、利益共同体意识在亚欧各国特别是周边落地生根，更好地实现扩大开放、内外联动、互联互通、优势互补，在更高层次、更大范围地拓展国际经济活动空间。

（二）实现和维护好我国地缘战略、国家安全、经济安全的现实需要

1. 亚欧各国特别是周边是中国和平发展的重要依托

我国是世界上陆地边界线最长和邻国最多的国家，陆路边境线长达 2.2 万多公里（其中西部边境线有 1.8 万多公里），与周边 14 个国家（朝鲜、俄罗斯、哈萨克、吉尔吉斯、塔吉克、蒙古、阿富汗、巴基斯坦、印度、尼泊尔、不丹、

越南、老挝、缅甸）接壤。

亚欧大陆连接四大洋，地处世界心脏地带，在国际政治经济中处于重心地位。中亚五国与我国有稳定合作基础，是我国建设“丝绸之路经济带”的重要合作伙伴。西亚、北亚、中东地区是沟通大西洋和印度洋、连接东西方的枢纽地带，能源资源富集，是我国经济互补性强的新兴市场。南亚、东南亚是建设中巴、中印孟缅经济走廊和 21 世纪海上“丝绸之路”的重要合作伙伴，我国与南盟、东盟经济互补性强，双多边关系深入发展，次区域合作灵活务实推进。东北亚地区由于历史原因，相关国家与我国经济合作既有机遇又有挑战。中东欧是欧盟的重要门户，我国是其在亚洲最重要的贸易伙伴；西欧主要国家与我国经贸合作互补性强，发展势头良好。可见，深化中国与亚欧区域经济合作具有深远的现实意义。

2. 东部发展面临内外部环境的限制，东向发展受到一定影响

我国是海陆复合型国家。改革开放以来，东部沿海地区是经济社会发展的重点区域，2.8%的国土聚集了全国 18%的人口，创造了全国 36% 的 GDP。但从内部环境看，目前东部人口、土地、资源、环境等承载重压凸显，劳动力成本、土地制约、资源紧缺、环境污染等问题突出，东部发展的综合承载能力和比较优势下降，传统发展模式潜力将尽，应由重“速度”转向重“均衡”，遵循市场经济规律，加快转变发展方式，逐步实现“腾笼换鸟”、“扩笼壮鸟”、“筑笼引鸟”、“凤凰涅槃”。而内陆和沿边地区劳动力成本较低、土地承载能力较强、资源丰富、后发优势明显，将是我国长远发展最大的回旋余地。

从外部环境看，在大发展、大变革、大调整的国际形势下，出于地缘战略、国家安全的国家间竞争与合作日益激烈，各方对亚太地区特别是中国周边角逐博弈，导致我周边地区局势“树欲静而风不息”。尤其美国实施“重返亚太”、“亚洲再平衡”战略，介入东海、南海领土领海纠纷和亚太区域安全，并主导力推《跨太平洋战略经济伙伴协定》（TPP）、《跨大西洋贸易与投资伙伴关系》（TTIP）谈判且有意无意排除中国，以期重构亚太贸易投资版图，上述必须高度重视、统筹应对的外部因素对我国向东开放造成诸多影响和制约。

3. 依托沿边地区加快实施更加积极主动的开放战略，能更好地扩展中国新的开放领域、市场空间和发展空间

随着我国全球影响力逐步扩大，海外利益疆域持续拓展，在重视海洋强国同时，更应放眼长远、统筹兼顾、倚重亚欧大陆，更加注重扩大内需与扩大开放相结合、西部大开发与沿边大开放相结合、向发达国家开放与向发展中国家开放相结合，以周边为首要和基础，重视周边、稳定亚太、经营亚欧，睦邻安邻富邻，平等互利合作，不断深化我国与亚欧区域次区域经济合作，努力营造和平共处、互利共赢、有序发展的亚太区域环境，进一步提升影响力和话语权，实现扩大开放、内外联动、优势互补与统筹区域发展相协调，不断拓展新的开放领域、市场空间和发展空间，维护好国家经济安全，使东向开放与向西开放传续引领、相得益彰，为早日建成小康社会、实现中华民族伟大复兴“中国梦”做出重要贡献。

二、深化中国与亚欧区域经济合作的主要建议

亚欧大陆是世界上面积最大、人口最多的大陆，也是发展机遇最多、潜力最大的大陆。亚欧区域特别是周边地区聚集了我国重要的政治、经济、安全等战略利益，深化我国与亚欧区域经济合作，将为我国参与多边协调、促进经济增长、提升国际地位提供良好机遇。为此，建议抓好以下方面：

（一）着力推动以“丝绸之路经济带”建设为主要内容的陆域国际经济合作圈

陆上丝绸之路始于张骞出使西域，它东起长安，经河西走廊跨帕米尔高原，分南路、中路、北路分别抵达南亚、西亚、中亚和地中海、北非等国。当下，我国兼顾各方共同利益，会同有关国家协同建设“丝绸之路经济带”。

一方面，要坚持“五通”原则，充分发挥上海合作组织在推进“丝绸之路经济带”中的重要作用。既要弘扬古丝绸之路求同存异、互通互补、互惠互利

的合作传统与共赢理念，又要创新合作模式，着力依托上海合作组织，并将其打造为吸引力大、凝聚力强的亚欧国家间安全与经贸合作机制；在该组织框架下，以"五通"（政策沟通、道路联通、贸易畅通、货币流通、民心相通）为主要内容，以海陆空交通网络、跨境电信电网通讯、国际能源运输管道为主要联通范畴，充分发挥沿边各省区向西、向北开放优势，进一步密切我国与中亚、西亚、南亚、东南亚、东北亚、中东欧、西欧等亚欧各国间区域经济合作交流。

另一方面，要统筹双边、多边、区域、次区域开放合作，找准发展定位和差异性优势，着力加强"丝绸之路"沿线经济带建设。坚持以点带面、从线到片、点面结合、线片成域，大力发展通道经济，充分利用国际道路运输公约等双多边运输便利化协定，积极参与并推动我国基础设施与亚欧重点国家特别是周边的互联互通，进一步推进以"丝绸之路"国际交通运输网络为轴线的沿途经济带发展和亚欧大陆桥铁路、泛亚铁路、渝新欧等中欧国际货运列车沿线国际经济走廊，有序推进亚欧自贸区、区域大市场等建设，使我国向西开放与欧洲向东开放更紧密结合，使我国与亚欧各国间经济联系更紧密、相互合作更深入、发展空间更广阔，切实提升国际经济合作整体效应。同时，还要着眼于我国的资源能源运输安全和供给安全，进一步拓展和维护好陆域、海域、空域的能源资源安全大通道，确保能源资源和大宗商品等运输畅通、供应顺畅，有效破解西方对我陆上海上安全通道的钳制威胁。

（二）携手共建"21世纪海上丝绸之路"为主要内容的海域国际经济合作圈

海上丝绸之路起于秦汉，主要以南海为起点，东洋、南洋、西洋航线分别抵达东北亚、东南亚、南亚、阿拉伯半岛和东非沿海等国家。当下，我国以自身为主导，会同有关国家共同协同建设"21世纪丝绸之路"。

一方面，要坚持讲信修睦、合作共赢、守望相助、心心相印、开放包容，深化战略互信，拓展睦邻友好，聚焦经济发展，扩大互利共赢，妥善协调处理领土主权和海洋权益分歧，发展好海洋合作伙伴关系，加快建设更为紧密的中国—东盟命运共同体、中国—南盟和中欧、中非战略伙伴，支持东盟、南盟、中东欧、东非等区域各国发展。

另一方面，要充分利用中国—东盟自贸区、大湄公河次区域、泛北部湾等合作平台，全面加强泛北部湾沿海区域、泛珠三角与东盟区域、中新、中越、中老泰、孟中印缅经济走廊等建设。同时，还要充分利好中国—东盟投资合作基金、海上合作基金、银联体和亚洲基础设施投资银行、专项贷款等金融合作平台作用，加强区域金融合作和风险防范，大力推进“10+6”区域全面经济伙伴关系协定（RCEP）谈判，打造中国—东盟自由贸易区“升级版”，全面提升区域贸易投资自由化、便利化水平。

（三）打造对外开放新平台，深化沿海内陆沿边开放

一方面，要充分发挥上海、天津、福建自贸实验区示范引领、服务全国的作用，进一步加强制度创新，强化财税、贸易、产业、区域等政策协调，加快整合优化海关特殊监管区和各类开发合作区域，在政策叠加、功能拓展、制度创新、整合发展、产业集聚、转型升级、层次提升等方面实现突破，释放更多改革红利。在先行先试基础上，立足“可复制、可推广”，逐步选取若干具备条件的地方设立各具特色的自由贸易园（港）区，培育形成引领国际经济合作和带动区域发展的开放高地。

另一方面，要加快沿边内陆开放步伐，统筹双多边、区域次区域开放合作。加强边境基础设施和道路交通设施建设，抓住全球产业重新布局机遇，找准发展定位和差异化优势，加大沿边区域经贸中心支持力度，重视支持沿边中心城市和城市集群加快发展，促进形成具有较强集聚力、辐射力、带动力的区域经济增长极。推动内陆地区贸易、投资、技术创新协调发展，形成有利于内陆产业集群发展的体制机制；推动内陆同沿海沿边通关协作，实现口岸部门间信息互换、监管互认、执法互助，提升口岸整体通行效率和服务水平，进一步促进贸易便利化。

此外，还要加快推进区域贸易便利化和市场一体化。首要加快建设一个统

一开放、竞争有序的国内市场经济体系，消除因不同地区间条块分割导致的市场碎片化。同时，以构建亚欧大市场为目标，充分利用现有区域合作机制平台，以周边为基础加快实施自贸区战略，坚持内外联动，主动参与国际产业分工，进一步扩大我国与亚欧各国的经贸合作，推动引资、引技、引智有机结合，提高利用外资综合优势和总体效益，增强企业国际化经营能力，推动形成面向全球的高标准自贸区网络，妥善解决“引进来”、“走出去”的贸易便利化和市场一体化问题，让亚欧两大洲人员、企业、资金、技术等活起来、火起来，使中国和欧盟成为世界经济增长的双引擎。

（四）坚持内外统筹，进一步加大区域金融开放合作力度

大国崛起需要大国金融。一方面，对内要加强金融基础设施建设，逐步扩大金融业开放。有序发展普惠金融，鼓励金融创新，丰富金融市场层次和产品；完善金融市场体系，健全多层次资本市场体系；落实金融监管改革措施和稳健标准，完善监管协调和金融机构市场化退出机制，保障金融市场安全高效运行和整体稳定；通过提供全方位、多层次、一体化的信贷支持和金融服务来全力扶助实体经济发展、科技创新、产业升级和经济转型。

另一方面，对外要稳步推进金融开放与国家统筹控制并举。加大外汇储备资源的战略运用和全球范围资源配置，完善人民币汇率市场化形成机制，加快推进利率市场化，推动资本市场双向开放，有序提高跨境资本和金融交易可兑换程度，建立健全宏观审慎管理框架下的外债和资本流动管理体系，采取渐进的金融开放方式和审慎的全球化策略，分阶段、分步骤推进人民币周边化、区域化和国际化，加快实现人民币资本项目可兑换，逐步实现人民币在周边地区、亚洲乃至成为全球的关键货币。

（五）深化口岸国际合作，促进基础设施互联互通

口岸是国家对外开放的门户、经贸人员往来的桥梁和形象展示的窗口，在促进区域经济社会发展中具有重要作用。目前，我国已与绝大多数毗邻国家签

署了两国政府间边境口岸及其管理制度的协定，对等开设了边境公路、铁路口岸，建立健全了双边口岸合作机制，有效服务了国家发展战略和政治外交大局。截至 2014 年底，全国共有经国务院批准开放的口岸 288 个，其中水运口岸 135 个，航空口岸 66 个，铁路口岸 20 个，公路口岸 67 个；已形成了沿海、沿边水运口岸密集分布，各省（自治区、直辖市）重点开放城市和旅游城市航空口岸基本覆盖，沿边铁路、公路口岸多点开放的全方位、多层次、立体化口岸开放格局，较好地适应了深化改革开放和加快经济社会发展的需要。

一方面，对内而言，深化口岸国际合作，有助于不断改善我国边境口岸基础设施、检查检验设施和交通运输条件，促进口岸通行便利化，以边境口岸开放和口岸城市发展为重要抓手，加快推动中国—东盟大通道建设、北部湾经济区建设、云南面向西南开放重要桥头堡建设、内蒙古向北开放“桥头堡”建设、振兴东北等老工业区、新疆实现跨越式发展，以及跨境能源资源通道重大工程规划与建设，更好地促进沿边地区繁荣发展和睦邻友好关系。

另一方面，对外而言，深化口岸国际合作，有助于协同外方同步加强其边境口岸基础设施、检查检验设施建设，最大限度地实现我国与毗邻国家间口岸对等开放和通行能力匹配，最大可能地推动我国与毗邻国家间口岸通关制度协调，不断提升跨境口岸通行能力和通行效率，同时还有助于我国利用好国外有关港口发展远洋运输，进一步保障和提升我国的陆海空运输能力和国际影响力。

【参考文献】

[1] 习近平：《弘扬人民友谊 共创美好未来——在纳扎尔巴耶夫大学的演讲》，2013 年 9 月 7 日。

[2] 习近平：《携手建设中国—东盟命运共同体——在印度尼西亚国会的演讲》，2013 年 10 月 3 日。

[3] 习近平：《在比利时布鲁日欧洲学院的演讲》，2014 年 4 月 1 日。

[4] 李克强：《共同开创亚洲发展新未来——在博鳌亚洲论坛 2014 年年会开幕式上

的演讲》，2014 年 4 月 10 日。

[5] 李克强 :《在第十届亚欧首脑会议第一次全会上的发言》，2014 年 10 月 16 日。

[6]《中共中央关于全面深化改革若干重大问题的决定》（2013 年 11 月 12 日中国共产党第十八届中央委员会第三次全体会议通过）。

[7]《中共中央关于全面推进依法治国若干重大问题的决定》（2014 年 10 月 23 日中国共产党第十八届中央委员会第四次全体会议通过）。

[8]《推动共建丝绸之路经济带和 21 世纪海上丝绸之路的愿景与行动》（国家发展改革委、外交部、商务部 2015 年 3 月 28 日联合发布）。

我国农业“走出去”难在哪里？出路何在？

刘永强

【导语】2015 年中央一号文件明确提出要“提高统筹利用国际国内两个市场、两种资源的能力”，这是中央从我国粮食安全的大局出发，放眼全球资源和市场做出的战略决策。在高水平引进来与大规模走出去的大背景下，了解我国农业“走出去”的难点所在，精准、高效地支持农业“走出去”，是我国面临的重大课题。

一、当前是推动农业“走出去”的关键时期

无论从国家战略、国际环境还是从市场主体看，农业走出去既是大势所趋、又面临着广阔的前景。牢牢抓住当前农业“走出去”面临的重大历史机遇，提升我国在世界范围内整合开发农业资源、增加农产品供给的能力和水平，是一件功在当代、利在千秋的大事。

（一）国家战略上确有必要

从粮食安全战略角度看，据统计，到 2020 年我国粮食需求将达到 6.8—7.7 亿吨，届时粮食缺口将有 1 亿吨。与此同时，全球有 7—10 亿亩土地有待开发，尤其是南美洲、非洲、部分周边邻国的农产品生产潜力巨大。在坚持“中国粮、中国造，中国饭碗、中国端稳”的前提下，必须从战略上重视农业走出去，从全球范围内获取更为稳定的供给来源。从全球农业市场格局看，我国虽然在

刘永强，中国农业银行战略规划部副总经理，北京师范大学博士。

农产品贸易领域规模巨大，但并不具备相应的话语权和定价权，在国际农业领域的竞争角逐中往往处于被动地位。以大豆为例，中国是世界最大的大豆进口国，但在国际市场上却没有定价权，完全受控于他国及少数跨国公司。发展农业"走出去"，有助于打破现有垄断局面，提升我国农业贸易话语权。

（二）国际环境上总体有利

党的十八大以来，党中央和习总书记以大智慧运筹外交大格局，在构建新型大国关系、经略周边，深化发展同南美、非洲的战略伙伴关系方面取得了丰硕成果，进一步改善了我国发展的国际环境。特别是"一带一路"战略的实施，将会大大拓展我国农业"走出去"的潜力和空间。目前已有130多个国家和地区与我国签署双边投资保护协定，90多个国家与我国签订避免双重征税协定。与此同时也要看到，中国在非洲、东南亚等发展中国家进行农业资源开发，既可以提高当地发展水平，又可以巩固双边政治经贸关系，反过来也会促进国际环境的改善。

（三）市场主体上具备条件

在经济新常态下，土地、劳动力、资源环境方面的成本和约束越来越突出，农业企业对"走出去"的呼声很高，而且逐步具备了"走出去"的实力。如中国农业发展集团在世界40多个国家建立了分支机构或基地，与80多个国家和地区保持经贸往来关系，积累了大量海外开发的成功经验。中粮、双汇、伊利、新希望等龙头企业全球生产、加工、物流及贸易产业链条逐步得到完善。从调研的情况看，不少农业企业认为，现在农业"走出去"面临着历史上最好的机遇，现在不走出去，会把国外的农业资源拱手让人。

二、农业"走出去"面临一些特殊难题

作为国家"走出去"战略的一部分，农业"走出去"与其他行业相比，起点低、难度大、收益少、实力弱，面临着几个特殊的难题。

（一）主体层面缺少具有国际竞争力的大粮商、大集团

企业是我国农业“走出去”的主体，多年实践经验表明，只有企业做大做强，我国才具备农业“走出去”健康、可持续发展的根本动力。然而，与国际同业相比，我国缺乏像美国的ADM、邦吉、嘉吉等那样实力雄厚的大粮商、大集团。这几大粮商通过订单合同、大宗商品等形式，控制了全球80%的粮食交易量，直接垄断了国际农产品供应链条及价格。与国内其他行业相比，农业“走出去”仍有较大差距。2008至2012年间，我国各行业累计对外投资3702亿美元，其中农业企业仅占0.97%。

（二）战略层面规划不足

一是缺乏全球战略。农业“走出去”缺乏战略目标、顶层设计和统一部署，还需要做好国别规划、区域目标规划、近期及远期目标规划、多边及双边目标规划。只有国家的全球战略明确，企业才有可能在政府引导下参与农业“走出去”战略，在拓展市场、获取资源的同时服务于国家战略。二是政策体系不够健全。一方面是针对国内企业“走出去”的扶持、补贴政策力度不足，难以满足企业发展需求。另一方面是对国际政策的掌握不足，难以有效帮助农业企业安全、高效地“走出去”。此外，与政策落实有关的制度尚不完备，部门间的协调机制尚未确立，对农业企业“走出去”的引导作用发挥不够充分。

（三）金融层面存在扶持瓶颈

一是低成本资金制约。银行服务农业“走出去”的外汇资金来源相对较少、成本相对较高。而农业企业对资金价格更为敏感，因而银行为农业企业“走出去”提供服务过程中，面临突出的资金供需矛盾。二是信贷规模制约。目前我国银行境外人民币贷款受到信贷总盘子约束，境内外汇贷款则受到头寸管理监测约束，使银行能够拿出来扶持农业“走出去”的信贷资源有限。三是海外金融机构布局制约。目前中资金融机构海外布局首选发达国家；而农业“走出去”

企业与项目多分布于发展中国家，存在一定错位，难以在目标国直接获得中资银行扶持。此外，从保险方面看，我国支持农业“走出去”的现有保险产品以中国出口信用保险公司的中短期信用保险为主。我国出口信用保险支持的出口额占一般贸易出口总额的比重仅为5.5%，远低于国际10%的平均水平，对“走出去”的支持作用不够强。另一方面，我国专业农险公司相关产品匮乏，针对非常风险的农业对外投资保险险种还是空白，缺乏对农业“走出去”的专项支持。

（四）服务层面缺少专业机构

国内缺少对农业“走出去”项目给予信息咨询、目标国评估、项目对接、培训辅导等专业性、综合性的中介服务机构。笔者调研中发现，新希望、通威等国内大型民营农业企业“走出去”主观意愿强烈，但对到“哪里去”，该“怎么去”不清晰。亟须专业机构为企业提供境外国家法律、税收政策、特定监管制度、经济政治以及生态环境等方面的信息扶持。此外，国内投行服务发展相对滞后，也制约了海外农业项目并购重组。如双汇集团并购史密斯菲尔德时，在提供全程综合金融服务的三家财务顾问中，有两家（摩根、高盛）是外资金融机构。

（五）风险层面隐患较多

与其他领域相比，农业“走出去”过程中存在更多的风险因素。一是与农业及土地有关的政治风险突出。农业“走出去”主要涉及土地、粮食、农业等战略性要素，政治敏感性强，容易成为媒体、舆论的焦点。其中土地资源约束与保护政策更为复杂，风险因素难以控制。如中农发购置柬埔寨大片土地。因地上附着红木属该国国宝而难以开发利用，大量投入资金无法收回。二是与东道国国情有关的国别风险突出。出于成本考虑，我国多选择发展中国家作为粮食生产基地。但这些国家国情复杂，政治、经济、外交关系波动大，更容易导致项目搁浅。如希腊债务危机、非洲埃博拉病毒爆发等都对投资当地的中国农业企业产生了不利影响。针对上述问题，国际通行的做法是政府对农业企业

“走出去”实施必要的补贴。但在我国，政策性银行对企业“走出去”的补贴非常有限；政策性保险在股权性投资方面尚缺乏系统的政策支持和成熟的操作模式；企业“走出去”的风险分担机制尚不完善，对企业“走出去”的“保驾”功能有待加强。

三、对策建议

中国农业“走出去”要想走得稳、走得远，就必须扶植大的企业集团、提升金融扶持能力与风险防控水平，形成“一盘棋”战略格局。

（一）培植大粮商、大集团，整合上下游产业链

规模化和科技化是中国农业发展的必由之路，而决定农业“走出去”成败的关键是能否打造一批具有国际竞争力的“大粮商”、“大集团”。一是做好摸底调查。相关部门应当对具备“走出去”条件的农业企业进行全面调查，掌握企业的数量、规模、国别、投资取向、发展需求等详细信息，为实施农业走出去战略、设计相关扶持政策奠定数据基础。二是推进国有、民营企业优势互补的战略格局。目前，农业“走出去”主体多是一些大型国企、央企，为提高我国农业整体国际竞争力，应进一步引导有实力的民营企业走出国门，推动这些企业发展壮大，实现资源优化配置，形成全面发展的战略格局。三是形成合力，推动企业发展壮大。打造大型现代农业企业，除了需要企业自身抓住发展机遇，更需要政府部门、金融机构、社会各界形成合力，调动资源、整合上下游，推动大型农业企业以及全产业链的发展。

（二）明确发展战略

一是及早制定我国农业“走出去”战略规划。政策层要站在企业和金融机构的角度，在全球范围内统筹平衡，明确发展目标，细化“走出去”的产业与国别，绘制全球农业“走出去”发展地图，实现农业精准的“走出去”，进一步

提高“两种资源”的利用能力，保障我国粮食安全。二是完善扶持体制、机制。完善政策制度和协调机制、强化有关政府部门的职能、搭建海外农业信息网络指导平台、健全海外监管及农业外交队伍，有效引导农业企业整合资源优势，做强做大、走出国门。

（三）强化金融扶持能力

一是拓宽低成本资金来源。利用我国外汇储备雄厚的优势，成立“农业‘走出去’扶持专项基金”，按照市场化原则向银行提供低成本外汇资金，满足农业“走出去”长期投资需求。二是逐步放宽有关监管政策。监管部门对金融扶持农业“走出去”给予单独风险考核，调动企业和金融机构的积极性，增强银行资金投放能力。三是优化境外金融机构布局。引导银行围绕国家农业“走出去”战略布局和市场需求，有针对性地在重点目标国设置特色海外机构，实现“企业＋银行”对接与双赢。要特别注意以“一带一路”为主轴铺设中资金融机构网点，以更好地承接国家战略落地实施。四是增强保险功能。政策性保险要扩大农业“走出去”险种类别、承保范围和赔付比例，并深化与银行在长期投资项目上的合作。商业性农险公司也应该积极面向农业“走出去”，加强产品和服务创新。

（四）培育和发展专业服务机构

一是由政府引导成立专项服务机构。由相关部委引导和鼓励组建专业服务机构，做好农业“走出去”项目调研评估和科学论证，建立风险识别、评估、预警与防控体系，对“走出去”企业提供信息咨询与专业辅导，降低企业盲目投资风险。二是给予政策倾斜。通过税收、补贴等优惠政策，鼓励专业化服务机构以及社会调查机构、中介机构、信息平台发展壮大，为企业提供境外投资环境、法律法规、并购重组等更为充分的智力服务。三是鼓励投行发展。鼓励金融机构打破传统业务思维，创新国际投行服务，针对农业“走出去”的不同融资需求，提供综合性金融解决方案。

（五）完善风险防控

一是帮助企业识别国别风险。政府有关部门应加强对投资国政局变动、土地政策变化等政治因素的预判与分析，提前为“走出去”企业提供智力识别支持。二是加强东道国磋商谈判。在农业“走出去”整体战略布局下，在外交层面和经贸层面加强与目标国政府的沟通与谈判工作，为涉外农业企业争取更为有利的条件。三是引导企业做好尽职调查。对于农业“走出去”项目，政府应本着审慎原则，引导规范企业开展尽职调查，了解目标国经济、政治、文化、法律，科学设计项目方案，避免盲目“走出去”造成不必要的损失。四是完善多渠道风险分担机制。企业层面，通过完善跨国经营风险管理制度基础，合理采用各类市场手段来分担化解企业运营过程中的经济风险。金融体系必须加快国际化步伐，不断创新金融产品，为我国企业“走出去”战略提供更为广泛有效的风险分担机制，政府需加强我国企业“走出去”战略的宏观制度构建，为我国企业风险尤其是政治风险提供分担方案 。

【参考文献】

[1] 杨易：《农业“走出去”战略》，《农产品市场周刊》2013 年第 13 期。

[2] 王镭、张杰：《国外金融支持农业“走出去”的经验分析与借鉴》，《中国农业信息》2014 年第 9 期。

[3] 杨易等：《金融推进农业“走出去”研究》，CF40 中国农村金融论坛，2015 年度课题。

[4] 杨光等：《农业“走出去”金融政策现状、问题及对策》，《世界农业》2013 年第 9 期。

[5] 张晨、秦路：《涉农企业自身、金融服务主体与农业“走出去”战略的关联度》，《改革》2014 年第 5 期。

国防科技工业在“一带一路”战略中大有作为

胡　颖

【导语】以习近平同志为总书记的新一届中央领导集体提出的“丝绸之路经济带”和“21世纪海上丝绸之路”战略倡议，得到国际社会高度关注。借助“一带一路”的东风，我国军工企业应把握机遇“走出去”，通过延伸和拓展业务，培育和发展成为跨国公司，面向全球发展。国防科技工业要坚持军寓于民的正确方向，着力推进国防科技工业全要素、多领域、高效益的军民融合。

2013年9月和10月，中国国家主席习近平在出访中亚和东南亚国家期间，先后提出共建“丝绸之路经济带”和“21世纪海上丝绸之路”的重大倡议，得到国际社会高度关注。

一、“一带一路”国家战略的内涵与意义

（一）内涵

2013年9月和10月，中国国家主席习近平在出访中亚和东南亚国家期间，先后提出共建“丝绸之路经济带”和“21世纪海上丝绸之路”的重大倡议，得到国际社会高度关注。

“一带一路”构想具有丰富的内涵：

其一，它体现了对古丝绸之路精神的继承和发扬。在21世纪的今天，习近平主席提出的“一带一路”倡议，充分体现了互信和互利的精神，以经济和人

胡颖，中国船舶重工集团公司第七一四研究所，主任助理，中国国际经济交流中心博士后。

文合作为主线，贯穿了“亲、诚、惠、容”的周边外交理念。

其二，“一带一路”是开放包容的。推动“一带一路”建设，必须有开放包容的理念和精神。以和平、开放和包容为重要精神元素，古老中华文明方能释放自信，彰显复兴。

其三，“一带一路”的建设应坚持共商、共建、共享原则，以“互联互通”为核心内容。“一带一路”是互利共赢之路，将带动各国经济更加紧密结合起来，共商、共建、共享原则是保证各方利益的核心原则。

（二）意义

“一带一路”构想寄托着多层次的区域合作愿景：

其一，从国内段而言，这既是一个引领未来我国西部大开发、实施向西开放战略的升级版，也促进了东部地区的转型升级和对外投资，是中国形成全方位对外开放格局、实现东西部均衡协调发展的关键一环。

其二，从国际段的我国紧邻区域而言，这一构想符合上海合作组织框架下区域经济合作发展的新方向，为沿线国家优势互补、开放发展开启了新的机遇之窗，打造好同西部邻邦及东南亚邻国的友好合作关系。

其三，从整个国际段而言，这一构想展现了我国发展区域共赢合作的新理念、新蓝图、新途径和新模式。

新理念：“利益共同体”和“命运共同体”的新理念；

新蓝图：从波罗的海到太平洋、从中亚到印度洋和波斯湾的交通运输经济大走廊；

新途径：通过加强政策沟通、道路联通、贸易畅通、货币流通、民心相通等新途径，与现有的区域合作机制协调发展；

新模式：创新合作模式，以带状经济、走廊经济、贸易便利化、技术援助、经济援助、经济一体化等各种可供选择的方式与沿线国家共同推进欧亚区域经贸发展。

“一带一路”的建设，不仅有利于推动我国自身发展，而且惠及亚洲、欧洲、非洲乃至世界，对提升世界经济发展繁荣与和平进步具有深远意义。

二、国防科技工业的责任

（一）国防科技工业现状

国防科技工业是国家国防科学技术发展与应用的主力军，是国家战略性高技术产业，涵盖核、航天、航空、兵器、船舶、电子六大行业，肩负着强军和富国的双重使命。作为国家战略性产业，国防科技工业是国家经济走向世界的骨干力量，同时也是国家科技创新体系的重要组成。

经过几十年来的努力与实践，国防科技工业由小变大、由弱变强，在支撑武器装备升级换代的同时，对科技进步和经济社会发展也发挥了积极作用。目前，我国国防科技工业保持快速增长态势，国防科技工业增加值增速高于国民经济年均增速，为国民经济“稳增长、调结构”做出了积极贡献。未来，国防科技工业坚持寓军于民的正确方向，植根国家科技和工业基础，融入国家“大安全、大防务”体系中，融入国民经济体系中，着力推进国防科技工业全要素、多领域、高效益的军民融合。

国防科技工业是一个相对独立的，履行双重功能（军事功能和经济功能）、获取双重效益（军事效益和经济效益）的科研生产领域。我国的国防科技工业系统的主要力量主要集中于十大军工集团。各军工集团公司坚持把科技作为第一生产力，加强科技创新体系建设。武器装备型号研制和预先研究突破了一大批关键技术，国防基础科研、技术基础进步显著。军工企业已成为国防科技工业的支柱力量。

（二）国防科技工业的责任

“一带一路”战略是合作发展的理念和倡议，是依靠我国与有关国家双方或多方合作，主动地发展与沿线国家的经济合作伙伴关系，共同打造政治互信、经济融合、文化包容的利益共同体、命运共同体和责任共同体。可以看出，“一带一路”的实施注定是一个宏伟的建设过程。我国既然作为“一带一路”构想的发起者，理应承担起相应的责任。作为全球第二大经济体，在“一带一路”区域内，我国 GDP 占到近 40%，贸易占到近 30%，人口占 1/3 左右。如何发挥大国的作用，是我国在推进“一带一路”时必须首先做到的一点，也是周边各国的期待。

作为国有企业的重要组成部分，军工集团承担着国家安全稳定、国民经济健康发展的支柱责任。“一带一路”的建设发展，主要依靠国有大型企业的力量，军工企业无论从实力还是责任来讲都义不容辞。一方面，军工企业无条件地执行国家派发的任务，另一方面，军工企业自身也应该调动积极性，树立信心和责任心，用前瞻性和发展的眼光看问题，主动投入到“一带一路”的建设中。

三、国防科技工业建设“一带一路”中的重点任务与策略

（一）助力西部大开发，促进东西部平衡发展

“一带一路”战略的推进，为西部大开发带来了新的机遇。从国土来看，中西部属于腹地，属于大后方，在开放程度、经济发展方面相对比较滞后。自西部大开发实施以来，我国西部经济发展水平取得了较大的进步，然而，西部和东部的差距仍然在扩大。而“一带一路”的提出意味着西部经济发展的新时代即将来临。

“一带一路”谋求的是陆海统筹，不仅利用海洋平台，还要利用陆地国际的大通道，真正能够使腹地和中西部的地区得到开放和发展。“一带一路”将打通我国边境通道、东中西部间的物流通道和保障东部与南部资源供应的战略资源通道，能够促进西部地区与周边国家的贸易往来，加强东中西之间的联系，降低西部物流成本，发挥西部战略资源优势，密切与东部的经济联系，从而实现双向互动。

国防科技工业的主要力量——军工企业集团积极承担支持西部大开发的责任，着力于基础设施和交通建设，打造“丝绸之路经济带”，使之成为扩大中西

部开放、打造中西部经济升级版的主引擎，从而促使我国形成全方位对外开放格局、实现东西部均衡协调发展。

（二）推进国防科技工业力量“走出去”，面向全球发展

经过长期发展，我国军工企业已具备较强的科技实力和经济实力，在资金、技术、人才、市场、管理等方面已有一定优势。借助建设“一带一路”的东风，军工企业应把握机遇“走出去”，依托国内军工企业或企业集团，通过延伸和拓展业务，培育和发展成为跨国公司。发挥集团科研、生产、贸易、金融、信息、服务等一体化功能，打开国际市场局面，面向全球发展，实现与“一带一路”国家和国际社会的合作共赢。

在“一带一路”的建设过程中，我国军工企业集团应积极寻求合作机会，建立合资合作企业，寻求共同发展；以当地企业作为“载体”成立本土化公司，缓解当地社会对外来资本的危机情绪，发掘市场潜力，促进投资和消费，创造需求和就业，带动当地经济发展。

（三）做大业务范围，拓宽发展路径

1. 加强基础设施和能源领域建设

借助“一带一路”建设的机遇，军工企业在保证传统业务质量的同时，可以大力关注新业务范围的建设。支持石油、海油、风电等能源的合作开发，推进国际工程承包、民用产品和技术出口、战略资源开发、基础设施建设。

拓宽业务范围，参与港口、路桥、铁路、通讯等项目建设，合作建设境外经贸合作区、跨境经济合作区等各类产业园区等。军工企业借助“一带一路”之力做大业务范围，拓宽发展路径，有利于日后的进一步发展壮大。

2. 深化金融合作，拓宽资本运作渠道

为保证技术更新、武器装备制造的稳定发展，军工企业往往需要大量的资金投入。然而，一方面，国家政府用于军工投入的经费有限，另一方面，军工企业集团公司自我积累能力较弱，因此资金的供需之间存在着矛盾。

传统的投融资渠道不能满足军工企业集团公司的发展要求。对于军品项目，政府投资提供了强有力的支持，但是有限的经费还是会形成一定程度的制约；而对于军民结合的项目，则更多地需要军工企业集团公司自行筹集资金。银行贷款虽是军工企业集团公司资金的重要来源，但是由于银行贷款属于间接融资，成本仍然相对较高，不利于投资效益的提高。

多渠道投融资，特别是充分利用资本市场，可以在很大程度上降低投融资成本，优化投融资结构，提高投融资效益，为军工企业集团公司的发展提供坚实有力的基础。随着“一带一路”的建设，军工企业应考虑深化金融合作，拓宽资本运作渠道的可能。例如，发行企业债券及中短期票据，降低融资成本；通过兼并收购、资产注入等方式整合内外部资源；效仿私募股权投资，引导投资方向和吸引社会资本的进入；组建合资合作企业，扩大经营业务范围等。“一带一路”建设将会有更多机会深化投融资合作，军工企业应抓住机遇。

（四）推进科技“走出去”，开展科技合作

发挥国防科技工业在武器装备研制生产和国家科技创新体系的骨干作用，带动经济社会各领域技术进步与创新，增强在国际上的竞争力。面向世界推出我国高端科学技术和研究成果，助力“一带一路”中相对落后国家的科技发展和更新换代。

通过与他国共建联合实验室、研究中心等方式，组织“一带一路”各国的科技工业合作，共同协商解决问题，克服困难，促进“一带一路”建设的良好推进，吸引更多国家参与到“一带一路”合作共赢中来。

（五）打响品牌，树立负责任的大国形象

“一带一路”战略构想的提出，为世界共享中国发展福利、共同和平发展提供了契机和平台。我国作为发起者，理应担当起责任，积极主动作为，做一个合格的“牵头者”、“组织者”，贯穿在策划、组织、落实、推进等环节中，抛砖引玉，促使“一带一路”的建设稳步进行，使之不成为空头白话。

军工企业充分发挥所长，承担起建设“一带一路”的责任，也通过“一带一路”的建设向世界展示自己的科技水平和实力，打响中国军工的名声，使我国国防科技工业品牌在世界上占据一席之地，进而提升我国的国际影响力，树立负责任的大国形象。形成良性循环，也有助于“一带一路”的进一步发展。

（六）促进文化交流，推进和平发展

国防科技工业建设“一带一路”的互联互通项目将推动沿线各国发展战略的对接与耦合，增进沿线各国人民的人文交流和文明互鉴。

“一带一路”沿线部分地区传统与非传统安全因素相互交织，民族、宗教矛盾由来已久，局部冲突时有发生，“三股势力”活动猖獗，不确定、不稳定因素较多。“一带一路”互联互通的基础建设在地理上改变闭塞的交通状况，可以增进各民族的沟通往来，能够使各民族地区加深理解，缓解矛盾，认可彼此的文化，从而减少局部冲突，和平以谋发展。最终落实到经济发展，提高人民的生活水平，真正地施惠于民。

总体来说，共建“一带一路”，将促进沿线国家经济合作、人文交流和文明互鉴，增进理解，加深友谊，使沿线各国政治关系更加友好、经济纽带更加牢固、安全合作更加深化、人文联系更加紧密，促进地区和谐稳定，为世界和平发展增添新的正能量。

古今民主：开放与制约的体系

韩亚栋

【导语】党的十八届四中全会通过的《中共中央关于全面推进依法治国若干重大问题的决定》指出，争取、巩固和发展人民民主是中国共产党始终不渝的奋斗目标，特别强调以保障人民当家做主为核心推进社会主义民主政治法治化。吸收和借鉴古今民主思想、制度和机制，对建设社会主义民主国家无疑具有重要指导意义。

休谟尝言："在所有因不朽的成就而出类拔萃的人物当中，最高荣耀似乎属于立法者和建国之父。他们流传下来的一套法律和制度体系保障着千秋万代的和平、幸福与自由。"梭伦、克里斯提尼通常都被当作雅典民主制度的"立法者"，而麦迪逊、汉密尔顿等美国的建国之父们却很少被视为民主制度的奠基人。相反，对美国宪法不民主的批判从其诞生之日起一直延续到了现在。[①]本文旨在以雅典和美国早期的政治实践为例，剖析古今民主的权力结构、精神实质及演变历程。

一、雅典民主：权力结构与精神实质

丹麦学者汉森对公元前 4 世纪雅典政制的分析令人信服地展示了雅典

韩亚栋，中央纪委监察部网络中心，北京师范大学中国社会管理研究院 2014 级博士研究生。主要研究领域为政治学理论、中国政治。

① 参见〔美〕赫伯特·斯托林：《反联邦党人赞成什么》，汪庆华译，北京大学出版社 2006 年版，第 89 页；〔美〕罗伯特·达尔：《美国宪法的民主批判》，佟德志译，东方出版社 2007 年版。

民主制度的权力结构。首先是公民大会。不少史家将其视为雅典的最高权力机构。但据汉森考证，这一说法仅适用于公元前5世纪的雅典。那时，公民大会可以就所有重大的政治问题发布政令和法律。至公元前4世纪，其权力被削弱了，公民法庭开始垄断立法和司法事宜，公民大会仅在危急关头（如前340—前338年反对菲利普的战争中）才恢复其曾经的全权。[①]公民大会的权力主要包括三方面：（1）颁布政令。作为其最为重要、最为耗时的职能，它主要涉及以下几方面：外交政策，如决定战争、和平、结盟以及其他军事事宜；授予公民资格、厉行奖赏；宗教庆典；立法行政等。（2）司法审判。在公元前5世纪和前4世纪上半叶，公民大会拥有某些司法权。（3）选举，即选择公职人员。[②]雅典的成年（20岁以上）男性公民均有权出席大会，并在会上进行表决。[③]其次是五百人议事会。在《雅典政制》的宪法描述中，亚里士多德用了近四分之一的篇幅对之详加讨论，其重要性不言而喻。[④]作为公民大会的常设机关，议事会职在为大会准备提案、主持会议以及管理部分行政、司法、财政和外交事宜。其成员在139个德莫内抽签产生。[⑤]第三是公民法庭。它通常与公民大会一道，被视为雅典最为重要的民主机制。亚里士多德对“民主制下的公民”的界定——既有成为陪审员的权利，又可参加公民大会——即为明证。[⑥]凡年过30岁的成年男性均可以抽签的方式成为公民法庭6000成员的一员。[⑦]其主要职能是“政治审判”，即对公民大会、议事会和立法委员会nomothetai[⑧]上的发言者和提案者，公共诉讼中的原告以及行政人员加以监督和审查。这构成了公民法庭最为显著

---

① Mogens Herman Hansen, *The Athenian Democracy in the Age of Demosthenes:Structure, Principles and Ideology*, translated by J.A.Crook, Basil Blackwell Ltd., 1991, pp.150-151.

② *The Athenian Democracy in the Age of Demosthenes:Structure, Principles and Ideology*, pp.150-160.

③ Ibid., p.129, p.147.

④ 〔古希腊〕亚里士多德：《雅典政制》，日知等译，生活·读书·新知三联书店1957年版，第47—53页。

⑤ *The Athenian Democracy in the Age of Demosthenes:Structure, Principles and Ideology*, pp.247-248, pp.255-265.

⑥ 〔古希腊〕亚里士多德：《政治学》，吴寿彭译，商务印书馆2007年版，第114—117页。

⑦ *The Athenian Democracy in the Age of Demosthenes:Structure, Principles and Ideology*, p.181.

⑧ 公元前403年民主制得以恢复后，两个立法委员会（nomothetai）建立起来。其成员亦由抽签产生。自此，批准法律的权力由nomothetai加以执掌，公民大会几乎不再进行立法工作。同上书，第162—163页，第167—168页。

的特征。[①]业余性则是其另一大特征。[②]最后是行政人员。在德摩斯梯尼时代的雅典，所有的重大决策均出自于公民大会、立法委员会和公民法庭，但恰恰是行政人员为此做了必要的准备工作，并最终加以执行。[③]大多行政人员均系抽签产生（但凡自愿参与者均有机会参与抽签），约有 100 多个需要特殊技能的行政岗位以选举的方式加以遴选。[④]

总之，雅典民主既是一种政治制度又是一种生活方式[⑤]，其核心精神是政治平等，即赋予每个公民参与公共事务的平等可能性。这不仅表现在人们通常所强调的公民大会上（每个公民均可参与并在会上进行表决），而且体现为将抽签作为遴选公职人员的主要方式。[⑥]如上所述，五百人议事会、立法委员会和公民法庭的成员以及大部分行政人员均系抽签产生。他们秉承着平等和反专业主义的理念，希望以此防范贿赂式派系、促成公职轮换、提升公民美德。

然而，公民对公共事务的参与并非是随意而不负责任的。就行政人员来说，并非所有的适龄公民（30 岁以上）都会参与抽签。事实上，只有那些自愿成为候选人的公民才会做此选择。一旦抽中，他们将受到公民大会和公民法院的长期监督：（1）他们离职前需提交述职报告，任职期间任何公民均可随时对其加以指控。（2）在 Principal Assemblies 上的公民投票。若行政人员失去选票，将遭到法院审判，或宣告无罪恢复其职或对之进行惩戒。[⑦]就公民大会的提案者而言，任何公民可在法院就提交给公民大会的议案提出非法抗议。这种指控指向议案的提出者，他将遭到起诉，公民们则不会因其当时的投票而遭到秋后算

① *The Athenian Democracy in the Age of Demosthenes:Structure, Principles and Ideology*, p.179.

② 其判决由数百人组成的陪审团而非专业法官做出，主持、管理法院的行政人员全系抽签产生的普通公民，提出指控的公民亦属业余。同上书，第 179—180 页。

③ Ibid., p.225.

④ 〔古希腊〕亚里士多德：《雅典政制》，第 64—65 页。

⑤ John Dunn, *Democracy: A History*, New York:Atlantic Monthly Press, 2005,p.27; *The Athenian Democracy in the Age of Demosthenes: Structure, Principles and Ideology*, p.320.

⑥ 〔古希腊〕亚里士多德：《政治学》，第 318、204 页；*The Athenian Democracy in the Age of Demosthenes: Structure, Principles and Ideology*, pp.235-237; Bernard Manin, *The Principles of Representative Government*, London: Cambridge University, 1997, p.27.

⑦ *The Principles of Representative Government*, pp.12-13.

账。[①]总之，公民法庭的政治审判在监督政治领袖、制约公民大会乃至其他机构等方面发挥着至关重要的作用。恰如戈登所述，“雅典政治最为重要的特征并不是其确定国家政策的方法，而是陪审法庭这一控制政府官员权力行使手段的制度的运用”。[②]

此外，雅典的各主要政治机构也都不同程度地受到了诸种限制。对公民大会来说，其权力范围日遭削减，以至于通过政令、选择行政人员逐渐成为大会的主要职责。另外，大会讨论的所有议题都是经由议事会商议后方才确定，其决议还可能被公民法庭所推翻。[③]五百人议事会也受到以下诸方面的限制：（1）其成员需起誓决不监禁任何支付保释金的公民，除非他是叛徒或民主之敌；（2）它仅为公民大会做必要的准备、执行性工作，重大决策的出台仍将仰仗于后者；（3）议事会的判决均需经由公民法庭审核，换言之，它并无独立或绝对的司法权。[④]

公元前338年，马其顿的军事征服宣告了雅典民主的终结。在此后的两千多年里，从古代雅典民主中存续下来的，不是一套延续这种政治生活的制度或实践技巧，而是一种其创造者将之作为理解政治的辅助手段而设想出来的思维方式。[⑤]古典作家大多对“民主”持批判的态度，其污名的祛除则属18、19世纪的事情了。

二、美国式民主：从精英主导到大众参与

北美殖民地时期，“民主”的含义并不像今天这般饱含争议。殖民地人士很少思考它，这一词语也极少见诸其政治著作、演讲、布道文、报纸和私人通

---

① *The Athenian Democracy in the Age of Demosthenes: Structure, Principles and Ideology*, pp.205-207.

② 〔美〕斯科特·戈登：《控制国家》，应奇等译，江苏人民出版社2008年版，第81、82页。

③ *The Athenian Democracy in the Age of Demosthenes: Structure, Principles and Ideology*, pp.151-153.

④ Ibid., p.255.

⑤ *Democracy:A History*, p.39.

信中。[①]概括说来，“民主”一词在当时主要有三方面的含义：（1）新英格兰等殖民地基层社会的治理方式；（2）非混合的或简单的民主，其典型是伯利克里时期的雅典；（3）指英国式的混合政体中立法机构的民选分支。[②]而 17、18 世纪英美的社会精英大多接受混合政体的观念。对殖民地人士而言，其总督、参事会、议会下院与英国的国王、上议院、下议院一样，将君主制、贵族制和民主制三种形式有机融合起来，是最为完美的政府形式。然而，美国革命爆发后，皇家总督和参事会失去了对殖民地人士的统摄力，殖民地议会日渐增强和巩固的权力则在 18 世纪 70、80 年代的各州宪法中得到了更为明确的肯定。州宪的制定并非依据后来所谓立法、执法和司法三权分立的原则，而是体现着议会权力至上的基理。除了掌握立法权外，议会还选举任命总督和高级行政官员，大部分州甚至将任命法官的权力也交给了议会。而对于如何限制议会本身的权力，各州宪法却没有确立相应的机制。[③]大批工于迎合民众的新人掌握了议会的实权，填补了王室官员撤走后的权力真空。[④]他们的滥权行为导致了州议会“过度民主”的问题。制宪会议上，马萨诸塞的代表格里指出：“我们所经历的罪过，都是源于民主过于泛滥。”[⑤]有效解决这一问题恰是北美精英于 1787 年 5 月齐聚费城的主要目标之一。

建国之父们的治国思路在《联邦论》第 57 篇中得到了最为精妙的阐述：“每个政治宪法的目标都应当包含以下两方面：其一，让最有智慧判别并最有美德追求社会公共善的人成为统治者；其二，在其任职期间，以最为有效的防范措施促使统治者永葆美德。”[⑥]

---

① Roy N. Lokken, “The Concept of Democracy in Colonial Political Thought”, *William and Mary Quarterly*, 1959, 16（4）: 570.

② 李剑鸣：《美国革命时期民主概念的演变》，《历史研究》2007 年第 1 期。

③ 王希：《原则与妥协》，北京大学出版社 2005 年版，第 51 页。

④ Merrill Jensen, “The American People and the American Revolution”, *The Journal of American History*, 1970, 57（1）: 10-27.

⑤ Max Farrand ed., *The Records of the Federal Convention of 1787*, Vol. I, New Haven: Yale University Press, 1937, p.48, 49.

⑥ Terence Ball ed., *The Federalist with Letters of “Brutus”,* No. 57, Cambridge, V.K.; New York: Cambridge University Press, 2003, p.277.

一方面，联邦主义者都主张代表与其选民相比应当出类拔萃。①普通民众在知识、信息、天赋、美德等方面的局限性是显而易见的，他们在控制、执掌议会期间的糟糕举措也是有目共睹的，因此，只有那些知识丰富、能力超群、富于美德的"自然贵族"才适于被委以重任。如何实现这一选贤任能的目标呢？其一，以选举代替抽签作为遴选公职人员的主要手段。如前所述，抽签是雅典民主制中至关重要的制度安排，它切实保证了每个公民都有担任公职的平等机会。但雅典人也很清楚，某些需要特别技能的职位不应以抽签来选择公职人员，因为选举才是一种选择最好或最有资格的候选人的方法。②及至 17、18 世纪，政治家们却不再将抽签视为遴选统治者的可能选择，而选举则大获全胜。③其二，以大选区制来增大选择优秀代表的可能性。威尔逊和麦迪逊都认为，选区越大，优秀代表当选的可能性也将越大。④麦氏解释道，在大共和国，每个代表都将由为数众多的选民所遴选，蹩脚候选人以"下三滥"的手段赢得选票的机会将极其渺茫，而选民则会拥有更大的选择空间，最终，只有那些才德名望最为突出的人才有可能受到青睐。⑤虽然宪法最终并未对选举办法做出十分明确的规定（制宪会议最终决定将选举联邦两院议员的时间、地点、办法交由各州议会加以规定，但联邦议会可通过立法更改这些规定），但联邦主义者对大选区制的青睐，及其对自然贵族的期待，则是至为明显的。

另一方面，制宪者设计了一套严格的权力制衡、监督机制，以防止权力的滥用和公职人员的腐败。首先，统治阶级内部并非铁板一块，而是分为相互制约、相互监督的层次不同、职能各异的分支。这在《文集》第 51 篇中表达得很清楚："在美国的复合共和国里，人民交出的权力首先分给两种不同的政府，然后把各政府分得的那部分权力再分给几个分立的部门。因此，人民的权利就有

---

① *The Principles of Representative Government*, p.121.

② Richard G. Mulgan, "Lot as a Democratic Device of Selection", *The Review of Politics*, 1984, 46（4）: 546.

③ *The Principles of Representative Government*, pp.79-93.

④ Jonathan Elliot ed., *The Debates in the Several State Conventions on the Adoption of the Federal Constitution*, Vol Ⅱ, Philadelphia: J.B.Lippincott & Co.,1861, p.474.

⑤ *The Federalist with Letters of "Brutus"*, No. 10, pp.44-45.

了双重保障。两种政府相互控制，同时各政府又自己控制自己。”[①]其次，联邦政府和州政府的权限本身是有限的。宪法的第一条第九款对国会不得拥有的权力做了明文规定，第十款则对各州的权力范围做了明确的勘定。第三，人民的权利受到宪法的根本保障。这不仅为政府的行为空间划定了清晰的界限，而且为公民监督和更换公职人员提供了切实可行的制度渠道。1791 年 12 月 15 日，被批准的十条宪法修正案（即《权利法案》）正式被加进邦联宪法。言论、集会、结社等自由权利的正式确立，既有助于防止政府的权力侵犯公民的权利，又有利于发挥后者的监督作用，从而规范前者的运作。再者，公民还拥有选举权和知情权。除了法官行为良好继续任职外，各级行政、立法人员均需经由公民直接或间接选举产生。宪法第一条第五款则明确规定国会应保留其会议记录，并不时予以公布，这是对公民知情权的明确规定。恰如威尔逊在制宪会议上所说，人民有权利知道他们的代理人正在做什么，因此，不应任凭立法机构随意隐藏其议事记录。[②]上述这些权利恰好构成了代议制政府最为重要的原则。[③]

建国之父们不仅对州议会专权、下院议员奉选民意见为圭臬的“过度民主”问题深恶痛绝，力欲除之而后快，而且，对于雅典民主，他们也颇有微词。在美国宪法之父麦迪逊看来，在所有的文明社会中，差别不仅各种各样，而且不可避免。因此，即便实现了政治上的平等，也难以实现财产、意见和情感上的完全平等和一致。在落实了政治平等的纯粹民主政体（由少数公民所组成，他们亲自组织和管理政府）下，多数极易形成同样的情感或利益。由于缺乏有效的措施对此加以防范，派系之争的弊病将难以为纯粹民主政体所克服。[④]另外，这一政体不仅无法克服派系之争的痼疾，而且还无助于理性协商。“在所有人数众多的议会里，不管是由什么人组成，感情必定会夺取理智的至高权威。如果每个雅典公民都是苏格拉底，每次雅典议会都是乌合之众”。[⑤]

---

① *The Federalist with Letters of "Brutus"*, No. 51,p. 253.

② 〔美〕詹姆斯·麦迪逊：《辩论：美国制宪会议记录》，尹宣译，辽宁教育出版社2003年版，第500页。

③ *The Principles of Representative Government*, p.6, pp.161-183.

④ *The Federalist with Letters of "Brutus"*, No. 10, pp.43-44.

⑤ Ibid., No. 55,p. 270.

总之，根据建国之父们的设计，政府权力实为“人民的代表”所控制，这些人在理论上来自于人民，由人民自己选择，并将最终回归于人民。但若以财富、教育和职业而论，他们大多无疑属于社会精英。而民众通过选择性的选举，使这些社会精英转化为政治精英。更为重要的是，在联邦政府的各个权力部门中，只有众议院是由人民直接选举的，参议员和总统这些关键性的职位，不仅任期较长，而且都采用间接选举，法官和其他官员则由任命产生。[①]汉密尔顿以“代表制民主”的称谓来概括这一违背古典民主核心理念的政体模式，从历史语义学的角度来看，我们或许可以认为他完成了对民主的重新界定。[②]然而，“民主”真正成为美国社会占据主导地位的政治价值却是在半个世纪后。

第一届政府成立后，汉密尔顿和杰斐逊之争最终导致联邦党人和民主共和党人的对立，二者的斗争在1800年的总统选举中达到高潮。结果，联邦政府的权力从执政的联邦党人手中依照宪政程序、以非暴力的方式转移到扮演反对党角色的民主共和党人手中。为解决总统选举中出现的问题，国会通过了第十二条修正案，它在客观上承认了政党政治的合法性。[③]及至19世纪初期，原有各州与新加入联邦的印第安纳、伊利诺伊诸州均取消或未曾规定对选民的财产限制；不少州还将州议会选举总统选举人的方式改为选民直接选举。由此，大量白种成年男性公民获得了投票权。[④]恰如亨廷顿所述，与欧洲相比，美国较早地普及了政治参与。这不仅表现在其选民的数量上，更表现在需经人民选举产生的政府官员的数目上：在欧洲，选举仅限于国会下院和地方议会；在美国，联邦、州及地方各级的大批官员均需公众批准方能任职，换言之，其“选举原则是普遍适用的”。[⑤]

---

① 李剑鸣：《美国革命时期民主概念的演变》，《历史研究》2007年第1期。

② 李剑鸣：《“共和”与“民主”的趋同》，《史学集刊》2009年第5期。

③ 王希：《原则与妥协》，第107—122页。

④ 同上书，第143页。

⑤ Samuel P. Huntington, *Political Order in Changing Societies*, New Haven and London: Yale University Press, 1968, p.94.

1828年，平民出身的杰克逊当选为美国总统，他领导民主党开启了杰克逊民主的时代。麦克考米克注意到，一场“悄无声息的革命”改变了政治制度的运作环境，促使实用主义、选民导向以及联合型政党蓬勃发展。[①]正是在这个选举权日渐普及、大众政党日渐形成[②]、平民总统引领美国的时代，一个名叫托克维尔的法国年轻贵族周游此地。他惊奇地发现，大多数美国人声称自己生活在民主国家。[③]1835年，他的《论美国的民主》正式出版，继而成为经典。达恩评价到，“在托克维尔的著作《论美国的民主》中，我们破天荒地看到了这样的认识：民主是现代政治实践的核心特征，任何渴望把握这一特征的人都必须关注和理解此种民主的隐含之义”。[④]据托克维尔，“在美国，立法者和执法者均由人民指定，并由人民本身组成惩治违法者的陪审团。各项制度，不仅在其原则上，而且在其作用的发挥上，都是民主的。因此，人民直接指定他们的代表，而且一般每年改选一次，以使代表们完全受制于人民。由此可见，真正的指导力量是人民；尽管政府的形式是代议制的，但人民的意见、偏好、利益，甚至激情对社会的经常影响，都不会遇到顽强的障碍”。[⑤]

此后，美国国会先后通过了五个扩大选举权的修正案，[⑥]深入民主化进程。总之，19世纪20、30年代的政治实践和精神风尚扭转了建国时期的精英主义态势，大众参与的扩大和群众性政党的形成等都表明现代民主的基本制度构架

---

① 第二党系形成的起点是1824年的总统选举，老的共和党的政党核心会议确立的总统候选人遭到其他候选人的抵制；1828年的总统竞选则促成了政党在各州的形成；及至1840年，两大政党首次在全国范围内竞选总统职位，在每个州，政治都基于两大政党的基础。它并非在一个时刻横空出世，而是经由了将近16年的缓慢时期。参见 Richard P. McCormick, *The Second American Party System: Party Formation in the Jacksonian Era*, Chapel Hill: University of North Carolina Press,1966, pp. 329-341。

② 详尽的阐释可参见 Ronald P. Formisano, *The Birth of Mass Political Parties*, New Jersey: Princeton University Press, 1971。

③ Sean Wilentz,*The Rise of American Democracy: Jefferson to Lincoln,* W.W.Norton & Company Ltd., 2005, p.1.

④ *Democracy: A History*, p.73.

⑤ 〔法〕托克维尔：《论美国的民主》，董国良译，商务印书馆2004年版，第195页。

⑥ 1870年将选举权扩大到各个种族（第15修正案）；1920年女性选举权（第19修正案）；1961年哥伦比亚特区居民选举权（第23修正案）；1964年禁止以未交税为由剥夺公民选举权（第24修正案）；1971年将选举权从21岁降低到18岁（第26修正案）。

已然于此确立，“民主”一词也成为了美国人的自我认同和核心价值。①

三、开放与制约

希腊人使用抽签的基理究竟是什么？在《伊利亚特》和《奥德赛》中，荷马对此略有涉及。他指出，抽签是一种用以决定何者优先的方法，这一过程常伴有祷告，以让上帝选择最为合适的人。柏拉图在《法篇》中也谈到，“抽签的神圣机会”是选择牧师的最好办法（尽管他反对以此来选择政治领袖）——它将选择的机会赋予上帝自己。这些证据似乎表明希腊人抽签的基理在于宗教或某种超自然的力量。②然而，不少学人对这种宗教性阐释表示质疑。海德拉姆指出，如果抽签确被视为上帝意志的表征，由此产生的公职人员就可能在他们于法庭遭到攻击时用神意为其政治生涯辩护，但这种情况却并未发生过。再者，并无明显证据表明有人将其当选作为上帝直接干预的结果，相反，由抽签当选的人们主要将其“胜出”归因为“机遇”。③因此，抽签在雅典民主制中流行的主要原因还得回归经验世界来探究。越来越多的人认为，它表达了民主对政治平等的热衷：抽签和公职轮换的制度安排给予了每个公民担任公职的平等可能性。④

哈灵顿曾指出，雅典的参事会成员是由抽签而非选举产生，他们每年都全部而非部分地进行更换，因此，这一机构并非由自然贵族所组成。加之任期过短，成员们往往并不能完全理解其职责之所在，也未能以足够的权威来防止人民不断造成的骚乱。以上种种，正是雅典民主最终毁灭的根本原因。⑤因此，他极力主张通过选举来挑选精英，而反对抽签的传统办法。然而，孟德斯鸠对此却不以为然：虽然抽签确实可能导致蹩脚的公民当选，但这并不必然会导致政

---

① 这一概括得益于斯坦福大学历史系教授 Jack Rakove 的指导。

② Richard G. Mulgan, “Lot as a Democratic Device of Selection”, *The Review of Politics*, 1984, 46（4）: 543.

③ James Wycliffe Headlam, *Election by Lot at Athens*, Cambridge: The University Press, 1891, pp.2-3.

④ “Lot as a Democratic Device of Selection”, p.545; *The Principles of Representative Government*, pp.8-41.

⑤ James Harrington, *The Commonwealth of Ocean and A System of Politics,* Edited by J.G.A. Pocock, Cambridge Texts in the History of Political Thought, pp.37-38.

治悲剧。首先，那些需要特殊技能的职位仍由选择产生；其次，根据梭伦订立的规则，抽签只会在那些毛遂自荐的个体中进行：当选的公民将会遭到法官的监督，任何人都可能起诉他不称其职；官吏任期届满之时，他在任内品行如何，又要受到另一次鉴定。总之，机会和风险是并存的。那些缺乏能力的人定然不会乐意将其姓名出示在参与抽签的名单之中。[①]自愿性与当选后遭惩戒的预期紧密结合，这会促使候选人进行审慎的自我选择。

总的来说，雅典的精英是受制于大众的，这正是欧本在《民主雅典的大众与精英》一书中的核心论旨。他令人信服地论证了，在公元前5世纪至前4世纪左右的雅典城邦，公民大会与普通公民通过直接参与城邦的主要治理机构，实实在在地统治着整个雅典。当然，这并不意味着拥有特殊技能的精英领袖毫不存在。民主制下的领袖通过自愿而专业的建议不断与公民们直接沟通，进而获得大众的关注和支持，而米歇尔斯意义上的寡头统治则从未出现过。[②]芬利也指出，"伯里克利那样的人构成了政治精英集团，但这个集团并非自我永存式的；其成员是通过公共表现形成的。这一渠道是开放的，持续成为精英集团的一员需要持续性的表现。"[③]不过，恰如孟德斯鸠和汉森所示，雅典存在一套防范暴民乱政的制度设计。这或许正是雅典民主成功运行的关键原因之一。[④]总之，就政治领袖和民众参与的成功并存而言，雅典提供了一个富于价值的案例。在很长一段时期内，那里既没有公共舆论专家所揭露的冷漠无知，又没有精英主义理论家所担忧的极端主义的噩梦。[⑤]

然而，18世纪的美国国父们却并不这样来认知古典民主。汉密尔顿在纽约州批准宪法的大会上明确表示，"由人民自行加以审议的古典民主体制毫无优良

① 〔法〕孟德斯鸠：《论法的精神》（上册），张雁深译，商务印书馆2005年版，第13页。

② Josiah Ober, *Democracy and Knowledge: Innovation and Learning in Classical Athens*, Princeton and Oxford: Princeton University Press, 2008, pp. 31-32.

③ M.I. Finley, *Democracy Ancient and Modern*, Rutgers University Press, p.23-24.

④ 芬利指出，在民主的政治体系下，雅典成为将近两百多年里希腊世界最为富强、稳定、和平、文明的城邦。同上书，第23页。

⑤ Ibid., p.33.

政府之特征，暴政、畸形才是它的常态。”[①]而麦迪逊则坚信美利坚共和国相对于古代共和国的优越性，他区分了“纯粹民主”与“共和制”，认为后者“将政府委托给经由其他公民选举产生的少数公民”，不仅可以解决纯粹民主所无法克服的派系之争的问题，而且，由于这一特定的公民团体对公众意见的精炼，“人民代表的意见可能比人民为此集会、亲自提出的意见更为契合公共利益”。[②]其后，汉密尔顿和潘恩纷纷以“代表制民主”来概括美国的新型政体。就这样，“民主”由人民亲自掌握权力的政府变成了人民委托政治精英行使权力的政府。美国后来的“民主化”则并非要把政治权力重新交由民众来执掌，而是仅在选举掌权者的层面上扩大选民范围及其选择空间。然而，建国精英们却总是声称，“最高权力……执掌于人民手中，他们才是政府的基石；人民并没有、也不该与之分离，将其转让给任何政府。”[③]诚然，人民确可通过选举来制约、更换政府，但“深入地加以分析，选举似乎与人民的意志毫无关系”。[④]诚如摩根所分析，人民的选择（如选举）和声音（如训令、请愿等）不过是帮助少数人控制多数人的工具，而人民主权也仅为一种“虚构”而已。[⑤]

诚然，在美国式民主体制下，少数人统治多数人实属基本事实，鉴于此，人民主权确实带有虚构性。然而，正是这一体制，不仅提供了被统治的多数对少数统治者的制度性制约机制，而且提供了统治者与被统治者间的有序流动机制（虽然其权力体系的开放程度不如雅典）。高度发达的制度性制约机制与不同程度的权力开放体系为民主体制的根本特征。

① Jonathan Elliot ed., *The Debates in the Several State Conventions on the Adoption of the Federal Constitution*, Philadelphia: J.B. Lippincott & Co., 1861, p. 253.

② *The Federalist with Letters of "Brutus"*, No. 10, pp. 41-43.

③ *The Debates in the Several State Conventions on the Adoption of the Federal Constitution*, p.456.

④ Edmund S. Morgan, *Inventing the People: The Rise of Popular Sovereignty in England and America*, New York: W.W. Norton & Company,1989, p.174.

⑤ Ibid., pp. 149-233.

关于边境贸易发展的几点思考

霍 伟

【导语】习近平总书记在出访中亚和东南亚国家期间，先后提出共建“丝绸之路经济带”和“21 世纪海上丝绸之路”（简称“一带一路”）的重大倡议。这对于繁荣和发展我国边境贸易提供了前所未有的战略机遇。本文通过对我国边境贸易政策进行系统梳理，探讨和检视了当前我国边境贸易中存在的主要问题，并提出了进一步的对策建议。

一、边境贸易的定义和政策管理现状

边境贸易是国际贸易的一种特殊形式，是一国为了满足边境居民的生活需要，与毗邻国家之间的经贸往来，具有明显的地域性和民族性。边境贸易的发展与口岸的设立开放有相对密切的联系，口岸是国家指定的对外来往的门户，是国际货物运输的枢纽。我国目前共有 289 个一类开放口岸。除了一类正式开放口岸外，在陆地毗邻地区还有众多的通道，便于边民通行和边境贸易往来。在口岸的管理部门上，我国对边贸的经济管理部门主要有商务、财政、海关、检验检疫、外汇管理等部门，国家有关部门对边境贸易的政策规定是随着边境贸易的发展而不断完善的。

关于什么是边境贸易，《政治经济学词典》的表述是：“边境贸易是照顾两国边境居民在经济生活上的方便和当地贸易的传统习惯而设立的一种贸易形式，有边境小额贸易和边境地方贸易两种形式。边境小额贸易指相邻国家在其接壤

霍伟，北京师范大学 2013 级博士研究生，研究方向为国际贸易。

的一定范围内，为照顾双方边境居民交换生产资料和生活必需品的传统习惯所采取的一种贸易形式，双方交换的商品以不超过规定的金额。边境地方贸易是指毗邻国家为照顾双方边境地方的建设事业和人民生活需要所采取的一种贸易方式，通过两国地方国营贸易机构或指定的企业，在规定的交换货物的范围内和指定的经由口岸进行商品交流。”

在国家有关法规规章层面，不同时期的法规政策对边贸的界定和规定的内容也有所不同：

第一，根据1984年国务院批准的外经贸部发布的《边境小额贸易暂行管理办法》，边境小额贸易，是指我国边境城镇中，经省、自治区人民政府指定的部门、企业同对方边境城镇之间的小额贸易，以及两国边民之间的互市贸易。边境小额贸易在双方商定的边境口岸和贸易点进行，按照自找货源、自找销路、自行谈判、自行平衡、自负盈亏的原则进行，边民互市贸易应当在一定的限额范围内进行，具体限额由省、自治区人民政府自行规定，送外经贸部、海关总署备案。

第二，1991年制定的《国务院办公厅转发经贸部等部门关于积极发展边境贸易和经济合作促进边疆繁荣稳定意见的通知》，将边境贸易规定为三类：一是边境小额易货贸易，指沿陆地边界线经国家批准对外开放的县、市和个别地、州、盟有易货贸易经营权的国营外贸公司，与毗邻国家边境地区的贸易机构（企业）之间进行的小额易货贸易；二是边民互市贸易，指边境地区边民在政府允许的开放点或指定的集市上，在不超过规定的金额或数量范围内，根据自产、自销、自用的原则进行的商品交换活动；三是中缅边境民间贸易，指在两国边民互市基础上发展起来的，由边境地区的国营企业与缅甸边境地区的私人企业（商号）之间，在海关监管下，以当面易货交割或双方认可的货币支付交易方式进行的小额贸易。

在这个规定中，国家对边境贸易实行税收优惠政策。一是在1995年底以前，对由经贸部批准的边贸公司通过指定口岸进口的商品，除国家限制进口的机电产品和烟、酒、化妆品等商品外，减半征收进口关税和产品税（增值税）。

通过边贸公司代理进口商品，不得享受上述优惠政策。边贸进口货物如销往边境省、自治区外，应补交原减征的进口关税和产品税（增值税）。海关、工商行政管理和税务部门要加强监管，违者严肃查处；情节严重者，可由经贸部取消其边贸经营权。二是边民互市进口的商品，不超过人民币300元的，免征进口关税和产品税（增值税）；超过人民币300元的，对超过部分按国家税法规定税率征收进口关税和产品税（增值税），对烟、酒、化妆品一律照章征税。三是对中缅边境民间贸易进口货物的税收优惠政策，由海关总署会同国务院有关部门另行制定，公布实施。

第三，1996年，国务院发布了《国务院关于边境贸易有关问题的通知》（国发〔1996〕2号）。这个规定根据我国开展边境贸易的实际情况，参照国际通行规则，将边境贸易分为两种形式进行管理：一是边民互市贸易，系指边境地区边民在边境线20公里以内、经政府批准的开放点或指定的集市上，在不超过规定的金额或数量范围内进行的商品交换活动。边民互市贸易由外经贸部、海关总署统一制定管理办法，由各边境省、自治区人民政府具体组织实施。二是边境小额贸易，指沿陆地边境线经国家批准对外开放的边境县（旗）、边境城市辖区内（以下简称边境地区）经批准有边境小额贸易经营权的企业，通过国家指定的陆地边境口岸，与毗邻国家边境地区的企业或其他贸易机构之间进行的贸易活动。边境地区已开展的除边民互市贸易以外的其他各类边境贸易形式，今后均统一纳入边境小额贸易管理，执行边境小额贸易的有关政策。边境小额贸易的管理办法由外经贸部商国务院有关部门制定。在这个规定中，明确了互市贸易的进口额度为每人每日价值在人民币1000元的界限，同时规定边境小额贸易企业通过指定边境口岸进口原产于毗邻国家的商品，除烟、酒、化妆品以及国家规定必须照章征税的其他商品外，“九五”前三年（1996—1998年），进口关税和进口环节税按法定税率减半征收。

第四，在1996年2号文的基础上，外经贸部、海关总署先后于1996年和1998年下发了《边境小额贸易和边境地区对外经济技术合作管理办法》（〔1996〕外经贸政发第222号）和《边民互市贸易管理办法》（署监〔1996〕

242 号），以及 1998 年《对外贸易经济合作部、海关总署关于进一步发展边境贸易的补充规定的通知》。将边境贸易界定为边境小额贸易、边境互市贸易和边境地区对外经济技术合作三种形式。边境小额贸易指我国边境地区经批准有边境小额贸易经营权的企业（以下简称边境小额贸易企业），通过国家指定的陆地边境口岸，与毗邻国家边境地区的企业或其他贸易机构之间进行的贸易活动。边境小额贸易企业通过指定边境口岸进口原产地在我国毗邻国家的产品，除烟、酒、化妆品以及国家规定必须照章征税的其他商品外，“九五”前三年（1996—1998 年），进口关税和进口环节税按法定税率减半征收。

边民互市贸易是指边境地区边民在我国陆路边境 20 公里以内，经政府批准的开放点或指定的集市上、在不超过规定的金额或数量范围内进行的商品交换活动。边境地区居民每人每日从边境口岸或从边民互市贸易区（点）内带进的物品，价值在人民币 1000 元以下的，免征进口关税和进口环节税；超过人民币 1000 元不足 5000 元的，对超出部分按《对入境旅客行李物品和个人邮递物品征收进口税办法》规定征税；超出人民币 5000 元的按《中华人民共和国海关进口税则》征收进口关税和进口环节税，并按进出口货物办理有关手续。

边境地区对外经济技术合作系指我国边境地区经外经贸部批准有对外经济技术合作经营权的企业（以下简称边境地区外经企业），与我国毗邻国家边境地区开展的承包工程和劳务合作项目。

第五，1998 年，随着边境贸易的发展，出现了一些新情况新问题。随着吴仪副总理到广西、云南等地调研边境贸易工作，财政部向国务院提交了《财政部关于进一步促进边境地区经济贸易发展有关政策问题的请示》（财关税〔2008〕58 号），国务院下发了《国务院关于促进边境地区经济贸易发展问题的批复》（国函〔2008〕92 号）。明确规定，加大对边境贸易发展的财政支持力度，自 2008 年 11 月 1 日起采取专项转移支付的办法替代现行边境小额贸易进口税收按法定税率减半征收的政策，并逐年增加资金规模，专项用于支持边境贸易发展和边境小额贸易企业能力建设。提高边境地区边民互市进口免税额度。同意自 2008 年 11 月 1 日起将边民互市进口的生活用品免税额度提高到每人每日人民币 8000 元。由财政部会同有关部门研究制定边民互市进出口商品不予免税的清单；由海关总署会同有关地方政府进一步规范边民互市的区域管理。

为贯彻落实《国务院关于促进边境地区经济贸易发展问题的批复》（国函〔2008〕92 号）精神，2010 年 4 月 16 日，财政部会同海关总署和国税总局下发了《关于边民互市进出口商品不予免税清单的通知》财关税〔2010〕18 号。其明确规定："边民通过互市贸易进口的商品应以满足边民日常生活需要为目的，边民互市贸易进口税收优惠政策的适用范围仅限生活用品（不包括天然橡胶、木材、农药、化肥、农作物种子等）。"

经国务院批准，2010 年 12 月 6 日，海关总署出台了《关于修改部分规章的决定》（海关总署令第 198 号），其中《边民互市贸易管理办法》第五条修改为"边民通过互市贸易进口的生活用品（列入边民互市进口商品不予免税清单的除外），每人每日价值在人民币 8000 元以下的，免征进口关税和进口环节税。超过人民币 8000 元的，对超出部分按照规定征收进口关税和进口环节税"。将第九条引用的"《中华人民共和国海关法行政处罚实施细则》"修改为"《中华人民共和国海关行政处罚实施条例》"。

国家外汇管理局也先后印发了《国家外汇管理局关于印发〈边境贸易外汇管理办法〉的通知》（汇发〔2003〕113 号），其中明确指出，"边境贸易"包括边民互市、边境小额贸易和边境地区对外经济技术合作。边民互市贸易，系指边境地区边民在边境线 20 公里以内、经政府批准的开放点或指定的集市上，在不超过规定的金额或者数量范围内进行的商品交换活动。2014 年，又印发了《国家外汇管理局关于边境地区贸易外汇管理有关问题的通知》（汇发〔2014〕12 号），明确"边境贸易"包括边境小额贸易和边民互市。边贸企业，指在商务主管部门备案登记，有边境小额贸易经营资格的企业。

财政部先后印发了《财政部关于边境贸易进口商品税收问题的通知》（财税〔2002〕108 号）、《财政部关于边境贸易进口税收政策的通知》（财税〔2003〕175 号）、《财政部关于调整部分商品边境贸易进口税收政策的通知》（财税〔2003〕100 号）、《关于边民互市进出口商品不予免税清单的通知》（财关税

〔2010〕18号）等规范性文件，从政策角度对边贸企业的税收优惠问题予以进一步明确。

国家出入境检验检疫局关于下发《边境贸易进出口商品检验管理办法（试行）》的通知国检检〔1992〕98号，质检总局于2011年也制订了《边境贸易进出口商品检验管理办法（试行）》，但目前这部规范性文件有待新的修订。

二、边境贸易发挥的重要作用

多年来，边境贸易对睦邻友好、兴边富民、维护团结发挥了重要作用：

（一）加快了沿边开发开放步伐

边境地区地处偏远地区，经济发展水平较低。通过边境地区的贸易可以整合区域发展优势，加快促进全方位开放开发格局的形成，以贸易通道加快陆路开放通道建设，以点带面，培育发展形成口岸新的经济增长点，增强了边民的市场经济发展观念和沿边地区经济发展的新活力。

（二）促进了民族团结和进步

我国现有的130多个边境县大部分都是民族地区，少数民族人口占近50%，稳妥执行边境贸易发展的政策，有利带动了当地劳动力的就业，增加了边民收入，进一步促进了城镇化的发展，带动边境地区发展一批中小城市。

（三）稳固了与沿边国家的外交经贸关系

通过边境贸易，进口紧缺的资源能源产品，将我国的优势产品出口到毗邻国家，推动了边疆地区与毗邻国家的经济融合，促进了我国与周边国家之间政府合作和民间交流，密切了双方关系；同时随着边境贸易的发展人民币的影响力也不断扩大，促进了双方的进一步合作与交流。

三、存在的问题

随着沿边开发开放步伐的加快，边境贸易取得了很大的发展，但也存在着一些问题：

（一）边民互市贸易的主体资格问题

1996年海关总署和原外经贸部联合下发的关于《边民互市贸易管理办法》（署监〔1996〕242号）的通知中规定“旅客经边检和当地公安机关同意，进出边民互市贸易区（点）的，海关可按边境居民携带物品限量掌握”。这个规定的初衷主要是为在初期阶段能够推动边民互市贸易尽快发展起来而制订的，但随着边贸的深入发展，非边民进出境携带物品也带来了口岸监管上的问题。根据边境贸易的基本含义，边民互市贸易的主体应当是取得边民证的边民，如果允许常住外来人员参与边民互市贸易，一是不符合边民互市贸易税收政策规定，优惠政策并没有实际惠及到边民。二是将形成为利用边民互市贸易渠道进行一般的进出口贸易，而且不受贸易管制条件的限制，同时还享受到免税优惠，特别是2008年以后边民互市贸易的免税额度已提高到每人每日8000元，允许游客参与边民互市贸易毕竟不符合边民互市贸易政策，扰乱了正常的进出口贸易秩序，造成国家税款的流失。三是非边民随意进出境携带物品在一定程度上也为走私提供了便利，为海关缉私监管带来了压力。

（二）边民互市贸易的“过手交易”问题

根据国际通行做法，边民互市主要是为照顾陆地毗邻国家之间边境地区的居民的日常生活需求进行的传统集市。在一些地方，互市贸易已经演化成一种企业行为，企业负责组织货源和交易，边民负责出借互市贸易证，配合企业完成免税进口手续，获得小部分报酬，为边民带来的收益不多，其惠民富民的效果没有得到充分释放。目前，在一些地区，为探索互市贸易“转型升级”发展新模式，地方政府的管理模式也发生了变化，基本上突破了政策的初衷，出现了“互助合作社”模式，政府组织边境村、镇（街道居委会）边民参股成立边民“互助合作社”，以集体组织形式开展互市贸易，将“边民证”集中起来使用，以充分“消化”每边民证每日 8000 元人民币的免税额。让“互助合作社”与边境地区生产企业签订供货协议，将免税的互市商品出售给协议企业。同时，一些地方也呼吁允许“边民互市”商品直接进入加工或流通环节，边民直接参与交易、运输、加工和销售等活动，以改变多数边民只能向一些贸易公司出租边民证或受雇搬运、带进互市商品来赚取少量辛苦费的现状。

这些问题的出现，首先要明确互市贸易的初衷是解决边民的生活用品，而不是生产资料问题。但在现实中，边民完成互市贸易后，无法监管其通过互市贸易换取的商品如何处置，因此，可以考虑明确对已办结海关手续的边民互市贸易商品，离开互市区（点）后边民可以自行处置，不再进行后续监管。但同时应明确规定，不允许企业和个人利用边民通过边民互市贸易渠道组织进口货物，以此作为一旦发现利用边民互市贸易偷逃税款的走私行为，依法进行处置的依据。

（三）关于互市贸易的境外交易问题

根据“国发〔1996〕2 号”文件的规定，边民应在我国边境线 20 公里以内经政府批准的开放点或指定的集市上进行互市交易。由于历史上长期以来自然形成的两国边民（特别是云南和广西边境地区）到对方国家集市进行交易的情况，如果严格按照上述规定执行，不允许边民境外交易商品享受边民互市贸易政策，将会对边民互市贸易的发展产生极大影响，也必然会引起有关地方政府和边民的强烈不满，特别是如果毗邻国家也同样规定边民必须在本国境内进行交易，边民互市贸易将无法开展。但目前在云南和广西一些地方对边民境外交易商品允许享受边民互市贸易政策的做法确实存在，尽管其不符合现行边民互市贸易政策规定，因此，需要对此问题进行深入研究并予以明确和规范。

（四）边境小额贸易的“过境贸易”问题

目前，边境小额贸易主要是以农产品和资源型产品为主，由于口岸加工技术、消费市场、投资环境等因素，大部分产品入境后直接运往内地，在当地加工较少。有些产品运往内地加工后再返销到口岸地区作为特色产品销售，比如在广西凭祥进口的红木和在云南进口的玉石等产品，运往内地加工后再返销到边境地区。近年来，地方政府为发展口岸经济也形成了一些特色加工工业，但加工层次较低、技术含量不高，带动地方经济发展作用不强。边境小额贸易政策主要是通过专项转移支付手段，加快边境贸易基础设施的建设、提升边境地区企业能力建设，以推动边境地区的经济发展。从总体上看，无论是在实施“双减半”时期，还是在实施边境地区财政转移支付时期，边境小额贸易主要发挥的还是贸易通道的作用，落地加工带动当地产业发展作用还有待进一步加强。

（五）边民互市贸易的走私问题

边民互市贸易政策实施以来，2011 年以前查获的该渠道走私犯罪案件数量较少，案值、偷逃税款均不大。但自 2012 年开始，此类案件的查获量呈快速上升趋势，偷逃税款也大幅增长。从查获的案件来看，大多为涉税案件，走私商品主要是大米、芝麻、花生、干果、冻海产品等农产品，近年来，食品及日用品数量逐渐增多，上述大部分商品来自于第三国，经越南更换中性包装后伪报为边民互市贸易商品走私入境。从走私手法上来看，伪报贸易性质、伪报原产地、伪报品名及夹藏走私等多种走私手法并用，以租用边民证，将大宗应税进口货物化整为零“蚂蚁搬家”式走私进口的案件不断发生。从涉案单位的分布来看，逐渐由广西、云南边境地区向内地和沿海地区扩散，形成了内地货主国外订货，边境地区走私通关，运送内地货主销售牟利的走私格局，假借边民互市贸易名义实施走私犯罪活动逐渐加大。

（六）边民互市的商品范围问题

根据《国务院关于促进边境地区经济贸易发展问题的批复》（国函〔2008〕92号）的规定，财政部牵头于2010年制定的“边民互市进口商品不予免税清单”（以下简称“边民互市不免清单”）与《国务院批转关税税则委员会、财政部、国家税务总局关于第二步清理关税和进口环节税减免规定的意见的通知》（国发〔1994〕64号）所规定的任何地区、企业、单位和个人以任何贸易方式进口的“20种不予免税商品清单”所列商品范围不同，而且未明确两个不予免税商品清单是否同时适用于边民互市贸易，从而给口岸监管执行政策带来困难。如果各边境省份分别制定本地区的免税进口商品清单，势必造成各边境地区的免税商品范围不统一，将会引起更多的争议。如果由国家有关部门制定全国范围统一的免税进口商品清单，不但形成不予免税商品清单和免税商品清单并存的极不合理的局面，而且也难以将所有生活用品一一列全，因而是不可行的，需要进一步完善制订有关政策。

（七）原产地商品范围问题

商品的原产地是指货物或产品的最初来源，即产品的生产地。进出口商品的原产地是指作为商品而进入国际贸易流通的货物的来源，即商品的产生地、生产地、制造或产生实质改变的加工地。《国务院关于边境贸易有关问题的通知》（国发〔1996〕2号）中没有明确限定边民互市商品必须原产于毗邻国家，且实际上边民也无法取得商品的原产地证书，因此目前在边境贸易中对于未明确标注原产地的商品，海关和检验检疫部门难以实施原产地管理。为此，对边民互市交易商品是否受国别限制，需要在实际规定中予以研究明确。

产生上述问题的主要原因是现行的边贸政策与加快沿边开发开放和民族边境地区自身转型升级的要求不相适应。有财政税收扶持方面的，有产业落地加工缺乏政策支持的，也有地方政府基础设施投入不足的原因。这些问题的出现，需要结合实际情况，因地制宜制订解决措施。

四、加强完善边境贸易的有关思考

边境地区是我国国家领土安全的重要屏障，是陆地能源资源通道的战略要冲，特别是当前我国推行的“一带一路”发展战略，边境省区作为“一带一路”国家战略的“门户”和“枢纽”，战略作用更加突出。在这个大背景下，应该结合三中全会所提出的推进国家沿边开发开放的高度去研究，把发展边境贸易作为新时期下推动沿边地区经济社会发展的一个重要引擎，在外贸形势低迷的状况下，实现创新和发展相结合，鼓励边贸产品落地加工，实现边境贸易转型升级。

（一）完善有关政策法规

当前边境贸易的有关规定基本是由各部委制订的规范性文件，没有形成一个较为集中完善的法规体系。《对外贸易法》作为贸易管理的上位法，没有对边境贸易做一个详细的规定。作为落实外贸法的延伸，国务院发布的1996年2号文，随着外贸经济的发展，对出现的一些新的问题没有加以明确，比如说，在目前边境地区出现的促进组织边民证集中贸易的做法，在一定程度上确实起到了促进地区经济发展的效果，但与目前的有关边贸管理的规定在立法宗旨上有所不符，这就需要在法律层面及时加以调整，重新制修订，对新出现的一些问题给予法律界定，同时将涉及各部委制订的有关规定一起整合，形成一部比较齐全的法律规定。

（二）支持边境地区发展特色优势产业，加快经济贸易健康发展

当前，应贯彻落实好《中共中央国务院关于加强和改进新形势下民族工作的意见》和《国务院关于加快沿边地区开发开放的若干意见》，加强口岸基础设施建设，转变传统观念，打破思维惯性，培育口岸经济发展，支持边贸进口产品落地加工，延长产业链和提高附加值。围绕改善民生推进民族地区经济社会

发展，从产业布局上下功夫，发展特色优势产业，既要充分利用当地和毗邻国双方当前的资源和技术资本优势，更要着眼于边境地区的长远发展，将"走出去"和"引进来"很好地结合起来，走可持续发展的道路，将边境地区一般贸易做大做强。

（三）进一步完善边境地区财政转移支付政策，强化对边贸发展的政策扶持力度

加大中央财政边境地区转移支付力度，改善资金内部结构，在《国务院关于加快沿边地区开发开放的若干意见》出台的契机下，逐步加大对边境基础设施建设的支持力度，增加支持边境贸易发展的财政力度，因地制宜地灵活使用好减半征收进口环节税收政策，完善资金管理有关规定，保证对边贸企业的扶持资金落实到位，更好地发挥中央补助资金的使用效益。

（四）推动边境互市贸易"转型升级"，实现兴边富民的目标

深化边民互市贸易研究，准确其合理定位，科学界定边民范围。在当前的外贸发展形势下，鼓励开展互市贸易模式创新试点，使边民真正成为互市贸易的经营主体。在现有边境贸易通道的基础上，利用现有的边境经济合作区，逐步发展跨境经济合作区，实现边境贸易的转型升级，将贸易做大做强。

（五）完善边境商品管理，提高边境贸易通关便利化水平

加强双边合作机制，推动与毗邻国家间的口岸和通道建设，结合"一带一路"发展契机，加强互联互通，完善边境贸易质量安全管理，打击非设关地走私行为，提升通关便利化水平，促进区域经济合作，促进边贸稳定健康地发展。

【参考文献】

[1] 许涤新：《政治经济学词典》（下册），人民出版社 1980 年版。

[2] 杨清震：《中国边境贸易概论》，中国商务出版社 2005 年版。

[3] 于国政：《中国边境贸易地理》，中国商务出版社 2005 年版。

[4] 程敏、李燕等：《中国云南省与越南西北四省边境贸易研究》，中国社会科学出版社 2014 年版。

[5] 王兆国：《中俄边境贸易存在的问题与对策探讨》，《黑龙江对外经贸》2006 年第 12 期。

[6] 常文娟：《关于边境贸易的重新思考》，《统计与决策》2010 年第 6 期。

中国亟待加快制定重要金属国家战略

张茉楠

【导语】《国务院关于加快培育和发展战略性新兴产业的决定》指出，战略性新兴产业是引导未来经济社会发展的重要力量。稀有金属作为战略金属，关系到一国乃至全球未来的可持续发展和经济安全问题。必须把保护战略金属安全纳入到我国总体国家安全的框架之下，及早进行超前性、全局性谋划，加快制定我国战略金属国家总体战略。

2008年国际金融危机以来，随着新能源、新材料、新一代信息技术等战略性新兴产业的快速崛起，以及全球经济、产业格局的新一轮重塑，作为战略新兴产业支撑的稀有战略金属就成为当今世界各国资源竞争的前沿领域。因此，加快形成中国战略金属的国家战略和全球化战略，是当前我国面临的一项极为重要而紧迫的战略性任务。

一、当前战略金属竞争与争夺正加入大国博弈

稀有金属也被视为战略金属，是维护国家根本利益的重要保障，对国家经济安全、工业化进程和国际竞争力等具有极为重要的战略意义。由于全球具有重要战略价值的稀有金属矿产分布极不均衡，便于开发利用的优势资源集中在少数国家和地区。资源分布的不均衡性，使钨、钽、铍、铟等稀有金属，以及稀土金属、铂族的战略地位更加突出，成为国际资源竞争的重要领域。

张茉楠，中国国际经济交流中心战略研究部副研究员，国家信息中心博士后。主要研究领域为全球宏观经济、国际金融、宏观政策分析等。

（一）把战略金属矿产上升为国家战略的紧迫性

稀有战略金属具有明显的稀缺性、不可替代性，是支撑战略新兴产业发展的重要功能性材料，随着现代科学技术的不断创新，市场对各种功能性金属材料的需求呈上升趋势。特别是在技术创新进程中，一些原来被认为用途十分有限的金属，会因为一项重大技术的突破而具有极其重要的战略价值。一方面，高端制造业和新兴产业，尤其是前沿科技产业领域的发展，是原子能、航空航天、半导体、特种钢、耐热合金及尖端武器等众多关乎国计民生和国家安全方面所必需的原材料。随着“工业 4.0”时代的到来，智能机器人核心部件、高端芯片等产业会加速发展。这些产业的发展离不开稀有金属，如砷化镓、磷化铟是生产高端芯片的重要原料。高端制造业中的大型金属材料 3D 打印，无论是 3D 打印机本身还是所打印的金属器件，都离不开各种机械性能优异的稀有金属钨、钛、钒等材料。

而另一方面，近些年来对战略金属的需求也迅速增长，作为高新技术产业里的关键元素，目前许多战略金属资源还难以替代。全球特别是科技相对发达的美日欧等经济体对金属矿产的需求呈现出刚性特征。相关研究表明，2030 年新兴领域对镓、铟等新兴矿产的需求将较 2006 年上涨 2—20 倍不等，未来全球对战略金属的需求都将持续上升。

表 1　稀有金属与相关战略新兴产业分布

七大产业	分项	相关稀有金属
节能环保	高效节能、先进环保、循环利用	稀土、铂
新一代信息技术	下一代通信网络、物联网、三网融合、高性能集成电路和高端软件	稀土、钽、铟、镓
生物	生物制药、生物农业、生物制造	稀土、锂
高端装备制造	航空航天、海洋工程装备、高端智能制造	钛、钨、锂、锗、镓、钼
新材料	特种功能和高性能符复合材料	稀土、钨、钴、钼、钛、钽、铂
新能源	核能、太阳能、风能、生物质能	稀土、锗、镓、铟、锆
新能源汽车	插电式混合动力汽车、纯电动车	稀土、锂、铂、镍

数据来源：科技部、工信部、美国 NASA 等

（二）世界各国加紧战略金属矿产的战略布局

长期以来，以美国、日本、加拿大为代表的西方发达国家，一直把实施全球资源战略作为国家整体战略的重要组成部分，与国家政治、经济、外交、军事、金融等政策有机结合，并随着国内外形势变化适时调整，确保国家经济安全。

美国作为世界上第一个正式建立国家战略资源储备的国家。早在1939年美国就开始实行重点矿产品储备，制定《战略物资储备法》对本国的石油、煤炭、稀土等只探不采，储备长期从国外低价购买。到1985年储备的战略资源达到63类93种，包括石油、铀、铝、锑、铬、黄金等重要矿产。美国凭借其强大的军事、经济实力，已建立起面向全球多层次、多渠道的战略资源全球配置保障体系和庞大的战略资源储备体系。随着国内外资源供需形势变化，不断增加资源储备品种，并逢机大量购买全球廉价战略资源。日本作为一个矿产资源极为贫乏的岛国，通过积极推行海外矿产勘查补贴计划，鼓励境外开矿，获取全球战略矿产资源。

进入新世纪以来，世界格局发生重大变化，在全球化的大趋势下，资源竞争日趋激烈，发展具有不确定性，资源性产品泛金融化趋势日益明显，资源民族主义盛行，发达国家开始重申战略储备的必要性。近些年来，世界主要国家更是将战略金属的开发利用保护提高到极为重要的战略高度，美国、欧盟、日本、韩国、联合国环境计划署等国家或国际组织均制定了战略金属矿产资源的名录清单。2009年7月，日本政府提出的《稀有金属保障战略》对稀有金属定义为“地球上存量稀少，因技术和经济因素提取困难的，现代工业以及未来伴随着技术革命所形成的新型工业所必需的金属”。并提出了31种矿产（包含47种元素）作为优先考虑矿产。2010年6月《对欧盟生死攸关的原料》报告，将14种重要金属矿产确定为“关键原材料”（包含35种元素）。2011年12月美国能源部出台了《2011关键材料战略》，提出了14种金属为关键矿产，各国对战略金属资源的竞争和争夺十分激烈。

表 2　当前发达国家稀有金属实物战略储备种类

国家或地区	战略储备种类
美国	矿产 6 类 93 种，其中稀有金属 2 类 48 种
日本	镍、铬、钨、钴、钼、钒、稀土等，2009 年新增铟、锗、镓等光伏电池需要的稀有金属，储备量为 60 天消费量
英国	锰、铬、钴、钒等
法国	镍、铬、钨、钴、钼、锆等，储备规模为两个月消费量
德国	铬、锰、钒、钴等
瑞典	铬、钴、锰、钨、钼、钒、钛、锡、镁、镍等

数据来源：国土资源部

（三）战略金属矿产的大国博弈日益升级

从战略金属矿产资源的分布和竞争格局看，欧盟、美国、英国等发达经济体所厘定的关键金属矿产中，有很多均为我国的优势矿产。据美国地质调查局矿产资源年评统计，中国锑产量占全球总产量的 90%，镓产量占 60%，锗产量占 68%，石墨产量占 65%，铟产量占 56%，镁产量占 70%，锰产量占 86%，钨产量占 86%。可见，有近一半的矿产为中国的优势矿产。这些矿产对于战略新兴产业的发展具有重要作用，且多集中在新兴经济体国家，如中国、俄罗斯等，西方国家认为这些矿产发生供应中断的风险比较大，故而得到了西方国家的密切关注。

欧盟对于我国战略金属矿产的依赖一直存在，在 2012 年《欧洲原材料创新性伙伴关系》（EIP），以及《欧盟 2020 战略》（Horizon 2020）中，明确标示了关键原材料名单，这些矿产资源被认为“对欧盟经济十分重要”且“在供应上有高风险”，其中大部分都依靠中国进口，包括 87% 的锑、69% 的镓、59% 的锗、58% 的铟、99% 的重稀土、87% 的轻稀土和 85% 的钨。因此，随着战略金属矿产对国民经济发展的战略性和重要性日益增加，包括美国、日本、欧盟在内的发达国家在加强自身战略资源储备的同时强烈要求对发展中国家对战略金属资源的出口实施限制，双方利益剧烈交锋，使得战略金属矿产领域的贸易摩擦不断升级。

二、我国战略金属矿产资源面临的风险与挑战

尽管我国战略金属保护性发展体系建设已经开始逐步建立，但与发达国家相比，在战略设计上仍存在较大差距，使我国在战略金属的国际竞争中总体处于被动地位，面临几大突出问题：

（一）现行保护政策不足，缺乏战略顶层设计

一是战略顶层规划和设计总体薄弱。发达国家对关系国家安危的战略性问题高度重视，坚持战略规划先行的体制机制，从而能够长期占据着国际竞争的制高点。我国对战略金属缺乏长期深入跟踪研究的机制，尚不能与体现市场经济原则的国际相关公约接轨，出口缺乏有效的调控和管理，难以有效保障国内战略金属产业的健康可持续发展。

二是重要稀有金属遭贱卖损害国家利益。发达国家战略金属资源国家储备占有重要地位。但是，由于没有健全的法律法规，目前我国国家储备的功能和作用并不十分清晰，难以在国家战略金属政策体系中发挥重要作用。例如，我国虽然稀土、钨等资源丰富，但经过长期开采，优势在下降，铟、锗、镓、铼、铍等伴生金属资源消耗也很快。不少稀有金属，如铟、钨、锂甚至遭到贱卖，难以保障国家在国际分工中的利益最大化。

三是相关政策措施的可操作性亟待提升。当前尽管国家有关部门对一些战略金属资源开采实施指标管理，但实际操作中并没有得到很好贯彻，即使在国家统计范围内，每年稀土、钨的实际产量均明显超过国家开采指标。国家有关部门已对部分战略性金属资源开发、冶炼和加工生产、流通、进出口制定了比较严格的准入门槛，但依然难以制止产能盲日扩张和国内产业恶性竞争。

四是我国亟待制定出台战略金属资源目录。目前我国已经颁布出台了多部

目录清单，如《战略性新兴产业目录》（包括7门、34大类、152中类、470小类、322次小类，共721个产品）；《战略性新兴产业主要领域》；《战略性新兴产业主要技术领域目录》；《战略性新兴产业重点细分目录》等。但支撑战略性新兴产业发展的战略金属矿产名录至今尚未提出，更没有列入上述产业目录之中，亟待形成我国战略金属目录。

表3　我国战略金属目录建议

战略性金属名称	列为战略性金属的主要依据
稀土、铟、锗、镓	新兴产业可能大量应用；我国具有资源优势，应该培养产业竞争力。
钽、铌	80%以上原料依赖进口，国际机构以血矿问题阻滞我国进口，供应风险大；是大型设备、核工业等的关键材料，国防地位高。
锆、铪	80%以上原料依赖进口，核级锆铪我国还不能规模化稳定生产，供应风险大。
铼、铍	国防、航空航天必须的关键材料，少数公司垄断，供应风险高。
钨	国防军工需要的关键材料；我国具有资源优势，应加强管理，培育全球产业优势和话语权。
钛	是航空航天、军工、民用的关键材料；我国资源禀赋不佳；国际高端竞争激烈，产业发展反映综合国力。
锂	核聚变和新能源必须材料；我国资源禀赋不佳，优质资源进口量大，供应具有不稳定性。
镍、钴、铂、钯	是国民经济需要的关键材料；我国资源短缺，高度依赖非洲和印尼等高风险地区资源进口，有供应风险。

（二）发达国家对中国战略金属出口持高度警惕立场

很大程度上，发达国家对中国崛起仍存戒心，许多国家采取政府干预、法律政策保护等形式保护本国利益，加之部分国际组织的实际控制权掌握在发达国家手中，战略金属领域面临较大的政治风险。一些国家保护所谓“自由贸易”理论，一方面要求别国能够长期向其提供廉价战略金属，另一方面又通过限制大规模杀伤武器公约，将绝大部分战略金属列为“军民两用物项”管理范围，限制其自由贸易。我国政府近年来加强并不断完善对部分资源类产品，特别是消耗性资源产品的管理，对于部分有色金属出口实施限制，例如，WTO专家组和贸易仲裁机构单纯以《入世协定书》等法律文件为依据，左右贸易仲裁结果，对我国造成极为不利的影响。

（三）我国战略金属矿产面临较大供给安全风险

当前全球经济发展对战略金属资源需求不断增长，而世界重要金属资源分布的不平衡性，导致少数国家对矿产资源生产、贸易和市场价格垄断性不断加强，使我国利用海外资源的成本不断上升，稳定供应的渠道受到威胁。尤其是国际资源民族主义抬头，大大增加我国利用海外资源的代价和风险。在这种背景下，我们需要清醒地认识到世界资源形势和我国的经济安全风险，资源稀缺性金属应该成为优先考虑的战略性金属品种加以重视。

亚太以及周边国家在中国战略金属资源进口中占有重要地位。截至2012年，亚太及周边国家已经成为中国进口镍、铝土等战略金属矿产资源的重要供应地。2011年，中国97%的进口镍来自印尼和菲律宾，占进口总量的比例分别为52%和45%；来自印尼和澳大利亚的进口铝土分别占78%和11%；2010年，45.3%的进口铀矿来自泰国和马来西亚。

此外，中国进口战略金属矿产海洋运输线主要是三大方向：向西印度洋、大西洋方向；向南大洋洲方向；向东太平洋、美洲、大西洋方向。其中向西和向东的航线为中国两大远洋主干线。总体上看，中国战略金属资源进口通道比较单一，印度洋航线组（经苏伊士运河的中东海湾—中国港口航线）承担了大部分石油进口的海上运输。因此，周边安全、地缘政治关系，资源民族主义，以及战略通道风险成为影响我国战略金属资源供给安全保障的重要变量。

三、加快完善我国战略金属的总体战略框架

当前，全球战略金属矿产资源开发利用仍处于初期探索性阶段，但随着世界主要国家加紧战略布局，未来战略金属矿产争夺将更趋激烈。中国须以战略眼光，及早进行超前性、全局性谋划，制定正确的战略金属国家战略，将战略金属资源安全纳入到我国总体国家安全之中，积极参与全球矿产资源治理规则制定，维护国家长远发展和战略安全。

（一）须高度重视战略金属储备体系建设，形成适合我国特色的储备制度

建立包括战略金属在内的主要矿产资源储备体系。我国已经初步建立国家石油储备制度，未来亟待扩大至战略矿产资源储备的种类和层级，必须坚持保障优先、适度超前、量力而行、合理布局的原则，针对战略金属更应该从国家储备发展至国家与商业（企业）储备等复合型战略储备体系，因地制宜地制定储备目标、储备方案和管理措施，提升危机应对能力和安全管控能力。

从战略金属实物储备的品种上看，我国在目前阶段应重点储备以下品种：国民经济建设与社会发展所必需的、对经济发展具有重要影响力的品种；涉及国家安全的品种；进口依存度高的品种；可影响国际市场、储量具有明显优势、而价格偏离价值的金属品种。首先是锆铪、钽铌等短缺性资源，以及稀土、铟、锗、铼等未来在新能源和新材料领域具有重要用途的战略性金属。其次是国内需求量较大，直接关系国家安全，资源保障能力不足的镍、钴、钛、铍等。最后是在一定条件下，适度储备一些涉及国家安全的钨等。我国铂族金属资源也十分短缺，可以实施国家储备与民间储备相结合的方式，完善商业收储制度，实现“藏富于民”。

（二）借鉴主要发达国家经验，加快我国战略金属资源立法和法律体系建设

进一步完善有关的法律法规，积极推进战略金属立法和相关管理条例的完善，明确战略金属矿产在国家经济和社会发展中的战略地位，为国家执法部门执法提供依据，做好优势战略金属资源的保护性开发工作。借鉴发达国家实施战略金属储备立法经验，制定储备法是各国实施战略资源储备制度的前提，也是实施战略资源储备制度的重要保障，出台包括综合储备立法、行业储备立法、战略矿产单独立法等方面的法律框架。

（三）做好我国战略金属资源目录定位和保护性发展的规划设计

根据我国各种战略金属的资源禀赋情况、产业发展基础以及技术开发能力，参考战略金属建议目录，制定差异化的战略规划。充分发挥市场配置资源的基础性作用，通过政策引导，着力发展技术含量高、附加值大的深加工产品，增强产业竞争力和抗市场风险能力。通过建设权威、及时、全面的“金属产业发展与资源安全数据库”，对战略金属资源安全现状进行客观分析，然后构建战略金属资源安全指标体系，采用“战略金属资源安全指数”对我国金属资源安全水平进行定量评价，持续监测并预警战略金属资源安全状况，为国家制定战略金属资源政策和战略金属安全提供科学依据和决策参考。

（四）全面强化战略金属的战略管理能力，保障战略资源供给安全

未来我国将担负对内转型和对外和平发展的双重任务。战略矿产资源是大国崛起的关键，随着国力和需求的不断增长，我国不仅面临着既有治理结构的制约，也将面临着美国等西方国家的遏制。因此，应将战略矿产资源安全纳入“一带一路”整体框架，以及经济外交的战略考量之中。

一是全面强化战略矿产资源全球管理。做好战略金属资源进出口配额管理，深入研究利用国际贸易协议的有效途径，要制定科学的出口配额分配方法，做好战略金属产品出口配额许可证的发放工作；进一步挖掘税目资源，完善稀有金属产品进出口税目，支持高新技术产品出口，优化产品进出口结构，更多的是发挥市场调节的作用，依靠资质审查、行业自律规范战略金属产品进出口秩序；维护海外资源利益，建立完善集中统一的境外资源管理体制机制。

二是建设国内短缺战略金属资源境外保障基地。鼓励通过国际合作，利用境外战略金属资源，特别是要在“一带一路”等战略框架下积极建设境外镍、钴、铂族金属、钽、铌、锆、铪等国内短缺资源基地，稳步推进建设境外钛、铍、锂等优质资源基地，大幅提升我国战略金属矿产资源的保障能力。根据发达国家的经验，完善企业境外资源开发服务体系，对建设境外资源基地十分

重要。由于当前我国境外战略性金属资源开发尚处于起步阶段，企业普遍缺乏实践经验，所以服务体系建设应本着公益性服务体系为主，商业性为辅的原则推进。国家有关部门应重点支持行业协会等组织牵头，落实公益性服务体系建设。

三是全面提升我国战略金属定价权。推进战略金属产业链重构，打造具有全球竞争力的企业和交易平台。积极提升中国在全球战略金属产业中的定价权，培育在世界范围内具有资源控制力、市场影响力、技术引导力的全球化企业，提高企业海外开发效率，使金属资源企业在国际竞争中逐步形成具有国际影响力的矿业集团，提升中国战略金属的国际定价权。

四是加强战略金属合作制度建设。当前全球金属矿产资源治理体系主要由美国主导，美国和西方国家制定了一系列金属矿产资源价格、航运规则、资源开发、社会责任、争端解决等治理机制，我国应积极融入并主动引导全球战略金属矿产资源的治理制度建设，通过机制设计、通道保障等多种途径实现战略金属供给安全。

【参考文献】

[1] European Commission, Critical Raw Materials for the EU 2010, http://ec.europa.eu/enterprise/policies/raw-materials/files/docs/report-b_en.pdf.

[2] The Department of Energy's Critical Materials Strategy, http://energy.gov/epsa/initiatives/department-energy-s-critical-materials-strategy.

[3] 国家统计局：《战略性新兴产业分类（2012）》，http://www.stats.gov.cn/tjsj/tjbz/201301/ U020131021375903103360.pdf.

[4] 李宪海、王丹、吴尚昆：《我国战略性矿产资源评价指标选择：基于美国、欧盟等关系矿产名录的思考》，《中国矿业》2014 年第 4 期。

[5] 程新、沈镭：《欧盟矿产资源政策走向及对我国的影响分析》，《中国矿业》2011 年第 7 期。

[6] 张新安、张迎新：《把“三稀”金属等高技术矿产的开发利用提高到战略高度》，《国土资源情报》2011 年第 6 期。

未来财政的十大变革

冯俏彬

【导语】党的十八届三中全会《关于全面深化改革若干重大问题的决定》指出，“科学的财税体制是优化资源配置、维护市场统一、促进社会公平、实现国家长治久安的制度保障”。改革开放以来，在历次重大改革中，财政均发挥了先行和引领作用。正在进行的新一轮财税改革涉及现代预算制度、现代税收制度、现代财政体制三大方面，将对我国经济社会产生重大影响。

党的十八届三中全会《关于全面深化改革若干重大问题的决定》指出，“财政是国家治理的基础和重要支柱，科学的财税体制是优化资源配置、维护市场统一、促进社会公平、实现国家长治久安的制度保障”。《决定》共提出336项改革任务，其中财政部门作为牵头单位的有76项，作为参加单位的有129项，财税改革的重要性由此可见一斑。2014年6月30日，中央政治局审定通过了《深化财税体制改革总体方案》，明确了财税改革的时间表与路线图，2016年将完成重大工作与任务，2020年基本建立现代财政制度。

财政作为配置公共资源的核心制度安排，体现着政府与市场、政府与社会、中央与地方政府之间三大重要关系，涉及经济、政治、文化、社会、生态文明等各个方面，对所有与公共资金相关的主体、行为都将产生重要影响，与各级政府、所有政府部门更是密切相关。因此，需要加强对新一轮财税改革的认识，把握财税改革未来的趋势性变革。

冯俏彬，国家行政学院经济学部教授、博士生导师。主要研究方向为公共财政与税收、政府经济管理。

一、所有政府收入将纳入预算管理，部门财力成为“过去式”

由于种种原因，目前我国各级政府的一些部门还掌握着形形色色的公共资金，如各类行政事业性收费、罚没收入、押金、土地出让金、国有资本经营收入、国有资源转让收入、各类基金等。这些资金虽然大部分已经纳入了“收支两条线”管理，但总的来讲，其“部门”特色是客观存在的。根据《决定》精神和新修订的《预算法》，未来财政将设立“四本预算”，即一般公共预算、社会保障预算、国有资本经营预算和政府性基金预算，现在由部门掌握的绝大部分收入都将陆续纳入预算管理，即使不在这四本预算之内的一些特殊收入，如住房公积金，也将逐渐走向管理规范化和信息公开化。更重要的是，这些资金将与相应的执收执罚部门完全脱离联系，各部门不可能继续保有对这些资金的实际支配权，所需要支出缺口将转由公共财政体系提供。

二、编制中长期预算将成为常态，部门工作计划性大大提升

过去和当前，我国预算管理执行的是“一年预算、预算一年”。这种管理方式不仅给年终突击花钱提供了口实，而且不利于各部门制订、实施中长期工作计划和政策目标，影响了政府部门的工作绩效。对此，《决定》提出要建立跨年度中期预算，在财政部门的大力推动下，中期预算要于2015年进入实施阶段。这意味着，今后各部门要制定至少3年期的计划与政策，并合理分解到各个年度，进而据此向财政部门提出预算申请。这对各个部门的工作方式、工作安排、资金使用管理方将产生重大影响，促使各部门相关政策研究、趋势预测，进一步提高工作的科学性与计划性。

三、绩效预算从局部走向全面，财政审计与问责从弱到强

跨年度预算管理之下，必然会同时赋予各部门一定的资金调剂权，在满足一定的条件下，“打酱油的钱可以用于打醋”。但与此同时，绩效预算将从局部走向全面，一方面所有的项目资金都将纳入绩效管理，另一方面绩效管理的主体将由财政部门更多地转向各部门自身，后者要提出本部门的绩效管理目标、实施路径以及绩效评估的具体方法等，管理责任较以往有所加重。另外，绩效结果将在更大范围内使用，比如与下一周期的预算申请相联动，不排除在某种时期会向社会公开各政府部门的绩效信息。根据日前国务院批转的财政部《权责发生制政府综合财务报告制度改革方案》的要求，以后各部门每年都要向财政部门提交财务报告，并接受审计、公开信息并对不良管理承担责任，审计部门也已调整了内设机构以应对未来加大财政审计的需要。因此，未来一个时期，各部门将面临经常性、严格的财政审计，对审计中发现的违纪、违法问题，也很难止于现在的“点到即止”，财政问责系列制度将陆续走上前台。

四、税收增长有所放缓，但不会出现“断崖式”下降

随着我国经济进入新常态，税收的增长速度将有所下降，以往那种每年10%—20%的高增长率将成为过去式。但是，综合考虑我国经济的成长韧性与税收征管方面的巨大空间，税收收入并不会出现“断崖式”下降，5%—8%的年增长率仍然是可以预期的。随着对各类费用与基金的清理归并，税收收入在地方政府收入结构中的比重将明显上升。

五、税收制度将进行结构性调整，间接税比重下降，直接税比重上升

新一轮财税改革下，税收方面的重大变化将主要出现在税制结构性调整上面。调整的方向有两个，一是降低间接税比重、增加直接税比重，二是将主要从生产经营等“前端”环节征税转向收入、消费、财富等“后端”环节征收。具体而言，“营改增”将于2015年全面完成，此后营业税将彻底退出历史舞台，有“中性税”、“良税”之称的增值税将承担扛鼎重任。消费税将进行重大调整，除了征收范围之外，征收环节将由生产、进口改为零售环节征收。致力于保护生态、促进节能减排的环境税将于2017年出台。如果立法进展顺利，房地产税将在2017年面世。个人所得税将进一步改革，但绝不会再走提高起征点的路子，而是向“广覆盖”、“较低税率”和“以家庭为计征单位”的方向变化。遗产税与赠与税一直不受待见，但综合各方面的情况看，二者来到世间只是时间与方式问题。

六、税收管理将更加重视个人，税收优惠受到严格管控

长期以来，我国的税收征管制度主要是针对企事业单位的，对于个人的税收管理很弱。根据已经修订的《税收征管法》，未来对于个人的税收征管将从小到大、从弱到强逐渐展开。个人将有终身税号，所有的收入与纳税信息都将在此归集。个人还将形成完整的纳税记录，并成为个人信用体系的一个组成部分。个人自主申报将成为税务管理的常态，税务机关每年进行一定比率的抽查，对于违规者进行重罚。2014年12月，国务院发布了《关于清理税收等优惠政策的通知》，规定未来各地区一律不得自行制订税收优惠政策；未经国务院批准，各部门一律不得规定具体的税收优惠政策，因此今后税收优惠将不再会是各地用于来招商引资、发展经济的主要工具。针对社会上“减税”的强烈吁求，要

看到问题的主要症结在于政府收入秩序的混乱而不是税真的太重，因此要主要从减费、减基金的角度予以回应，以降低企业负担，促进创新创业。

七、各级政府的事权范围将逐渐清晰，稳定性明显增加

政府间事权的清楚划分、相对稳定是中央与地方政府间财政体制的基石，也是新一轮财税体制改革的硬骨头。未来，事权将分为中央事权、地方事权和共同事权三类，宏观调控、国防、安全、生态保护、司法、基本公共服务将主要归于中央，地方事权主要集中在本地事务管理与公共服务上，跨区域的事权则归于共同事权。在事权的改变上，有两点需要特别指出，一是总体而言，地方政府的事权范围将有所缩小，支出责任有所减轻，相应地，中央的事权范围和支出责任资助有所扩大；二是相对以往而言，省一级政府的责任将有所加强，省政府要承担起本区域内均衡财力、促进基本公共服务均等化的责任。当然，鉴于我国政府管理的现实情况，政府间事权改革不可能一步到位，应当先会对各方已取得共识的事权归属进行调整，现在问题不突出、认识不清楚的事权会留待以后慢慢形成共识。新一轮政府间事权调整结果可能会通过某种制度进行确认，但短期内不会上升到法律层面。

八、分税制仍然是划分各级政府收入的基本制度框架

“分税制是市场经济的奠基性制度”，未来变革将主要发生在如何分税上面。经过改革后的税种将重新在中央与地方政府之间进行划分。具体而言，增值税很可能将全部确定为中央税收，地方政府不再参与分享。消费税将调整为地方税。企业所得税和地方所得税成为主要分享税种，但很可能由“分成”转向“分率”，即中央确定所得税的基本税率，地方政府可在此基础上增加某个比率。资源税、房地产税是典型的地方性税种，也是未来政府最可寄望的创收主力。

九、转移支付制度将成为分税制的有力支撑

即使分税制调整到位，但任何地区、任何时期，地方政府都不可能达到收入与支出的完全对等，因此需要进一步完善转移支付制度，发挥其对分税制的重要支撑作用。改革的方向是，一般性转移支付将在“促进基本公共服务均等化”的目标下进行调整，各地获得的一般转移支付金额将趋于标准化、公开化和稳定化，并在地方政府的收入盘子中占据越来越大的比重。专项转移支付仍将存在，但额度将大大缩减，且管理也更趋规范，“跑部钱进”将得到抑制。省对下的转移支付制度将陆续建立，省级政府的辖区责任将进一步加强，财政体制渐臻合理完善。

十、财政政策继续积极，PPP成为主流

财政政策方面，积极财政政策仍将在一个时期内保持且要加大力度，据刚刚结束的全国财政工作会议透露，2015 年财政赤字率将从 2.1% 调高到 2.3% 左右，债务规模温和上升。未来地方政府性债务管理也将出现重大变化，这在近期国务院的 43 号文件中已经说得很清楚，在此不再赘述。与地方政府性债务管理破冰同步的是，未来地方政府仍然将进行大规模的基础设施、市政设施建设，所需的资金部分依赖债务，但大部分将转向 PPP 模式，即通过政府与社会资本合作来实现，由此将对地方政府的法律意识、管理模式、行为方式产生重大影响。

总之，随着财税改革时间表与路线图的完成，未来一段时间内，我国财政制度的基本面貌已经清晰可见。基于财政制度在国家治理中的重要作用，基于财政制度的综合性与全面性，改革将对各地区、各部门甚至每个人产生重大影响，需要认真辨识趋势，调整认识，以未雨绸缪、主动适应财政管理“新常态”。

“十三五”时期我国的经济改革热点

经济全方位优化升级：新特征与新趋势

张占斌

【导语】党的十八届三中会吹响了全面深化改革的号角。两年多来，随着十八届三中全会部署的改革任务一项项落实，全面深化改革稳步推进。目前，中共中央、国务院印发《关于深化国有企业改革的指导意见》，全面深化改革的发展史又添一块里程碑。改革红利正在持续释放。

波澜壮阔的中国改革，已走过三十多年风雨历程。前所未有的思想解放和制度变迁，释放了巨大的改革红利，深刻地改变了中国，也深刻地影响着世界。当前，中国经济发展进入新常态，一方面，国内外的经济社会环境更趋复杂，经济下行压力仍然较大，“形有波动”，国内外对此有一些议论和担心。另一方面，我国经济上了一个大台阶，经济韧性好、潜力足、回旋空间大，“势仍看好”，也是不争的事实，国际社会多数人对此也是认同的。

适应和引领经济新常态，需要保持和增强战略定力，按照“四个全面”战略布局，深入贯彻习近平总书记关于全面深化改革的重要论述，加快落实党的十八届三中全会关于全面深化改革的整体部署，敢于啃硬骨头、涉险滩，以前所未有的决心和力度，坚定不移地推进改革，最大程度释放改革的新红利。

张占斌，国家行政学院经济学部主任，博士生导师，一级教授。主要研究领域为政府经济管理、行政体制改革等。

一、改革是中国最大的红利，改革依然是中国发展的最大动力和关键一招

从20世纪70年代末开始，一场改变中国命运的改革在960万平方公里的大地上展开。伴随着真理标准大讨论，走出十年动乱灾难的中国共产党人和中国人民获得了空前的思想解放，果敢摒弃了“以阶级斗争为纲”的错误路线，在实事求是精神的鼓舞下，依靠改革破除了制约生产要素优化配置和生产力发展的体制机制障碍，释放了制度红利，从而带来了生产力的解放、生产效率的提高和物质财富的增长，带来了中国经济发展的强劲动力。回顾改革历程，每一次重大改革都给党和国家发展注入了新的活力。三十多年来，我国经济社会发展取得了举世瞩目的成就。2014年，我国经济总量达到约10万亿美元，稳居世界第二位。从人均国民收入、制造业产值、贸易总额、外汇储备等综合指标看，我国已成为名副其实的经济大国。正是改革创造了这一世界经济史上的增长奇迹。实践表明，过去取得的辉煌成就靠的就是万众一心搞改革，靠的就是持续释放改革红利。

改革是党和人民事业大踏步赶上时代的重要法宝，将来中国继续创造发展奇迹仍然要靠改革。作为拥有13亿人口的发展中大国，我国的基本国情是发展不足、发展不够，这就决定了发展仍然是解决我国所有问题的关键，而发展的核心就是坚持以经济建设为中心，始终遵循好经济规律、自然规律和社会规律“三大规律”，推动经济社会持续健康发展。近几年，在党中央、国务院的坚强领导下，全面深化改革的整体部署持续推进，一路上攻坚克难，加大区间调控和定向调控，通过简政改革、财税改革、金融改革、国企改革、自贸区建设等，促使经济增长稳定在一个合理区间，结构调整积极推进，活力动力持续增强，经济发展实现了稳中求进。2015年上半年，中国GDP增长7%。服务业占国内生产总值的53.4%，消费对经济增长贡献率达60%，高新技术产业增速明显快于整体工业，信息、文化、健康、旅游等消费需求旺盛。事实上，中国经济仍

在平稳健康发展，并惠及全球，对世界经济增长的贡献率在30%左右。可以说，改革旗帜高高飘扬，全面深化改革成效显著。

当前，全球经济仍然处于国际金融危机后的深度调整期，不稳定因素较多。走进新常态的中国正面临着很多前所未有的新矛盾、新问题和新挑战。在周期性和结构性因素的影响下，经济增长出现减速趋势，进入增长速度换挡期、结构调整阵痛期和前期刺激政策消化期的特殊时期，到了爬坡过坎的紧要关口。与此同时，经济发展中不平衡、不协调、不包容、不可持续等矛盾依然非常突出，统筹稳增长、促改革、调结构、惠民生、防风险的每一项任务，担子都不轻，所面临的改革任务十分艰巨。化解产能过剩风险、增强结构调整动能、释放创新驱动潜力、保障民生期盼等重点问题，依然需要通过切切实实的改革来加以推动。可以说，不深化改革，发展就难有活力、难有成效、难以可持续；不深化改革，存在的问题就可能更严重，甚至不能排除掉入“中等收入陷阱”的风险。改革过去、现在都是中国最大的红利，改革依然是中国发展的最大动力和关键一招。要推动中国经济发展提质增效、行稳致远，必须培育千千万万的改革促进派，坚定不移地推进改革，坚决破除各种利益的藩篱和体制机制的弊端，充分释放改革新红利。

二、当前改革还需要以经济体制改革为重点，把已出台的经济改革政策落实好

党的十八届三中全会提出，“经济体制改革是全面深化改革的重点”。这是党中央在全面总结改革开放经验、准确把握国内外大势、统筹考虑“五位一体”总体布局基础上做出的科学判断和重要决策。党的十八大尤其是十八届三中全会以来，我国在许多重要领域和关键环节上出台了一系列的改革举措，解放和发展了生产力，大大增强了市场的信心。当然，从“蓄势”到“迸发”，需要一个过程，我们可以从即将召开的五中全会看到改革的精气神将续写在“十三五”规划的篇章中。当前，最重要的就是继续将经济改革措施落实好，特别是要把

稳增长的措施尽量往前摆、抓到位。

首先，这是立足基本国情的必然选择。我国仍处于并将长期处于社会主义初级阶段的基本国情没有变，人民日益增长的物质文化需要同落后的社会生产之间的主要矛盾没有变，我国是世界最大发展中国家的国际地位没有变。这"三个没有变"，决定了我们必须始终坚持以经济建设为中心。这些年，我国之所以能够经受住国际金融危机和世界经济低迷的冲击，经济增长保持平稳态势，结构调整取得重要进展，人民生活不断改善，其中的重要原因之一就是坚持深化经济体制改革。可以说，以经济建设为中心与以经济体制改革为重点，在本质上是统一的。

其次，这是应对经济下行、稳增长的迫切需要。面对经济增速放缓压力，我们没有惊慌失措，也没有怨天尤人，而是保持定力，实施定向调控、相机调控、精准调控，不超发货币、不搞大规模强刺激。同时，加大简政放权、放管结合、优化服务改革力度，给企业和市场松绑，鼓励大众创业、万众创新，加快新技术、新业态、新模式、新平台的建设，释放市场主体的创造力。依靠改革增强经济活力，已经取得了实实在在的成效，经济的新增长点、增长极、增长带逐步形成。下一步，要努力实现稳增长的预期目标，就要进一步深化经济体制改革，不仅政令要出中南海，而且要破除"肠梗阻"，更要打通"最后一公里"，注重将改革措施尽快落地见效，变成千千万万人民开创伟业的行动，不断释放改革新红利。

再次，这是推动经济转型升级的重要举措。从国际看，世界经济低速增长，发达经济体复苏乏力，新兴经济体经济增长一波三折，短期内恐怕难有起色。同时，国际经济结构正面临深度调整，国际竞争将日趋激烈，新一轮科技革命正在孕育、兴起，我国发展的外部环境更趋复杂多变。随着国际需求支撑条件减弱、劳动力等要素供给条件发生新的变化、面临"中等收入陷阱"等一系列制约因素的凸显，我国经济转型升级的任务将更加艰巨。要继续深化经济改革，处理好政府和市场的关系，就必须加快释放结构调整红利、新型城镇化红利、自贸区建设红利、企业创新红利、"新人口红利"等进程，形成改革的新动力，打造“中国经济升级版”。

最后，这是引领其他领域改革的客观要求。生产力决定生产关系，经济基础决定上层建筑。这一社会发展的基本规律决定了要以经济体制改革为先导，发挥其牵引作用，为全面深化改革创造条件、提供动力。牵住深化经济体制改革这个“牛鼻子”，可以有力地促进其他领域深层次矛盾的化解，促进其他领域改革的协同深化。现在，改革到了关键时刻，不进则退。只有通过继续深化经济体制改革，才能充分发挥市场对资源配置的决定性作用，更好发挥政府的作用，真正形成经济、政治、文化、社会、生态等领域改革的强大合力，努力把中国的事情办好。

三、保持和增强战略定力，在全面深化改革中求新求进求突破

“天行健，君子以自强不息。”习近平总书记强调，适应和把握我国经济发展进入新常态的趋势性特征，保持战略定力，增强发展自信，坚持变中求新、变中求进、变中突破，走出一条质量更高、效益更好、结构更优、优势充分释放的发展新路。推动中国经济向形态更高级、分工更优化、结构更合理的方向发展。加快从经济大国向经济强国迈进。这些重要思想非常鼓舞人心，对全面深化改革中求新求进求突破，提出了更紧迫的要求。

一要保持战略定力，在全面深化改革中实现“变中求新”。从各地改革的实践看，那些敢于求新、创新，主动点燃创新驱动引擎的地区，发展活力充足，动力强劲；反之，则压力较大，步履维艰。当下的中国，面临着“前有堵截，后有追兵”的双向压力，要在激烈的国际竞争中赢得主动和先机，就必须保持战略定力，变中求新，打好改革的“主动仗”，下好创新的“先手棋”，抢占发展的制高点。要紧紧抓住和用好新一轮科技革命和产业变革的机遇，加快创新驱动方面的重大改革，推动大众创业、万众创新，形成以创新为主要引领和支撑的经济体系。

二要保持战略定力，在全面深化改革中实现“变中求进”。在新常态下，既要稳中求进，也要变中求进，关键是有所“进”。如果不进，就无法保持改革的成果，也无法实现人民的新期待。必须增强战略定力，变中有为，变中精进。要积极培育新的经济增长点，形成新的增长动力。要采取政府调控与市场机制并用的方式，存量调整与增量调整并举，采取地区、产业差别化政策，既要减少过剩产能、高能耗产业，又要加快发展服务业、现代农业、战略性新兴产业，逐步构建起科技含量高、资源消耗低、环境污染少的产业结构，进而实现转型升级、提质增效。

三要保持战略定力，在全面深化改革上实现“变中突破”。改革就是“变”，也是我们推进发展的不竭动力。古人云，“变则通，通则久”。全面深化改革，变中突破，考验着我们的战略定力。我们在全面深化改革中，要以重大问题为导向，抓住重大问题、关键问题，重点是处理好政府和市场的关系，不断探索发挥市场和政府作用的有效机制，更大程度发挥市场配置资源的决定性作用。要着重加强利益关系调整、资源要素分配，探索促进科技与经济深度融合的有效途径，探索激发创新者动力和活力的有效举措。要注重探索深化开放创新的有效模式，争取在完善市场经济体制方面和建设现代政府的管理创新上取得新突破。

我们有三十多年改革的物质基础，有体制的优势，有坚强的决心，有勤劳勇敢的 13 亿人民，我国的改革正在积蓄正能量、释放正能量。正如世界经济论坛主席施瓦布所说：“我曾多次看到中国面临似乎难以逾越的困难，但给人留下深刻印象的是中国拿出了解决这些困难的决心和信念……每次都能成功应对挑战。”我们相信，万众瞩目的中国会向人民、向世界交出一份高质量的答卷。

河南国有控股上市公司治理问题研究与实践

刘青松

【导语】中共中央、国务院《关于深化国有企业改革的指导意见》指出，国有企业是我们党和国家事业发展的重要物质基础和政治基础。要以经济建设为中心，坚持问题导向，继续推进国有企业改革。在深化国有企业改革过程中，完善公司治理、推进混合所有制改革是其中的关键性环节之一。本文以河南省32家国有控股上市公司为样本，揭示出公司治理方面存在的主要问题，并提出了相应的政策措施。

三十多年来，国企改革始终处于我国经济体制改革的核心地位，改革方向是建立现代企业制度，核心是有效解决公有制与市场经济融合问题，实现坚持公有制为主体、多种所有制经济共同发展的基本经济制度与市场机制作为配置资源决定性力量的统一。推动国有控股上市公司完善治理结构、提高治理水平是深化国有企业混合所有制改革、建立现代企业制度的必然要求、是建立和完善社会主义市场经济体制的重要制度基础。

一、公司治理的基本原则

上市公司治理不完全属于公司自治范畴，利益相关者可以以多种形式关注、参与上市公司的治理。世界上第一个公司治理原则是1992年英国的《卡德波利报告》。此后，众多国家与组织的公司治理准则纷纷出台，既包括发达国

刘青松，中国证监会河南监管局党委书记、局长，中国人民大学硕士，研究领域为企业经营管理和改革、证券市场监管和金融法等。

家和地区，也包括发展中国家与新兴的市场经济国家。其中影响力最大的是经济合作发展组织（OECD）发布的《OECD公司治理原则》、国际公司治理网络（ICGN）发布的《ICGN国际公司治理准则》，以及英国的《英国公司治理综合准则》。其中，OECD除公司治理一般原则外，还专门制定了针对国有企业的《经合组织国有企业公司治理指引》（以下简称《指引》），明确定位于讨论国有企业公司治理的特定情况，从国家作为所有者的角度，阐述国家如何在政策上确保良好的公司治理。《指引》包含国有企业的法律和监管框架、国家作为所有者行事、平等对待所有股东、与利益相关者的关系、透明度和信息披露，以及董事会的责任等六个方面的具体内容。①

国内上市公司治理的原则与OECD公司治理的原则基本一致。《公司法》、《证券法》、《上市公司治理准则》等证券监管相关法律法规则对公开发行证券的上市公司规定了具体的治理标准和规则。同时，《企业国有资产管理法》、《劳动法》、《劳动合同法》、《消费者权益保护法》、《会计法》、《企业会计准则》、《企业内部控制基本规范》等相关法律法规还就公司治理中涉及的国有股东权益保护、利益相关者、会计信息、内部控制等内容做出规定。

这些法律法规涵盖股东权利及保障、公司治理机构及运作、平等对待投资者、信息披露、绩效评价及激励约束机制、利益相关者作用以及内控体系建设等各个方面的治理内容，构成了比较完备的国内上市公司治理制度体系，是我们研究河南国有控股上市公司治理问题，提出完善国有控股上市公司治理指导意见的法规依据和制度基础。

二、河南国有控股上市公司治理存在的问题

截至2015年8月底，河南共有上市公司72家，第一大股东为国有股东的上市公司有32家，市值为2283.29亿元，占河南上市公司总市值的41.8%，其中A

① OECD Guidelines on Corporate Governance of State-Owned Enterprises, http: //www.oecd.org/corporate/ca/

股流通总市值占到河南上市公司的 48.63%。河南国有控股上市公司基本建立了“三会一层”的公司治理框架，治理状况不断改善。但是，对照境内外上市公司治理标准和相关法规要求，河南国有控股上市公司治理仍存在以下十方面问题：

（一）上市公司与控股股东“五分开”不彻底

部分国有控股上市公司与控股股东在人员、资产、财务、机构、业务等方面不能严格分开。主要表现为：（1）人员分不开，高管人员交叉任职、违规兼职；（2）资产分不清，上市公司的资产完整性存在缺陷；（3）财务分开不彻底，部分控股股东对上市公司财务实际上仍按照上下级管理模式，人员重叠交叉，信息系统共用，资金统筹调度，控股股东可随时查阅公司的财务信息；（4）机构不独立，部分公司与控股股东共用办公区域、机构划分不清；（5）业务不独立，未实现整体上市或主业整体上市的国有控股上市公司与控股股东存在同业竞争或潜在同业竞争的问题，关联交易比较多。

（二）控股股东行使控制权不规范，上市公司独立性不足

控股股东对于上市公司的重大决策、经营战略、业绩计划等事项仍沿用行政命令、行政审批的方式处理，不履行“三会”审议表决程序，或是先执行后履行程序，使公司治理的制衡机制流于形式。主要表现为：（1）个别国有控股上市公司的经营发展受制于行政干预和影响。行政性的计划、指令或严格的报批程序使得部分国有控股上市公司被管得过死，与民营控股上市公司相比，难以根据公司利益最大化原则制定发展战略。（2）上市公司高管人员的选聘任用受控股股东的完全控制或不当干预，高管人员的提名、选聘大多沿用机关干部选拔任用模式，实行行政职级管理，市场化程度不高。32 家国有控股上市公司董、监、高中，省、市、县管干部共有 56 人，省国资委派干部 4 名，央企委派干部 42 人，控股股东委派干部 165 人，而职业经理人仅有 29 人。（3）上市公司经营管理团队的绩效考核实际由控股股东完全主导或不适当干预，上市公司董事会及设立的薪酬与考核委员会对高管的绩效考核成为摆设。控股股东对上

市公司的考核往往更注重从集团整体利益出发考量，而不是从上市公司的绩效出发考量，考核指标设计不尽科学合理，没有体现上市公司作为经营主体的市场化属性。（4）激励机制以薪酬为主，手段单一，实施管理层股权激励计划的只有1家国有控股比例比较低的公司。（5）个别上市公司的控股股东还越过董事会直接介入公司的日常经营，下达经营计划、制定利润指标等。公司年度预算、资金使用计划需要控股股东审批同意的公司有5家，占到15.63%。个别公司的控股股东甚至直接干预公司的招投标计划，干预上市公司的原料采购。（6）国有控股上市公司及其控股股东作为政府控制企业承担了更多的社会责任。如4家煤炭类国有控股上市公司的控股股东，按照《河南省人民政府关于批转河南省煤炭企业兼并重组实施意见的通知》要求，分别划片接收了省政府划定地区的中小煤矿。这些中小煤矿大部分因为证照不齐，安全生产存在重大隐患，不满足进入上市公司的条件，客观上与上市公司形成同业竞争，成为影响这些公司治理提升的主要问题之一。

（三）保护中小投资者合法权益的机制还不够健全

国有股“一股独大”的股权结构有其历史与体制的必然性和合理性，其本身并非问题，关键是要在公司治理层面建立有效的制衡大股东滥用控股权力、损害中小投资者合法权益的机制。当前，中小投资者合法权益保护不充分的情况依然存在，主要表现如下：（1）控股股东利用控股地位通过同业竞争、关联交易损害上市公司和中小投资者利益。河南国有控股上市公司中有12家未实现整体上市或主业整体上市，上市公司与控股股东之间存在同业竞争，或有大量的关联交易，控股股东为平衡整个集团利益而通过同业竞争、关联交易损害上市公司利益，损害中小投资者利益的情况还时有发生。（2）部分控股股东提前知悉，有的甚至泄露内幕信息导致股价异动。按照《关于国资委监管企业编报月度企业财务快报有关事项的通知》等相关文件，国有控股上市公司需要每月向控股股东、国资管理部门报送财务快报，内容涵盖上市公司的主要经营状况和重要财务数据等。大部分的国有控股上市公司并未将这些信息予以公开披露，有违公平披露原则，损害了中小股东的知情权。此外，有的控股股东在筹划上市公司并购重组、再融资等重大事项过程中掌握大量的敏感信息，又不支持和配合上市公司及时履行信息披露义务，做好内幕交易防控工作，存在内幕交易的风险隐患。（3）中小投资者的参与权、监督权未得到有效保障。具体表现为中小股东参加股东大会的便利性不足和中小股东很少能够推选代表自己利益的董事与监事。（4）投资者关系管理工作仍有漏洞。大部分上市公司虽设立了投资者热线电话，但个别公司的热线电话经常无人接听，或是与投资者沟通态度生硬，不积极解答投资者提出的问题，多次被投资者投诉，这反映了公司对投资者关系管理工作重视不够，缺乏尊重中小投资者合法权益、积极与投资者进行沟通交流的意识。

（四）信息披露质量不高，透明度较差

部分国有控股上市公司信息披露不及时、不完整、不准确、不公平，甚至存在重大不实披露，涉嫌违法违规。主要表现为：（1）信息披露不及时，以定期报告代替临时报告。（2）信息披露不完整、不充分。有的公司会计政策或会计评估变更、募集资金项目进展、承诺履行等信息披露不充分，有的公司将关联方非关联化，关联交易披露不完整。（3）信息披露不准确，存在低级错误或逻辑上的矛盾。会计数据、担保事项等信息前后不一致；有的公司甚至将每股收益、非经常性损益等重要的财务指标计算错误。（4）不公平披露，泄露内幕信息，涉嫌内幕交易。有的公司向控股股东、外部单位提供经营或财务报表时，内幕信息知情人登记制度执行不严格，有的公司曾几次出现董监高管及其亲属在窗口期违规买卖股票的问题；有的公司接待机构调研时对敏感信息控制不严；有的公司领导在公众场合讲话不注意，无意中泄漏敏感信息等。（5）虚假披露或隐瞒重要事实不披露。如莲花味精 2007 年、2008 年财务报告披露严重不实，将未收到的政府补助入账，虚增会计利润；大有能源子公司一项重要的采矿权被零价转让不及时披露，直到被媒体报道质疑才公之于众。这些都反映出上市公司在公司治理和透明度方面明显缺陷。

（五）董事缺乏必要的独立性和勤勉尽责意识

河南国有控股上市公司共有董事 297 人，其中外部董事 110 人，内部董事 80 人，独立董事 107 人。其中，由实际控制人、控股股东或第一大股东提名董事人数 162 人，占比 54.55%；独立董事中由控股股东推荐 50 人，占比 46.73%。大多数董事来自控股股东或是由控股股东推荐、提名，这些董事在做出重大决策时难以排除控股股东的影响，对公司全体股东的受托责任往往被简单理解为主要是对控股股东负责，不能完全从公司利益的角度出发进行决策，执行公司事务时的勤勉尽责意识也不强。

（六）独立董事制衡作用有限

针对国有控股上市公司 2011—2013 年度董事会召开前沟通阶段因为独立董事意见而修改或延迟表决的议案数量进行调查问卷，结果显示：认为没有、很少、少的公司分别有 8 家、3 家、17 家，合计 28 家；认为多的公司仅 4 家，认为很多的 0 家。而在董事会表决阶段，最近三年独立董事在董事会上投反对票的为 9 人次，投弃权票的为 15 人次，没有就关联交易、高管选聘等事项发表过保留意见和反对意见。由此可见，独立董事的制衡作用的发挥还比较有限。影响其作用的发挥因素主要有三：（1）独立董事缺乏履行监督制衡职责所需的足够信息；（2）部分独立董事责任心不强；（3）独立董事专业水平参差不齐。

（七）董事会和经理层职责划分不明晰

董事会与经理层存在人员兼任、职责边界不清等问题，对经理层的监督制衡不足。截至 2013 年底，7 家上市公司董事长兼任总经理，占到公司总数的 21.88%。董事长兼任总经理，既决定战略制定，又负责战略执行，容易职责混淆，缺少足够的制衡。国有控股上市公司的总经理绝大多数都是通过各级党的组织部门考核选派的干部，受行政因素干预，董事会无力聘任或解聘。总的来看，董事会对经理层的监督和制衡较弱。

（八）董事会专业委员会作用发挥不足

形式上，上市公司均设立了审计委员会、薪酬与考核委员会、提名委员会、战略与发展委员会中两种以上的专业委员会；但是除审计委员会外，其他委员会的作用非常有限。原因有三：（1）专业委员会作为董事会下设的会议组织，在董事对于基本的受托责任意识不强的情况下，专门委员会作用难以有效发挥；（2）专业委员会无定期会议制度，一般开会较少；（3）专业委员会运作情况不透明，外部监督不足。

（九）公司内部控制存在缺陷，监事会对公司规范运作的监督力度弱

首先，部分国有控股上市公司内控制度不健全，且制度未得到有效执行，公司内部控制存在缺陷，难以保证公司规范经营和信息披露质量。2014 年，31 家上市公司执行《企业内部控制基本规范》，披露内部控制评价报告和内部控制审计报告，有 1 家公司的内部控制被审计机构出具了否定意见，2 家公司的内部控制被审计机构出具带强调事项段的无保留意见。其次，监事会、内部审计等内部监督作用发挥不够。虽然大部分公司建立了形式上较规范的监事会，但实际监督作用有限，原因是：（1）监事会履责时间、精力不足；（2）监事会只是一个履行监督职责的议事机构，除了召开会议外没有常设机构、部门向其负责或代表其履行具体监督职能，其会议通知、记录、决议及工作报告的起草等工作大部分是由董事会秘书负责；（3）部分公司的内部审计监督作用发挥不够，未设立专门的内部审计部门或是内审部门独立性不够，财务人员兼任内部审计人员，内部审计制度不健全，针对内审发现的问题也缺乏严格的事后纠正和责任追究机制。

（十）对利益相关者重视程度不够，社会责任的履行和披露存在不足

上市公司对利益相关者的重视程度不够，在维护职工、债权人、消费者合法权益，推进技术进步、节能减排、保护环境等方面存在不足，积极履行社会

责任并披露社会责任履行情况的意识不强。2014年，15家公司披露年度社会责任报告，有一半多的公司还未披露社会责任报告。个别公司的生产经营风险长期得不到有效化解，财务状况持续恶化，大量的银行贷款逾期不偿还，债务诉讼纠纷不断，职工的工资、福利发放及转产安置问题长期得不到妥善解决，作为公众公司，既影响地方社会的稳定，也有损于河南资本市场的形象。

三、完善国有控股上市公司治理的措施

在现有的法律法规和国资管理框架下，2014年10月24日，河南证监局与河南省国资委研究制定了《关于完善河南国有控股上市公司治理的指导意见》，提出十点意见，市场各界反响正面。

（一）制定科学规范的公司治理原则

我们以党的历次决定精神，尤其是十八大、十八届三中、四中全会精神为指导，充分参考、借鉴境内外资本市场有关公司治理的基本原则、指引，针对河南国有控股上市公司的实际情况，规范国有控股股东行为，确定了完善公司治理的五条基本原则：（1）依法履职行权原则，尊重上市公司的独立性，不干预上市公司的日常管理；（2）公平处理各类投资者关系原则，保障各类投资者尤其是中小投资者的知情权、参与权与监督权，建立与中小投资者进行沟通的渠道，为中小股东参与公司治理提供便利；（3）信息披露规范透明原则，不得以其掌握的证券敏感信息从事内幕交易；（4）规范董事会建设，强化科学民主决策原则，强化董事会专门委员会功能，推动其独立、有效地发挥作用；（5）尊重和保障利益相关者的合法权益，积极履行社会责任原则。

（二）尊重上市公司的独立性

国有控股股东应依法通过参加股东大会行使表决权参与上市公司的重大决策，维护股东合法权益，推动国有资产保值增值，切实维护上市公司在人员、

资产、财务等方面的独立性，不直接干预上市公司的正常经营活动。（1）人员独立。上市公司的经理人员、财务负责人、营销负责人和董事会秘书不得在控股股东单位担任除董事以外的其他职务。（2）资产独立。控股股东投入上市公司的资产应独立完整，权属清晰。（3）财务独立。上市公司应按照有关法律、法规的要求建立健全财务、会计管理制度，独立核算。（4）机构独立。上市公司的董事会、监事会及其他内部机构应独立运作。（5）业务独立。上市公司业务应完全独立于控股股东。控股股东应采取有效措施避免与上市公司的同业竞争。

（三）保护中小投资者合法权益

1. 健全中小投资者参与公司治理的基础

各上市公司应按照《上市公司章程指引》（2014 年修订）和《上市公司股东大会规则》（2014 年修订）的要求，修改完善公司章程，明确将股东大会网络投票、征集投票权，累积投票制选举董事、监事，中小投资者单独计票等写入公司章程，健全中小投资者参与公司治理的制度基础。

2. 保障中小投资者依法行使权利

应全面开通网络投票，便利中小投资者参与股东大会；不得对征集投票权提出最低持股比例限制，并为中小投资者征集投票权提供便利。鼓励公司推行差额累计投票制选举董事、监事。

3. 完善与中小投资者的沟通交流机制

公司应建立投资者关系管理制度并公开披露。通过举行投资者交流会、业绩说明会、网络互动平台等方式加强与投资者的沟通，及时回应投资者的问题；指定专人负责接听投资者咨询电话、接待投资者现场来访及调研。

（四）提高上市公司信息披露质量

1. 严格信息披露标准

上市公司应按照信息披露规则，真实、准确、完整、及时、公平地披露公司信息。鼓励上市公司在定期报告中披露控股股东向上市公司提名、选派董事、监事、高级管理人员情况，市场化选聘高管人员情况，独立董事工作时间和薪酬制定，董事会专业委员会运作，监事会监督履职等公司治理信息。

2. 控股股东、实际控制人应配合上市公司履行信息披露义务

控股股东在实施重大资产重组、国有股权划转过程中应主动、积极配合国有控股上市公司依法履行信息披露义务，做好信息披露工作；应督促国有控股上市公司严格执行企业会计准则和财务报告制度，提高财务信息披露的可比性，增强信息披露的有效性。

3. 做好内幕信息管理，有效防控内幕交易

国有控股上市公司及相关责任主体应严格按照有关规定，健全并落实内幕信息保密制度和内幕信息知情人登记制度。内幕信息形成过程中，各相关责任主体应加强内幕信息管理，尽量缩小内幕信息知情人范围，及时履行信息披露义务，有效防控内幕交易行为的发生。

（五）增强董事会独立履行职责的能力

1. 规范董事会的构成和人员选聘

应建立健全规范、透明的上市公司董事选聘制度，保障所选聘董事具备独立履行职责的素质和能力。鼓励单独或者合并持有公司已发行股份1%以上的股东提出独立董事候选人。董事应根据公司和全体股东的最大利益，忠实、诚信、勤勉地履行决策和监督管理层的职能。

2. 明确董事会的职责定位和权限

上市公司董事会应认真履行有关法律、法规和公司章程规定的职责，确保公司遵守法律、法规和公司章程的规定，公平对待所有股东，提高公司盈利能力，积极回报投资者，并关注其他利益相关者的利益。董事会可以按照股东大会的有关决议，设立战略、审计、提名、薪酬与考核等专门委员会。控股股东应尊重上市公司董事会的独立性，积极支持其正常履行对上市公司的法定义务。董事会与经理层的职责权限应划分明晰。

3. 建立健全上市公司独立董事制度

上市公司应按照《上市公司治理准则》、《上市公司独立董事履职指引》建立健全独立董事制度，明确独立董事的义务、职权和履职程序，加强独立董事的履职培训和监督，建立独立董事履责档案，并为独立董事提供必要的履职保障。

（六）强化监事会的监督作用

首先，完善监事会的构成和选聘机制。监事会的人员和结构应确保监事会能够独立有效地行使对董事、经理和其他高级管理人员及公司财务的监督和检查。鼓励国有控股上市公司公开选聘具有法律、会计等方面专业知识和工作经验的人员担任监事，增加专职监事比重。其次，强化监事会的监督职能。鼓励国有控股上市公司监事会主席由公司或控股股东的党组织纪检书记担任，以内部审计部门为监事会的常设履职机构。公司应采取措施保障监事的知情权，为监事正常履行职责提供必要条件。监事可列席董事会会议，可要求公司董事、经理及其他高级管理人员、内部及外部审计人员出席监事会会议，回答所关注的问题，可独立聘请中介机构提供专业意见。

（七）强化上市公司内部控制体系建设

国有控股上市公司应按照《企业内部控制基本规范》（财会〔2008〕7 号）的有关要求加强内部控制体系建设，做好内部控制自我评价、审计和披露工作。控股股东及实际控制人应督促上市公司健全公司内部控制制度并有效实施；不得利用控股优势干预上市公司内部控制的有效运行；不得指使或授意董事、高管绕过相关内控程序，从事损害上市公司和其他股东权利的行为。

（八）尊重利益相关者的合法权利

1. 履行对利益相关者的法定义务

国有控股上市公司应严格遵守《劳动法》、《劳动合同法》、《安全生产法》等法律法规，保障员工安全生产、职业健康等权益。应遵守《消费者权益保护法》、《产品质量法》等法律法规，保证产品、服务质量，保障消费者合法权益。遵守《合同法》、《民法通则》等法律法规，树立与客户、供应商共同发展的经营理念，与债权人合法、善意地进行交易，切实履行依法订立的合同。

2. 为利益相关者参与公司治理提供便利

国有控股上市公司应与利益相关者积极合作，共同推动公司持续、健康发展。一是及时向债权人提供必要的信息，以便其对公司的经营状况和财务状况做出判断和决策。二是构建相应的交流途径和制度，鼓励职工通过多种形式与董事会、监事会和经理人员沟通和交流，反映职工对公司经营、财务状况以及涉及职工利益的重大决策的意见。

（九）完善人员选聘、考核与激励机制

1. 完善人员选聘机制，探索上市公司高管岗位分类选聘管理制度

坚持市场化、专业化、职业化和重品行、重能力、重实绩的原则，完善国有控股上市公司人员选聘机制。逐步提高市场化选聘职业经理人的比例，探索上市公司高级管理人员公开选聘办法，实行差异化的选任、考核、薪酬待遇制度。

2. 规范控股股东推荐董事、监事、高级管理人员行为

控股股东向上市公司推荐董事、监事、高级管理人员，应严格遵守《公司法》、《企业国有资产管理法》和公司章程的规定，履行相应程序。

3. 改革绩效考核机制

国有控股上市公司的董事、监事、高级管理人员应按照干部管理权限分别由组织部门、国资委、控股股东、上市公司薪酬委员会考核。相关部门或组织应从上市公司利益出发，对上市公司董事、监事、高级管理人员进行绩效考核。

4. 健全高管激励机制

在完善人员选聘机制、绩效考核机制的基础上，国有控股上市公司应建立健全管理人员薪酬与公司绩效相关联的激励机制。鼓励国有控股上市公司探索通过股权激励、员工持股计划等方式进一步健全长期激励机制。

（十）利用资本市场加快优化国有控股上市公司的股权结构

按照十八届三中全会关于积极发展混合所有制经济的精神，着力推动河南国有企业采取首发、借壳等方式，在资本市场上市，使上市公司成为混合所有制的重要实现形式。根据不同国有控股上市公司的功能定位，合理设定国有股权比例，分类推动国有控股上市公司优化股权结构。对公共服务、基础设施、重要矿产资源等领域的上市企业保持国有控股，其他企业股权设置不设限制。加强上市公司股权运作，运用减持股份、增发配股、可转债等手段，畅通国有资本流动渠道，逐步优化国有控股上市公司的股权结构，形成制衡有效的公司治理机制，提高上市公司运转效率，增强企业活力。

四、进一步深化国有企业改革的相关建议

（一）实现资本化经营，完善国有资产管理体制

完善国有资产出资人制度，探索建立以资本为纽带的国有资产授权经营体制，推动国有资产监管由管资产向管资本转变，实现国有资产的资本化经营，加快建立一批国有资本经营管理公司。国资监管机构要围绕资本收益、选择管理者和参与重大决策等出资人职责，加强对企业公司治理，制定出资人权利事项清单，依法制定或参与制定公司章程，重点管好资本投向、规范资本运作、提高资本回报、收入分配、风险控制等，精简国有企业重大审批事项，减少行政对国企经营管理的干预和约束，确保出资人监管不缺位、不越位和不错位。

（二）优化竞争性行业国有控股上市公司的股权结构

国有控股上市公司积极通过资本市场减持国有股份、并购重组再融资等方式引入更多非国有成分的投资者，适度降低国有控股股东的持股比例。对于不涉及国家安全、市场竞争比较充分的行业或领域，国有股份不必保持绝对控股地位，相对控股即可。通过定向增发、并购重组、引进战略投资者等方式实现

股权多元化，逐步改变国有股“一股独大”的局面，增强公司治理的制衡性。

（三）高管选派、考核和薪酬激励制度“双轨制”

分类改革国有控股上市公司高管人员选派、考核和激励制度。合理划分高管岗位性质，实行组织委派、市场选聘“双轨制”，不能搞一刀切、切一刀，关键是要保证国有企业竞争性行业、竞争性岗位的市场竞争力。对于履行党务、纪检、工会、国资监管等职责的高级管理人员通过组织考察行政委派，对于经营管理岗位通过市场化选聘，实行差异化的选任、考核、薪酬待遇制度。对于市场竞争充分、不具有垄断国有资源优势领域的国有控股上市公司要探索高级管理人员公开选聘办法，逐步增加市场化选聘职业经理人的比例，放宽其管理层股权激励的政策限制。对于经营公用事业、具有垄断国有资源优势的非充分竞争领域的国有控股上市公司，重点完善其高管考核制度，将上市公司的经营业绩、市值水平、公司治理和透明度等纳入其高管考核激励指标体系。

（四）公司治理基本原则基础上自主选择差异化的有效治理模式

国有控股上市公司的治理机构比较复杂，部分机构的职能存在一定的交叉。如国企“老三会”（党委会、职代会、工会）与公司“新三会”（股东大会、董事会、监事会）在决策监督职能方面的交叉；上市公司审计委员会与监事会关于财务监督职能的交叉。在明确治理基本原则的基础上，应允许公司选择适合自身业务特点的有效治理模式，降低治理成本。境外成熟市场关于上市公司治理指引中部分条款所采用的“不遵循即说明”、允许公司选择差异化治理形式的方法值得借鉴。

国有企业混合所有制改革中的公司治理问题研究

许　多

【导语】党的十八届三中全会明确提出，“积极发展混合所有制经济”、“允许更多国有经济和其他所有制经济发展成为混合所有制经济”。这是新形势下巩固和发展公有制经济，提高国有企业核心竞争力、增强国有经济活力的有效途径和必然选择。其中，国有企业混合所有制改革过程中的公司治理问题，包括股权多元化设计、“三会一层”制衡运转等，将是本轮国有企业改革的重点与关键问题。

党的十八届三中全会明确提出，“积极发展混合所有制经济”，“允许更多国有经济和其他所有制经济发展成为混合所有制经济”。这是新形势下巩固和发展公有制经济，提高国有企业核心竞争力和国有资本效率，支持、引导非公有制经济发展，激发非公有制经济活力和创造力，做强、做优、做大国有企业，增强国有经济活力、控制力、影响力、抗风险能力的一个有效途径和必然选择，为探索新时期的国有企业改革指出了一个新的方向，也是深化国有企业改革的大胆创新。本文重点关注国有企业混合所有制改革过程中的公司治理问题，聚焦股权多元化设计、“三会一层”制衡运转以及加强和改进党的领导等方面。

许多，中国农业银行天津培训学院党委书记、院长，中国人民大学博士。研究领域为宏观经济管理、商业银行改革发展理论政策与实践。

一、本文的研究意义和逻辑起点

（一）深化国有企业改革的需要

国有企业尤其是国有大型企业是国家的重要经济基础。国有企业的改革问题由来已久，在经济体制改革之初，即明确“国有大中型企业改革是经济体制改革的中心环节”。国有企业经过多年的改革（如承包制、厂长经理负责制、股份制改革和上市等）和转型，取得了明显的成效，总体上已经同市场经济相适应、相融合，国有企业的规模、盈利能力、竞争力和影响力进一步扩大，在国民经济发展中发挥了积极的不可替代的作用。但是，也要看到，国有企业自身积累的深层次矛盾和问题依然没有得到根本解决，迫切需要通过深化改革进一步增强生机和活力。

（二）应对经济新常态的要求

中国的经济发展已经进入新的阶段，即经济新常态，国民经济增速放缓、结构调整步伐加快、增长动力转换。同时，市场在资源配置中由发挥基础性作用变为发挥决定性作用。如何通过进一步深化改革，使国有经济在新常态下发挥主导作用，不断增强国有经济活力、控制力和影响力，对国有企业改革提出了新的更高的要求。

（三）全面深化改革的重要组成内容

党的十八届三中全会通过的《中共中央关于全面深化改革若干重大问题的决定》明确了国有企业实行混合所有制改革的方向和主要途径，提出国有资本、集体资本、非公有资本等交叉持股、相互融合的混合所有制经济，是基本经济制度的重要实现形式，有利于国有资本放大功能、保值增值、提高竞争力，有利于各种所有制资本取长补短、相互促进、共同发展。不久，国资委发布了混合所有制改革的试点企业和大致内容，提出要稳妥、规范、有序发展混合所有制经济。前不久，中共中央、国务院关于深化国有企业改革的指导意见中，进一步明确了要稳妥推动国有企业发展混合所有制经济，并提出了“因地施策、因业施策、因企施策”的指导原则和要求。

二、混合所有制改革的含义和内容

（一）什么是混合所有制?

混合所有制，混合是定语，所有制是主语。混合所有制是指国有资本、集体资本、非公有资本等交叉持股、相互融合的所有制经济，是多种所有制的股权结构。

混合所有制不等于股权多元化。同一属性资本相互持股形成的股份制企业，如国有资本与国有资本或民营资本与民营资本交叉持股，则不属于混合所有制企业。必须是多种所有制的股权多元化。

混合所有制本质上是股份制。股份制可以采取有限责任公司（由 50 个以下股东出资设立）或股份有限公司（2 人以上 200 人以下为发起人）的形式，后者的透明度相对高一些。上市的股份有限公司对信息披露的要求更严，进入退出也更灵活，更易于为混合所有制改革所采用。

（二）混合所有制改革的内容

不同所有制的股权结构多元化，是混合所有制改革的途径或渠道，但是这只是形式。根本上讲，国有企业的改革，实行混合所有制的形式，是为了建立与我国基本经济制度和社会主义市场经济发展要求相适应的现代企业制度和经营机制。所以，产权结构多元化是表象和形式，混合所有制改革的目的是建立现代企业制度。对混合所有制改革而言，现代企业制度体系是载体和抓手，如“三会一层”的治理结构和运行规则建立起来了，并不是说国企的改革便水到渠成，转变企业的经营机制才是根本目的。因此，从这个意义上讲，混合所有制改革可以细分为依次递进的三个层面：引进非国有资本、建立现代企业制度，以及最终转变经营管理机制。每一个层面都包括很多具体内容。

2014 年 7 月，国资委在中央企业开展“四项改革”试点，并明确对混合所有制试点重点在六个方面进行探索：一是探索建立混合所有制企业有效制衡、平等保护的治理结构；二是探索职业经理人制度和市场化劳动用工制度；三是探索市场化激励和约束机制；四是探索混合所有制企业员工持股；五是探索对混合所有制企业的有效监管机制；六是探索混合所有制企业党建工作的有效机制。

2015 年 6 月 5 日上午，习近平主持召开中央全面深化改革领导小组第十三次会议，会议审议通过了《关于在深化国有企业改革中坚持党的领导加强党的建设的若干意见》等文件，明确提出，要坚持党的建设与国有企业改革同步谋划、党的组织及工作机构同步设置，实现体制对接、机制对接、制度对接、工作对接，确保党的领导、党的建设在国有企业改革中得到体现和加强。要坚持党管干部原则，建立适应现代企业制度要求和市场竞争需要的选人用人机制。要把加强党的领导和完善公司治理统一起来，明确国有企业党组织在公司法人治理结构中的法定地位。为新时期国有企业深化改革进一步指明了方向。

三、国有企业混合所有制改革的产权多元化问题

混合所有制改革是通过引入非国有的其他所有制经济成分，形成多元化的股权结构，并在此基础上建立现代企业制度，提升国有企业的经营活力、竞争力、影响力和抗风险能力。对国有企业而言，可以实行混合所有制改革的对象是尚未实行股份制改革的国有独资企业，以及已经实行股份制改革但是没有引入非国有资本或者引入的非国有资本占比很低的国有绝对控股企业。但是，具体到不同属性的国有企业，是否引入、引入多少、如何引入非国有资本，还应区别对待。

（一）明确范围，分类指导

首先，涉及公共性（公益性、政策性）、国家安全的国企，暂时不宜引入其他非公有制资本。可以探索通过特许经营方式改革；条件成熟时，通过政府采购、购买服务的方式使其转型。当然，其中可以分离出来的竞争性业务另当别论。

其次，对完全竞争性的国有企业尽可能的放开，让其在市场竞争中发展壮大。和以往相比，目前竞争性国企已经大部分放开或改制，但在存量中占比依然较高。这部分企业国有股权可以进一步降低，是混合所有制改革的重点，也最急迫。

再次，对战略性、资源类、垄断型和国有金融企业，可以适度放开。这些企业，目前大部分实行了股份制改革或上市，但尚需进一步深化经营机制改革。

（二）区分属性，确定比例

1. 控股比例的一般要求

（1）绝对控股，控股 50%（不含）以上；或者持股比例虽然不足 50%，但依其出资额或者持有的股份所享有的表决权已足以对股东会、股东大会的决议产生重大影响的股东，也属于控股股东。

（2）相对控股，控股 50% 以下，1/3 以上。主要是能够对特别决议事项行使否决权。

（3）对股权更加分散的竞争性企业还可以更低，如 5%，甚至以下。

2. 对不同性质的国有企业在混合所有制改革中的控股比例要区别对待

（1）必须严格控股的，持股比例在 50% 以上。

（2）不能失去控制力的，持股比例可以低于 50%，但须在 1/3 以上。

（3）完全竞争性的比例可以更低。

3. 控制力不一定完全体现在持股比例上，而是影响能力上

如金股（一股即可行使否决权）、一致行动人（与国有股东完全保持一致）、投票征集制、累积投票制、集体诉讼制等，都可以在控制力上发挥作用。

4. 对国有企业的控制力还可以体现在政府监管方面

政府监管体现在政府采购、董事会和高管层任职监管、"三会一层"等制衡性的监管制度设计、兼并收购审批及核准、产品审批及核准等方面。

（三）因情而异，存增两宜

在混合所有制改革中有一个问题值得重视，就是非国有、非公有资本的进入意愿问题。笔者认为，在国有企业的混合所有制改革中，国有企业可以凭借优势吸引财务投资者属性的非国有资本，如品牌优势、资质资信优势、渠道优势、人力资源优势、行业属性（专营或相对专营）、社会影响力、盈利能力和投资能力等等。这些优势对财务投资者属性的非国有资本具有很大的吸引力。参股的非国有资本虽然拿不到控制权，但是可以从中受益，即实现"国民共进、互惠双赢"。而事实上，在实践中，非国有甚至民营资本具有非常积极的意愿注资国企，参与混合所有制改革活动，分享收益。

对希望获得控制权的非国有企业，则可以通过参与子公司重组、拆分业务或资产、新设项目等增量方式获得，但是在合并报表后非国有股权的占比依然不高。今年的体改要点也明确："出台实施鼓励和规范国有企业投资项目引入非国有资本的指导意见。"在中共中央、国务院关于深化国有企业改革的指导意见中，也明确"鼓励非国有资本投资主体通过出资入股、收购股权、认购可转债、股权置换等多种方式，参与国有企业改制重组或国有控股上市公司增资扩股以及企业经营管理"。

事实上，不少国有企业已经在这些方面有所计划和准备。如中国石化决定将公司油品销售业务板块进行重组，实现混合所有制经营；国家电网计划向民资敞开大门，基本确定在直流特高压、电动车充换电设施和抽水蓄能电站三个领域推行混合所有制改革；中石油搭建了未动用储量、非常规、油气、管道、炼化和金融板块六个合资合作平台，正在积极推进油气开发的混合所有制改革步伐；中国中冶决定在下属子公司层面上进一步探索推进混合所有制改革；中电投决定吸引民资参股中电投旗下子公司和建设项目，民资参股比例将达 1/3，并且不会在业务上给民资设立苛刻的限制；中国铝业总部成立了全面深化改革领导小组，决定鼓励成员单位引进民营资本，吸引职工持股，并允许非国有资本控股。

同时，可以考虑对国有企业的存量资产进行混改，在合适领域放弃控股权，持股比例控制在1/3以上，形成微妙的控制与被控制关系，在相互制衡中实现“国民共进、互惠双赢”。从根本上说，是最终形成股权平等的利益共同体。

四、新老“三会”的有效制衡和协调运转

（一）目前实行股份制改革的国有企业治理结构的设置情况

1993年党的十四届三中全会提出，国有企业改革的方向是建立“产权清晰、责权明确、政企分开、管理科学”的现代企业制度。随后，我国大多数国有企业按照《公司法》陆续进行了公司化改制，逐步建立了现代化的公司治理架构，形成了“三会一层”，外加独立董事与外部监事，并强调党委会的核心领导作用的中国特色治理模式。

改制之后，国有企业建立了由股东会、董事会、监事会和高级管理人员组成的现代公司治理架构，同时又保留了党委、党组（简称党组织）、职代会和工会。股东大会是公司的权力机构，选举产生董事会和监事会人选。董事会是执行机构，负责公司经营管理的决策，并向股东大会负责；监事会是公司的监督机构，主要是监督董事会和高管层的履职情况，也是向股东大会负责。高级管理人员受聘于董事会，作为公司的指定代理人统管企业具体的经营管理事务。党组织成员通过在董事会、监事会和高管层的交叉任职实现党在国有企业的政治核心作用。职工代表大会是企业职工行使民主管理权利的机构，接收党组织的政治领导，参与企业重大决策，依法选举职工董事和职工监事进入董事会和监事会。工会是职代会的工作机构，负责职代会的日常工作。“六会一层”，相互制衡，协调运转，形成了中国国有企业独特的治理架构。

（二）股东对董事和监事的提名权及影响程度

《公司法》对此没有明确的要求，一些行业的监管法规上有要求，如《商业银行公司治理指引》规定：单独或者合计持有商业银行发行的有表决权股份总数3%以上的股东可以向董事会提出（股权）董事、股东监事候选人。

单独或者合计持有商业银行发行的有表决权股份总数1%以上的股东可以向董事会提出独立董事、外部监事候选人。

同一股东只能提出1名独立董事或外部监事候选人，不得既提名独立董事又提名外部监事。已经提名董事的股东不得再提名独立董事。同一股东不应既提名独立董事候选人又提名外部监事候选人。

如果不在控股比例上提前布局，股东在董监事会成员的构成中有可能失去控制力。

（三）国有企业混改后如何加强党的领导

中国的最大国情和特色，即共产党的领导。党组织在国有企业要发挥政治核心作用，包括纪委、纪检组的监督和制约作用。这既是党的领导在国有企业的具体化，同时又构成了中国特色国有企业独特的治理结构。

目前党组织对治理层的影响是通过“双向进入、交叉任职”的形式实现的，特别是“三重一大（重大决策、重要干部任免、重要项目安排和大额度资金的使用）”须经党委集体审议决定，对提交董事会、监事会的重大决策事项，先经党委会研究通过，党的核心作用辐射到“三会一层”的各个层面。

对混改后国有绝对控股的国企，可以沿用或参照现有的模式。对相对控股的国企，党委发挥作用的形式和途径可以相应调整。特别是对引入非国有资本后新当选的非党委委员董监事占多数的情况下，党组织成员通过交叉任职、行使否决权、更多地发挥监督作用等方式，保证企业的重大决策不偏离党和国家的方针政策。对股权非常分散、控股比例较低的国企，如何发挥党的作用，还需要进一步探讨，比如可以行使金股的一票否决权等。

（四）充分发挥监事会的监督作用

在混合所有产权结构的公司治理中，要更加重视发挥监事会的监督作用，加强对董事会、经理层履职监督，推动建立健全现代企业制度体系，促进公司经营体制机制转变，这样才能有效防止国有资产流失，同时又能切实保护非国资股东的合法利益，充分调动全体股东的积极性，巩固和实现混合所有制的基础和预期目的。一是按照同股同权同利的原则，通过加强监事会监督，平等维护全体股东尤其是中小股东的利益。二是重点监督，加强对特别是相对控股公司或国资比例很低公司的“内部人”的监督，利用混改侵吞国有资产，搞利益输送。三是以监事会为统领，完善公司内部监督制度，整合监督资源，形成监督合力，从根本上改变以前“监督不力、监督不实”的状况。

诚然，国有企业改制乃至上市以来，还存在着国有股东代表虚位、“三会一层”制衡不足、管理行政化色彩较浓等问题，使得公司治理表现出股东大会套路化、董事会决策过程化和监事会监督不到位的情况。下一步，在推进国有企业混改的过程中，要在多方面采取措施，逐步探索出适合我国国情的混合所有制公司治理模式，实现公司治理从“形似”向“神似”转变。

积极探索特殊管理股制度
增强国有企业创造活力

何　奎

【导语】2015年9月14日颁布的《中共中央、国务院关于深化国有企业改革的指导意见》指出，允许将部分国有资本转化为优先股，在少数特定领域探索建立国家特殊管理股制度。随后印发的《关于推动国有文化企业把社会效益放在首位、实现社会效益和经济效益相统一的指导意见》指出，在新闻出版传媒领域探索实行特殊管理股制度，积极稳妥开展试点。可见，特殊管理股即将在深化国企改革的历史进程中拉开序幕。本文将总结分析西方实施特殊管理股的历史经验，并就如何具体实施特殊管理股进行学理探讨。

特殊管理股，又称"黄金股"（Golden Share），特权偿还股、特权优先股。从本质上来说，它是政府的一种特权股，其赋予国家或政府的权力超越了传统一股一票的规则。它诞生的雏形是欧美家族企业公众化、社会化过程中设立的特权股。最早的特权股来自著名的福特汽车公司。福特汽车是1903年创立的家族企业。1956年它成功上市，发行三种股票：第一种是普通股，一股一个表决权，由公众投资者持有；第二种是A股，没有投票权，最初由福特基金会持有，至1973年已全部卖掉并转化为普通股；第三种是B股，由福特家族持有，享有超级投票权。1956—2000年，福特汽车的B股下降了50%。截至2000年，福特公司有1亿股普通股和7100万股B股。公司章程规定，只要福特家族把B

何奎，中国出版集团办公室处长、副编审，北京师范大学经济学博士，北京大学经济学院博士后。主要研究领域为宏观经济、公司金融、文化产业和企业管理。

股卖给家族之外的成员，B 股就自动转换成 A 股。因此，虽然福特家族当时只拥有公司 6% 的股票，但是拥有 40% 的投票权。在福特公司逐渐由家族企业演变为公众公司的过程中，这种特殊投票权比较好地保障了福特家族的合法权益。德国西门子家族股票的情况与福特公司相类似。

一、特殊管理股在欧洲广泛运用的情况

特殊管理股正式诞生在 20 世纪 60、70 年代欧洲国有企业民营化浪潮中，不过当时的普遍名称是叫作“黄金股”。两次石油危机后，西方多国通货膨胀加剧，失业率大幅上升，国有企业运营效率日益下降，经济活力日益衰退。20 世纪 60 年代，德国政府开始向社会公众出售著名汽车品牌大众集团的股份。20 世纪 70 年代末，英国撒切尔政府采取自由主义经济政策，在电信、电力、航空、水利等行业开始出售国有股份。考虑有的国有企业关系到国家安全和社会公共利益，如果完全失去管理权的控制，可能造成重大损失。因此，英国政府首先在英国电信公司中率先发行“黄金股”，并制定了相应的“黄金股”章程。这也就是历史上最早的也是最经典的“黄金股”案例。1981 年英国政府颁布《电信法》，邮政与电信分业经营，成立了英国电信公司。1984 年英国国会修订电信法，规定政府在其中的一股“黄金股”，其余股份采取公开销售的方式稀释给国民。“黄金股”可以在英国电信公司损害公众利益时废止董事会的决定，促使其话费强制下降。这样一来，仅占 1 股的“黄金股”控制了实力雄厚的英国电信，不需政府独资或掌握 51% 以上的绝对控股权。这种制度设计，既保障了政府对企业行使的特殊管理权和控制权，又建立了清晰、明确的产权制度和民主、科学的法人治理结构。英国电信公司的黄金股制度取得了巨大成功，引起欧洲各国纷纷响应。法国、意大利、西班牙、葡萄牙、匈牙利、波兰等欧洲国家也都在国有企业民营化的过程中广泛推广“黄金股”制度。

2004 年欧盟组织了一项调查，结果表明欧盟范围内至少有 141 家大型公司设置有黄金股或者政府特殊权力。有关情况如下：

（1）英国政府在英国能源公司、国家电力集团、英国天然气公司、英国机场管理局、苏格兰水利电力公司、贝尔法斯特国际机场、英国航空站等二十多个著名的公司中持有黄金股。

（2）法国政府在国防企业 Thales 的持股比例为 31. 3%, 在国防企业 EADS 中不持有股份，但约定了政府特权。法国政府在 1986 年、1993 年先后制定修订了特殊行动法案，确认了对 21 家原国有公司保留政府特殊权力的名单。

（3）西班牙政府在石油公司 Repsol 持有 2. 95% 的股份，在电力公司 Endesa 和电信公司 Telefonica 通过法律确定了政府享有的特权。

（4）意大利政府在石油和天然气行业的 ENI 持股比例为 20. 32%，在电力公司 ENEL 的持股比例为 50. 63%，在国防企业 Finmeccanica 的持股 59. 7% 的股份，在意大利电信公司不持股，但明确了特殊权利。

（5）匈牙利政府在 31 家公司里设置了政府特权，其行业分布如下：电信业 1 家，国防 1 家，银行 1 家，医疗卫生 1 家（政府持股比例为 15%），石油天然气工业 1 家（政府持股比例为 11. 82%），制造业 1 家，其他服务业 2 家，食品加工业 3 家，天然气供应 5 家，电力供应 7 家（政府在其中一家的持股比例为 29.96%），水电站 8 家。由于匈牙利具有典型的转型经济特点，因此在自然垄断性行业和一般竞争性行业都设立政府特权。除上述特殊注明的 3 家企业外，匈牙利政府其他企业几乎都不持股，但有特别权利。

（6）波兰政府保留了 49 家公司的政府特权，数量最多。它们的行业分布是：出版业 1 家，制造业 1 家，银行 1 家，冶金 1 家，燃料及原油 1 家，木材生产 1 家，纺织业 2 家，能源 3 家，烟草行业 4 家，食品加工 4 家，医疗卫生 5 家，经济特区管理机构 5 家，建筑材料及机械 5 家，糖业 8 家，酒饮料行业 7 家。波兰政府几乎在所有行业保留有政府股份，其中大多数公司中的政府持股比例在 10%—40% 之间，最高的是在一家银行持股 69.4%。

德国大众集团的政府特殊股具有典型意义。德国大众集团是欧洲最大的汽车制造商，旗下拥有大众、奥迪、斯柯达、西雅特、兰博基尼、布卡迪、劳斯莱斯和宾利等 9 个著名汽车品牌，覆盖了整个行业中从低端产品到高端产品的全部细分市场。1960 年，《大众私有化法律》规定了政府享有的一系列特权：（1）任何单一股东享有的投票权不得超过 20%；（2）即使拥有超过 20% 股权份额的股东，最多只能行使不超过 20% 的投票权；（3）对于公司的重大决定，要求股东大会 80% 以上的多数票通过和 2/3 以上的公司董事同意；（4）政府有权任命董事会中的政府代表。这样做的目的是为了保护小股东的利益以及国家和地方政府的利益。截至 2005 年，德国的中央政府在大众集团不持有股份，但是下萨克森州政府持有 20.94% 的拥有投票权的股份。

此外，我国台湾地区 2000 年修订《公营事业转移民营条例》时，在第 17 条中明文引进“黄金股”制度。韩国在经历东南亚金融危机重创后，在 2006 年考虑实行“黄金股”制度，以协助本国企业抵御敌意收购企图，防止原始资产在金融危机中被贱卖。

总体而论，“黄金股”制度在欧洲国有企业股份制改造过程中发挥了比较积极的作用，作为一种有效的制度创新在欧洲各国广为流传。随着欧盟一体化进程的加速，特别是 1994 年《马斯特里赫特条约》生效后，欧盟委员会开始参照该条约的第 56 条“禁止在欧盟成员国之间以及欧盟成员国和第三国之间对资本和支付进行任何限制”的规定，先后在 1997 年和 2004 年进行了两次调查，并责成各国限期修改其政府特权的限制性规定。在欧盟的压力下，部分国家修订了有关法律和法规，也有国家认为黄金股是为了国家和社会公众的利益，并未违反了欧盟法律的相关规定，并由此产生了一些诉讼。

二、设立特殊管理股的基本意义

从经济学意义上看，特殊管理股制度兼具激励和约束功能，彰显了市场“无形之手”和政府“有形之手”的互动融合。因此，可以从两个角度分析它的基本意义：一个是正面激励的角度，通过行使同意权，为国有企业改革提供了动力机制，激发市场竞争活力和内生发展动能，避免企业在运营中出现“市场失灵”；另一个是反向约束的角度，通过行使否决权，给国有企业改革提供了保障机制，保证企业的运营管理不偏离正确的战略方向和特定航道，避免企业在经营过程中出现“政府失灵”。具体而言，它具有六个方面的积极意义：

（一）提升整体经济效率

它开辟了国有企业股份制改造的新途径，为国有企业在股份改造中吸引优质的社会资本和战略投资者提供了新的通道，有利于进一步提升公用事业的整体经济效率，有利于减少自然垄断领域的规模经济损失，避免社会公共福利的浪费。

（二）增强经济发展活力

著名学者萨瓦斯在其代表作《民营化与公私部门的伙伴关系》中指出，所谓的民营化，就是“更多依靠民间机构，更少依赖政府来满足人民的需求”；“民营化指一种政策，即引进市场激励以取代对经济主体随意的政治干预，从而改进一个国家的国民经济”。黄金股的设立，有利于推动国有资源与民间资源的相互补充，提升企业的市场竞争能力和价值创造能力。

（三）提高企业治理水平

它改变了企业单一制的国有产权结构，形成了多元化的产权结构，有利于克服国有企业“内部人控制”和“预算软约束”，进一步优化了企业法人治理结构，推动企业决策运营的民主化、科学化水平。

（四）保证国家公共安全

对于关系国防、电信、银行、传媒、公共卫生等特殊行业，设置黄金股，有利于保证政府对公司行使有效控制权，维护国家安全、国防安全、文化安全、公共卫生安全。

（五）维护公司稳健运营

当公司发生管理层的运营目标背离或改变公司既有目标时，黄金股可行使否决权，维护公司的长期利益和战略目标。在出现违约情形时，黄金股可确保公司新的管理层严格遵守出售协议中规定的各项事宜，如对资产的处理、董事会成员的任命、员工的补偿安置和合法权益等重大事项，确保行业的服务质量和公共利益。

（六）防止国有资产流失

在公司运营过程中，一旦发生战略资源或重大资产出售，它可以否决或者阻止资源或资产的出售，保持公司现有目标和任务以及竞争优势。在面临“毒丸计划”等恶意收购和接管时，它可用其赋予的“特殊否决权”或者“最终审批权”来限制收购和接管。

虽然特殊管理股制度具有以上诸多积极意义，但任何新生事物都是一柄双刃剑，它有可能扩大政府的自由裁量权，在一定程度上限制了资本流动的自由，在实际操作中可能流于形式。这恰恰需要进一步明确约定特殊管理股的行权原则、行权范围、行权程序、行权方式等，确保扬其利、避其害。

三、特殊管理股的行权依据、行权方式

特殊管理股的行权依据主要通过三种形式来予以确认：一是主体法确认。在私有化规模比较大，并可能较大影响股票市场的国家，往往采用通用主体法对国有资产进行民营化确认。例如葡萄牙、意大利和西班牙。二是企业特殊法令确认，有的国家通过具体企业具体立法的形式予以确认。三是签署出售协议确认，出售协议的内容包括对投资目标的保证、投资回报的保证、重要人事任免的保证、股权比例限制、投资领域限制、投票权利约定、重要资产处置约定、公共责任条款等。出售协议大多是一次性明文规定，明确约定了新股东和政府

的权利义务，尤其明确约定了政府享有的绝对投票权，一般要求对于公司章程修订、公司合并分立、重要资产处理以及其他重大事项必须获得政府同意。有时，政府还具有重要人事任免权。由于出售协议中的各项约定比较明确、细致、具体，兼顾了原则性与可操作性，体现了权利与义务的一致性，受到了投资者的热烈欢迎。如果投资者不遵守出售协议，必须承担以事先商议好的价格赎回政府特殊股权的义务。总体来看，前两种确认的方式在西欧国家比较流行，第三种形式确认的方式在东欧国家运用比较普遍。

在特殊管理股的行权方式上，欧洲各国政府的具体操作手段既有共性也有个性。共性可简要概括为三点：一是设置领域，多在电信、能源、电力、银行、传媒等公用事业领域；二是对国外投资者的投资行为进行了限制，以确保本国经济安全、产业安全和公共安全；三是限制大股东的持股比例。几乎所有国家对单个股东的持股比例都予以约束，而且一般不能够超过10%，且增资扩股都要经政府审批。但是，由于各国的国情、政治、经济、文化传统不同，导致它们在设立黄金股时呈现出诸多不同，或者各自的侧重重心不同。因此，黄金股的设置形式和规定可以应时而变，随物赋形，关键是切合现实情形，契合实际需求。这种不同之处也体现为三条：

（1）否决权的限制不同。葡萄牙侧重对董事会决议持有否决权，且否决权的管辖范围较宽；西班牙对超过10%的股权投资行使否决权，对公司的控制力相对要弱些。

（2）任命权的限制不同。德国、荷兰、比利时侧重董事会或者监督董事会中的政府代表的任命权，由此彰显政府的利益；而其他国家并不侧重人事任免权。

（3）关注的目标不同。葡萄牙政府侧重关注维护国家的金融安全，意大利政府侧重关注保护民族工业，比利时政府侧重关注能源的正常供应，德国政府比较关注保护政府的利益和中小股东的利益。

尽管特殊管理股是在欧洲20世纪70年代的国有企业民营化浪潮中涌现的一种特殊股权制度，但它本身不具备所有制属性，也不代表所有制属性，与姓“社”姓“资”无关，只是一种特殊的股权管理方式和资本运作方式。实践证明，在单一国有制的经济形态中，引入特殊管理股制度，有利于充分利用社会资源，激发国有资本的创新活力，完善国有企业的法人治理结构，促进国有企业在资源配置效率上的帕累托改进。

四、国有文化企业探索实施特殊管理股的启示

国内首次引入特殊管理股的案例是 2003 年江西省萍乡钢铁有限责任公司的改制项目。江西省政府在批准萍钢改制方案时，明确规定在新企业的总股本中设立特殊管理股，数量为一股。它代表改制后的萍钢公司总股本中具有特别权利的国有股股份，由江西省国有资产管理办公室持有。如果改制后的公司股东大会和董事会做出不履行改制方案的决议，或做出违背既定改制方案、侵犯职工合法权益的决议时，它可以行使“一票否决权”。它不干预企业经营决策，不参与企业分红，不承担企业日常运营中的一切民事责任。它在企业履行既定改制方案后的 3—5 年内退出。除此之外，上海浦东自来水公司股权转让中的类似黄金股、广东增城市政府在建设新塘港口项目的黄金股、哈尔滨中庆燃气公司改制中的地方政府黄金股、广西玉柴的黄金股等也都是比较有代表性的案例，它们从正反两个方面积累了弥足珍贵的经验教训。

党的十八届三中全会决定指出“对按规定转制的重要国有传媒企业探索实行特殊管理股制度”，这是一次具有重大历史意义的制度创新。我国的特殊管理股主要适用于国有传媒企业的股份制改造，与欧洲的“黄金股”在实施背景、实施目的、实施范围、实施程序等多方面会与其有所不同，但它的运作流程和运作方式对我们探索实行特殊管理股具有重要的启示意义。概而言之，在探索实施特殊管理股时，有以下几个方面可予以探讨和研究：

（一）特殊管理股的行权目的

十八大报告指出，建设文化强国的关键是增强全民族文化创造活力。当前国有出版传媒企业基本由传统事业单位转制而来，尚未建立比较成熟的现代企

业制度和比较健全的法人治理结构，而且不少单位还存在“事不事、企不企”的两张皮，这严重制约着文化创造活力的发挥，影响着市场竞争力的提升。而一些优质的民营文化企业和互联网传媒具有比较敏锐的市场反应能力，积累了比较好的新媒体运营商业模式和盈利模式，因此可以在文化资源、市场渠道、运营手段等方面互为借鉴、互相补充。实施特殊管理股的目的不是将文化资源改死，而是改活；不是将企业的综合实力改小，而是改大；不是将国家文化软实力改弱，而是改强。

（二）特殊管理股的基本性质

和黄金股一样，特殊管理股应该是一种兼具激励性和约束性的特别股权。它既不是传统的股权，也不是传统的债权。它的激励性体现在打破了传统国有出版传媒企业的单一公有制资本行使，吸引了优质的社会资本和社会资源参与文化生产制作，进一步激发了全社会的文化创造活力和创新动能。它的约束性体现在维护国家安全的大框架、大前提下，对一切可能严重威胁意识形态安全和文化安全，可能造成重要国有资产流失的行为等予以一票否决。

（三）特殊管理股的行权范围

按照十八届三中全会精神，行权范围是国有传媒集团，也就是可以在报刊社、电视台、电台、主流网站等实行，吸引优质的民间资本和境外资本参与股份制改造。国有传媒领域进行探索特殊管理股，一方面有利于更好地迎接互联网的挑战，增强国有主流媒体的网络舆论竞争力和市场竞争力；另一方面，传媒领域涉及更多新业态、新实体，没有太多历史负重，改革成本相对较低。若在传媒领域试点成功后，可在文化产业的其他领域试点推广。

（四）特殊管理股的行权原则

概而言之，有六条原则可以探讨：一是透明原则，在探索混合所有制过程中对战略投资者的引进、合作，要予以公开透明；二是平等原则，所有投资者一视同仁，享有平等的权利和义务；三是法治原则，要修订现有的《公司法》，对特殊管理股的权利与义务予以法律约定，同时要在企业的法律文书予以明确认定；四是程序原则，特殊管理股的权利行使需要明确的行权主体、行权范围、行权对象和行权方式；五是有效原则，特殊管理股的权利一旦正当行驶就产生效应，确实发挥实质性作用；六是有限原则，特殊管理股的权利行使不可随意为之，只可在法定或协议约定的情形下行使，防止权利滥用。

（五）特殊管理股的行权范围

至少在以下七种情形出现时可以行使特殊管理股的权利：一是严重危害国家意识形态安全和文化安全；二是单个战略投资者的股权比例累计超过 10%；三是重要国有资产的处置明显低于市场平均价值；四是战略投资者恶意并购或恶意转让、恶意套现股权；五是董事会有关人选明显不称职或存在重大失误；六是董事会的决策严重偏离公司正常经营目标和价值目标；七是有关经营管理决策严重侵犯职工合法权益。

（六）特殊管理股的行权程序

按照最近新发的国办文件，试点探索特殊管理股的国有传媒企业要向上级主管单位上报方案，待上级主管部门批准后方可试点运营。有鉴于此，有必要修改公司章程，或者在引进战略投资者的合作协议中予以明确行权原则、范围、对象、程序等。

（七）特殊管理股的权利属性

特殊管理股重在行使政府的原则上特殊管理股一律不可转让，建议由国有文化资产管理机构或出版传媒集团的上级主管机构委派代表行使权利。特殊管理股股票上市后，该股也不参与利润分红，不产生资本溢价。

（八）特殊管理股的让渡方式和退出方式

原则上特殊管理股不可转让，确因重大政策调整或现实迫切需要转让特殊管理股股权的，则需溢价转让，溢价倍数由转让方和受让方协商。一般情况下，对特殊管理股的退出时间不做原则限制，在企业运作成熟、管控有效后根据实际情况可逐步退出。

我国大型商业银行国际化战略定位

王雪磊

【导语】习近平总书记提出，要稳步推进国际经济金融体系改革，完善全球治理机制，为世界经济健康稳定增长提供保障。与此同时，经济“新常态”下我国企业大量“走出去”，都在倒逼大型商业银行加快国际化步伐。重新调整我国大型商业银行国际化战略定位，优化配置我国在全球范围内的金融资源，增强大型商业银行的国际竞争力，已成为我国金融业进一步对外开放不可回避的问题。

我国大型商业银行的国际化问题，一直是金融监管部门、银行界、学术研究领域关注的热点。纵观近 30 年全球大型银行国际排名的变化，可以看出：第一个十年是日本、欧洲、美国三足鼎立；第二个十年的标志是日本大银行旁落西山；第三个十年是中国银行业异军突起，与美欧分庭抗礼。中国银行业的崛起主要得益于中国经济三十多年的持续高速增长，得益于 2005 年以来国有大型商业银行股份制改造的成功。中资商业银行与发达国家跨国银行相比，发展速度和规模前所未有，已跻身国际大型商业银行之列，一级资本、利润、市值等总量排名全球前十。

国际化发展的阶段性特征明显。1929 年，中国银行在伦敦设立中国第一家海外金融机构，一直到 20 世纪 80 年代改革开放，在发达国家和亚洲地区设立了分支机构的银行屈指可数，业务也仅仅是外币的存贷汇和代理行业务，当时主要服务于国家战略和政治利益需要，机构和规模都很有限。中资商业银行真

王雪磊，中国建设银行办公室副处长，北京师范大学经济学博士。研究领域为货币银行学、国际金融。

正进行国际化探索应从20世纪90年代开始算起，此后的20多年里，中资商业银行，尤其是工、农、中、建、交五家国有大型商业银行的国际化步伐不断加快。截至2014年末，大型商业银行在境外50个国家和地区设立了150多家一级机构，其中新增一级机构中近80%在2010年以后设立。境外机构资产总额达到1.4万亿美元，比2003年增长了7倍多，当年净利润97亿美元，比2003年增长2倍多。

大型商业银行的国际化发展速度令世界瞠目。但是若论境外资产规模、机构总数还是海外利润对集团的贡献度，除了具有80多年国际化历史的中国银行占比超过20%外，其他四大行不到5%。花旗、汇丰等发达国家跨国银行海外利润的贡献度达40%—50%以上，这主要是因为中资商业银行在管理、技术、产品、人才等方面缺乏竞争优势，缺少对国际金融市场的深度参与，缺乏国际金融市场游戏规则制定的话语权。我们距离真正的国际一流银行差距还很大。

伴随着中国企业“走出去”，我国大型商业银行的国际化是必由之路。国际金融危机之后，发达国家和发展中国家尤其是金砖国家的经济实力对比出现显著变化，中国大型商业银行的国际化扬帆起航，需要重新进行战略定位，才能满足服务国家战略、提升企业国际竞争力，确立在国际市场和东道国的竞争优势的目的。根据通行做法，商业银行国际化进程一般可分为三个阶段[①]：

国际化初级阶段——在国外设立分支机构，主要从事贸易融资、银团贷款业务，海外资产占比和海外利润贡献度在10%以内；

国际化中级阶段——在超过50个国家和地区设立分支机构，不仅从事批发业务，开始在东道国经营零售业务，并与国际市场紧密联系，海外资产占比和海外利润贡献度为10%—50%；

国际化高级阶段——建立全球性的渠道网络，为全球客户提供各类金融服务，资金实力雄厚，信用评级高，在国际金融市场占主导地位，海外资产占比和海外利润贡献度超过50%。

---

① 参见王雪磊：《货币优势与银行国际化》第一章，中国金融出版社2014年版。

由此可见，我国大型商业银行国际化正在由初级阶段过渡到中级阶段。本文将中国的银行业作为一个整体研究，其国际化战略定位应该包括以下四个方面：

一、国际金融体系改革的重要力量

国际金融体系主要是由国际货币、跨国金融集团、国际金融中心、国际金融组织和国际金融重大问题协调机制等构成。国际金融体系在促进经济、金融全球化，服务于全球经济的交流和合作，维护全球金融稳定中发挥着越来越重要的作用，也可以称为现代全球经济的核心引擎。旧有的国际金融体系因为2008年世界金融危机的爆发暴露出诸多弊端，以华尔街为代表的欧美银行业尤其是大型跨国银行和投资银行是2007年美国次贷危机的始作俑者，并导致了世界性的金融危机。但这还远远没有结束，巴克莱、瑞银等多家大银行联手操纵全球金融市场定价的基石——伦敦银行间同业拆借利率（LIBOR），面临最严厉的指控和数十亿美元的罚金；摩根大通“伦敦鲸”（London Whale）交易导致亏损60亿美元事件曝光，反映出国人印象中的国际一流银行严密的风控制度竟然漏洞百出！贪婪、垄断、缺乏监管成了这些“大而不能倒”的跨国银行和曾经受人尊重的银行家的代名词。发达国家商业银行的社会责任严重缺失，社会逐步失去对银行的理解、信任和支持。改革现有的国际货币金融体系和国际秩序，解决银行“大而不能倒”的问题，防止国际金融业垄断，防范系统性金融风险成为世界各国的强烈诉求。

中国的大型商业银行，虽然不如欧美银行历史悠久，但随着资产规模的不断扩大，盈利水平不断提升，在世界银行业的影响日益增强。根据英国《银行家》杂志公布的数据，2014年，全球排名前一千家银行总资产达113万亿美元，增幅与2013年持平。其中，中国117家银行上榜，资产总规模达22万亿美元，占前一千家大银行规模的1/5，美国、日本分别位列第二、第三位。但是，金融“走出去”服务范围和领域受国外监管约束，基本被限制在大宗商品领域（矿山、油田等）。到2014年底，中国国外直接的境外贷款余额超过2000亿美元，金融机构支持国际贸易相关企业和外商企业的外汇贷款余额达 8400 亿美元，已经远远超过全球五大多边开发银行约 5000 亿美元的贷款余额。中国在旧的国际金融体系中依然缺乏话语权，这不仅限制了中国金融资源对世界的贡献，也使得世界众多国家失去了分享中国金融资源的机会。

因此，世界需要对现有国际金融体系的架构进行改革，中国应凸显自己的方式。中国大型商业银行国际化在推动国际金融体系改革上的重要任务在于，根据《巴塞尔资本协议Ⅲ》、《商业银行全球系统重要性评估指标披露指引》等要求，完善作为系统重要性银行的内外部治理监管，从自身的操作实践出发，提出切合发展中国家大型商业银行发展需要的监管标准，推动这些标准成为区域性货币金融治理的国际准则。

东亚、欧亚等地区经济体签署了《清迈倡议》（及其多边化协议）、《欧亚反危机基金协议》等，试图构建一个有别于 IMF 救助条件的区域性的金融监测与危机救助网络，但并不成功。主要是这些区域的各国缺乏一个经验丰富、能够经受压力测试的商业银行及非银行金融机构和市场构成的金融基础设施。这一基础设施的完善，不仅有助于提高事后救助的有效性，本身还能改善区域各国的基本金融生态，产生事先降低风险隐患的效果。2013 年，中国政府提出了“一带一路”的战略构想，与沿路国家的本国战略紧密联系，构建国家利益共同体，发起成立亚洲基础设施投资银行和丝路基金，同时发起设立金砖五国银行。这些新设立的国际组织是当前以世界银行、国际货币基金组织为主的国际金融体系和国际金融秩序的重要力量，致力于为世界尤其是亚洲、非洲、拉美发展中国家的基础设施建设提供融资支持。中国大型商业银行有机会也有能力参与到与这些国际组织的合作，其国际化进程将为完善全球金融基础设施发挥重大作用。

金融危机充分暴露出国际金融业垄断所产生的弊端，标准普尔、穆迪和惠誉三大评级机构垄断全球信用评级业务，夸大资产证券化产品；美国的房地美、房利美垄断了二级抵押贷款市场，由于缺乏必要的竞争而造成风险过度积聚，房地产泡沫破灭后被爆巨亏；危机后的华尔街五大投行陆续被美国大型银行并购，并没有改变垄断的现状，反而变本加厉。要避免银行业垄断、保护客户和投资者利益，建立有效的竞争体系很关键，中国大型商业银行作为新兴经济体银行业的代表，应在国际金融业反垄断、推动竞争性监管和立法上做出贡献。

二、推动中国企业“走出去”的金融主体

2014年，中国国内生产总值突破10万亿美元，已是全球第二大经济体，进出口贸易总额达4.3万亿美元，已取代美国成为全球最大贸易国，全球第一出口大国和第二大进口国，外贸依存度（一国进出口总额/GDP）超过50%。在跨境投资方面，中国吸引外商直接投资（FDI）1196亿美元，首次超过美国成为全球投资的第一大目的地国，完成对外直接投资（ODI）1160亿美元，仅次于美国和日本，是世界第三大对外投资国。2013年度中国对外直接投资公报显示：中国共有外商投资企业44.6万户，投资总额3.5万亿美元，有2.5万家“走出去”企业，对外投资存量超过6600亿美元，分布在全球184个国家和地区，境外员工超过200万人。市场、服务、信息、资金在中国和全球转移和配置，推动着中国企业“走出去”的特点正在发生转变。首先，业务范围越来越广，业务领域越来越多。其次，经营规模越来越大，大型企业的作用凸现，生产集群向外转移的现象正在兴起，民营企业的地位在上升。第三，业务层次不断升级，除了传统的斥资并购外，股权置换等投资方式也悄然兴起，收购销售网络、许可证、技术专利、建立研发中心和工业园区的做法也日益普遍。

推动企业“走出去”是近年来国家层面扩大对外开放的战略选择，企业到海外经营，无论投资设厂，还是跨国并购，都需要大量的资金和金融服务。当前，中国大部分企业仍处于国际化经营的初期，作为新进入者和外来者，国外银行对中国“走出去”企业不熟悉、不了解，获得其资金的难度比较大。中国银行业主动跟随和引领客户“走出去”，利用企业国内资产撬动海外金融杠杆，可以更好地满足企业海外经营的金融服务需求，支持企业发展壮大。目前，

中国“走出去”企业在对外投资和开展并购过程中所需资金的80%—90%均来源于中国的银行机构。

当前中国经济步入新常态，中国经济结构模式进入更高级、更复杂的发展新阶段、新常态下，在去产能、去库存、去杠杆的新一轮高水平对外开放过程中，中国将由吸引投资国转向对外投资国，中国企业将在海外市场拥有更多机会，中国银行业将面临更多“走出去”企业的服务需求。以“一带一路”为核心的新一轮对外开放，将显著支持中国库存、产能、资本和劳动力输出；为服务“走出去”企业，设立上海、广东、天津、福建自由贸易区，简化审批手续便利“走出去”，拓宽融资渠道阻力“走出去”和健全政策体系服务“走出去”，极大释放出企业“走出去”的积极性。

此外，随着中国劳动力成本不断上升，大量劳动密集型企业将加快“走出去”步伐，利用发展中国家成本更低的劳动力进行跨国经营。这类型的企业逐渐积累了竞争优势，具备由目前从事低附加值的生产加工向国外转移实力的，把品牌、研发和营销环节留在国内。总之，随着中国企业“走出去”进程的不断深化，中国企业对银行业务规模与服务的要求越来越高，从基础业务逐渐向金融衍生业务提升。中国大型商业银行应该因势利导，在国际化的各个阶段都成为适应中国企业“走出去”需要的重要助力。

在国际化初级阶段：应针对“走出去”企业的特点开展专业化、多元化、集约化的金融服务，全力扶持企业进行直接投资、资源开发、进出口贸易、对外承包工程等重点项目。

在国际化中级阶段：在此阶段，中国大型商业银行应着重为企业的避险需求提供有效的需求管理服务，成为全球主要离岸人民币中心的重要市场主体，汇集国际资源为中国企业“走出去”服务，为中国企业海外上市、发行债券、外汇交易避险、财富管理及并购提供多币种、全方位支持。

在国际化高级阶段：全面支持企业的全球化经营。通过全球业务所支撑的信息网络与情报分析平台，为中国企业的全球布局和发展提供专业的指导，并具备提供适应当地法规及中国企业需要的人民币产品，银行和跨国企业捆绑成为利益共同体，能够为企业提供综合化、全方位的金融服务。

三、跨境人民币业务的先行者与领导者

人民币国际化将为中国银行业走向国际舞台提供强大的动力支撑。中资银行业在国际金融市场游戏规则制定上缺乏话语权的关键就是在于，我们不具备欧美发达国家跨国银行的货币优势，在国际金融市场上，美元、欧元、日元、英镑是主要的计价和交易货币，这些跨国银行在世界各地经营本国的货币资产、负债，资源独特、历史悠久、经验丰富，中资商业银行只能作为参与者和跟随者，不论如何努力扩展，总是感觉以己之短攻敌所长，很难与之匹敌。

但是，人民币国际化的出现改变了这一现状。作为我国21世纪最重要的国家战略之一，人民币在对外经济往来中将越来越多地发挥国际货币职能，逐步经历国际贸易货币、国际投融资的主要计价和结算货币到重要的国际储备货币的过程。它为中资商业银行的国际化提供了千载难逢的战略机遇，因为拥有巨额人民币资产负债、人民币清算网络和人民币管理经验，人民币的国际化使用，未来将会为我国大型商业银行的海外经营提供大量的业务机会，推动中资商业银行加快海外发展步伐，在国际人民币市场上更充分开展跨国经营；另一方面，人民币的国际化也离不开大型商业银行的支持，人民币要“流得出去、收得回来、方便管控”，必须在海外构建人民币投资和回流渠道，发展离岸中心，打通体内和体外循环，就需要大型商业银行的海外机构来协助完成。

更为重要的是，对于银行战略而言，争取海外人民币业务的主导权、拥有人民币产品的定价权是确立大型商业银行国际竞争力的关键，对于国家战略而言，人民币国际化的实质在于在全球整个财富分配当中，避免国民财富通过各类不同资产交易的国际路径流失，在全球资源配置拥有发言权和影响力。取得国际货币的主导地位，获得定价权是比资本市场放开和成为储备货币更加本质的目标。因此，集中力量重点发展海外人民币业务是我国大型商业银行国际化经营的战略选择，实现赶超其他跨国大银行的必然路径。我们要紧紧抓住机遇，

积极争取各国央行和监管机构的支持，丰富人民币内外联动产品体系，努力把人民币优势延伸至全球，争取用五年时间把五大行尤其是工行、建行、中行打造成为全球海外人民币业务的首选银行。

在国际化的初级阶段：提供高效率的人民币支付结算及贸易投融资服务，以香港为中心，重点在港澳台和东南亚等华人集中、贸易往来密切的国家和地区推出种类较为齐全的人民币产品和服务，包括现钞业务、兑换和汇款、存款和贷款、跨境贸易结算、同业拆借等业务，争取在同外资银行竞争中取得当地主导市场地位。

在国际化的中级阶段：抓住当前各主要经济体和国际金融中心对开办人民币业务的热情和兴趣，加大与中国央行、当地货币当局的沟通力度，加快当地人民币清算行资格申请，积极营销东道国央行以人民币作为储备货币，并要做好相关的技术和业务准备。通过承担人民币清算行角色，完善境外人民币资金管理与现钞业务运作机制、鼓励国内大型商业银行利用国内银行的海外网络拓展海外人民币清算业务，形成竞争态势，推动人民币清算系统更具竞争力。在业务准备上，通过现钞业务扩大境外人民币储蓄、现钞兑换和银行卡等零售金融产品的覆盖面，进一步巩固我国大型商业银行在离岸人民币债券市场的行业领导地位，大力发展人民币对外投资和外商直接投资业务，抢滩海外人民币资本市场，争取成为当地跨境人民币业务领先者，尽快形成特色产品和拳头产品。

在人民币清算行向形成离岸人民币中心过程中，我国大型商业银行要围绕离岸人民币中心的布局，加强国际化的产品设计与创新，建立国际化的区域创新平台，构建差异化的人民币产品与业务创新机制。争取成为人民币做市商，在离岸人民币利率和汇率相关产品上具有较强的定价能力，成为境外人民币交易平盘中心、资金交易中心和产品提供中心，提升为各境外机构的离岸人民币交易、清算和产品服务水平，发挥集团其他非银行金融机构的功能，加快形成集团协同优势，确立各个离岸人民币市场上的领先地位，逐步建立起辐射全球的离岸人民币中心网络。海外人民币资产占海外资产的比例逐步提升，海外资产的比重结构逐步优化。

在国际化高级阶段：当人民币成为主要的计价交易和储备货币时，我国大型商业银行应成为全球人民币业务的领导者，拥有主要人民币产品的定价权。同时，建立规范的和标准化的人民币产品及业务创新机制，具备全球一体化的产品创新平台架构和布局，以及全球一体化的高标准人民币产品与业务谱系。

四、世界一流的大型跨国银行

什么是国际一流的跨国银行？首先，全球没有现成的标准，但是作为一个行业，应该与我国经济实力、银行业资产负债、资本实力在世界上的地位和作用相称。目前我国 GDP 总量第二、银行业资产总额均居全球第一，但是我们大型银行的国际竞争力和 GDP 一样，都是大而不强。其次，作为金融服务主要提供者，世界一流的跨国银行应当能够满足全球范围或者说众多国家和地区内社会发展和个人、公司客户的投融资、资产管理、金融产品交易等全方位需求。我们的银行虽然大，但是大而不广，服务范围和利润来源主要还是在国内包括国内走出去的企业，落地经营远远不够。再次，作为商业银行个体，国有银行还缺乏清晰定位和明确发展战略，同质化竞争严重，规模不小，但盈利能力不强，在国际金融市场上产品定价权、议价话语权和交易做市能力方面，四大国有银行尚达不到与国际银行形成一定程度的竞争能力。从内部管理体制机制上比较，世界一流的国际化大银行具备一些共有的特点，包括矩阵式管理架构、专而精的业务模式、多元化风险控制等等。矩阵式组织结构形成了纵横交错的网络式架构，在充分考虑业务个性化特征条件下，能将整个银行所有机构和业务联成一个整体，共同服务于价值最大化目标。建立在专业化基础上的全能银行业务模式能够拥有更强的应对周期性风险的能力。一流的风险管控不仅可以有效渗透整个业务体系各个环节，还可以在不同平行部门和环节间形成有效制衡，更重要的是，随着风险变异或升级而有能力做出动态调整。银行的公司治理结构、考核评级体系，薪酬管理制度和企业文化，是否符合全球化趋势，具备开放型机构的特点。以国内为中心和以世界为中心是任何一个企业国际化发展面临的最重要命题。只有这些组织结构、业务模式、风险控制上的特点，都必须围绕“客户为中心”，以世界为中心的发展理念，中国大型商业银行才有可能真正发展成为世界一流的国际化大银行。

在国际化的初级阶段：应当重点布局客户贸易联系及对外投资密集的国家和地区，在存量客户中“走出去”的客户为主体的海外客户基础上，不断向海外延伸服务能力。完善内部治理结构，建立面向市场的人力资源管理机制，发掘和培育适应海外业务拓展的人才。向海内外客户提供便捷可靠的清算结算服务。

在国际化的中级阶段：加强海外金融中心布局，在服务好本国企业的同时，向本国企业联系的东道国客户延伸，深耕东道国市场，实现海外本土客户的拓展，形成对当地目标客户群的全面服务能力。推进人才本土化策略的实施，有效利用当地高端人力资源要素为银行业务拓展服务。推出适应海外客户多元化需求的金融衍生产品。

在国际化的高级阶段：建立覆盖全球主要国家和重点区域的客户服务网络，搭建科学、完备的渠道管理体系，建构全球统一的高标准的人才培养与人力资源开发平台，支持全球化的产品开发与业务创新，形成全球范围内配置资源尤其是人民币金融产品资源的能力。

中国已经是世界第一的贸易大国，但要想成为一个金融强国，至少应该有三方面的特征：一是大规模的资本输出；二是人民币成为国际货币，成为维护国际货币金融体系稳定的基石或主要的安全资产；三是有一批跨国银行，中小商业银行难以担此重任，对于大型商业银行而言，没有国家经济实力和综合竞争力的强大，他们也很难在国际舞台上长袖善舞。在中国迈向两个“一百年”宏伟目标实现的征程上，充分利用当前国内国外两个市场有利因素，不断提升竞争实力，推动国际化经营纵深发展，承担社会义务和全球责任，在世界金融体系改革和中国的全球金融战略中扮演更加重要的角色，既将自身发展成为具有较强竞争力的跨国银行，也更好地服务中国在新常态下的可持续发展和经济的全球化进程。

深化土地改革 提升效率与财富

边泉水

【导语】土地制度是国家的基础性制度。2015年1月，中共中央办公厅和国务院办公厅联合印发了《关于农村土地征收、集体经营性建设用地入市、宅基地制度改革试点工作的意见》，这标志着我国农村土地制度改革进入了新阶段。土地制度改革涉及范围、方向和影响等诸多方面，将有利于提升土地利用效率，增加农民财产性收入，促进土地财富公平分配。

我国市场化改革已走过了三十多年，几乎所有产品、资本和劳动力等生产要素都基本实现了完全市场定价，但作为最重要生产要素的土地要素却未能实现完整意义上的市场化。土地在农村和城市，在农业、工商企业和住宅之间的配置主要通过地方政府，而不是由市场来完成。现行体制不仅造成了土地资源利用效率的损失，降低潜在经济增长速度，而且由于土地是主要的财富载体，也扭曲了财富的分配。土地转让或交易的不公平加剧了财富由穷人向富人、由居民向政府的转移，引发土地冲突，对经济发展、城镇化进程和政治稳定造成破坏。未来中国经济的进一步发展和改革，必须促进土地要素的市场化，提升土地利用效率，促进土地财富的公平分配。本文拟对新一轮土地改革的范围、方向及其影响进行分析。

边泉水，中国国际金融有限公司研究部高级经济学家，中国人民大学博士。研究领域为中国经济、政策与资本市场。

一、土地改革的范围：45亿亩土地使用权

土地改革的范围主要包括农村宅基地、农民承包的农地（包括耕地、林地、草地等）以及农村集体经营性建设用地。

农村居民拥有45亿亩土地的使用权，包括宅基地、农民承包的耕地和其他农地。

第一，农村宅基地面积约1.5亿亩。《全国土地整治规划（2011—2015年）》数据显示，2009年末，全国农村居民点用地面积为1847.6万公顷（2.77亿亩）。农村居民点用地不仅包括宅基地，还包括商服、交通运输、工矿仓储、公共管理与公共服务各类建设用地。按照1993年制定的《村镇规划标准》，我们假定宅基地比例为55%，由此推算农村宅基地面积大约为1000万公顷（1.5亿亩）。

第二，农民承包耕地18亿亩。根据农业部统计，家庭承包经营耕地面积约13亿亩，但第二次全国土地调查发现全国耕地20.3亿亩。扣除农垦系统9316万亩（6211千公顷）、国有农场和新疆生产建设兵团1867万亩（1245千公顷）耕地，农村集体所有的耕地仍有19亿亩。土地确权过程中发现不少地方农民承包耕地面积较之前大幅上升。例如，成都大邑县实际测量的承包耕地比原来登记的台账面积多出了42%。[①] 由此判断，农民承包耕地面积实际数字超过农业部调查的13亿亩，可能达到18亿亩。

第三，农民承包其他农地25.7亿亩。除耕地之外，农民还承包了林地、草地等其他类型农地。根据农业部统计，2011年，家庭承包经营的耕地面积12.8亿亩、园地0.6亿亩、林地9.1亿亩、草地15.7亿亩、养殖水面0.3亿亩，合计38.5亿亩。[②] 其中耕地以外的农地面积为25.7亿亩。

农村集体经营性建设用地0.5亿亩。农村居民点2.8亿亩建设用地中，除

① 周其仁：《城乡中国》（上），中信出版社2013年版，第202页。

② 刘守英：《中国的农业转型与政策选择》，《行政管理改革》2013年第12期。

宅基地之外还有 1.3 亿亩农村集体建设用地，既包括农村集体经营性建设用地，也包括农村基础设施和集体公益性建设用地。其中集体经营性建设用地大约 0.5 亿亩。[①] 此外，农村集体还拥有少量预留农地。

二、土地改革的方向：土地确权是土地市场化的前提

土地制度改革可以概括为三个方面：一是给农村土地赋权，重点是对农民拥有使用权的土地进行确权；二是引入市场机制，将事实上已经发生的市场行为逐步纳入法律的框架之内，形成统一的土地市场；三是调整政府行为，主要是对征地制度的改革。

农村土地确权是土地改革的命门，土地产权是“一分为三”——所有权属于集体，承包权属于农民，经营权由产权主体自主。为什么土地确权至关重要？产权明确是市场交易的基础，土地产权不清是现有土地问题的主要根源。[②] 给农村土地赋权特别是承包权相当于城市居民住宅的使用权房产证。城市居民对房屋没有所有权，只有使用权，城市房屋用房产证进行确权，有了房产证就可以交易房屋。同样，有了承包权证，农民就有了对承包地的选择权。十八届三中全会《关于全面深化改革若干重大问题的决定》提出：（1）对农民承包土地，赋予农民“对承包土地占有、使用、收益、流转及承包经营权抵押、担保权能”；（2）对宅基地，“慎重稳妥推进农民住房产权抵押、担保、转让，探索农民增加财产性收入渠道”；（3）对于农村集体拥有的经营性用地，允许“出让、租赁、入股，实行与国有土地同等入市、同权同价”，形成城乡统一的土地市场；（4）“赋予农民对集体资产股份占有、收益、有偿退出及抵押、担保、继承权”。

土地确权工程量大，但由于确权有利于保障农民利益，预计进展顺利。

---

① 《三中全会将激活 15 亿亩农地 每年或撬动 1.3 万亿资金》，新华网，http://news.xinhuanet.com/fortune/2013-11/26/c-125761842.htm，2013 年 11 月 26 日。

② 厉以宁等：《读懂中国改革》，中信出版社 2014 年版，第 43 页。

2008年，十七届三中全会《关于推进农村改革发展若干重大问题的决定》提出，要“搞好农村土地确权、登记、颁证工作”。土地确权包括土地所有权和使用权，目前农村集体土地所有权确权登记发证已基本完成，农村土地使用权的确权仍在进行当中。2013年中央1号文件和2014年11月20日发布的《关于引导农村土地经营权有序流转发展农业适度规模经营的意见》明确提出“用5年左右时间基本完成土地承包经营权确权登记颁证工作”；2014年8月1日，国土资源部、财政部、住房和城乡建设部、农业部和国家林业局五部委，发布《关于进一步加快推进宅基地和集体建设用地使用权确权登记发证工作的通知》。从确权的具体工作来看，问题不少，包括实测面积与台账面积不符、村民人数变化等都会影响到工作进度，但由于农民明白确权对其有利，因此我们判断确权工作将得以顺利开展，有的地区进展可能更快。

土地确权后，市场交易行为会自然发生，相关政策也会引入市场机制，促进市场的发展。事实上，在当前确权完成前，土地的交易行为已经发生，包括耕地、宅基地以及小产权房，未来改革的方向是将这些交易逐步纳入法律的框架内。2002年通过的《土地承包法》已经确立了农村土地承包经营权流转的法律基础。十八届三中全会《决定》提出的改革方向包括：(1）允许农村集体拥有的经营性用地出让、租赁、入股，实行与国有土地同等入市、同价同权；(2）鼓励承包经营权在公开市场上向专业大户、家庭农场、农民合作社、农业企业流转，发展多种形式规模经营；(3）积极发展农民股份合作，赋予农民对集体资产股份占有、收益、有偿退出及抵押、担保、继承权；(4）建立农村产权交易市场，推动农村产权流转交易公开、公正、规范运行。就像当年产品市场的改革一样，土地要素的流转在土地确权后也不可阻挡，土地市场真的要来了！但在具体举措上，中央对宅基地和小产权房的市场化进程比较谨慎，但从大方向看，住宅市场的二元化问题在市场交易的自发冲击下，迟早会得以解决。

让农民有选择权，而不是替农民做主。有人担心，农民失地后会形成严重的社会问题，因此不能放开土地的流转。我们认为，土地确权后给农民以选择权，将农民从土地和其他约束中解放出来，并不像有的人想象的那么可怕，中国农民谨慎而精于算计，对自己土地的处理会有更合理的考虑。对农民的过度保护实际上减少了农民的选择权，反而是对其利益的伤害。

土地市场化后，征地制度需要调整。过去农业用地转化为工业用地和商住用地的方式主要通过地方政府征用、开发和招（标）拍（卖）挂（牌）的方式进行，农民的利益难以得到保证，土地利用效率不高。未来城乡土地统一市场的形成，将改变地方政府作为土地供给垄断者的地位。十八届三中全会《决定》提出的具体措施包括：（1）"缩小征地范围，规范征地程序"；（2）"加快房地产税立法并适时推进改革"，为地方政府寻找合法的收入来源，我们预计 2017 年将完成房产税的立法工作[①]；（3）"扩大国有土地有偿使用范围，减少非公益性用地划拨"；（4）"建立有效调节工业用地和居住用地合理比价机制，提高工业用地价格"，改变过去住宅用地价格奇高、工业用地价格过低的局面。

三、土地改革的影响

（一）降低交易成本，提高土地利用效率

农村土地确权登记发证，有助于降低交易成本，减少土地纠纷。同时，明晰产权有利于调动产权主体的积极性，促进土地生产要素的利用效率。发挥市场机制可以从五个方面提高效率：

1. 提高土地规模经营效率，促进劳动力的转移

与发达国家相比，中国农业劳动生产率和机械化程度偏低，一个原因是土地经营分散。2007 年以来，农民承包经营土地流转规模和比例快速上升。按照农业部统计，目前农民承包耕地流转率超过 1/4，流转土地中约 1/4 流向企业和专业合作社。土地确权和流转有利于农业土地通过市场向经营大户和专业户集中，发挥农业生产的规模经济，提升农业劳动生产率，促进就业向二三产业转移。

---

① 参见 2014 年 10 月 14 日中金宏观报告《"结构型" 财税改革释放制度红利》。

2. 完善宅基地制度有助于减少宅基地闲置

城镇化过程中，随着农村人口向城镇转移，农村住房需求下降。由于我国现行法规禁止城镇居民购买农村宅基地①，农村宅基地缺乏完整的转让权。因此农民进城后仍然保留宅基地，导致农村宅基地闲置增加。据调查，全国闲置和废弃宅基地比重约为10%。②完善农村产权流转交易市场有助于发挥宅基地的价值。

3. 赋予农村土地抵押、担保权能，促进在农村经济中发挥金融功能

我国《担保法》规定耕地、宅基地土地使用权不得抵押。赋予农村土地抵押和担保权能可以促进金融对农村经济的支持，增加农村投资。相应地，服务农村的金融机构需要建立起来。

4. 允许农村集体经营性土地入市有助于降低城市土地成本

由于我国城市建设用地必须依法申请使用国有土地，农地转为建设用地需要由政府批准，政府是城市建设用地的唯一供应者。政府以低成本征收土地，通过招拍挂方式获得更高的出让收入。征地制度不仅推高了土地价格，也激发了社会矛盾。十八届三中全会《决定》提出“允许农村集体经营性建设用地出让、租赁、入股，实行与国有土地同等入市、同权同价”，有助于增加土地供给，降低土地成本。

5. 土地分配机制市场化提高有助于城市土地的集约使用

由于我国实行鼓励工业的发展政策，工业地价远低于商服用地和住宅地价。此外，划拨在国有土地供应方式中比例较高，2012 年超过一半，除了基础设施和城市公共用地，政府机关单位和国有企业也通过划拨的方式获得土地。非市场化的土地分配机制加剧了城市房地产供地紧张。十八届三中全会《决定》提出“扩大国有土地有偿使用范围，减少非公益性用地划拨”，“建立有效调节工业用地和居住用地合理比价机制，提高工业用地价格”。土地配置市场化程度提

① 2004 年 10 月 21 日国务院《关于深化改革严格土地管理的决定》规定“改革和完善宅基地审批制度，加强农村宅基地管理，禁止城镇居民在农村购置宅基地”。2007 年 12 月 31 日国务院办公厅《关于严格执行有关农村集体建设用地法律和政策的通知》规定“农村住宅用地只能分配给本村村民，城镇居民不得到农村购买宅基地、农民住宅或‘小产权房’”。

② 宋伟、陈百明、张英：《中国村庄宅基地空心化评价及其影响因素》，《地理研究》2013 年第 1 期。

高将有助于城市土地的集约使用。

（二）提高农民财产性收入，增加农民财富效应

农村土地权能不完善限制了农村土地的商品属性。我国城乡居民收入有3倍左右的差距，财产性收入也有3倍左右的差距。上一轮城镇住房改革过程中，城镇职工家庭通过以低于市场的价格向单位购买公房，分享了资产升值收益。尽管农民已经通过转包等方式获得农地流转收入，但由于土地实行用途管制，农地流转收益较低。而宅基地使用权禁止城市居民购买，农民难以分享城镇化带来的土地升值收益。城镇化过程中，农村土地转化为城市建设用地先要通过征地转化为国有土地，农民获得的征地补偿远低于农村土地转化为城市建设用地后的价值。

城镇职工购买公房价值13万亿元。城镇住房制度改革过程中，城镇职工以低于市场的价格购买公有住房。[①] 根据第五次人口普查数据，2000年约1/4城镇家庭购买了公有住房。伴随房地产市场的繁荣发展，城镇职工分享了资产升值收益。根据第六次人口普查结果显示，2010年仍有13%的城镇家庭住房来自购买的公有住房，以当年城镇住房总面积174平方米推算，城镇家庭拥有22.6亿平方米已购公房。用2013年全国商品住宅平均价格5850元/平方米衡量，城镇家庭已购公房目前价值13万亿元，按照城市4.8亿户籍人口算，人均约3万元。

农村土地所有权中最大的一块来自承包耕地，每亩价值约2万元。我们用两种方法估算农村耕地的价值，一种方法是按照土地征收补偿估算，另一种方法是估计农村土地的经济价值，两种方法结果接近。

一亩耕地土地补偿费约2万元。我国《土地管理法》规定，“征收耕地的土地补偿费，为该耕地被征收前三年平均年产值的六至十倍”。2013年农业总产值5万亿元，按全国耕地面积20亿亩算，一亩地年产值为2500元，过去三

---

① 1994年国务院《关于深化城镇住房制度改革的决定》提出的优惠措施包括：中低收入职工家庭可以以成本价购买公有住房，职工购房根据工龄予以折扣，按照折旧年限对旧房进行折扣等。

年，一亩地平均产值2300元。按照前三年平均年产值的六至十倍标准，相当于1.4—2.3万元。

农村耕地经济价值500元/年。农地的经济价值是农业产出分享给土地的收益。2013年，耕地每亩产出2500元，扣除40%投入成本，每亩增加值1500元。农业产出生产要素包括劳动、土地以及资本（如水利工程、农业机械等），我们假定1/3收入归土地所有，每亩耕地收入为500元/年。如果用2.5%的实际利率贴现，则500元/年的收入相当于现在的2万元。

宅基地价值和耕地基本相当。对于大多数远离城市的农村，宅基地的机会成本是农业用途。对于城市周边，土地的机会成本是城市边缘建设用地的价值，2013年，国有建设用地平均出让价格1101万元/公顷（73万元/亩），远高于耕地价值。但城市扩张能够辐射到的农村土地的比例并不高，2013年，国有建设用地出让面积37万公顷（550万亩），约占农民有使用权的45亿亩土地的千分之一。就全国而言，宅基地价值总体上仍取决于农业用地的价值。

农民拥有土地使用权价值50万亿。与耕地相比，林地、草地、养殖水面的经济价值较低，我们假定这些土地价值为耕地的1/5，园地价值假定和耕地相当。汇总后，农民拥有各类土地使用权价值约50万亿，按照农村户籍人口8.8亿算，人均5.7万元。国家统计局正在修订我国的国民经济核算体系，其中一项内容就是将土地承包经营权流转收入计入财产性收入。[①] 土地制度改革赋予农村土地更加完备的权能，将增加农民的财产性收入。

农村财产性收入增加促进消费增长。拥有农村土地所有权的农村人口不仅包括仍住在农村的农民，还包括已进入城市但尚未市民化的农民工及随迁家属。农村人口财产性收入提高，有助于中国收入分配的改善。由于居民消费倾向和收入具有反向关系，缩小收入差距有利于提高总体消费率。[②]

---

① 《国家统计局独家详解：核算体系改革正在进行》，新华网，http://news.xinhuanet.com/fortune/2013-11/18/c-125719525.htm，2013年11月18日。

② 参见2014年10月20日中金宏观报告《农民变市民推动中国消费第二波》。

（三）降低经济波动，控制金融风险

土地制度改革减弱土地财政依赖。我国地方政府对土地财政依赖程度高，土地出让收入是地方政府收入的重要收入来源，约占地方政府收入的 1/4。土地制度改革会降低地方政府对土地财政的依赖，十八届三中全会《决定》提出：（1）“缩小征地范围，规范征地程序”，约束政府的征地行为；（2）“允许农村集体经营性用地出让、租赁、入股，实行与国有土地同等入市、同价同权”，这将打破国有土地垄断局面；（3）“加快房地产税立法并实施推进改革”，房产税的征收将给地方政府带来新的收入来源。

地方政府对土地财政的依赖程度降低，会给宏观经济运行带来两方面影响：

首先是降低宏观经济波动。土地财政具有顺周期效果。土地出让收入和一般预算收入不同，土地出让收入不会给政府带来净资产的增加。而私人部门花钱购买土地，净资产也没有减少，并且购得土地可以用于抵押获得贷款，带来信贷扩张。因此，政府土地出让收入对经济紧缩效果较低。而土地出让收入的支出中，1/3 用于投资，对经济有较强的扩张效果。所以土地财政具有顺周期效应，加大了经济波动。而房产税具有逆周期的效果，开征房产税可以发挥财政的自动稳定器功能。

其次是可控制金融风险。土地财政加剧了地方政府债务扩张，根据 2013 年底审计署发布的《全国政府性债务审计结果》，政府承诺以土地出让收入偿还的债务余额占政府负有偿还责任债务余额的 37%。降低土地财政依赖，有助于限制地方政府的债务扩张，控制金融风险。

高度重视可能触动耕地保护红线的新动向

蒲　实

【导语】中共中央、国务院《关于全面深化农村改革加快推进农业现代化的若干意见》明确提出："要严守耕地保护红线，划定永久基本农田。"然而，因农业规模经营、农村宅基地使用、农村民生工程建设、公共交通设施和工业开发区建设和农地"以租代征"等引发的一些新动向、新问题，正以新的方式挑战着18亿亩耕地红线的"底线"。对此应予以高度警惕和重视，并逐步改革和完善现有土地管理制度。

"十二五"时期，在最严格的耕地保护制度框架下，我国耕地保护工作取得重大进展，城镇和开发区建设非法、低效圈占耕地的势头得到有效遏制，非农建设占用耕地规模逐年下降并在可控范围内。但是，必须清醒地认识到，随着我国工业化和城镇化加速推进，各种自然灾害毁损耕地的频率加快，耕地保护将面临一系列并非短期、偶然而是持续存在的新问题和新挑战，呈现明显区别于过去的新的阶段性特征。新常态下守住耕地红线的压力不断加大，对此应予以高度警惕和重视。

一、现代农业规模经营存在的问题引发与耕地保护目标的冲突

当前，以现代农业为指向的土地规模经营正发生重大变化，从农户间的小规模流转向企业（或业主）大规模流转转变的趋势已难以逆转。但是在此过程

蒲实，国家行政学院决策咨询部处长，国家信息中心博士后。研究领域为宏观经济与农村经济等。

中，由于农业支持政策存在一定偏差，对企业（业主）的利益追求缺乏合理导向和约束，土地规模流转行为在一定程度上导致耕地保护受到影响，主要表现在两个方面：

第一，部分政府重点支持的农业产业化项目用地粗放。调研发现，部分龙头企业进入农业投资开发领域的主要目标是为尽可能多地获得政府的优惠政策支持，因而热衷于打造样板、塑造典型，超越实际需求修建高标准的生产道路、现代化养殖圈舍、仓储设施和绿化工程等，占用不少耕地，其中相当部分被占耕地虽然并未变性，但实际上已很难复耕。

第二，缺乏监管的短期行为导致耕地遭受破坏。调查表明，有的龙头企业在项目实施中短期行为特征显著，在农业产业化项目普遍缺乏监管的现实背景下，为了追求自身经济利益最大化，不惜采取随意破坏耕地质量或者改变农地性质的方式实现企业目标。甚至在项目失败后置毁坏的耕地于不顾，"一夜蒸发"，将复耕责任抛给地方政府。

二、闲置宅基地不断扩大态势致使耕地保护和利用压力进一步增大

中央不断出台提高宅基地利用效率的政策，并通过"拆院并院"、土地综合整治等方式使城市近郊多宅和空宅现象得到有效遏制。但是在远离城市的广大农村腹地，由于土地级差地租较低，宅基地难以流转并大量闲置的现象仍然比比皆是。

第一，"举家外迁"导致闲置宅基地不断增加。新一届政府积极稳妥扎实有序推进新型城镇化，按照《国家新型城镇化规划（2014—2020年）》（下称《规划》）要求，到2020年常住人口城镇化率要达到60%左右，户籍人口城镇化率要达到45%左右，努力实现1亿左右农业转移人口和其他常住人口在城镇落户。在此背景下，农村劳动力流动方式正在发生重大转变，举家外迁的比重明显增大。值得重视的是，由于社会保障仍然存在明显缺失，这部分特殊的"农民"

并不愿意轻易割断与农村的联系。调查显示，这些家庭几乎都保留着完全闲置的房屋。也正因如此，在农村劳动力外出集中的地区，农村“空宅”现象不仅十分普遍而且正处于不断扩大的态势，这将成为导致当前农村宅基地闲置和荒废日益加重的主要原因。

第二，新村建设和旧村改造空置出的宅基地未能及时复耕。在新农村建设力度全面加大的背景下，各地政府大都以不同方式启动了新村建设和旧村改造工程，通过推动农民由分散居住向适度集中居住转变。农民搬入新区后普遍存在原宅基地仍然空置、复耕工作未及时跟进的现象，由此导致事实上的双重占地行为。这一现象在广大的丘陵地区和山区尤为突出。

三、农村民生工程和基础设施建设超水平占用耕地现象不容忽视

本届政府将推进转方式调结构扎实有效保障和改善民生作为一揽子计划的重点。2014 年颁布的《规划》也将与农村民生相关的政策作为新型城镇化的重要内容做出明确规定，相关支持政策也在密集出台，应该说此举对于不断缩小城乡公共事业发展的差距，完善农村公共服务体系，加快推进新型城镇化具有举足轻重的作用。但是，对因建设超水平的农村民生工程和基础设施造成耕地被大量占用的现象也不容忽视。

第一，修建华而不实的“形象工程”严重浪费土地。由于对民生工程和基础设施项目占地缺乏有效的成本控制和严格的土地变性法律约束，地方政府容易在创造政绩和打造亮点的需求驱动下，把实用性较差的花园楼房、商业街道、休闲广场等现代城市建筑的元素符号不加区别地移植进入农村，将外观漂亮的农民新居作为建设新农村的重要标志，以吃政策饭的方式树典型、造样板，搞形象工程，在此过程中不惜随意占用耕地，造成严重的土地浪费现象。

第二，村镇规划布局不合理导致土地使用效率低下。一方面，在农村基础设施建设区域选择方面缺乏对人口外部流动和城镇体系构建发展趋势的预见性，

求大求全，面面俱到，撒胡椒面，在一些必然逐步衰落的农村居住点也进行低效甚至无效投资。另一方面，相对重视村庄整治，过度热衷于打造能在短期内体现政绩的农民新居，对解决城镇空间布局的分散化问题却措施不力，城镇体系低集聚度格局难以打破。长此以往，必将导致相当部分农村基础设施利用不充分，其所依托的土地资源利用效率低下。

四、公共交通设施和工业开发区建设浪费土地现象日趋严重

在国家“一带一路”和长江经济带建设的战略框架背景下，为构建现代化的交通、能源、水利、通信等基础设施体系，一批铁路、公路、机场、水利、城市电网改造等重大基础设施建设项目正在或即将上马，导致划拨用地比重明显上升。以 2014 年为例，全国基础设施等用地 31.12 万公顷，占土地供应总量的 51%。同时，各类工业开发区道路和绿化占地也呈现明显的快速增长趋势。主要突出表现在以下三个方面：

第一，奢侈的城市交通网络导致土地浪费严重。地方政府为了进一步优化投资环境，提升城市形象，往往首选在改善城市交通上下功夫，努力形成大都市圈公路网体系，即构建城市多通道路网贯通连接中心城与周边区域的道路体系。这些主城区向周边辐射的数量众多的快速通道，一般都为双向 6 车道或 8 车道，并在道路两侧及中间设置较宽的绿化带，以追求既确保提高道路通畅性又形成良好视角景观的效果。调查表明，由于这些近似奢侈的城市交通网络主要是通过划拨土地方式建设的，尽管实际利用率不高，但占地规模却十分惊人。

第二，大量上马的高速公路、高速铁路导致占地激增。我国已经进入高速公路、高速铁路快速乃至超速发展时期，据相关部门估算，高速公路、高速铁路等交通设施项目用地数量将超过产业发展占地和城镇建设用地数量，成为新的最主要的占地因素。通过对一些交通枢纽城市的调查也发现，随着大量高速公路、高速铁路项目的开工，交通设施占地已经超过这些城市新增城镇建设用

地总面积的 50% 以上。显而易见，由于征地制度存在明显缺陷，如何在高速公路、高速铁路建设占地规模激增的现实背景下实现土地集约、节约利用仍是一个重要问题尚待解决。有的地方政府为争夺重大项目往往会选择对土地征用进行提前储备，也将导致因项目未能及时开工造成耕地闲置的现象时有发生。

第三，工业开发区仍采取粗放式建设模式，浪费土地严重。通过工业开发区建设实现产业集聚发展，不仅是提高产业竞争力的重要选择，也有利于实现土地集约利用。但调查证实，因土地征用成本相对较低并且缺乏对合理用地结构的法律约束，一些工业开发区建设仍然采取粗放式用地模式，园区道路和绿化带面积增长速度已大大超过开发区的厂房建筑面积增长速度，超过用地总量的 30% 以上。另外，非生产性用地比重普遍过高。

五、“以租代征”以更加隐蔽的方式损害耕地

“以租代征”圈地浪潮始于 20 世纪 90 年代中后期，其根本原因是有的地方政府为满足新型城镇、工业区、开发区、“大学城”建设对土地急剧膨胀的需求，在城镇建设用地指标严格受控的状况下，以租地方式将耕地变性为建设用地使用的违法用地行为。虽国家明令禁止，但因为巨大的利益空间存在，仍然屡禁不止。

第一，经营性用地“以租代征”现象有所抬头，致使矛盾不断激化。前几年的快速城市化导致大量城镇建设用地指标被提前使用，城市化、工业化越来越受土地指标的制约。为谋求发展，有的地方政府不得不“铤而走险”，以“以租代征”方式使工业、商业开发项目落地，而这类违法行为往往难以从统计数据中反映和核查。值得注意的是，一些地方政府为了安抚农民，在对农地变性使用的收益进行分配时，比较注重向农民适当倾斜，从而导致地方政府、开发商和农民三者形成利益相对一致的共同体，加大查处难度。与此同时，“以租代征”累积的遗留问题处理难度在不断加大。各届地方政府都或多或少存在“以租代征”行为，日积月累，“欠账”的雪球越滚越大。

第二，越来越多的公益性项目以“以租代征”方式落地。调研发现，由于“以租代征”不仅可以避开用地指标的限制，而且能够较大幅度降低建设成本，因而不少城市的公园、体育馆、绿地等市政设施建设项目也大量开始采用“以租代征”的方式落地，导致较多的耕地被地方政府以公益性项目用地的名义通过“以租代征”方式占用，这种现象已经成为当前耕地保护面临的一个值得高度关注的新动向。

除“以租代征”外，土地供应方面，还存在严重的虚假“招拍挂”现象。以协议方式供应经营性用地和工业用地、违规划拨供地、“毛地”出让、低价出让等现象比比皆是。

综上所述，五大新因素正在挑战18亿亩耕地红线，不断增大耕地保护压力。因此，除了继续坚持已有严格的土地监管措施之外，还应密切关注上述影响因素的发展新动向和新态势，并适时从四个主要方面对现存土地管理制度进行更深入和更有针对性的改革与完善，以制度创新和政策突破为重点应对新问题和新挑战，以求能够有效减缓压力，化解矛盾，最大限度力争实现保住18亿亩耕地的艰巨任务。

一是加快农村集体建设用地使用制度改革进程。改变城乡土地同地不同价的二元结构，切断民生工程和基础设施建设低效利用土地的制度纽带。公益性用地项目也同样以土地市值为依据确定征地补偿标准，探索建立城乡一体土地市场，打破国有土地对城镇建设用地供应的垄断。

二是不断完善农耕地流转和使用制度。解决农耕地产权主体虚置、流转不畅等突出问题，严格监控和防止企业在土地经营中的短期行为。通过农地产权制度改革，明晰农耕地的各项权能，建立完善的土地流转机制和企业责任追溯机制。

三是积极探索宅基地有偿使用和合理流转机制。逐步剥离农村宅基地的福利功能，彻底解决空宅和一户多宅等问题。实行更加严格的宅基地审批和有偿使用制度，建立和完善宅基地自愿退出的激励政策，探索农村宅基地使用权流转机制和抵押贷款办法。

四是探索建立和完善节约、集约用地的评价体系。制定单位建设用地第二、第三产业增加值目标量化分解办法，把提高土地产出率作为目标考核的核心指标，推进农村土地整体改造、综合开发，千方百计地降低土地消耗率，不断提高节约、集约用地水平。

试析供销合作社土地托管服务的实践与意义

赵维全

【导语】中共中央、国务院《关于加大改革创新力度加快农业现代化建设的若干意见》指出，要全面深化供销合作社综合改革，把供销合作社打造成全国性为“三农”提供综合服务的骨干力量。当前，一些地方供销合作社以土地托管为切入点，探索开展了土地托管服务，取得了农民家庭增收、村集体增收、供销合作社发展的多赢效果，在推进农业社会化服务方面取得了积极成效。

当前，我国工业化、信息化、城镇化快速发展，农业现代化深入推进，农村经济社会发展进入新阶段。农业生产经营方式深刻变化，适度规模经营稳步发展，迫切要求发展覆盖全程、综合配套、便捷高效的农业社会化服务。[①]在众多农业社会化服务主体中，供销合作社以土地托管服务为切入点，为农户、农业生产企业、农业经营主体等提供了一系列有组织、全过程的农业社会化服务，亮点突出，可操作性、可持续性强，在实践中形成了一些典型经验，具有很强的借鉴指导意义。

一、供销合作社开展的土地托管服务为我国农业社会化服务提供新的路径选择

当前，“谁来种地、怎么种地”等问题日益突出，成为当前党委政府最为

赵维全，中华全国供销合作总社经济发展与改革部规划统计处处长，中国人民大学博士。主要研究领域为农业经济、农村流通、合作经济组织发展。

① 中共中央国务院：《关于深化供销合作社综合改革的决定》（中发〔2015〕11号），2015年3月23日。

关注的问题之一。一方面，一家一户的传统小农生产方式，影响和制约着我国农业向机械化、规模化、专业化生产方式的转变和提升，在统分结合的双层经营体制下，如何解决好“统”的问题已成为实现我国农业现代化的关键所在；另一方面，农村劳动力在城镇的打工收入和其在农村种地的收益差距明显，完全靠种地难以满足家庭生活需要，失去土地又不踏实，如何实现打工种地两不误成为迫切需要解决的问题。在我国人多地少的情况下，如何整合土地资源，提供土地托管服务，发展适度规模经营，是加快我国农业社会化、服务规模化的重要选项。

2015 年的中央 1 号文件指出，要充分发挥供销合作社在农业社会化服务中的重要作用。供销合作社作为为农服务的合作经济组织，长期以来，扎根农村、贴近农民，组织体系比较完整，经营网络比较健全，服务功能比较完备，完全有条件成为党和政府抓得住、用得上的为农服务的骨干力量。2015 年 7 月，财政部在印发的《农业综合开发推进农业适度规模经营的指导意见》中也要求供销合作社发挥优势，与农民开展合作式、订单式生产经营服务，搞好产销对接、农社对接，提高服务的规模化水平。党中央国务院《关于社会供销合作社综合改革的决定》出台后，供销合作社综合改革步伐加快推进，各地供销合作社积极探索参与农业社会化服务的方式，积极在创新服务内容、延伸服务领域、规范托管服务方式、提升服务水平等方面做文章，努力探索把一家一户分散经营的农民组织起来，走集约化、规模化的路子，培育了不少典型，创造了一些成功经验。其中，山东省供销合作社顺应时代要求，适应农民需要，大力开展大田作物土地托管服务，把一家一户分散经营的农民组织起来，减少了劳动投入，提高了综合效益，并在解决科技推广“最后一公里”难题、壮大村级集体经济等问题上实现了新突破，得到了党委政府的肯定和农民的欢迎，探索出了不同于土地流转的农业适度规模经营的实现形式。“农民进城打工，供销合作社给农民打工”，已经成为山东省供销合作社为农服务的品牌和响亮口号，成为当前和今后大力推动的重要工作内容。

二、山东省供销合作社开展土地托管服务的主要实践

山东省供销合作社按照“供销主导、多方参与、统一运作、合同管理、政府支持”的运作模式，以种粮大户、家庭农场、农民合作社和农业企业等农业经营主体为服务对象，以“农民外出打工，供销合作社给农民打工”为统一服务品牌，围绕良种推广、耕种浇水、测土配肥、统防统治、联合收割、加工销售等关键环节，开展“保姆式”全托管、“菜单式”半托管服务，不断扩大土地托管服务规模，加快解决农业技术推广和服务中的“最后一公里”问题，在打造农业全程社会化服务新体系和新机制方面取得了突破，为探索建立特色中国社会主义的农业社会化服务体系提供了新的路径选择。主要实践做法有：

（一）托管服务的主要载体

建设为农服务中心，搭建农业社会化服务综合型平台。山东省供销合作社为加快推进农业社会化服务工作，开创性探索出为农服务中心这一重要服务载体和形式，搭建开展农业社会化服务的新平台。为农服务中心是以市、县供销合作社为投资运营主体，以供销合作社有控制力的农资公司、农业服务公司、基层供销合作社等为依托，联合乡镇农民合作社联合社，引导农民自愿出资入股参与建设运营，并完成相关注册登记的公司制经济组织。在为农服务中心，可以为农民提供“一站式”服务，为农业生产经营提供规模化、系列化服务。供销合作社在为农服务中心建设中发挥了主导作用，是主要投资运营主体，工商注册登记供销合作社的注册资金一般占34%以上。这一做法，得到了山东省政府的支持。为加快为农服务中心建设，山东省农业厅、山东省供销合作社联合社联合下发了《关于加快推进农业社会化服务发展的意见》，加大新型农业生产经营服务主体培育力度，创新服务体制机制，全面提升为农服务水平，提出自2015年起，全省规划平均每年新建中心200个以上，

到 2020 年全省建成为农服务中心 1500 个以上，全省土地托管面积达到 3500 万亩以上，打造成为农业生产全程社会化服务主要窗口和重要阵地。目前，山东各地迅速探索推进为农服务中心建设，全省供销社已托管土地 1037 万亩，其中全托管土地 102 万亩，在临沂河东区的刘店子、莒南县的洙边、高密市的张庄、滕州市的大坞等乡镇已经建设了一批示范意义突出、引导作用明显的为农服务中心。

（二）托管服务对象

服务对象主要有两大类，一是服务于分散生产经营的农户，重点面向劳动力转移 70% 以上的村，依托村“两委”、合作社等单位组织有服务需求的农户，以互换、转包等形式实现同类农作物的连片种植，由供销合作社提供托管服务。二是服务于种粮大户、家庭农场、农业龙头企业等经营主体，通过提供社会化服务，帮助其解决生产服务能力不足、不经济的问题。

（三）托管服务的主要内容

为农服务中心一般占地不少于 15 亩，以土地托管为切入点，坚持规模适度、半径适宜、功能完备的原则，打造“3 公里土地托管服务圈”。主要服务功能有智能配肥、农机服务、农资直供、烘干仓储（或冷藏加工）、统防统治、农民培训以及联合农口部门、乡镇政府和其他社会化服务组织开展的综合服务。为农服务中心的建设用地主要通过两个途径解决，一是利用供销合作社自有土地，新建或改建；二是用足国家在设施农业用地方面的优惠政策，不足部分通过与种植专业合作社联合建设的方式解决。

（四）托管服务的主要模式

主要有全托管和半托管两种服务模式。全托管是对耕、种、管、收、售等生产环节提供全程服务，主要有三种形式：一是“集中式托管”。由基层供销合作社、村“两委”和大户领办农民合作社，村“两委”将农户土地集中起来，交由合作社托管，农民按照约定产量或收入取得收益，土地收益的10%—20%给村集体，剩余增产增效收益全部留给合作社。二是“订单式托管”，由供销合作社领办的农机专业合作社承担全程托管任务，正常年份确保一定产量，土地产出全部归农户所有，该种服务方式对所有生产环节“打包”收取费用，价格比市场价格优惠一定比例。三是“参股式托管”，由供销合作社领办的合作社向家庭农场、农民合作社、土地流转企业等市场主体参股，发挥供销合作社规模化服务优势，提升农产品的产量和效益。半托管服务又称为“菜单式托管”，是指围绕代耕代种、统一浇水、病虫害统防统治、统一收获、储存销售或加工等关键生产经营环节提供社会化服务，服务对象主要是家庭农场、种植大户和流转土地的龙头企业等经营主体。不管全托管还是半托管服务，国家给予农民的良种和种粮补贴等惠民政策仍归农民享有。

（五）托管服务效益

土地托管服务盈利的空间主要来自两个方面，一是通过机械化耕种、集约化、规模化服务产生的效益；二是通过科技支撑、引进优良农作物品种产生的效益。其中半托管效益情况为：农民平均每亩耕地一季可减少成本支出150元，小麦、玉米每亩两季轮作共可节约成本支出300元；市场经营服务主体收入平均每亩一季服务费收入约100元，一亩小麦、玉米两季收入可达200元；村“两委”每组织200户、1000亩土地连片种植，可获得1.5—2.5万元的收益；统防统治效益，对半托管的小麦、玉米使用自走式延展喷雾机进行统防统治作业，每个工作日可作业近200亩，是传统背负式喷雾器作业效率的13倍以上，每亩每年可降低人工成本16元。全托管服务效益：全托管效益主要有节支增收效益（参照半托管）、劳动力转化效益（主要是为外出打工农户节省的往返路费、增加的务工收入，一般每年在6000元左右）、村集体收益等。

另外，通过土地托管释放的“红利”还有：农业标准化生产变为现实，通过土地托管，实行种植品种、农资供应、生产管理、产品购销“四统一”，减少生产流通环节，降低农业生产成本，促进了土地托管工作的规范化运作；产生科技推广效益，土地托管为农业集约化、规模化经营创造了条件，能够充分调动市场主体采用良种良法和大型现代农业机械的积极性，有助于解决科技推广“最后一公里”难题，实现农业增产增效；形成统防统治效益，传统农户分散经营条件下病虫害防治面临着占用劳动力多、浪费农药、滥用剧毒农药、防治时间不同步、降低防治效果等弊端，开展规模化防治，可以提高效率，减少浪费，提高防治效果，保证农产品质量安全。

三、土地托管服务的重要意义

（一）助推农业走上服务规模化道路

供销合作社发挥扎根农村，熟悉农村、熟悉农民的组织优势，依靠农民的信任，通过土地托管，把土地“化零为整”连成片，实现了土地生产服务的规模化，较好地回答了农业生产方式、经营方式、发展方式显著变化，大量农民进城务工的形势下，“谁来种地”、“怎么种地”的问题，解决了改革开放以来农业生产统分结合一直“统”得不够的问题，是农村土地制度改革进程中产生的新成果。农业生产服务规模化的形成，有利于农作物新品种、新型农业机械的推广应用，对于农业现代化发展具有重要的推进意义。

（二）形成了服务的可持续性

土地托管是对土地管理模式、生产模式、经营模式、服务模式的创新，核心在托管，重点在服务，不影响土地承包关系，比土地流转更容易接受；而且土地托管保证了农民对土地的承包权、经营权和收益权，运作机制灵活，不仅有“保姆式”全托管服务，还有“菜单式”半托管服务，扩大了服务对象的覆盖面，具有制度上的可靠性、稳定性和灵活性。通过土地托管服务，农民可放心地外出打工，实现“自己不种地，照样得收益，且收益更多”，解决了农民打工顾不上种地的矛盾，社会效益明显。实践证明，土地托管提供的农业规模化服务效益明显、可持续性强、发展空间大。

（三）凝聚并放大了社会为农服务资源的能量

通过开展搭建为农服务中心，开展土地托管服务，提供农业社会化服务规模化，党委有要求，农民群众有需要，家庭农场等新型经营主体有需求。供销合作社在开展土地托管服务中，积极协调乡镇党委政府和村两委的关系，协调整合农业、水利、交通、科技、农机、畜牧等有关部门的为农服务资源，并与涉农金融机构合作，开展为农优惠金融服务，搭建了为农服务综合平台，使社会各方面参与其中，助推了现代农业服务规模化进程。而且，山东供销合作社通过开展土地托管，探索出与村“两委”合作的模式，在利益分配上，按一定比例给村集体留一部分，对于促进村级班子，尤其农业村级班子的正常运转需要产生了积极作用，为巩固农村政权发挥了积极作用。

（四）为深化供销合作社综合改革探索了一条重要路径

通过土地托管服务，供销合作社变身“三农管家”，从农业生产服务环节、从“统”的层面提高农业组织化程度，把一家一户分散经营的农民组织起来，走集约化、规模化的路子，实现涉农资源整合、功能分级、上下联动的服务聚合效应，对各类农业生产服务性组织、大户等起到了组织引领作用，加快了农村经营市场主体的培育和作用的发挥，丰富深化了供销合作社合作经济组织特性。同时，提高了供销合作社为农服务能力，逐步实现由卖产品向卖服务转变，促进了供销合作社农资等企业转型升级、加快发展。

四、开展土地托管服务需要把握的重点和方向

（一）牢牢把握三农需求，提高服务水平

土地托管工作的核心是服务，只有心里装着农民，把握农村实际，了解农业需要，把服务真正做到农民的心坎上，土地托管服务才能得到农民更多的响应和参与。土地托管工作中要接地气，从农民最为需要、供销合作社最具优势、

经营有效益的服务环节入手，以“三农”需求为导向，不断创新服务内容。特别是由于各地地域不同、农作物特色各异，在工作推进中，要加大各类典型培育、引导和宣传推广力度，推动各地积极探索不同作物、不同果类、不同地貌的服务规模化途径。要延伸服务领域，主动与市场经营主体加强对接，把农民合作社、种粮大户、家庭农场、农业企业等作为托管服务对象，提供适销对路的套餐服务，逐步以专业化、系列化、市场化的规模化服务，解决怎么选种、怎么种植、怎么用药施肥、怎么销售经营等问题，扩大农业生产的托管服务规模，为农民提供全产业链“一条龙”服务。

（二）加强组织引导力度，提高整合社会资源的能力

能否有效整合、引导、组织各类为农服务资源是托管服务工作的关键。供销合作社要积极发挥自身资源优势，购置农用飞机等先进农业机械，提高机械化装备水平，更重要的是要提升自身组织优势，搭建综合服务的平台，通过协调各方、整合资源，实现合力推进、共赢发展。要加强工作机制创新，依靠党委、政府及农业行政部门的支持和推动，发挥供销合作社、村“两委”、农民合作社等主体力量作用，把劳动力、土地、农机等生产要素集中整合起来，为推进农业服务规模化创造条件，同时要规范托管服务，合理配置托管服务规模，保障土地托管服务的有序开展、稳步推进。

（三）坚持市场导向，规避市场风险

在托管服务工作中，要以市场配置资源的原则为基础，以合理的服务价格组织生产、加工、贮藏、营销、科技、信息、融资、保险等多方面生产经营等要素资源，促进经营服务的可持续性和稳定性。要形成合理的经营机制、利益分配机制，推进决策民主，保障分配公平。特别是要牢牢以市场需求为引导，规避土地托管中的种植风险，避免因土地托管服务规模化进一步提高后，由于农作物市场行情发生大的变化导致的市场风险；要积极引进农作物新品种，

运用新技术，提高农业科技服务水平，为服务规模化提供科技支撑；要通过完善贮藏、加工、销售和品牌培育等工作，逐步形成产前、产中、产后完整的服务链和产业链，加快产业融合发展，提高抗风险能力，进一步加快农业现代化进程。

中小城市新型城镇化创新发展方略

安森东

【导语】李克强总理多次指出，新型城镇化是最大的结构调整，事关几亿人生活的改善，是关系到现代化全局的大战略。为了适应我国城市群和中小城市发展的需要，需要结合国内外成功经验，积极探索中小城市创新发展问题，以促进新型城镇化的健康发展。

根据国务院2014年11月印发的《关于调整城市规模划分标准的通知》，“中小城市”是指城区常住人口100万以下的城市。城镇化则是城镇经济、社会、文化等渗透到农村的过程，是人口集中和产业聚集的过程，是人口结构改变的过程，是各国在实现工业化、现代化过程中的必经阶段。相对城镇化而言，新型城镇化突出以人为核心，是以城乡统筹、城乡一体、产城互动、节约集约、生态宜居、和谐发展为基本特征的城镇化，是大中小城市、小城镇、新型农村社区协调发展、互促共进的城镇化。

总的看，我国现行城镇体制带有明显的计划经济体制烙印，城镇体制与城镇化发展的新阶段、新要求、新趋势还很不适应，在很大程度上制约了城镇化的发展。这种不适应一方面表现为纵向行政层级过多，行政管理信息失真、效率不高、财权与事权失衡；另一方面，表现为城市间合作机制不健全，不同城市间存在明显的行政分割现象，限制了区域经济社会事业的协同发展。开展中小城市新型城镇化行政体制创新研究，破解中国中小城市新型城镇化发展瓶颈，具有重要的理论和现实意义。

安森东，中国行政体制改革研究会高级经济师，《行政改革内参》杂志社发行部主任。主要研究领域为战略管理、人力资源管理、应用经济、公共管理等。

笔者认为，中国中小城市新型城镇化创新发展方略主要包括以下八个方面：

一、用好“两只手”，在试点基础上推动新型城镇化发展

在探索新型城镇化发展道路时，我们应把市场机制和政府宏观调控结合起来，“双轮驱动”，共同促进新型城镇化发展。

（一）新型城镇化发展应充分遵循市场规律

从国内外城镇化发展的实践看，市场对产业取得优质高效发展起着巨大的推动作用。市场机制对城镇化进程起着基础性调节作用，城镇化的总体格局、规模主要由市场机制调节形成，城乡之间要素的流动也主要由市场机制调节来实现。因此，在推动中国新型城镇化过程中，要引入市场理念，遵循市场化运作机制，促进土地资源合理流动，注重科技支农，培育打造产业发展，建立多元化、多层次的投资融资体系，走出一条城市与农村统筹发展、工业与农业互相促进的良性循环道路，从而推动中国新型城镇化的优质高效发展。

（二）政府要做好宏观调控与支撑保障

政府要重点做好以下三项工作：一是在编制城市总体规划和控制性详细规划，进行土地一级开发相关方案的制定、相关政策的出台，在产业培育、资金筹措等方面，政府要给予政策引导和支持。二是遵循市场规律，改变政府行政职能和管理体制，建立城乡一体化的管理体制、公共服务保障体制、社会保障体制、劳动就业制度和公共财政制度等。三是推动土地产权改革，促进土地有效流转和规模经营。

（三）坚持用经营的理念完善城镇功能

政府调控应善于把握市场经济规律，利用经营的理念发展城镇，积极推进

土地和户籍制度改革，加速实现农村城镇化。2013年，中国城镇化率达到了53.73%，但统计中包含了大量流入城市但户籍还在农村的农民工，真正的户籍城镇化率为35%左右，半城市化、伪城市化现象严重。推动城乡一体化的新型城镇化发展，应打破城乡二元体制，打破户籍限制，建立居民自由迁徙的人口管理制度，促进城市与农村人口双向流动，实现人口向城镇集中。探索农村集体用地流转办法，可采用股份制形式，农民以承包经营权入股，分享利润和承担责任，也可考虑农民以农用地换社保、以宅基地换政策性优惠住房等政策措施，把广大农业劳动者联合起来进行社会化连片生产和市场化运营。

（四）国家给予部分城市先行先试政策

一是国家给予部分城市先行先试政策，把中小城市新型城镇化的各项改革推向深入，率先在重点领域和关键环节取得创新和突破，真正实现转变政府职能，适应“让市场起决定作用与更好发挥政府作用”的需要。二是进一步放权，实现人权、事权、财权与各级政府责任的匹配，同时实现简政放权与加强监管并举，确保放而不乱。三是上级政府对下级政府的机构、人员编制设上下限区间，实行总量区间控制，对机构设置和人员配置设必设项、选设项，各级政府可在上下限区间内统筹调配，以实现上下级政府的整体优势和两个积极性的发挥。

二、制定科学的发展规划，确保城镇化有序开展

（一）科学编制城镇建设规划

规划是城镇化建设的灵魂和城镇化发展的龙头。根据我国总体战略规划和各地城镇化发展现状，制定符合中国实际的城镇化发展规划。一是在全面把握城镇化发展历史、现状、群众需求和发展趋势等基础上，坚持高起点、高标准、大手笔，用历史的眼光、发展的思维，做好城镇空间发展规划。二是规划编制必须切合实际，因地制宜，具有可操作性，并与经济社会发展规划、土地利用总体规划实现“三规合一”。三是规划审核要收紧权限，以对历史负责的态度，

对区域总规、片区控规、项目修规，乃至城镇重点区域的城镇设计、城镇色彩、天际轮廓线、单体设计、夜景照明等都要严格把关审核。

（二）严格维护规划的刚性

新加坡的城镇规划建设是全世界的典范，也是尊重规划，执行严格的标杆。所以，可借鉴新加坡的经验，做好城市规划，及时全面向社会公示，让群众监督政府“一届接着一届干，一张蓝图绘到底”。同时，规划在调研、编制、征求意见、优化完善等各阶段要充分征求并吸纳各方意见，形成规划建设共识，规划一旦确定并获得批准，进入实施阶段就要尊重规划，严格执行规划，一以贯之，不轻易改变规划。

（三）统筹城乡一体化基础设施建设

基础设施建设不足是导致城乡居民收入差距的重要原因。在新型城镇化建设过程中，应统一规划、统一布局，在交通、电力、能源等基础设施方面与发展成熟的城市相互对接，使基础设施网络覆盖城乡。同时，在教育、公共卫生、基本医疗、公共文化、公共安全机制和社会保障体系等方面，让农村社区的居民能享受到与城市居民同等的公共服务。另外，不断加大交通等基础设施建设，建设的项目不仅包括同大中城市之间的铁路、高速公路等的连通，还包括城乡间交通的连接。

（四）科学制定并精准实施人口规划

一是明确人口规划的基础地位。尽快制定《中国中小城市人口规划条例》，抓紧编制《中国中小城市人口发展规划》，科学确定人口规模、分布以及人口规划的实施与保障机制。二是科学研判人口形势，合理确定中国中小城市人口规模与城镇化水平目标。三是可考虑以每 3—5 年为一个周期，对人口实施动态分类管理，即合理设置每个周期内户籍人口、常住人口、流动人口的数量及比例，分步骤、有序地调整人口、居住、户籍政策。

三、坚持立法先行，运用法治方式破解新型城镇化制约因素

国家法律、行政法规、地方性法规的立改废、授权改革等要配套跟进，以适应新型城镇化创新发展需要。

（一）重视城镇规划法制建设，新型城镇化发展必须坚持法律在场

一方面，新型城镇化规划必须依法进行。政府不仅要规划先行，更重要的是置城镇建设规划于法律规制之中，以法律推动规划的实施，保证规划的连续性和权威性。另一方面，地方政府过去习惯通过政策和行政命令的方式推进城镇化建设。政策和行政命令更注重结果的实现，法律则注重结果公正，也强调过程的公正。有些地方政府有时过于追求结果而不顾过程正当化，常常对个体权利忽视甚至侵害。现实中因拆迁产生矛盾甚至引发群体性事件，很多就归因于此。所以，新型城镇化必须依法进行，强调法律在场。

（二）推进以人为核心的新型城镇化，需要运用法治方式破解中国新型城镇化发展的制约因素

真正实现以人为核心的新型城镇化，必须认真考虑具有中国特色的户籍、土地、投入等瓶颈性因素，将城镇化成本问题部分交给市场解决，以解决城镇化过程中的资金困难、土地资源利用和土地权益之间的矛盾等问题，切实保护农民的土地权益。如在户籍制度方面，制定统一的户籍法律制度，还原户籍的地理标识和信息记录功能，实行全国统一的居住证制度，逐步剥离附加于户籍制度上的福利待遇。在土地制度方面，土地财政发展模式致使土地物权权能的空心化、权能主体的虚置化、流转途径的恒定化，对农民土地合法权益造成了实质性损害。为此，应将土地管理法等法律的修改提上日程，激活土地的金融属性，赋予农民更多财产权。具体做法是做好集体土地确权工作，从所有权和用益物权两方面保障农民物权和征收权益。建立科学合理的征地和拆迁补偿标

准，在坚持同地同价原则上合理确定补偿标准。在向被征地农民发放一次性补偿款的同时，及时将失地农民统一纳入城镇居民社会保障体系，着力推动农业转移人口市民化，稳步推进城镇基本公共服务常住人口全覆盖。同时，建立健全征地拆迁领域法律救济机制。

（三）在国家层面修改相关法律法规，为中小城市新型城镇化先行先试改革提供法律依据

一是建议修改《农村土地承包法》。《农村土地承包法》在稳定家庭承包责任制中曾发挥和正在发挥重要作用，但同时也存在一些与经济社会发展不相适应的条款。《农村土地承包法》第二十条规定"耕地的承包期为三十年。林地的承包期为三十年至七十年"。同时，第二十六条还规定"承包期内，承包方全家迁入设区的市，转为非农业户口的，应当将承包的耕地和草地交回发包方。承包方不交回的，发包方可以收回承包的耕地和草地"。建议对第二十六条进行修改，让农民拥有长久的承包经营权，并允许农户转为城镇户口后依旧享有土地的使用权和收益权，依法保障农户的财产权益。二是建议修改《土地管理法》。《土地管理法》第四十三条规定："任何单位和个人进行建设，需要使用土地的，必须依法申请使用国有土地。"《土地管理法》第六十三条规定"农民集体所有的土地不得出让、转让或者出租用于非农业建设。"建议修改该条规定，允许集体建设用地在规划范围内用于非农建设，确保集体建设用地与国有建设用地享有平等权利。三是建议修改《担保法》、《物权法》。《担保法》、《物权法》规定"耕地、宅基地、自留地、自留山等集体所有的土地使用权不得抵押"。建议进行修改，鼓励金融资金进入农村，促进现代农业和新农村建设。

四、创新体制机制，推动新型城镇化发展

新型城镇化发展，需要通过体制机制创新，全面释放城镇化发展的能量。

体制机制创新的重点之一是推进户籍制度改革。当前，中国中小城市半城市

化、伪城市化现象严重。要继续落实中央已经制定的相关政策，放宽落户条件。有关部门要尽快研究落实跨省农民工落户的成本分摊机制，推动重点人群落户。这些重点人群包括农民工家庭，也包括所谓的“新生代农民工”。要逐步取消城乡农业户口和非农户口的划分方式，建立城乡统一的户口登记管理制度。同时，实行农民到城镇就业变市民的城镇化与就地城镇化并举。

体制机制创新的重点之二是完善农民工的基本公共服务。要着重围绕农民工生活中迫切需要解决的问题出台相关方案。要扩大农民社保覆盖率、解决好农民工子女的就学问题，着力争取改善农民工的居住条件，建立和完善覆盖城乡的公共就业服务体系。

体制机制创新的重点之三是推进保障房建设。政府主导建设的保障性住房应该针对社会中最低收入的城市弱势群体，这些群体应包括农民工。在城市密集区以及大城市郊区，可以逐步改造，探索试点，将出租屋纳入保障性租赁住房体系。欧、美、日等发达国家和地区，香港、新加坡等高度城市化地区政府在建设、管理保障性住房方面，形成了较为完备的融资模式、供地模式，形成了较为合理的共建共管的管理模式，值得借鉴并融入到我们的政策设计中去。

体制机制创新的重点之四是改革土地管理政策。一方面，要强化规划管控，严格控制城镇扩张的规模和速度，统筹各类土地的功能，促进土地利用综合效率提高。通过挖掘存量土地潜力，大力拓展城镇化发展用地新空间，包括积极盘活城镇存量建设用地，有序推进未利用土地的开发空间，积极调整城乡建设用地布局。要完善土地市场体系，改革城乡二元土地管理制度，逐步建立城乡统一的土地市场，扩大市场机制在土地资源配置上的作用范围。土地征用制度、土地税收制度、土地收益分配制度等事关城镇化的推进，要尽早加以改革完善。另一方面，要推动农村土地有效有序流转，实现规模高效经营。探索农村集体用地的流转办法，可以考虑采用股份制的形式，农民以承包经营权入股，分享利润和承担责任，也可考虑农民以“农用地”换社保、以“宅基地”换“政策性优惠住房”等政策措施，把广大农业劳动者联合起来进行社会化连片生产，进行市场化运营。

体制机制创新的重点之五是改革城镇行政管理体制。要借鉴国际经验，针对各地实际，创新新型城镇管理模式。要理顺财政体制，增强低等级特别是一批特大型的小城镇的活力，将它们培育成中小城市。要针对新近出现的城市密集区现象、“城市县”现象、“镇级市”现象、“村庄自主城市化”现象进行专门研究，形成新的城镇体系理念与方案设计。

五、改变增长方式，以产业内涵和产城联动推动新型城镇化发展

（一）优化结构，提升产业发展规模和层次

第一，第一产业必须与第三产业融合发展。设立专项基金、捆绑涉农资金、加快土地流转、出台扶持政策、加大特色宣传，引导休闲观光、花卉产业、蔬菜果品等城镇农业形成特色和品牌。

第二，第二产业发展要创新思路。第二产业在发展地方经济、加快人口聚集、促进第三产业发展等方面具有不可替代的作用。政府应研究出台《集体建设用地管理办法》，大胆探索在集体建设用地上摆放工业项目的路子，壮大村镇实力，服务区域经济发展。

第三，第三产业发展重点实现人、财、物、信息的大汇聚。一方面，谋划、引进和落地一批好的优势项目，通过其引领作用，促进周边人气和商机的汇聚。另一方面，注重出台扶持政策，尽快形成集聚效应。比如，对大型商超、市场物流项目给予税收和一次性奖励，对文化创意项目给予租房补贴等政策，进而鼓舞投资者的信心和热情，吸引其投资兴业。

（二）在新型城镇化过程中，探讨以协同创新驱动产业转型

一是统一思想，破除误区，凝聚产业转型升级共识；二是鼓励扶持企业用协同创新驱动转型升级，以能源、资源、环境、劳动力价格与社会责任倒逼企业转型升级；三是多元投入，资本主导，在制造业和生产服务业尝试融合战

略；四是实施中小企业培育崛起战略；五是为产业转型升级培育人才，尤其是职业经理人。

（三）大项目聚集工业功能区、产业园区，实现工业化与城镇化同步发展

十八大提出，“推动工业化和城镇化良性互动、城镇化和农业现代化相互协调，促进工业化、信息化、城镇化、农业现代化同步发展”。城镇化需要强大的产业支撑，以工业功能区为载体，抓住制造业转移机遇，吸引大企业落户园区，形成产业集聚区，通过产业集聚吸纳周边人口，带动周边农村劳动力到城镇就业。建立现代化居住小区，完善城镇公共服务体系，运用信息技术，提高社区综合管理水平，坚持住房建设和产业园区、公共服务同步推进，实现农民工向市民的转变，满足居民的就业需求、消费需求、文化需求，增加中小城镇魅力。要走工业化带动城镇化，城镇化促进工业化，信息化推动城镇化的道路，实现工业化、城镇化、信息化同步协调发展。

六、分区域组团式发展，构建新型城镇化建设新格局

合理布局产业发展，明确片区组团发展理念，不同产业摆布在不同片区组团。根据各个城市所在区位条件、自身特征等进行旧城改造、城中村改造、合村并城和新型农村社区建设，构建各地新型城镇化建设的具体模式。

（一）旧城改造

旧城改造应保持中心城市相对稳定，在向灵活分区过渡的基础上编制各种开敞式的城市结构。“城中村”在从乡村向城市转变的过程中，因土地、户籍、人口等多方面均属城乡二元管理体制，没有完全纳入城市统一规划、建设和管理，其发展有很大的自发性和盲目性，因而影响了城市基础设施布局，乃至城市整体规划的实施。为了推动新型城镇的优化发展，应积极对一些制约城市发

展的“城中村”进行有计划、有系统的改造。

（二）合村并城

对现有村庄进行统一分类，通过合村并城和合村并点建设城镇型社区，改善村民居住条件；社区路网和市政管网与城镇区对接，方便村民生活；社区建设中采取项目带动模式，即由相应的产业支撑，解决村民的就业，增加村民的收入；农村地区统一纳入城市社会保障体系，与市民同等待遇，完成由农民向市民的角色转换，共享城市发展成果。

（三）新型农村社区

打破原有的村庄界限，将原有的村庄搬迁合并，统一建设新的住房，并提供一体化的服务设施，形成新型居民社区。新型农村社区既保留了传统农村社区的温馨，同时又与城市社区对接，能享受到与城市市民同等的公共服务，同时也使农村大量的土地得以集中起来进行统一规划和调整产业布局。在建设新型农村社区的过程中，应加强农村社区的居民与城镇居民的相互转化，打破户籍限制，加快村民向城镇集中。同时，城市社区居民也可把积累的优势资源和生产要素带到新型农村社区，加快城乡一体化步伐。新型农村社区建设是统筹城乡发展的重要驱动力，是实现城乡一体化发展的必然要求。

（四）以项目促发展

在新型城镇化的发展中，政府应坚持以项目促发展的理念。随着城市化进程的加快和农村人口向城市的转移，大量农村集体建设用地越来越闲置、浪费，拆旧村建新城成为历史发展的必然，而拆出来的存量建设用地不受指标限制，拆迁能解决土地资源紧缺的实际。在安置基数方面要严格控制，通过项目包装、项目建设，最终实现对拆迁群众的安置。

七、多路径并行，解决新型城镇化资金来源问题

国外城镇化发展经验表明，政府应加大对农村基础设施的投入，建立以企业和农民资本投入为主体、以政府资本投入为指引、以信贷资本投入为动力、以外资投入为补充的多元化、多层次的农业投融资体系。

（一）规范融资方式，补充资金缺口

目前各地政府的内源性融资主要依赖土地财政；外源性融资主要依托政府融资平台进行债务性融资，且以银行贷款为主。债券融资大约只占总额 10%，信托融资约占 8%。要积极探索资产证券化、BT、产业投资基金和融资租赁等新兴融资方式，同时，加强对此类融资方式的规范化管理，健全相关法律、监管、审计、财税体制。

（二）实施市政基础设施领域市场化改革

一是积极选择试点领域与项目。一般为可以而且有相对稳定收益的领域，如轨道交通，城市道路，综合交通枢纽，污水处理，固废处置，镇域供水、供气等适宜引进社会资本；而养老、医疗、文化创意产业、体育、旅游也很有引资空间。二要让社会资本有收益、有钱赚。商业经营风险无疑该投资者自担；但社会环境风险，政府要花力气降低，确保社会资本收入。三要解决社会资本进入方式。模仿“芜湖模式”，将城市基础设施建设项目“打捆”，构成建设融资平台，统一申贷，充分发挥政府的增信作用。

（三）发行市政债券

十八届三中全会提出“允许地方政府通过发债等多种方式拓宽城市建设融资渠道”，旨在转换地方传统融资观念，建议积极筹备市政债券的发行。在过渡的短时期内，现有的各类城投债要以“准市政债”方式改选、规范。

（四）有序推进集体用地入市

一是摸清全市集体建设用地存量，充分认识其潜力；二是提高土地利用集约程度，实现土地效益倍增；三是加快集体土地上的城市更新和产业项目提升，促进经济转型；四是把“三旧（旧村庄、旧厂房、旧物业）改造”纳入棚户区、城中村改造规划，优化投资模式。

（五）农民自主城镇化从建设公租房与老年公寓入手

一是密切关注和参鉴北京在农民集体土地上的自主城镇化的做法和探索；二是规划扶持集体建设用地上建设公租房廉租房入手，启动有规模的农民自主城镇化；三是允许城郊结合部的镇村组在集体建设用地上有序规范发展小微企业创业园区。

（六）重新审视新城区用地规模，推进山丘地区镇村建设

低丘缓坡土地综合开发利用，是克服成都市城镇发展与产业用地极为紧张，拓展城镇工业用地新空间的“开源”之举。建议国土、林业、建设三部门调整“三规”，编制全市低丘缓坡土地综合开发利用规划；实施差别化土地政策；提高认识转变观念。

总之，政府可以通过招商引导社会资本参与城市基础设施和社会事业的建设和经营。另外，可以通过土地整改，以入股的形式吸引社会资金注入，使这些“死资源”转化为农业开发和农村发展的“活资本”，聚力解决新型城镇化中融资难的问题。

八、营造良好的舆论氛围，打造城镇化发展支持系统

（一）多方动员营造良好舆论氛围

人心向背决定事业成败，良好舆情依靠正确导向，各个层面的认识趋同、

思想一致成为当前推进新型城镇化的必然要求。政府要积极主动、认真负责地做好群众的思想工作，让群众想得到当前的应得利益，看得到今后的生活出路，体会得到未来的品质生活，以此调动群众积极性，支持、配合和参与到新型城镇化工作中来。在推进新型城镇化工作中，树立紧迫感、责任感、使命感，将背负沉重压力转变成强大的工作动力，加快推进新型城镇化发展。

（二）打造城镇化发展的支持系统

推动新型城镇化发展需要动员多元主体的力量与资源，以及实行多元主体间的协调合作，打造城镇化发展的组织化支持系统。

首先，从历史与现实的条件出发，在未来较长时间里，引导和推动中国城镇化的发展，从根本上离不开政府的主导作用。在市场机制并不完善，社会自我管理、自我服务能力还比较有限的情况下，政府行政化的力量在未来中国城镇化发展过程中仍将起到主导作用，因此需要完善城镇化发展过程中政府的行政化工作体制、机制与方法。

其次，打造城镇化发展的支持系统，引导市场化的资源、力量与机制在特定领域的有效参与。比如，在城镇公共服务提供上，市场化的服务供给可以满足多层次社会服务需求；在推动城镇经济发展上，国家应引入民间资本的力量，消除和减少不利于民营经济公平发展的政策环节。比如，在城镇住房市场，就可以引入民间资本进入保障性住房的建设与运营，以提升市场效率。

再次，城镇化发展，可以有条件地鼓励和支持社会本身的自我协调和运作。在发达国家城镇化发展过程中，社会组织机制扮演了重要的角色，尤其是在公共政策的制定、公共关系协调等方面起到了独特的作用。中国城镇化的发展可以有条件、有范围地吸纳社会力量，引导社会群体、社会组织等社会主体规范有序地参与城镇社会建设与管理。比如，在经济和社会组织相对较发达的地区，可在城镇社区养老、社区教育、技能培训、文化宣传等方面加大政府购买服务、公益创投、公益招标等的规模与力度，充分发挥社会领域自我教育、自我管理和自我服务的能力。

综上所述，中国新型城镇化是要解决现代化进程中“产业在哪里布局、布局什么样的产业，人们在哪里居住、居住什么样的环境”这一重大急迫问题。在发展城镇化的道路上，可借鉴国内外城镇化发展的经验，同时结合各地区域特点，用新型城镇化统筹解决“三农”问题；用新型城镇化做强主城、膨胀县城、建设集镇、发展社区，使大中小城市的综合承载能力得以提升；用新型城镇化优化产业发展布局，提升产业发展层次，实现产业集聚发展，提升产业发展的综合竞争力；用新型城镇化统筹城乡一体化发展，建立城乡一体化的公共服务体系，凝聚城乡发展合力，在激烈竞争中实现中小城市经济社会事业快速健康发展。

京津冀协同发展背景下对北京市产业升级转移的思考

赵卫东

【导语】习近平总书记指出，京津冀协同发展是实现京津冀优势互补、促进环渤海经济区发展、带动北方腹地发展的重大国家战略，要坚持优势互补、互利共赢、扎实推进，走出一条科学持续的协同发展之路。北京作为首都，在京津冀产业协同中发挥着关键作用。总体而言，北京市应该着力发展高端、注重创新、放眼国际，积极引导产业实现梯度转移，促进产业结构转型升级。

京津冀一体化是当前国家“三大战略”[①]之一。2014年2月，习近平总书记在京津冀协同发展工作座谈会上指出，要从顶层设计、产业协同、城市布局、生态环保等七个方面推动京津冀一体化，走一条科学持续、协同发展的新路子。产业发展是京津冀一体化的支撑。要实现三地一体化，必须要将三地产业定位明确、错位互补、合理分工、协调发展，充分发挥区位优势、比较优势。近期出台的《京津冀协同发展规划纲要》，确定“功能互补、区域联动、轴向集聚、节点支撑”的布局思路，明确“一核、双城、三轴、四区、多节点”骨架，对产业发展也做出了部署。国际都市圈的发展规律表明，城市群的发展和演进都需要核心城市的引领和推动。北京作为核心城市，将在产业协同中发挥关键作用。

赵卫东，北京市委宣传部副部长，中国人民大学博士。

① 即京津冀一体化、一带一路、长江经济带三大战略。

一、京津冀产业结构现状及北京的特点

总的看，近些年来，京津冀地区的生产总值稳步提升，从产业分类看主要是第二、三产业增加值占全国的比重稳步提升，特别是第三产业提升显著。目前，京津冀地区以占全国2.3%的国土面积和约8%的人口，创造了超过10%的国内生产总值（GDP），是我国最具发展潜力的经济增长极。2014年京津冀地区生产总值约为6.64万亿元，约占全国国内生产总值（63.65万亿元）的10.43%，其中北京为2.13万亿元，天津为1.57万亿元，河北2.94万亿元。从2014年各省人均GDP看，根据国家统计局数据和各省统计公报，京津冀地区天津、北京人均GDP分别列全国第一、第二，分别为约11.6万元、10.57万元，均超过1万美元。从表1可以看出，从经济总量上看，京津冀已经成为全国十分重要的经济发展重镇。

表1　2014年京津冀地区经济发展和产业结构状况

	GDP（万亿元）	经济增长率	三次产业比重	人均GDP（万元）
北京	2.13	7.3%	0.7：21.4：77.9	10.57
天津	1.57	10.0%	1.3：49.4：49.3	11.6
河北	2.94	6.5%	11.7：51.1：37.2	4.06
全国数据	63.65	7.4%	9.2：42.6：48.2	4.68

数据来源：2014年国家及北京市、天津市、河北省经济和社会发展公报

但是，从三次产业比重看，三个地方处于不同的工业化发展阶段。对于国家或地区的工业化水平和产业结构变动，具有代表性的主要有美国经济学家西蒙·库兹涅茨、钱纳里等的研究。综合经济学理论[①]，可以判断出，北京市第一

① 一般认为，在工业化前期，第一产业比重较高，第二产业比重较低；在工业化初期，第一产业比重小于第二产业比重，且第一产业比重大于20%；在工业化中期，第一产业比重小于20%，且第二产业比重大于第三产业比重；在工业化后期，第一产业比重小于10%，且第二产业比重大于第三产业比重；后工业化阶段，第一产业比重小于10%，第二产业比重小于第三产业比重。

产业占比为0.7%，第三产业占比达到77.9%，远高于第二产业比重，已处于后工业化阶段；天津市处于工业化后期阶段，逐渐过渡到后工业化阶段；河北则是典型地处于工业化中期阶段，正在逐步迈入工业化中期阶段。工业化阶段较大程度地能够由产业来反映。根据产业梯度转移理论，由于产业梯度的存在，一个地区不具有比较优势的产业可以转移到其他存在产业梯度的地区，变为其他地区的比较优势产业，提升当地产业发展水平。从这方面看，京津冀三地产业发展存在明显的梯度落差，具有很强的产业结构梯度和互补性，这对京津冀一体化特别是区域产业优化升级提供了内在动力。

从具体的行业数据看，北京市也显著地呈现出后工业经济的突出特征。比如，从2014年在北京市地区生产总值占比5%以上的各行业看（表2），增速排在前三的分别为金融业，信息传输、软件和信息技术服务业，科学研究和技术服务业，占地区生产总值的比重分别为15.4%、9.7%、7.8%，比上年增长均超过了10%。

表2　2014年北京市重点行业（占比超过5%）发展情况

指标	绝对数（亿元）	比上年增长（%）	占地区生产总值比重（%）
金融业	3310.8	12.3	15.4
信息传输、软件和信息技术服务业	2062	11.7	9.7
科学研究和技术服务业	1662.6	11.1	7.8
工业	3746.8	6	17.6
租赁和商务服务业	1700.2	5.8	8
批发和零售业	2447.7	5.5	11.5
房地产业	1329.2	-2.2	6.2

数据来源：2014年国家及北京市、天津市、河北省经济和社会发展公报

北京的发展态势，向天津、河北进行产业转移奠定了良好基础。京津冀一体化，对于北京来说，产业需要发生很大变革。习近平总书记在视察北京之后，明确了北京是全国的政治中心、文化中心、国际交往中心、科技创新中心的城

市战略定位。所以，今后北京经济发展将更加倾向于第三产业，特别是服务业。这不仅是由北京作为大国首都这一地位决定的，也是国际化大都市产业发展升级、解决资源超载和“城市病”问题的必由之路。

二、北京与天津、河北产业协同发展面临的突出问题

过去几年，北京市在向天津、河北特别是河北方面的产业转移进程已经开始，比如已经将一些炼钢、焦化等对矿石、煤炭、水、土地等资源高消耗或劳动密集型企业搬迁至河北，京津冀区域已初步形成专业分工和适度竞争格局。但无论是从京津冀一体化的目标看，还是与长三角、珠三角相比，京津冀产业合作程度都需要大幅提高，仍然面临着不少突出的问题。

一是“中心—外围”二元结构明显。相比长三角、珠三角来说，京津冀三地经济发展的融合程度还明显不够，尤其是北京和天津对河北的产业辐射带动作用不够。相对北京和天津来说，河北还处于“外围”，与另外两地差距很大，区域要素流动性较差。2014 年，在天津、北京人均地区生产总值已经名列全国前两名的情况下，河北地区人均生产总值仅为 4.06 万元，仅相当于天津的 35% 和北京的 38.4%。此外，北京和天津周边还存在着由 24 个贫困县组成的“环京津贫困带”[①]。在推进京津冀一体化过程中，如何在自身产业优化的同时，更多地辐射带动河北经济发展，将是今后北京市需要面对的难题。

二是存在一定的产业同构，合理的产业链条尚未形成。城市群中具体产业结构的一致或相似会使得资源配置效率较低，区域竞争激烈，阻碍区域经济发展。目前，三地在批发零售业、房地产业、石油加工炼焦及核燃料加工业、电气机械及器械制造业等行业形成不同程度的同质竞争，北京在制造业方面形成了“大而全”产业体系，制造业 39 个大类中就有 35 个。在“十二五”规划中，北京与天津相同或相似的行业有 9 个。比如，鲁金萍、刘玉等人研究表明，北

---

① 窦宗军：《京津冀区域经济一体化发展模型研究》，天津大学硕士学位论文，2007 年。

京与天津在通用设备制造业、交通运输设备制造业、通信设备、计算机及其他电子设备制造业和工艺品及其他制造业等方面同构问题相对突出。[①] 又如，2014年北京的批发零售业在地区生产总值中占比达到11.5%，全年批发和零售业实现商品销售额6.5万亿元，而同年天津批发零售业在地区生产总值中占比也达到12.6%，商品销售额3.7万亿元。此外，北京和河北在食品制造业、医药制造业等方面也都具有优势地位。这些产业同构现象的存在，再加之一些高新技术领域三地发展阶段差异大造成的梯度落差较大，还没有形成明显的完整产业链条。

三是区域市场分割仍然存在。由于京津冀地处大陆北方，长期处于国家核心地带，等级观念较重，特别是由于北京和天津是直辖市，与珠三角、长三角等开放较早的地方相比，开放程度还比较低，区域间市场分割现象较为严重。受地方行政主体利益驱动，三地长期都在积极发展自身全产业链条，在很长时间里没有在产业衔接方面达成共识或迈出实质性步伐。这就导致现在三地产业发展没有实现“扁平化”，区域间不平衡幅度较大。要打通市场竞争和制度运行的障碍，熨平地区间过大的不平衡，形成区域化的统一市场，需要北京和其他两地相互配合、共同努力，尤其是在产业发展上要做好顶层设计，迈出关键步伐。

四是产业协同发展的支撑不够。首先，技术进步程度和人才资源差异很大。高技术产业对京津冀地区经济的带动主要集中在天津和北京，河北省高新技术发展较为薄弱。根据中国科学技术发展战略研究院《2014全国及各地区科技进步统计监测结果》显示，北京、天津综合科技进步水平指数高于全国平均水平（63.55%），分别为83.12%、78.63%，分列全国第一、第三，但河北仅为41.78%，在全国仅排在第25位，远低于全国平均水平。全国的很多著名高校、科研院所都在北京，高端人才资源也大多聚集在北京。其次，公共产品和服务供给不均衡。比如，在基础设施、城市建设、交通运输等方面，北京、天津

① 鲁金萍、刘玉、杨振武、孙久文：《京津冀区域制造业同构现象再判断》，《华东经济管理》2015年第7期。

较强，但是河北还比较薄弱，城市公共服务也还没有完全跟上。这些方面的问题如果不解决，企业项目落地时会存在障碍，就难以实现产业梯度有序转移，也会影响北京市产业升级转移的步伐。

三、北京市产业升级转移的方向

作为京津冀一体化的核心城市，北京市要通过产业传导、技术扩散、智力支持、区域服务和创新示范等方式发挥对区域发展的核心引领带动作用[①]。作为中国的首都和特大型城市，北京市也迫切需要解决当前已经十分紧迫的资源承载和环境污染问题，也需要有序疏解非首都功能，将与首都核心功能定位不符的产业转移出去，促进天津、河北等地的发展。在促进产业协同发展过程中，北京也要结合自身功能定位，逐步推进产业转移和结构优化。下一步，北京市产业发展的方向主要是三个方面：

一是着力高端。北京应定位在京津冀产业链的上游，向价值链高端攀升，充分发挥已有的人才、科技等优势，进一步优化产业结构、提升产业发展质量，建立更加适应后工业化阶段的产业发展体系，形成新技术新能源、制造业研发设计、现代服务业为主的产业格局。重点是疏解一般性产业特别是高消耗产业，区域性物流基地、区域性专业市场等部分第三产业。在后工业化阶段，北京主要将以服务经济为主，辅之以少量的“高精尖”制造业研发设计等核心环节。服务也应逐步转向金融、商务、大数据、文化创意等高端服务业，对占据大量劳动力的一般服务业，如批发和零售业等产业逐步转移到河北，充分发挥河北土地空间较大、人力资源较多等比较优势，形成新的产业集聚。一般制造业和高端制造业的生产环节也应该逐步转移到天津、河北，形成优势互补的上下游链条。这样也能更好地发挥天津、河北的优势，形成合力的高、中、低端的产业梯度。

---

① 祝尔娟：《京在京津冀协同发展中应发挥核心引领带动作用》，《中国流通经济》2014 年第 12 期。

二是注重创新。创新是引领发展的第一动力。在北京市产业发展中尤其需要强调创新驱动。北京市具有丰富的人才资源和创新要素，也有创新载体，比如中关村科技园等示范园区。北京市在京津冀创新体系中也应处于链条的上游，成为我国自主创新的重要源头和原始创新的主要策源地。要依托企业为主体，通过培育一批有竞争力的创新型企业和国际知名品牌，在影响国家发展和民生重大需求的领域（比如节能环保、通信和网络技术、疾病攻关、食品安全等方面）的核心、关键和共性技术方面取得突破，进而形成高新技术产业集聚效应。同时，逐步将成果转化特别是具体生产方面的工作交由天津或河北来完成，做好北京原始创新、天津研发转化、河北推广应用的衔接。目前，北京市传统工业占比仍然较大，很多依然是劳动密集型或资本密集型项目，很容易造成对资源的占用，也容易形成与天津、河北同业竞争局面。这就需要北京更多地主动“瘦身”，从传统工业中退出来，更多地提高产业附加值、体现创新价值，不断增加高技术产业、信息服务业、科技服务业等创新相关的比重。

三是放眼国际。北京市是中国的名片和窗口，是最重要的国际国内交流中心，目前正在打造国际化大都市。世界上的国际化大都市（比如美国纽约、日本东京、法国巴黎等）基本特征都是具有超群的政治、经济、科技实力，并且和全世界或大多数国家发生经济、政治、科技和文化交流关系，有着全球性的影响力，其产业也以高度发达的第三产业为支撑，经济运行也完全按照国际惯例。从这个方面看，北京今后的产业发展，也要改变以往以中国传统城市产业发展模式，更多地借鉴其他国际化大都市发展规律，吸引更多的跨国企业总部和金融机构入驻，按照国际市场规则优化北京产业结构，提升全球高端产业的服务能力。只有这样，京津冀协同发展才能更具生机和活力，才能真正适应和引领经济发展新常态，走在中国经济发展的前沿。这个方面，其他国家已有一些经验。比如英国伦敦都市圈，主导产业随着形势改变经历了较大转变，并且在不断调整优化。伦敦自 20 世纪 70 年代末至 80 年代初，由传统工业发展为金融业和制造业支援服务业，之后的 30 年左右又发展为以会计服务、法律服务和商务咨询业为主的商务服务业，近十多年又大力发展创意产业。如今创意产业已经成为伦敦的主要产业和第二大就业产业[①]。

四、加大产业协调和政策保障

一是完善产业协调和利益分配机制。京津冀产业协同发展涉及两个直辖市和一个省，即使主要由市场主导，也必须有一个强有力的协调推进机制。从国际经验看，国际大都市都建立了成熟的政府协调机制。目前，京津冀一体化成立了京津冀协同发展领导小组，对全局工作进行协调。从具体产业角度看，也应由国务院有关部门牵头建立具体产业协调机制，加强顶层设计，明确三地产业发展的定位、思路和目标，从全局出发，推动合理布局重大项目落地。另外，北京向外推进产业转移时，税收分配是个很突出的问题。应探索改进京津冀特别是北京市的税收、财政、GDP 核算制度，更多考量经济发展质量效益、社会民生、生态环境等指标，减少对 GDP 的依赖。短期内可将企业所得税全额上缴到公司总部改为企业分公司所在地可享受属地企业税收收入。

二是合理引导产业梯度转移。围绕《京津冀协同发展规划纲要》中明确的首都功能定位，尽快制定详细的北京市升级转移清单，明确北京哪些产业应该予以保留并需要升级，哪些不符合首都定位的产业应该疏解，通过什么方式疏解，预计到什么时候完成。需要认真研究其他两地的发展现状、比较优势和潜在增长需求，按照合理引导产业梯度转移的方式，将具体产业转移通过项目、企业合作或园区建设的方式表现出来，协调由天津和河北进行选择或对接，逐项推动落实。

三是尽快构建统一的区域市场体系。公平的市场环境是实现一体化的基础。要逐步打破区域市场分割和行政垄断。应尽快清理现行政策中限制商品、人员、技术等各类市场要素在区域内自由流动的各项要素，形成公平竞争的产业发展

---

① 冯怡康、马树强、金浩：《国际都市圈建设对京津冀协同发展的启示》，《天津师范大学学报》2014 年第 6 期。

环境。由于京津冀地区国有企业比重较高，特别是北京市中央企业总部较多，应加快国有企业改革步伐，多途径发展混合所有制企业，通过市场化的手段建设一批跨区域企业集团，整合提高区域资源配置效率。

四是优化产业发展的基础环境。加快区域性基础设施建设，建立多种方式合理布局，运行效率高的铁路、公路等综合交通运输体系，加强对区域能源供应、供排水等城市公用事业的规划和管理。北京市也需要重点加强在“一核、双城、三轴、四区、多节点”关键环节的基础设施建设，做好衔接。同时，北京市也需要加大对河北科技发展的帮扶，发挥自身人才和创新优势，帮助河北优化科技发展环境，促进产业升级转移有序进行。

【参考文献】

[1] 孙久文、叶裕民：《区域经济学教程》，中国人民大学出版社 2010 年版。

[2] 陈耀：《京津冀一体化要力求“四个结合”》，《中国发展观察》2014 年第 5 期。

[3] 伍文中等：《京津冀经济圈产业竞争力研究》，经济科学出版社 2013 年版。

[4] 张贵、贾尚键、苏艳霞：《生态系统视角下京津冀产业转移对接研究》，《中共天津市委党校学报》2014 第 4 期。

[5] 叶堂林：《“十二五”期间京津冀区域产业升级与整合研究》，《开发研究》2011 第 1 期。

[6] 孙久文、丁鸿君：《京津冀区域经济一体化进程研究》，《经济与管理研究》2012 第 7 期。

现代化视域下的商品流通立法建设

吴长军

【导语】李克强总理指出，要进一步打造法治化便利化营商环境，推动大众创业、万众创新在全社会蓬勃开展。打造法治化营商环境是“十三五”规划制定与实施的重要内容之一。商品流通法是调整市场商品流通经济关系的法律规范的总和，旨在规范与促进商品流通，建立统一开放、竞争有序、高效安全、诚信守法、监管有力的现代流通市场体系，保护经营者和消费者的合法权益，维护社会公共利益，保障社会经济持续健康稳定发展。应当予以高度重视。

商品流通现代化是指在商品流通的全过程运用先进的流通技术设施、手段和现代的流通方式、管理方法；遵循市场经济规律和国际通行规则，使商品流通领域的商流、物流、信息流建立在现代科学技术基础上，形成高效率、高效益的商品流通体系，促进国民经济的发展。[①]商品流通现代化需要建立完善流通法律制度予以保障。《国民经济和社会发展十二五规划纲要》专门就现代物流业、商贸服务业等流通行业发展提出战略要求。“十二五”规划实施以来，流通现代化水平不断提升，内贸领域法律法规、标准和信用体系进一步健全，流通领域商品质量安全行业管理水平提高，为国家“十三五”发展规划的制定与实施奠定了坚实的基础。《中共中央关于全面深化改革的决定》提出，要“推进国内贸易流通体制改革，建设法治化营商环境”，这对完善商品流通立法工作提出了新的要求，为流通领域“十三五”规划制定与实施指明了方向。2015年3月

吴长军，北京物资学院法学教研室副主任、副教授，兼任中国商业法研究会副秘书长，北京师范大学博士后。主要研究方向为经济法、社会法、社会管理。

① 丁俊发、张绪昌：《跨世纪的中国流通发展战略》，中国人民大学出版社1998年版，第30页。

31 日，商务部就《中华人民共和国商品流通法（草案征求意见稿）》公开征求意见，这是商品流通领域立法的重要进展。2015 年 8 月 26 日，《国务院关于推进国内贸易流通现代化建设法治化营商环境的意见》颁布，要求坚持以建设法治化营商环境为主线，健全内贸流通法律法规、标准、信用等制度体系，提升监管执法效能，依法规范市场主体行为，加快建设法治市场。在推进国内贸易流通现代化背景下，研究商品流通立法课题，探讨商品流通法的内涵、价值目标、基本原则、法律制度设计等问题，对完善流通法治环境，提升流通现代化水平，具有重要的理论与实践意义。

一、商品流通法的内涵、调整对象及立法宗旨

（一）商品流通法的内涵

商品流通是指商品由生产领域到消费领域的社会转移过程，它是所有权的转移（商流）与商品实体转移两种形式分别进行或并行的过程。[①]一般认为，商品流通是指商品从生产领域向消费领域的转移过程。流通法律规制的建立和发展与商品流通产业发展背景同构，是市场经济充分发展的结果，是脱胎于现代市场经济的法制现象，并将随着流通产业的发展而逐步完善、丰富。[②]

商品流通法是指国家立法机关制定的调整市场流通经济关系的法律规范的总称，旨在保障流通安全与效率，以流通过程中发生的经营关系与经济管理关系为调整对象。商品流通法属于经济法范畴，是经济法在市场流通领域的应用与发展。市场流通领域的法律、行政法规及部门规章共同构成商品流通法体系。商品流通法的具体法律制度包括流通市场主体制度、流通市场行为制度、流通市场秩序制度、流通产业调控与管理制度和流通产业促进制度等内容。[③]

---

① 夏春玉：《当代流通理论——基于日本流通问题的研究》，东北财经大学出版社 2005 年版，第 1 页。

② 尚珂：《市场经济下商品流通法制的建立与完善》，《中国流通经济》2008 年第 11 期。

③ 吴长军：《公权力介入流通产业的经济法考量》，《中国流通经济》2013 年第 4 期。

（二）商品流通法的调整对象

商品流通法的调整对象具体包括商品流通领域发生的市场规制关系和宏观调控关系。政府对市场流通进行规制与调控，提升流通现代化水平，具有立法与实践的必要性与迫切性。

1. 流通市场规制关系

流通市场规制关系是国家在规制流通市场主体和市场监管主体的行为过程中所发生的法律关系，包括市场经营规制关系、市场竞争规制关系、市场监管关系。流通市场经营规制关系是指国家在规制商品及服务质量、价格、商标、计量和标准化等商贸流通经营环节中形成的法律关系。流通市场竞争规制关系是指国家在维护公平自由竞争秩序过程中形成的法律关系。流通市场监管关系是指国家对商品流通市场进行监管中形成的法律关系。

2. 流通市场宏观调控关系

宏观调控关系是国家对商品流通市场经济发展运行进行规划、调节和控制过程中发生的法律关系。商品流通设施建设与规划、商品流通统计监测与风险防范管理、商品储备制度与市场应急管理等领域均需要国家宏观调控与引导，以保障流通市场平稳安全。商品流通宏观调控要坚持结构优化原则、调控法定原则和调控适度原则。

（三）商品流通的立法宗旨

立法宗旨是商品流通立法的基本要求。流通产业的发展要求建立统一开放、竞争有序的法律秩序。社会主义市场经济是一个统一开放、自由竞争的市场，商品流通作为市场经济条件下的广泛的商品交换，必然也是一个开放性的市场。全国统一的流通市场体系建设是降低流通成本、促进国民经济健康发展的重要保障。《国务院关于促进市场公平竞争维护市场正常秩序的若干意见》提出要“建设统一开放、竞争有序、诚信守法、监管有力的现代市场体系”目标。商品流通立法宗旨在于确立公平开放透明的市场规则，建立统一高效、竞争有序的商品流通市场，促进生活资料流通和生活服务市场的健康发展。我国商品流通立法宗旨应当确定为：规范与促进商品流通，建立统一开放、竞争有序、高效安全、诚信守法、监管有力的现代商品流通市场体系，保护经营者和消费者的合法权益，维护社会公共利益，保障社会经济持续健康稳定发展。

二、商品流通法的价值目标

商品流通法是经济法体系中的重要部门法，具有一般法的价值，同时也有其独特的价值，即安全、效率、实质正义、流通自由与秩序。

（一）安全

保障商品流通安全，是现代商品流通市场稳定运行的前提条件。流通安全包含商品流通市场的安全与流通商品本身的安全性。商品流通法的安全价值属于整体安全，包括商品流通市场安全、商品本身的安全性，以保护消费者安全权益。例如，澳大利亚《贸易行为法》非常重视对消费者权益的保护，该法第3条规定："本法的目的是通过促进竞争和公平交易以及保护消费者，提高澳大利亚的福利。"[①]国家应当规范现代商品流通组织方式、现代交易方式、现代信息处理模式，保护商品流通交易相对人和消费者的安全，维护商品流通产品的整体安全。既要保障商品流通市场安全，又要保障商品本身的安全性，最终有效维护消费者的人身财产权益。商品流通法要构建一个安全、可控、可追溯的整体流通安全体系。以流通标准化建设为例，标准化建设任务的有序、高效实施，最根本目的是保障商品及服务质量，保障交易整体安全，维护消费者的安全健康财产等合法权益。《2014年政府工作报告》提出，建立从生产加工到流通消费的全过程监管机制、社会共治制度与可追溯体系，健全从中央到地方直至基层的食品药品安全监管体制。国家应当加强商品质量与安全监管，实施商品

---

① 孔祥俊：《反垄断法原理》，法律出版社2001年版，第170页。

流通监测，加强应急调控，规范流通经营者的经营行为，保护交易相对人和消费者的安全，维护流通市场秩序安全。

（二）效率

效率是商品流通法的重要价值目标之一。提高商品流通效率是促进国民经济发展的基本要求，而流通效率的提高有赖于优化市场匹配机制、促进管理和技术创新等法律政策的制定与实施。国家促进商品流通组织合理化，推行商品流通标准化，鼓励现代技术的应用，促进流通方式和管理创新，降低流通成本，提高流通效率。商品流通法的效率价值是整体效率价值。国家鼓励商品流通主体发展和利用现代流通组织方式、现代交易方式、现代信息处理和物流工程技术、降低商品流通成本，提高商品流通效率。商品流通法相关制度设计要把行业的规范与促进结合起来，促进行业的管理与服务创新，提高科技与技术水平，促进行业的发展与进步。当然，技术改进、产品升级、服务改善等效率效益，应兼顾消费者利益，这样的效率才有益于社会整体利益。例如，流通设施布局规划法律制度，有利于保障流通整体效益的实现，最终有利于提高社会整体效率。

（三）实质正义

商品流通法的公平观是实质公平与正义。商品流通法的实质正义观要求，商品流通立法要致力于促进流通业的持续健康稳定发展，促进整体国民经济的进步。实质正义同样包含着形式正义。商品流通法旨在维护消费者的合法权益和社会公共利益，促进流通产业进步，保障社会主义市场经济持续健康稳定发展，恰恰体现了商品流通法的实质正义价值观。例如，在绿色流通规范要求中，商品包装废弃物的处置应当遵循再利用、再循环和无害化的原则，对包装废弃物以符合环保要求的方式处置，提高包装废弃物的利用率，降低对环境的不利影响。这鲜明地体现了商品流通法对环境保护这一重要公共利益的维护。

（四）自由与秩序

商品流通法是保障和实现流通经济自由的法律手段，经济自由是其出发点和归宿，它应当为了自由而干预、限制，而不是通过干预而限制乃至扼杀经济自由。商品流通法调整具有促进、协调、组织、参与、引导等丰富而深刻的内涵，远非简单的行政干预。政府鼓励商品在全国范围内自由流通，除非法律有禁止或限制性规定。自由和秩序是一对与生俱来的矛盾。商品流通法具有公法与私法融合性的特点，要以自由与秩序的统一、和谐作为其价值追求的目标。2013 年 11 月 12 日，《中共中央关于全面深化改革若干重大问题的决定》指出："建设统一开放、竞争有序的市场体系，是使市场在资源配置中起决定性作用的基础。"商品流通法要保障发挥市场配置资源中的决定性作用，同时也要发挥好政府的现代管理作用，从而实现自由与秩序的有机统一。

三、商品流通法的基本原则

商品流通法的基本原则是贯穿于商品流通法制全过程，并为商品流通法所确认和体现的根本法律准则。商品流通法的立法应当贯彻平衡协调、维护公平竞争与可持续发展原则，调整流通经济关系，发挥利益协调的功能，保障流通安全与效率。

（一）平衡协调原则

平衡协调原则指行业的立法和执法要从整个国民经济的协调发展和社会整体利益出发，调整流通经济关系，协调经济利益关系，以促进、引导或强制实现社会整体目标与个体利益目标的统一。[①] 商品流通法既要保持整个社会范围内的流通经济秩序，实现整体社会效益的增加和国家对于经济生活的意志，又要

---

① 史际春：《经济法》，中国人民大学出版社 2010 年版，第 77 页。

保证民法对流通领域调整范围内的意思自治。商品流通立法应平衡协调好国家利益、公共利益、经营者利益、消费者利益的关系；平衡协调好政府调控与市场调节的关系；平衡协调好行政管制与行政指导的关系；平衡协调商务部等执法部门的职责、权限及执行合作等关系。

平衡协调好政府调控与市场调节的关系。《国务院关于深化流通体制改革加快流通产业发展的意见》（国发〔2012〕39号）提出，坚持发挥市场作用与完善政府职能相结合。一方面要遵循价值规律和市场规则，强化企业在市场中的主体地位；另一方面也要提升政府公共服务、市场监管和宏观调控能力。重视市场作用，对重要商品、重点领域的国家适度干预，发挥好政府治理经济的作用。2013年11月《中共中央关于全面深化改革的决定》提出，处理政府与市场关系方面，要“使市场在资源配置中起决定性作用和更好发挥政府作用”。商品流通法的制定与实施，要重视实现国家之手与市场之手的协调并用，以发挥最佳效益。

平衡协调好部门协调立法问题。平衡协调原则作为一种法律规范，是作为流通经济管理、执法、司法所遵循的一项理念或宏观标准。鉴于流通行为的多部门监管特征，必须发挥政府商务、发改、工商、卫生、食品药品管理等行政管理部门的经济职能。我国迫切需要加强综合立法，共同立法，共同制定出台行业规章，建立协调机构，共同协调实施对商品流通行为的规范与促进。

（二）维护公平竞争原则

维护公平竞争原则是通过国家“看得见的手”来纠正“看不见的手”所导致的弊端，同时又力求使“看不见的手”在最大范围内、最高程度上发挥作用的产物。[①]维护公平竞争原则是指在商品流通立法和具体执法中，都必须考虑市场主体公平竞争的问题，不得违背和破坏市场公平竞争的客观要求。《商务部关于“十二五”期间推进生产资料流通现代化的指导意见》提出，加强法规建设，

---

① 史际春、邓峰：《经济法总论》，法律出版社2008年版，第160页。

规范生产资料流通管理措施，形成公平、有序、竞争、高效的生产资料流通市场环境。《中共中央关于全面深化改革的决定》提出，要清理和废除妨碍全国统一市场和公平竞争的各种规定和做法，严禁和惩处各类违法实行优惠政策的行为，反对地方保护，反对垄断和不正当竞争。流通市场建设同样也要致力于建立统一公平竞争的市场秩序。流通行业立法应当致力于维护公平竞争秩序，创造公平自由的竞争环境。坚持促进、保护公平竞争，对于维护市场主体的合法权益具有重要的意义；鼓励、保护公平竞争也是保护消费者权益的有力措施。[①]

（三）可持续发展原则

商品流通业属于高耗能性产业，与经济社会可持续发展密切相关，贯彻可持续发展原则，减少资源消耗，保护环境，是加快转变经济发展方式的迫切要求，有利于实现经济、社会、资源和环境协调发展的目标。可持续发展是指经济、社会、资源和环境保护协调发展。商品流通法的制定与实施应当贯彻可持续发展原则。为贯彻可持续发展原则，开展绿色流通活动需要各种保障措施的支持，其中环境法律制度是保障绿色流通得以实现的重要支撑要素。在流通活动中可通过事前预防、行为管制以及事后补救方面的环境立法，来约束、干预流通活动的外部不经济性；通过绿色引导与诱导法规来激励和引导流通主体的绿色行为，能够起到促进绿色流通健康发展的作用。[②]

商品流通法应当保障经济、社会、资源和环境协调发展，促进商品流通产业可持续发展。流通产业的管理、规范与经济活动应当符合可持续发展原则。流通经营者应当采取措施，降低能源消耗，减少环境污染。例如，我国商务行政部门的一项重要职责就是“推进流通领域节能减排工作；指导散装水泥推广和再生资源回收工作”，该项职责即体现的可持续发展原则。可持续发展原则要求不仅重视经济增长的数量，更追求经济发展的质量；要求改变传统的以“高

---

① 种明钊：《竞争法》，法律出版社 1997 年版，第 107 页。

② 李爱华：《关于建立绿色流通法律体系的思考》，《商业时代》2012 年第 4 期。

投入、高消耗、高污染”为特征的生产模式和消费模式，实施清洁生产和文明消费。在商业流通领域，推行节能降耗和绿色流通措施，实施可持续发展战略，减少资源消耗，保护环境，是加快转变经济发展方式的迫切要求，符合经济社会发展的长远利益。

四、商品流通管理体制与具体法律制度的完善路径

（一）处理好政府与市场的关系，确定政府在商品流通管理中的边界和职责

现代流通市场的监督管理需要建立综合系统的多元化监管机制，以协同方式实现全过程、全方位的监管体系。发挥政府在流通领域中的导向、协调、制约作用。商品流通法应当围绕政府在提供公共产品、稳定市场供给、规范经营活动、撬动社会力量、实现对商品流通市场的共同治理等方面设定政府的职责。2015 年 3 月 31 日，商务部发布《关于〈中华人民共和国商品流通法〉（草案征求意见稿）的说明》，提出政府管理的重点在于解决商业网点布局不合理、满足基本生活需求的流通设施不足、应急保供、信用缺失、流通信息不透明、地区封锁、零供关系中滥用市场优势地位等体制机制问题。政府监管与调控流通市场的主要职责具体体现在：一是政府对流通设施的规划与公益流通设施建设的指导职责，以提高流通效率和社会效益；二是政府建立市场监测与宏观调控体系，实现风险防控，履行稳定市场、保障重要商品供给的职责。三是政府采用搭建公共信息平台、建立高风险商品警示目录制度、以授权履职、购买服务、行政指导等方式推动实现对商品流通市场的社会共治、协同管理。

（二）强化商品流通经营者商品质量安全主体责任，构建可追溯商品流通安全保障体系

商品流通环节的经营者负有在商品流通领域为消费者提供安全商品的直接责任，也是控制商品质量风险的关键防线。商品流通经营者负有商品质量安全

保障义务。商品流通法应当在商品流通的各个重要环节方面强调商品流通经营者维护商品质量安全的义务，以制度设计构成商品流通经营者对商品流通全过程控制的义务。例如，商品安全信息公布制度能够有效保障社会公众与消费者的知情权与安全权。商品流通法应当确定商品安全信息公布制度，让社会公众及时了解重要商品的安全总体情况、商品安全风险评估信息和安全风险警示信息、商品的重大安全事故及其处理信息等重要信息。当前特别需要完善流通领域重要商品追溯制度，国家实行商品流通追溯管理，建立关系人身健康、生命财产安全的重要商品的流通追溯体系，建设统一的商品流通追溯数据平台。商品流通经营者应当查验供货商的有关资质文件和商品合格证明文件，记录并保存商品来源及流向信息。国家鼓励商品流通经营者采用信息技术查验、记录、保存相关资料。坚持政府引导与市场化运作相结合，以食用农产品、食品、药品以及其他对消费者生命健康有较大影响的商品为重点，利用物联网等信息技术建设来源可追、去向可查、责任可究的信息链条，逐步增加可追溯商品品种。

（三）创新监管理念和监管方式，实现多元监管、协同监管、信用监管

在当前监管案件复杂化、监管客体多样化、监管领域多层化的背景下，单一部门的孤立监管已经不能满足社会对流通市场监管的需求。政府监管重定落实可预期的法律制度，提供有效的法律保障；而市场是动态发展的，动态效果形成了对现有监管模式的冲击，客观上需要一个适应市场发展的、权责分明、协同高效的监管机制。国家商品流通主管部门、行业协会、中介社会组织、商品流通经营者等主体，应当依法保障商品流通秩序，维护商品流通安全。国家要通过商品流通立法创建政府主导、社会协同、公众参与的多元化监管机制，构建商品流通全程监管体系。商品流通监督管理机构应当遵循依法、公开、公正和效率的原则，对商品流通实施合法、有效的监管。

（四）创新商品流通规章制度，规范与促进流通产业健康发展

贯彻《国务院关于推进国内贸易流通现代化建设法治化营商环境的意见》

（国发〔2015〕49号），加快推进商品流通立法，完善流通法律制度。商品流通法应当确立流通设施建设、商品流通保障、流通秩序维护、流通行业发展以及市场监管等基本制度。推动完善知识产权和商业秘密保护、网络信息安全、电子商务促进等法律制度。具体来讲，应当完善以下法律制度：

1. 创新流通安全保障制度

流通安全问题在任何时候都是各国特别是发展中国家所需要解决的首要问题。目前，我国商品供给矛盾已不再是主要矛盾，但在一些突发事件中可能会存在流通安全问题。从商品流通监管部门安全职责角度，要求国家建立商品流通追溯体系、监测系统、市场异常波动应急管理体制、重要商品储备制度，切实承担发布公共信息、应急保供的职责。要求商品流通经营者建立完善管理制度、确保有关信息安全。开办者还应建立交易安全保障机制，并在明知或应知交易场所内经营者从事违法活动时承担连带责任。

2. 创新公平竞争规则

商品流通法要与反不正当竞争法、反垄断法等竞争法律制度衔接，同时也应当进行专门性立法规制。对商品流通经营者公平竞争规则进行统一规定，补充制定商品流通经营者促销、收取服务费用、不得滥用优势地位等竞争规则条款。针对商品流通经营者，特别是零售商滥用市场优势的不正当竞争行为和不公平交易行为进行规范，以维护商品流通领域的自由公平竞争秩序，维护消费者的利益，提高流通经济效率，促进流通经济的健康持续发展。

3. 创新流通市场监测调控制度

将政府管理部门对保障商品流通市场供给平衡、稳定运行的职责上升到法律层面，对于商品流通宏观调控问题予以统一规定。明确政府应在引导、促进商品流通业发展方面发挥积极作用。通过对市场流通运行的监测和调控，可以有效地、及时地控制和消除重要商品的市场异常波动，并在突发事件发生后能及时启动应急方案，以满足居民日常基本生活需求，维护正常的社会生产和生活秩序，促进生产持续稳定健康发展。

4. 创新流通促进制度

《国民经济和社会发展十二五规划纲要》要求，鼓励和支持连锁经营、物流配送、电子商务等现代流通方式向农村延伸，完善农村服务网点，支持大型超市与农村合作组织对接，改造升级农产品批发市场和农贸市场。我国需要进一步健全流通促进制度，从发展规划、专项资金、流通设施、流通技术、流通方式、流通标准化、流通信息化、绿色流通、城乡一体化、连锁经营、中小企业、品牌发展、物流促进等方面规定政府对流通的主要促进措施和重点领域。

综上，2015 年是我国“十三五”规划制定的关键年，如何通过营造法治化营商环境以保障流通产业健康发展，是“十三五”规划制定与实施需要关注的重要内容之一。目前，商务部门正在编制内贸流通发展“十三五”规划，交通运输部门正在编制物流发展“十三五”规划，均涉及商品流通法治保障体系建设。我国迫切需要推进商品流通法立法工作，完善流通法律体系，创新流通管理体制。商品流通法旨在规范与促进商品流通，建立统一开放、竞争有序、高效安全、诚信守法、监管有力的现代流通市场体系，保护经营者和消费者的合法权益，维护社会公共利益，保障社会经济持续健康稳定发展。商品流通法致力于实现安全、效率、实质正义、流通自由与秩序等价值目标，贯彻平衡协调原则、维护公平竞争原则、可持续发展原则；处理好政府与市场的关系，确定政府商品流通管理中的边界和职责；强化商品流通经营者维护商品质量安全的主体责任，构建一个可控、可追溯的商品流通安全保障体系；创新监管理念和监管方式，实现多元监管、协同监管、信用监管；创新商品流通规章制度，提升流通现代化水平，规范与促进流通产业健康发展。

（本文为中国国际经济交流中心课题“落实全面推行依法治国决策”阶段性成果，北京市教委 2015 年科研计划面上项目“北京流通产业监管体制创新法制保障研究”的阶段性成果。）

我国区域间收入分配结构的问题与对策

李 娣

【导语】党的十八届三中全会《关于全面深化改革若干重大问题的决定》指出，要保护合法收入，调节过高收入，清理规范隐性收入，取缔非法收入，增加低收入者收入，扩大中等收入者比重，努力缩小城乡、区域、行业收入分配差距，逐步形成橄榄型分配格局。区域间收入差距过大是我国当前收入分配面临的重要问题之一，如何缩小区域收入差距是“十三五”期间应当高度重视的重大现实问题。

我国经济经过改革开放前的恢复发展、基础建设及改革开放后的高速发展，2012年我国人均国内生产总值达到6100美元，已经进入中等收入偏上国家的行列（世界银行的标准）。现在就像一个人拉板车爬坡，已走到了上坡的中间段，前期耗掉大部分力气，再往前走步伐越来越慢，越来越难以抬步，但是不进则退，一不小心就会掉入“中等收入陷阱”。其中，收入差距大，收入分配结构不合理是“中等收入陷阱”一个主要表现。为避免掉入“中等收入陷阱”，十八大以来，党中央根据经济发展新常态对我国经济社会发展进行了新的部署，其中，关于收入分配问题尤为重视。十八大报告中指出，要努力实现居民收入增长和经济发展同步、劳动报酬增长和劳动生产率提高同步，提高居民收入在国民收入分配中的比重，提高劳动报酬在初次分配中的比重。十八届三中全会的《决定》以增进人民福祉为出发点，着重提出，“形成合理有序的收入分配格

李娣，娄底市发展和改革委员会工作人员，副教授，中国国际经济交流中心博士后。主要研究方向为财政学、产业经济、区域经济、宏观经济学。本文为中国国际经济交流中心2014—2015年度课题“我国收入分配合理结构研究”阶段性成果。

局”，“努力缩小城乡、区域、行业收入分配差距，逐步形成橄榄型分配格局”重大改革目标，集中反映了我们党对收入分配制度改革的战略思考。受我国现阶段的生产力发展水平和所有制关系影响，我国收入差距在不断扩大，存在收入分配结构不合理问题。我国“十三五”期间的民生重点问题之一，就是解决好收入分配合理化问题。因此，从不同角度、不同层面认真探究我国收入分配现状、存在的问题，对推动收入分配合理化具有重要意义。本文将从我国省及地级市层面收入分配结构分析入手，剖析我国各区域收入分配结构的主要特征，存在的问题，旨在为推进该层面收入分配结构合理化提供参考。

一、我国收入分配结构概述

我国的分配主体可支配收入形成大体可分为三个阶段：第一阶段是国内生产总值在“国民”与“非国民”之间的分配，形成国民收入与非国民收入；第二阶段是要素分配，即国民总收入在政府、企业、居民之间的初次分配。居民初次分配收入包括劳动者报酬、居民财产性收入（扣除财产性支付后）等；企业初次分配收入包括扣除劳动者报酬、税额与企业支付后的企业部门增加值、扣除财产性支付后的企业财产性收入；政府初次分配收入包括扣除劳动者报酬后的政府部门增加值、扣除财产性支付后的政府部门财产性收入。第三阶段是可支配收入在政府、企业、居民间的再次分配。在第二阶段形成的国民总收入基础上，加上通过再分配获得的转移性收入（国外捐赠、救助等）后，就形成了国民可支配收入。国民可支配收入通过收入税、保险付款、其他转移支付等重新再分配后形成分配主体的最终可支配收入。我国居民的可支配收入包括劳动者报酬、经营性收入、财产性收入、转移性收入；企业可支配收入包括企业部门初次分配总收入加上企业部门转移性收入净额；政府部门可支配收入由政府部门初次分配总收入加上政府部门转移性收入净额。

从国民可支配收入的形成过程及其在政府、企业、居民之间的分配来看，要保持收入分配结构合理化，首先在国民收入初次分配阶段就应保证国民总收入在政府、企业、居民间合理分配，在再次分配过程中，要重视税收、转移支付对收入分配的再调节，以实现收入分配合理化。

由于我国地域宽广，各省及地级市所处的地域不一样，收入分配结构也就有着较大的差异，因此，按照国家发改委从政策制定的需要所采用的东、中、西部划分方式，分别选取分布在东、中、西部的浙江、湖北、广西三个省、自治区及其地级市统计数据进行分析，找出我国各区域收入分配结构的主要特征与问题，并据此提出推进收入分配结构的合理化的建议。

二、我国东、中、西部地区收入分配结构分析

（一）东、中、西部地区收入差距扩大趋势有所遏制

由表 1 可见，中西部地区在 1990 年城乡居民人均年收入差距几乎为零，当时广西等内陆地区不是改革的前沿阵地，经济发展相对缓慢，受外来经济影响小。但地处东部的浙江，其城乡居民人均年收入分别是湖北的 1.35 倍和 1.64 倍，这一方面是得益于其区位优势与优越的自然环境，另一方面是得益于改革开放后浙江在全国不断领衔创新和推行各项经济体制改革举措。继农村家庭联产承包责任制后，浙江在全国率先取消农业特产税，是首个实现免费义务教育，率先推进农村综合改革的省份。通过制度创新，发展乡镇企业，为浙江经济积累了丰厚的财富和经验，1988 年，在全省工业产值中，乡镇企业贡献占 2/3，当年，邓小平评价浙江的乡镇企业为“中国农民的创造”[①]。良好的经济基础为浙江之后的经济发展及相对合理的收入分配结构奠定了好的基础，也拉大了中西部地区省份与浙江省的收入差距，虽然 1990 年，浙江 GDP 仅为湖北的 1.09 倍，广西的 2.01 倍。到 2000 年，东中西部地区 GDP 和城乡居民年收入差距都有了新的变化，浙江 GDP 已分别是湖北的 1.73 倍和广西的 2.95 倍，城镇居民可支配收入与农民人均纯收入分别是湖北的 1.68 倍与 1.88 倍，是广西的 1.59

① 《邓小平与浙江：“乡镇企业是中国农民的一个创造”》，澎湃新闻网（上海），2014 年 8 月 19 日。

倍和 2.28 倍，此后，浙江与广西这类差距呈现缓慢扩大，但湖北与浙江的差距却在逐年递减。到 2014 年，浙江与湖北 GDP 相对差距缩小为 1.46 倍，绝对差距却在拉大，和广西的差距继续扩大到了 2.56 倍；浙江城镇居民可支配收入与农民人均纯收入分别是广西的 1.62 倍和 2.37 倍，是湖北的 1.65 倍和 1.81 倍。同时，从绝对数值上来看，浙江在 2010 年城镇居民人均年收入已突破 4000 美元（以当年人民币兑美元汇率计算，以下同），2014 年已实现人均 5337 美元，但湖北、广西城镇居民人均年收入在 2014 年分别为 2988 美元和 2542 美元，还未突破 3000 美元，只是接近中等收入群体行列。由此可见，东、中部地区居民收入差距在逐年缩小，而东、中部与西部地区的差距却在不断扩大。

表 1　1990—2014 年浙江、湖北、广西城乡居民人均年收入

省份	年份 / 项目	1990	2000	2010	2011	2012	2013	2014
浙江	农村居民人均纯收入（元）	1099	4254	11303	13071	14552	16106	19373
	城镇居民人均可支配收入（元）	1932	9279	27359	30971	34550	37851	40393
	GDP（亿元）	905	6141	27722	32319	34665	37569	40154
	公共财政预算收入（亿元）	102	343	2608	3151	3441	3797	7522
湖北	农村居民人均纯收入（元）	671	2267	5832	6898	7852	8866	10849
	城镇居民人均可支配收入（元）	1427	5525	16058	18374	20839	22906	18283
	GDP（亿元）	824	3545	15968	19632	22250	24668	27367
	公共财政预算收入（亿元）	78	2148	1919	2640	1823	2191	2567
广西	农村居民人均纯收入（元）	639	1865	4543	5231	6008	6791	7565
	城镇居民人均可支配收入（元）	1448	5834	17064	18854	21243	23305	24669
	GDP（亿元）	449	2080	9570	11721	13035	14378	15673
	公共财政预算收入（亿元）	49	147	772	948	1166	1318	1422

数据来源：浙江、湖北、广西历年统计年鉴与统计公报

（二）省级层面城乡居民收入结构相似

从2013年东、中、西部三省城乡居民收入来源结构的对比来看，城镇居民家庭年人均可支配收入，浙江、湖北、广西都呈现相似的结构，占比最高的是工薪收入，都达50%以上，其次是经营净收入也都在20%以上。上述三省城镇居民人均可支配收入中，财产性收入占比都低于10%，其中，存在差距是转移性收入，浙江比湖北、广西两省都要高。农村居民年人均纯收入来源结构与城镇居民基本相似（见图1），浙江农村居民人均纯收入占大头的仍是工薪收入，且远高于中西部地区，与经营性收入共同构成了人均纯收入的89%，这反映了浙江省的产业经济发展良好，城乡居民就业机会更为充裕，获得经营性收入更为便利。2013年，浙江省各行业法人单位数为101.44万个，其中，规模以上工业企业数为39561个，就业人数为3708.73万人，占年末总人口数67.4%，其中，各行业私营企业和个体就业人数为1760.6万人，占总就业人数的47.4%，在城镇私营企业和个体就业人数达1008.5万人；私营企业和个体就业人数主要集中在制造业和批发零售业，两行业就业人数达1327.7万人，占到总就业人数的35.8%。与之相对照，湖北各行业私营企业和个体就业人数为1156.1万人，广西是508.8万人，湖北各行业私营企业和个体就业人口都集中在批发零售业、制造业、租赁和商业服务业，广西的主要集中在批发零售业，说明中西部地区产业承载的就业人数远低于东部地区。2013年，浙江城镇非私营单位就业人员平均工资为56571元，比湖北高22.4%，比广西高26.8%。

广西农民转移性收入占比最高达9%（见图1），这可能与我国支持西部建设、扶贫攻坚等政策，中央在转移支付及资金投入向西部地区倾斜有关。截至到2013年底，广西财政总收入中，上划中央收入为683.66万元，广西的本级财政决算报告中显示，自治区本级公共财政转移性收入2049.65亿元，其中，上级补助收入1823.4亿元，上级补助收入中含1090.1亿元的一般性转移支付收入，主要是均衡性转移支付、县级基本财力保障机制奖补资金、义务教育转移支付收入、基本养老保险和低保转移支付收入、新型农村合作医疗转移支付收入等补助收入[①]。浙江经济基础好，农民的转移性收入占总收入比重仅比广西低2个百分点。湖北农村居民转移性收入占比在三省份中是最低的，仅占农村居民人均纯收入的1%，说明省级政府财政相关的转移性收入在浙江与湖北之间存在较大的差距。但湖北农村居民的财产性收入与经营性收入占比却是三者之间最高的。总之，这种收入分配结构与我国的各类经济政策存在较大关联，我国越来越重视就业、失业人口等指标考核；加大投资，促进就业政策对城乡居民收入增长的拉动，推动工资性收入增长；此外，也与我国区域发展不均衡，城乡居民收入来源存在一定的"路径依赖"等有关。

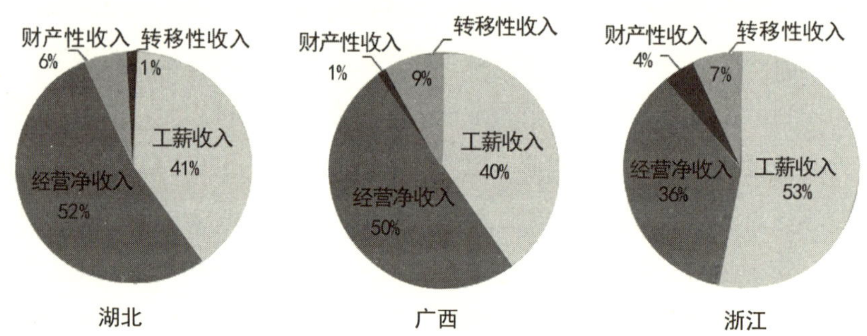

图1　湖北、广西、浙江农村居民年人均纯收入结构图

数据来源：湖北、广西、浙江2014年统计年鉴

（三）行业间差距大

对全国东、中、西部地区各行业工资情况对比分析可见，2013年，浙江省各行业在岗职工年平均工资最高的是金融业，年人均12.5万元，其次是信息传输、软件和信息技术服务业，处在第三位的是电、热力、燃气及水生产和供应业，年人均9.4万元，住宿和餐饮业最低，仅3.6万元，金融业年平均工资是住宿和餐饮业的3.5倍。湖北省各行业在岗职工年均工资最高的是金融业，年人均7.4万元，其次是科学研究、技术服务业，处在第三位的是信息传输、软件

---

① 广西壮族自治区财政厅：《关于2013年广西壮族自治区本级决算的报告》，广西人大网，2014年7月28日。

和信息技术服务业，最低的是农、林、牧、渔业，金融业在岗职工年平均工资是农、林、牧、渔业的3.2倍。广西各行业在岗职工年平均工资最高的也是金融业，其是农、林、牧、渔业的3.6倍，处在第二、第三位的分别是信息传输、计算机服务和软件业以及电力、煤气及水的生产和供应业。金融业与电力、煤气及水的生产和供应业等行业基于行业垄断，在岗职工年平均工资远高于其他行业，与行业间收入差距较大。传输、软件和信息技术服务业对知识、技术的要求高，容纳的就业人数相对少，就业门槛相对较高，因此，年人均工资呈现不断上升状态。

（四）地级市间、城乡间收入差距大

浙江、湖北、广西三省共计37个省辖市与自治州，其中，湖北还包括3个省辖行政单位和神农架林区，分析中、东、西三省地级市的居民、行业收入分配结构，有利于更为深入了解我国地区间收入分配结构的主要问题与特征。2013年，广西仅南宁、北海、防城港、柳州四个城市地方的生产总值达到全国平均水平，广西所有地级市城镇居民人均可支配收入和农村人均纯收入都低于全国水平，城镇居民人均可支配收入最高的南宁和农村人均纯收入最低的河池之间的比值是4.77。从数据对比来看，除老工业城市柳州外，居民收入水平高的城市主要集中在以南宁为中心的北海、钦州、防城港、北部湾地区，靠近贵州省经济欠发达的河池市收入水平为最低。2013年，湖北省有武汉、黄石、宜昌、鄂州等7个城市人均地方生产总值达到全国平均水平，但城镇居民人均可支配收入仅武汉达到全国平均水平，农村人均纯收入有8个地级市、3个省辖行政区达到9000元以上，城镇居民人均可支配收入最高的武汉和农村人均纯收入最低的十堰之间比值达5.7。同时，武汉城镇居民人均可支配收入远高于其他地级市，湖北城乡收入差距相对大，武汉一城独大，城市发展极不平衡。浙江居民收入一直处在全国领先地位。2013年，浙江城镇居民人均可支配收入37851元，比全国平均水平26955元高出10896元，仅次于上海、北京，在全国位居第三位，农村居民人均纯收入16106元，比全国平均水平的8896元高

7210元，浙江城镇居民人均可支配收入和农村居民人均纯收入的比值（即城乡居民收入比）为2.35，其中，城镇居民人均可支配收入最高是宁波，农村居民人均纯收入最低是丽水，两者比值为4.16。浙江所有地级市城镇居民人均可支配收入和农村居民人均纯收入都高于全国平均水平，这与浙江居民收入来源多元化，城乡一体化发展不无关系。但是在对三省份全部地级市比较可见，城镇居民人均可支配收入最高的是宁波，是十堰市的2.37倍，宁波城镇居民人均可支配收入是河池农村人均纯收入的8.01倍。可见，我国地区间、城乡之间、不同地区的城乡之间收入差距很大。

（五）地级市间收入结构存在较大差异

从居民收入结构来看，浙江省各地级市城镇居民可支配收入仅温州的工资性收入低于50%，其他地级市均在50%以上，而其中温州市城镇居民的经营性收入高达26%，并且还有8%来自财产性收入，其来自政策方面的转移性收入在浙江省是最低的；金华市城镇居民可支配收入52%来自工资性收入，而来自财产性收入占比却达13%，远高于其他地级市。2013年丽水市城镇居民可支配收入中转移性收入占比高达29%，说明由于经济发展相对落后，浙江省对丽水的平衡转移支付远高于其他地级市。浙江各市农村居民人均纯收入中，工资性收入最高的是宁波市，最低的还是浙江欠发达地区丽水，工资性收入低于50%的仅有温州、金华、台州、丽水。温州、金华小商品产业发达，带动了农村大量剩余劳动力人口转移，不仅增加了农村居民的工资性收入，也使其经营性收入占比高于浙江其他地级市。除了温州、金华外，2013年浙江农村居民纯收入中经营净收入占比达35%以上的还有丽水、台州、湖州、绍兴等市。广西除防城港市外，城镇居民人均可支配收入50%以上来自工资性收入，其中贵港、南宁市工资性收入达70%以上；防城港城镇居民的经营性收入占人均可支配收入比重最高，高达35%，比全国商人云集的温州占比还高9%，而转移性收入却仅高于贵港，位列广西的倒数第二位，这反映防城港城镇居民人均可支配收入来自政策性转移的收入相对较低；与广西其他地级市相比，贺州又是一个特例，贺州城镇居民人均可支配收入中财产性收入最高，达 8%，财产性收入主要来自于红利和出租房收入，从来源来看，贺州居民来自理财与出租房收入相对较高，而其经营性收入远低于广西平均水平。

总体而言，我国经营性收入在农村居民纯收入的占比远高于城镇居民，这主要由于我国农村实行土地承包责任制，农民基于对经营权的拥有与对农业技术的掌握，比城市居民更易于通过农业生产经营活动获得收入；加上近年来我国农村推行的农村土地流转制，可以保障部分没有从事农业生产的农民可以从其中获得部分收入，从农业生产中走出来的农民多数进城务工，有技术、能经商的农村过剩劳动力则从事非农业生产经营获得经营性收入。不过，在内外部环境趋紧、生产经营成本和劳动力成本不断上涨的情况下，“高成本、低效益”将越来越成为制约农村居民家庭经营收入增长的主要原因。同时，农村居民转移性收入还是远低于城镇居民的，这主要是受城乡二元结构影响，城乡居民社会保障体系、保障水平差异较大，农村居民社会化保障程度低、保险待遇低造成了城乡居民转移性收入差异大。

三、促进区域间收入分配结构合理化的政策建议

在发展生产力的前提下，切实提高普通劳动者收入，有效调节过高收入，扩大中等收入者比重，形成“橄榄型”的收入分配格局。

（一）发挥市场在资源配置中的决定性作用，规范初次分配

市场配置资源是通过市场供求、价格、竞争之间相互联系、相互制约、相互作用等市场机制作用实现的，供求、价格、竞争三者相辅相成，其中，竞争是市场机制的灵魂，是供求双方围绕商品价格、质量等进行的经济较量。竞争压力迫使市场主体不断改进技术，改善经营管理，节约成本，以优胜劣汰推动资源优化配置，技术进步，生产力提高。社会主义市场经济体制不断完善的过程，就是一个不断促进市场竞争，打破垄断的过程。但改革开放三十多年

了，我国市场经济体制依然不够完善，仍然存在着各种制度壁垒，阻碍比如土地、矿产资源、公共产品等生产要素的自由流动和公平竞争，形成垄断收入和各类因寻租而产生的灰色收入。要推动收入分配结构合理化，就应发挥市场在资源配置中的决定性作用，因此，必须不断破除各种形式的垄断和清除市场壁垒，提高资源配置的效率和公平性，给市场松绑，建立公平开放透明的市场规则，市场行为市场做主，让市场自律和创新；要完善市场监管法律体系，规范政府对市场监管行为，让市场监管在有效的法律框架下，不越位不缺位，监管到位。要发挥市场在资源配置中的决定性作用，进一步释放市场活力，为“人人创新”、“万众创新”搭建高效的平台，营造开放、透明、公平竞争的市场环境。要重视对初创企业合理引导扶持，尽快建立和完善各类创业培训，减少创业风险，保持民众的创业热情。要积极营造良好的创业氛围，培养自创主体的使命感和责任感，让创业主体通过自主创业实现个人收入增长，解决部分社会就业。要发挥市场调节科技资源的作用，把沉淀在大学、科研院所、企业、科研工作者中的科技资源和创新热情调动起来，尤其要推动生产实践领域的企业家、工作人员积极参与创新，要让国民海外购物等社会现象唤醒企业家重视自主创新，要让更多的研发资金流向企业或市场，更要让企业或市场自发增加研发资金的投入，以创新推动经济转型发展，提高社会生产率的同时提高劳动者报酬，让更多的创新要素获得必要的市场回报，让创新主体成为增加收入，促进就业，推动收入分配结构合理化的重要力量。

（二）深化改革，促进收入分配结构合理化

发挥市场在配置资源中的决定性作用，也要更好地发挥政府在促进收入结构合理化，促进社会公平、提高公共服务水平等方面的作用。从我国区域间收入分配结构情况来看，我国居民收入之间不仅存在区域、行业、城乡等方面的差距，更是存在因制度设计、政策导向所导致的隐性差距，当然，还有因自然禀赋、历史原因、民众个体差异、收入代际流动等机会不均等导致的差距与收入结构差异。这都要求处理好政府与市场、政府与社会、中央与地方、局部与

全局、短期与长远等关系，进一步深化改革、优化政策、创造机会均等，政府应该通过顶层设计调整因为制度原因、身份的原因造成的收入与财富不平等、不公平等收入分配问题。要重视研究“国退民进”等资本结构变化所带来的个体收入差异进一步拉大的社会现象，加快规范土地、矿产资源、公共产品等由垄断性质的国有资产在资本化过程中所造成的分配不公，要尽快推动土地制度改革试点，提高农民分享土地增值收益的比重；尽快开征矿产资源税，建立最严格的矿产资源使用制度；有效规范公共产品的资本运营，及时收回私人投资，回收成本合同到期的公路、码头等公共产品收费权。也要完善各类国有资产管理制度，谨慎推进国有企业混合制改革，加强对国有资本的有效监管，合理提高国有企业利润提成比例，谨防国有资产隐性流失。要进一步深化审批制度改革，简政放权，中央层面要做好“放管结合”的顶层设计，省级层面要重视行政权力的梳理、科学压缩审批环节、在合法合理基础上简化审批手续，科学设计“横向到边、纵向到底”电子在线监管平台，积极为各类社会资本参与社会投资提供平台，保证投资领域的机会均等。加快户籍制度改革，建立没有城乡身份、更加公平、可持续的社会保障体系，推动城乡一体化发展，加快实现公共服务均等化，切实缩小区域间收入差距。既要加快推进公务员工资制度与事业单位分配制度改革，有效提高公务员、事业单位的低收入者工资水平，建立科学的公务员薪酬体系；也要逐步取消政府官员和垄断企业员工享受超额福利，缩小体制内工作人员收入差距。同时，要通过制度设计，让公权在阳光下运行，建立有效的防腐反腐机制，将权力关进制度的笼子，从制度上减少因公权腐败所造成的财富不公。更要注重从改革教育制度、创造就业条件，推动教育与就业机会均等化与收入分配结构合理化。

（三）不断完善再分配手段，促进收入分配结构合理化

要重视税收、保险、转移支付等手段对收入分配的调节作用。要加快建立涵盖政府、企业、家庭、个人收入信息系统，以此为基础，推动全社会诚信体系建设，并逐步建立和完善违约、破坏社会诚信的法律惩处制度。建立以家庭

为单位的收入和财产信息系统是形成科学高效的分配监督与管理格局的关键，必须完善家庭收入申报制度和统计指标体系，利用大数据，加快诚信体系建设，将纳税人财产往来、产权交易及收入等纳入监控体系，为精准扶贫，建立科学的社会保障体系和科学税收体制，打击非法收入、调节收入分配打下基础。结合诚信体系建设，要尽快启动新一轮税收制度改革，构建促进收入分配结构合理化的税制体系，改进个人收入所得税制，实行以家庭为基础的综合所得税制，充分发挥税收对于收入再分配的有效调节作用，适时启动遗产税征收制度，改革和完善再分配制度。要尽快合理划分中央与地方事权，保证地方政府有承担事权的财税收入来源，完善转移支付制度，要加强对欠发达地区转移支付的力度，必须在制度上保证转移支付资金的科学合理分配，要对分配计划所带来的效益有较科学的预判，要加强转移支付资金的监管和绩效考核，防止转移支付资金逆向调节，使转移支付资金在缩小地区间收入差距上发挥最大效用，让政府在推动公共服务均等化发挥应有的作用。

（四）坚持发展生产力，实现城乡居民收入来源多元化

我国区域之间的收入来源结构存在一定差异，但总体而言，城乡居民的工资性收入与经营性收入占了极大的比重，因此，要重视城乡居民收入来源结构优化。近年来，企业储蓄率不断上升而居民储蓄率保持稳定，说明我国企业并没有因为企业利润提高而让劳动者按比例分享利润。因此，既要通过强化企业责任、保护劳动者合法权益等方面保障劳动者的工资性收入，同时，也要创造各类条件，推动企业技术改造、自主创新，提高生产效率，增加企业利润，来提高不同行业劳动者工资性收入，让劳动者分享更多企业利润，缩小行业间劳动者的收入差距。欠发达地区，由于自然条件相对较差，生产力不发达，居民收入在全国基本垫底，更应该因地制宜，发挥财政转移支付资金四两拨千斤的作用及城乡居民的主观能动性，千方百计发展生产力，改善生产条件，想方设法、因地制宜发展特色产业，促进就业，增加居民收入，提高居民生活水平。要通过创造公平竞争环境、加大教育投入与技术培训，不断提高劳动者的素质、

水平及获取收入的能力，有效推动全社会劳动者生产效率的提高。进一步鼓励全民创业、创新，不断提高城乡居民的经营性收入。我国居民储蓄率全球第一，但收入结构中财产性收入占比却是很低的，居民投资渠道少，获得财产性收入的机会少，因此，要不断改革和完善我国股权交易制度、规范证券市场、完善房地产市场交易行为、推动存款利率市场化，将土地、资金等要素对生产力发展的推动力尽量释放出来，切实增加城乡居民的财产性收入。

【参考文献】

[1] 李稻葵等：《GDP 中劳动份额演变的 U 型规律》，《经济研究》2009 年第 1 期。

[2] 陈宗胜、周云波：《体制改革对城镇居民收入差别的影响》，《中国社会科学》2001 年第 6 期。

[3] 崔新进：《地区收入分配差距问题研究——以江苏、南通市为例》，《河南科技》2011 年第 2 期。

[4] 孙裕增：《积极构筑大众创业的体制机制》，《浙江经济》2007 年第 16 期。

[5] 张前荣：《加快推进“大众创业、万众创新”》，《宏观经济管理》2015 年第 6 期。

[6] 吕惠明等：《金融改革与居民收入增长关系研究》，《宁波大学学报》（人文科学版）2014 年第 6 期。

[7] 白重恩、钱震杰：《谁在挤占居民的收入——中国国民收入分配格局分析》，《中国社会科学》2009 年第 5 期。

构建现代高科技农业产业体系的路径研究

艾永梅

【导语】 农业是国民经济的基础，党中央、国务院历来高度重视"三农"问题。当前，我国农业产业化层次较低，科技含量不足，亟须转变发展方式，改善农业产业体系支持手段和运行方式。本文从高科技智能化农机应用、智慧农业、电子商务三个角度分析了构建现代高科技农业产业体系的路径和方式，并提出了相关政策建议。

我国农业发展面临的资源约束、国际竞争压力日益加大，亟须转变农业发展方式、构建现代农业产业体系。2015 年 7 月 22 日，国务院总理李克强主持召开国务院常务会议，决定部署加快转变农业发展方式，提出要构建现代农业经营体系、生产体系和经营体系三大体系。《中共中央国务院关于深化体制机制改革加快实施创新驱动发展战略的若干意见》（中发〔2015〕8 号）对加快实施创新驱动发展战略做出了全面部署。我国农业现代化建设已经到了加快转变发展方式的新阶段，必须更加依靠科技，实现创新驱动、内生增长，构建高科技农业产业体系。

一、我国农业产业体系面临的新形势

（一）农业产业竞争层次不断升级

随着世界经济一体化的深入推进，国际农业市场竞争层次不断升级，已经

艾永梅，北京商业管理干部学院，高级经济师。中国国际经济交流中心博士后，主要研究农村经济。

由单个产品、产业环节的竞争向产业链与产业链之间的竞争转化，产业链效率已经成为衡量产业体系竞争力的重要指标。产业链的效率不仅仅取决于单个产业环节的效率，更取决于各个环节的协同效率。随着我国农业专业分工的不断深化，农业产业链条不断拓展。在通过深化分工取得分工经济的同时，我国农业产业链的整合却并未同步跟进，各产业环节之间出现分割、脱节，还没协调耦合形成一条有竞争力的产业链体系。就各产业环节的效率看，农产品加工、流通严重滞后于生产，产后环节成为制约产业体系竞争力提升的“短板”，亟须通过深化农业产业结构调整，促进产业之间、产业链环节之间的均衡发展。

（二）农产品供求关系发生重要阶段性变化

近年来，随着人口增长、居民收入水平提高和城镇化进程的推进，我国农产品需求快速增长，供求关系呈现出重要阶段性变化，总体趋向偏紧，部分农产品供求明显失衡，对国际市场的依赖程度逐步提高。目前我国粮食进口不断增长，自给率已经下降到 90% 以下，棉花对外依存度超过 42%，大豆对外依存度已经超过 80%。针对农产品供求形势的新变化，进一步调整优化农业产业结构，必须突出重点、有取有舍，切实保障重要农产品特别是粮食生产稳定，确保生产不滑坡、供应不断档、价格不大涨。同时，需要适应城乡居民消费多样化、高级化的趋势，更加突出保障农产品质量安全，同时加快非粮作物、畜牧业等产业的发展。此外，农业产业结构调整必须更加重视国际市场影响，需要“走出去”开发利用国外农业资源，加强国内紧缺农产品生产；同时，需要加强部分对外依存度高、对国民经济和居民生活影响大的重要农产品的生产，保障必要的自给率，确保产业安全。

（三）劳动力素质结构发生明显变化

经过多年的大规模转移，我国农村劳动力就业结构、年龄结构、素质结构都已经发生了明显变化。目前我国 4.7 亿农村劳动力中，每年外出务工或在本地从事非农产业 6 个月以上的达到 2.42 亿，占比达到 51%。大量青壮年农民转移出农业生产领域，农民老龄化、农业副业化趋势加快。据统计，目前我国从事农业的劳动力平均年龄已经达50岁左右。农村劳动力结构的变化对农业产业结构调整带来一定负面影响，在部分地区已经导致种养殖业结构的倒退性调整，农业生产经营粗放化，同时还造成农业技术需求萎缩，农业新技术、新品种的推广应用受到限制，影响农业产业链和价值链的升级。但是，劳动力转移后土地的人口承载压力减轻，也为农业的适度规模经营和高效特色农业的发展创造了条件。为此，深化农业产业结构调整必须更加重视新型经营主体和社会化服务组织的培育发展，积极适应劳动力结构变化提出的新要求。

（四）农业社会化服务体系供给不足

当前，我国新型农业社会化服务建设中最大的制约是制度供给不足，致使目前农业社会化服务体系存在一些公益性服务薄弱、经营性服务灵活性不高、区域协调性不强、统筹规划指导不足等问题。以农业技术推广为例，从新中国成立到现在，我国虽然建立了体系庞大的农技推广体系，但县级农业技术推广机构不同专业分属不同部门领导，降低了农业技术推广效率。此外，还存在农业技术推广人员知识结构老化、人员素质难以满足职能需要，对当地主导产业，尤其是新兴产业服务供给不足等问题。随着农业经营规模化、市场化程度加深，农村与农业生产需要多层次、多领域的复合型专家。然而，如图1所示，由于农技人员学历处于较低水平且知识结构单一，以公共服务机构为主的农业社会化服务体系往往仅提供单项服务，不能满足广大农户的综合服务需求。

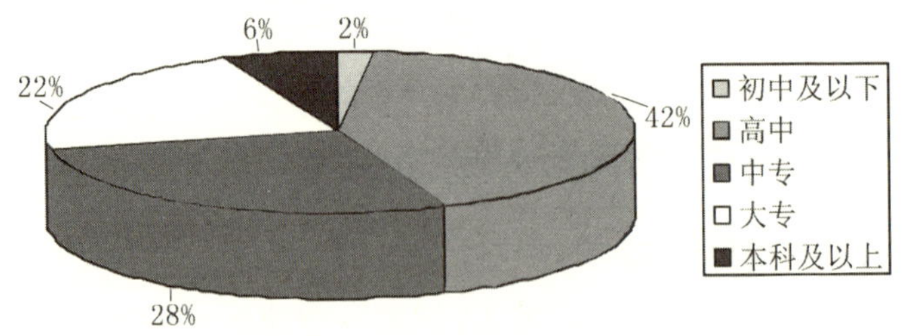

图1　农业科技推广人员学历构成图

二、现代农业产业体系的内涵

现代农业产业体系是集食物保障、原料供给、资源开发、生态保护、经济发展、文化传承、市场服务等产业于一体的综合系统，是多层次、复合型的产业体系。具体可以系统、要素、结构、功能角度来理解和把握现代农业产业体系的基本内涵。

（一）现代农业产业体系是一个多层次关联系统

现代与传统农业产业体系的重要区别在于其构成要素之间不是相互隔绝和彼此孤立的，而是相互促进、相互融合、相互依存的共生关系。现代农业产业体系由若干子系统构成，不仅包括种植业、养殖业、加工业、农业服务业等产业相互融合构成的产业核心系统，资本、技术、人才、信息等构成的要素支撑系统，还包括制度、生态等产业外在辅助系统。各个子系统内部之间相互关联、相互融合，系统之间相互开放、相互支撑，形成一个内部关联、外部开放、融合发展的多层次系统。

（二）现代农业产业体系是一种复合型结构形态

与传统单一、短链农业不同，现代农业产业体系是由关联效应较强的各种农产品生产、经营、市场、科技、教育、服务等主体，通过必要的利益联接机制所形成的有机整体①，包括横向功能产业体系和纵向产业链体系。从横向上，不再局限于传统的种植业和养殖业，而是由农业种植业、养殖业、农产品加工业以及农业服务业等多元化产业形态组成的庞大产业系统；从纵向上，不再局限于农业生产环节，而是由农业产前、产中、产后等多个环节相互衔接、相互支撑形成的完整产业链系统。

---

① 曹利群：《现代农业产业体系的内涵与特征》，《宏观经济管理》2007年第9期。

（三）现代农业产业体系是高级要素的综合集成

传统农业向现代农业转型的过程，本质上是现代农业生产要素不断引入和重新组合配置的过程。现代农业产业体系是一种现代元素比较显著的产业构成。与传统农业体系依靠土地、自然资源等初级生产要素不同，现代农业产业体系更加依靠良种、熟料制品等现代生产资料，种养大户、家庭农（牧）场、农民专业合作社等现代生产经营主体，农业机械等现代生产工具，以及先进管理技术和管理手段。同时，现代农业产业体系还是一个多要素的复合系统，各种要素不是简单相加，而是有机组合，在这种要素组合结构下，各种生产要素都得到了最充分的利用。

（四）现代农业产业体系是一个农业多功能载体

农业具有多功能性，不仅有食品保障、原料供应、就业增收等基本功能，还具有改善生态环境、保护文化的多样性和提供教育、审美、休闲等功能。随着经济社会的发展和科学技术的进步，农业功能不断拓展，如生态保护功能、生物能源功能等。传统农业发展侧重于食物保障、原料供给、经济发展等功能的开发，对农业的社会、生态、文化等功能挖掘不充分，弱化了农业在国民经济和社会发展中的作用。现代农业产业体系是一个承载农业经济、社会、生态、文化等复合型功能的系统，不仅仅具有保障吃、穿等基础功能，还具有就业增收、生态保护、观光休闲、文化传承等社会文化功能，是一个能满足人们食物、休闲等多种需求的可持续发展体系。

三、构建现代高科技农业产业体系的几种路径

（一）高科技智能化农机的应用助力现代农业产业

早在20世纪60年代，学者们就技术进步对转变农业发展方式的作用进行了研究。道格拉斯·诺斯认为技术进步将有利于新的经济机会产生，从而诱导

产生新的制度创新。从面朝黄土背朝天的小农经济到大型化智能化机械为支撑的规模化农业模式的转变，是我国几代农业机械人的“中国梦”。重型拖拉机、无人驾驶旋耕机、施药无人机、三行通用型采棉机、西红柿采收机、甘蔗收获机、花生收获机、甜菜切顶机等代表大型化、智能化发展方向的“十二五”国家科技支撑计划重大项目成果作为自主知识产权开始进入市场并具备替代进口的条件和能力。近年来，我国围绕国家战略目标，结合产业和企业重大需求，统筹项目、人才、基地，组织实施了多功能农业装备与设施、大型农业动力、现代农机智能技术装备、秸秆收集固化成型技术装备等领域的重大产业技术创新项目。

近年来，我国重点突破智能栽插和采收、植物生长过程和环境信息实施监测、水肥药关键农资按需施用等前瞻性技术与装置，开发了大型复式种肥水药变量施用控制、智能化种子精细加工、全自动嫁接育苗、瓜蔬智能化生产与植物工厂等一批高技术重大装备与设施。为实现产学研无缝对接，各类农业科技联盟开发了大型农用装备研制，完成重大农机研发项目，以推进支撑我国由农业装备制造和使用大国向强国转变的农业装备产业技术创新支撑体系建设，推进数字化设计与先进制造等关键共性技术研发，推进以信息化、智能化为技术特点的高端农机装备，以轻量化、轻型化为特点的丘陵山区农业机械，以保障高效生产、品质安全、生态环保为核心的全面全程机械化技术装备研发，助推创新驱动产业结构调整和转型升级，支撑中国特色新型农业现代化发展。

但目前，大中型高科技农机在销售推广方面的重视还不够，尤其在借助专业化合作组织等新型农业经营主体的合作推广应用、借助金融租赁手段进行资本运作方面还有大量工作需要开展。

（二）物联网、大数据与智慧农业战略实施

20 多年来，信息技术革命日新月异，信息化、互联网已开始进入农业领域，深刻改变了农业产业体系的构成。随着近年来物联网、移动互联网等新兴

服务的快速普及，相应产生的数据种类和规模正以前所未有的速度增长，大数据时代正式到来。大数据技术的核心内涵即是从海量、多类别的非结构数据和半结构数据中提取价值，并有针对性地进行决策分析。物联网、大数据等高新技术的兴起，正在引领我国农业迈入农业物联网——智慧农业的发展阶段。智慧农业是以农业全链条、全产业、全过程智能化的泛在化为特征，以全面感知、可靠传输和智能处理等物联网、大数据技术为支撑和手段，以自动化生产、最优化控制、智能化管理、系统化物流和电子化交易为主要生产方式的高产、高效、低耗、优质、生态和安全的一种现代农业发展模式与形态。物联网及大数据技术是搭建农业物联、实现智慧农业的关键所在。目前已经通过在精细化农业生产方面的管理，农资管理与物联网建设等方面有了典型应用。

一是物联网技术实现精细化农业生产管理。在农作物种植领域，在大田种植方面，传感器可以对目标监测区内的空气温湿度、土壤温湿度、CO_2浓度、土壤pH值和光照强度等农业环境信息进行实时采集，为精准农业环境监测提供了有效的解决方案，有助于农业部门制定出更加有效提高农作物产量的方法。在作物的生长过程中还可以利用包括光谱、多光谱图像、冠层温度、冠层光照及环境温湿度等多传感信息探测器对作物生长信息进行监测。中国农科院、国家农业信息技术研究中心、浙江大学、华南农业大学和江苏大学等针对我国不同的温室种类研制了适用于我国温室环境的数据采集、无线通信技术解决方案，可以实现温室环境的状态监测和控制。

在畜禽养殖方面，运用各种传感器可以采集畜禽养殖环境以及动物的行为特征和健康状况等信息。目前我国新疆以及内蒙古的锡林郭勒盟等地也已经开展了牛、羊RFID电子耳标溯源系统的建设工作，实现对牛羊肉全生命周期的溯源管理。在水产养殖方面，传感器可以用于水体温度、pH值、溶解氧、盐度、浊度、氨氮、COD和BOD等对水产品生长环境有重大影响的水质及环境参数的实时采集，进而为水质控制提供科学依据。中国农业大学研究团队开发的集约化水产养殖智能管理系统可以实现溶解氧、pH值、氨氮等水产养殖水质参数的监测和智能调控，并在全国十几个省市开展了应用示范。

在农产品储藏方面，温度传感器发挥着巨大的作用，制冷机根据冷库内温度传感器的实时参数值实施自动控制并且保持该温度的相对稳定。贮藏库内降低温度，保持湿度，通过气体调节，使相对湿度（RH）、O_2 浓度、CO_2 浓度等保持合理比例，控制系统采集贮藏库内的温度传感器、湿度传感器、O_2 浓度传感器、CO_2 浓度传感器等物理量参数，通过各种仪器仪表适时显示或作为自动控制的参变量参与到自动控制中，保证有一个适宜的贮藏保鲜环境，达到最佳的保鲜效果。在农产品安全溯源方面，能够利用 RFID 技术快速反应、追本溯源，确定农产品质量问题所在。由于“多宝鱼”、“瘦肉精猪肉”等农产品质量安全事故频发，在北京、上海、南京等地已开始采用条码、IC 卡和 RFID 等技术建立农产品质量安全追溯系统。

二是物联网、大数据搭建智慧农资管理平台。一些单位开始研究适合中国国情的基于物联网的可追溯技术和架构方法并部分实现了集成应用。中科院物联网研究发展中心针对农资产品的收购、储存、物流、交易等环节开发了农资物联网智能平台，并进行了成功的产业化推广。目前中科院物联网研究与发展中心和中华全国供销合作总社开展全面合作，依托无锡市供销社已经在无锡市全面开展了“农资物联网”建设，成功为农资运转建立了农资质量安全追溯平台、农资智能物流调度平台和农资网络地图平台三大平台。目前已在无锡市农资公司下属近 100 家经营门店全部部署了农资质量安全追溯平台，实现了无锡市所售农资商品的“信息可识别、去向可追踪、责任可追溯”的质量追溯机制。

三是物联网、大数据支持打造农产品网上交易综合服务功能。以猪管网为代表的企业管理网模块承担着汇集大数据的功能，集团以猪管网为入口，向养殖户提供免费养猪服务，同时积累养猪户数据；另外，以大北农自营商品为依托，养殖户可通过智农商城和智农网点购买必需的饲料和兽药等，智农商城则承担起构建交易平台的作用。资料显示，目前猪管网已覆盖母猪 32 万头，管理 600 万头生猪，2015 年猪管网目标管理母猪 180 万头；截至去年底，智农商城已累计完成订单数 63 万单，总额 210 亿元，发货额 158 亿元，网络金额 179 亿元。庞大的管理和交易数据，支持企业对自己的养殖户和经销商有详细的资金和信用了解，在体系内构建了理财与交易平台、保险、农业股权众筹、农村小额现金存取，形成一个自循环的金融生态圈。

（三）农村市场的电子商务模式创新

近年来“万村千乡”市场工程在国家及地方政府的鼓励与支持下，农村市场的连锁经营方式不断发展，以城区配送中心为龙头、乡镇店为骨干、村级店为基础的现代农村流通网络已初步形成，农村市场的组织化与集中度逐步提高。但在互联网信息技术冲击下，传统、封闭的农村流通领域开始面临商业模式和流通渠道的变革。

一是农产品流通领域将迎来电子商务革新。据阿里研究院统计，截至到2014年底，阿里零售平台农产品卖家数量达75万家，同比增长98%，这也印证了近年来农产品电子商务旺盛的发展势头。当下国内各行业资本跨界经营农业已经成为一种趋势，前有联想集团、马云旗下基金，后有恒大集团、乐视。

电子商务进驻农村流通领域，产生出新的商业模式，使这个原本较封闭的市场焕发出新的生机。顺丰优选、本来生活网、阿里巴巴的“耕地宝”、“千县万村”计划都代表着农产品营销模式和营运模式的创新。本来生活网采取的是“网站+农户”模式，从原产地订购，从农产品种植源头加强质量控制，并在运输过程中采取全程冷链配送。聚划算平台和浙江省供销社联合安徽省绩溪县瀛洲、伏岭镇的仁里、龙川、湖村三个行政村举办了一个叫作“开心做地主”的团购活动，就是农民以自家的土地种植瓜果蔬菜，然后通过快递等方式送到城市消费者手中，采取定点种植、包年直供的模式。

二是农资流通领域迎来电子商务跨越式发展。对农资领域来讲，其渠道发展已经搭上了线下渠道整合和线上应用拓展的双轮快车，其变革速度可能大幅提升。中国农业农村的现状决定了线下渠道的拓展和整合是当下最大的发展机遇，而互联网和大数据则会给大农资渠道带来更大的想象空间。农村信息长期以来是我国信息体系获取的难点甚至盲点，精准化和动态化的信息获取难度远大于城市。而大农资渠道网络未来有望结合互联网成为农村信息搭载的大平台，并为大农资企业发展提供了更广阔的空间。以最早开展农资电商业务的“云农场”为例，该平台将服务向下延伸，在村庄设立云农场村站，聘请会上网购物、有一定人脉、从事农资经营的农民当站长，代农民从网上下订单、购买农资，并送货上门。截至今年 5 月底，“云农场”在济宁、菏泽、潍坊、青岛、临沂已设立村站 5314 个，注册用户 20 万，有效成交用户达 88246 个，成交额达 8000 多万元。“云农场”还开展了服务工程师下乡送技术活动，120 余名服务工程师深入到各个村站，教站长、农民如何利用互联网购买农资。

三是电子商务对农村社区零售终端的变革。电子商务对零售百货线下实体经营模式构成了冲击，同时也开始入侵农村市场。以湖南省供销社系统为例，截至 2013 年，农村乡镇的供销社加盟网点已达 1231 家，累计实现交易额 11.68 亿元，其中农资、日用消费品实体网点团购销售 8.4 亿元，网络代购 4500 万元。传统流通为主的供销社不得不应对市场变革，开始利用网络平台，正逐步打通线上线下、田间餐桌的壁垒。顺丰速运有限公司与中石化集团旗下的中国石化销售有限公司合作，中石的化加油站能提供收发顺丰快递、自提包裹以及商品二维码销售等 O2O 业务。在与顺丰的合作中，中石化销售公司也旨在实现从油品供应商向综合服务商的转型，顺丰将借力易捷全国已有的 2.3 万家网点。这是便利店网络与物流网络的“双网叠加”，通过提升双方网络覆盖率、增强网点的服务功能，将形成“1+1>2”的叠加效应。中石化易捷与大润发喜士多在上海合作的 8 座易捷便利店已于近日正式营业，开业一个月内日均营业额较合作前提升 49.6%。与此同时，中石化易捷联手 1 号店搭建“线上入口 + 线下入口 + 服务体验”商业模式、联手复星开药店等跨界混搭业务亦进展顺利。中石化易捷提供的将不仅是商品，还包括 24 小时的便民服务和智能服务体验。可以想见，未来的农村零售终端将向综合化、网络化转型。

四、建　议

（一）优化政策扶持方式

强化农业支持保护政策体系的顶层设计和长期性制度安排，建立科学有效的政策绩效评估机制。在基础设施建设和行业发展领域制定系统全局的投资规划和实施步骤，扩大区域、领域的覆盖率。强化专业部门对各项支持政策的绩效评估，提高评估方法的科学性和有效性。

（二）鼓励发展智慧农业

鼓励企业通过发展智慧农业实现农业转型升级，加强示范引导，让发展智慧农业成为自觉。政府应通过申请项目的方式，将一部分农业龙头企业作为智慧农业的试点，为产业转型升级发挥示范带动作用。可以结合当地的特色农业产业布局情况和发展前景，合理规划、重点建设一批智能畜禽养殖业、智能水产养殖业、智能温室大棚应用示范区，对技术先进、优势明显、带动和支撑作用强的重大项目，及时纳入地方重点项目规划和实施计划，确保项目有效实施开展。

（三）加强科技平台能力建设，推进产业科技创新战略联盟发展

加强农业科技创新基地、产业园、国家重点实验室建设。有效整合全国的农业科技资源，建设国家级的现代农业科技创新技术公共平台，加大对公共平台先进装备、实验条件和试验设施的投入。引导种业龙头企业与优势科研单位形成企业与企业，企业与院所的产业科技创新战略联盟，全力推动“产、学、研”实质合作和融合。

我国大学生就业质量管理研究

张抗私

【导语】李克强总理多次指出，就业是民生之本，就业稳则心定、家宁、国安。大学生作为社会中最具活力和创造力的群体，是推动我国经济发展的重要力量，其就业问题受到社会的广泛关注。深入研究我国大学毕业生就业质量问题，具有强烈的现实意义。

一、问题的提出

就业与经济发展的形势紧密相关。随着我国经济增长步入到新的发展阶段，增长速度明显放缓，就业增加问题更加引起人们的关注。虽然我国就业弹性在逐渐降低，就业增长对经济增加的依赖程度逐渐减弱，就业供求数量与结构对比发生变化，使得我国的就业目前处于较稳定的增长形势，但是就业的总量矛盾和结构性矛盾仍然同时存在。因此，我们基于就业优先的发展理念追求就业总量目标的同时，更应该注重质的提升，实现新常态下更高质量的就业目标。

作为特殊群体之一的大学毕业生，其就业问题一直备受关注。2015 年大学毕业生总数超过了 2014 年，其就业压力仍然不容乐观，就业需求也存在结构性变化。为此，国家也出台了一些政策，并采取了一系列的优惠措施，鼓励大学毕业生下基层就业、中西部地区实现就业以及选择自主创业等等。然而就业应包括“量”和“质”两个方面，就业质量同样是就业活动的重要组成部分，是反映整个就业过程中劳动者与生产资料结合并取得报酬或收入的具体状况之优

张抗私，东北财经大学经济学院教授、博士生导师。

劣程度的综合性范畴[①]，并且就业质量的提高会对就业数量的增长起到正面的促进作用。Doyal 认为足够数量和质量的就业机会成为满足劳动者更高社会需求的途径[②]。因此，不能仅仅以提高就业率作为促进大学生就业的唯一目标，更要从就业质量的角度来考虑和分析大学毕业生深层次的就业问题。而对于大学毕业生来说，其所做出的教育和就业选择会对其今后的就业质量有着重要的影响。所以，对大学毕业生的就业影响因素进行分析，通过建立就业质量指标评价体系，对大学毕业生的就业质量进行综合评价，并分别从教育与就业选择的角度进行比较分析，对其就业"质"和"量"的双方面提高具有一定的理论指导意义。本文将通过层次分析的方法，从主观和客观两个方面建立大学毕业生就业质量指标评价体系，分别从学位与单位性质的角度，对不同学位层次的大学毕业生和就业于不同性质单位的大学毕业生的就业质量进行比较分析，以期从提高就业质量的角度，为大学生的学位和单位选择提出合理的建议。

二、研究综述

国外的国际组织和学者们对就业质量的研究，基本上是在国际劳工组织（ILO）于 1999 年提出了"体面劳动"的概念后才广泛展开的，并逐渐开始尝试用多维度指标，对不同的国家或地区、不同的就业群体或行业的就业质量进行评价和分析。Florence Bonnet 等人提出了工作安全指数、劳动安全指数、收入安全指数以及话语权安全指数等七个测量体面劳动的指标[③]。Anker 进一步拓展了体面就业的概念，并建立了基于三十个因素指标的综合评价体系[④]。Dharam

① 刘素华：《建立我国就业质量量化评价体系的步骤与方法》，《人口与经济》2005 年第 6 期。

② L.Doyal, and I. Gough, "A Theory of Human Needs", *Critical Social Policy*, 1984,4（10）:6-38.

③ Florence Bonnet, Jose B.Figueiredo, and Guy Standing, "A Family of Decent Work Indexes", *International Labor Review*, 2003, 142（2）:213-238.

④ Richard Anker, "Measuring Decent Work with Statistical Indicators", *International Labor Review*, 2003, 142（2）:147-177.

Ghai从权利、就业平等、社会保障和社会对话计算体面劳动指数并进行了排序。[①] Cathy 利用 2000 年的公用事业微观数据（PUMS），比较分析了芝加哥、洛杉矶和华盛顿三大都市的低技术就业者的就业结构与就业质量。[②]Nayyar 从工资、工作安全以及社会保障三个方面，利用 1993—2004 年的相关数据综合分析了印度服务行业的就业质量。[③]

国内学者对于就业质量的研究相对国外开始的比较晚，但是最近这些年针对就业质量指标评价的研究也已经广泛开展起来，但是由于学者们对就业质量的内涵尚未有一致性的概括，在指标选取上有所不同，得出的结论也存在不同程度上的区别。国内学者还侧重于对我国特殊社会群体的就业质量进行研究，主要体现在农民工、女性、大学生等社会群体。一般从评价指标体系的构建、就业质量综合评价、影响因素、性别比较、人力资本以及专业差异等方面进行分析。这方面的研究成果较多，在此不做赘述。

综合来看，学者们对于大学生就业质量评价指标的选取主要可从宏观、微观角度，主观、客观层面来划分，而将主客观层面相结合来确定评价指标的选取，可以更为全面和准确地对就业质量进行测算、评价与比较分析。并且大学毕业生学位的高低和所就业单位的性质不同，对其就业质量的高低有着极为重要的影响，但是这方面的实证研究却相对较少。因此，本文运用层次分析法，从主观和客观两个层面，选取了五个维度、十五个二级指标，分别从学位和单位性质两个方面，对大学毕业生的就业质量进行比较分析，并提出了相应的政策建议。

---

① Dharam Ghai, "Decent work: Concept and Indicators", *International Labor Review*, 2003, 142（2）:113-146.

② Cathy Yang Liu, "Employment Concentration and Job Quality for Low-skilled Latino Immigrants", *Journal of Urban Affairs*, 2011, 33（2）:117-141.

③ Gaurav Nayyar, "The Quality of Employment in India's Services Sector: Exploring the Heterogeneity", *Applied Economics*, 2012,44:4701-4719.

三、数据来源与指标选取

（一）数据来源

本文所用数据源自国家社会科学基金项目《大学毕业生就业质量与就业研究》中的大学毕业生就业质量问卷调查。东北财经大学课题组此次调查样本所属地区包括全国东、中、西部地区 13 个省市，调查对象采取在以上省市随机抽样的方法确定，并采取当面访谈的形式完成问卷。此次回收问卷 3208 份，有效问卷 2737 份，有效回收率为 85.3%。其中男性毕业生 1325 人，占样本总数的 48.4%，女性毕业生 1412 人，占样本总数的 51.6%；已婚毕业生 1280 人，占样本总数的 46.8%，未婚毕业生 1457，占样本总数的 53.2%。具体的统计性描述详见表 1。本次调查样本结构合理，具有较好的代表性和典型性，可较为准确地作为大学生就业质量评价的理论分析依据。

表 1　样本数据统计量描述

变量名称		频数（个）	百分比（%）
性别	男	1325	48.4
	女	1412	51.6
婚否	是	1280	46.8
	否	1457	53.2
学位	专科	539	19.7
	本科	1750	63.9
	硕士	423	15.5
	博士	25	0.9
单位性质	政府部门	116	4.2
	事业单位	271	9.9
	国有企业	1107	40.4
	民营企业	976	35.7
	三资企业	211	7.7
	集体企业	56	2.0

（二）指标选取与赋值打分

结合此次调查问卷的内容，考虑就业质量综合性、广泛性的概念特点，依据科学性、系统性、全面性、可比性、独立性的原则，本文从主观和客观两个方面构建了五个维度、包含十五个二级指标的大学毕业生就业质量评价体系，具体问卷问题与相对应的指标详见表2。就业质量指标评价的五个维度包括工资与福利、职业发展、就业稳定性、就业条件和劳动关系。其中工资与福利所包括的二级指标为月收入、收入增加和福利待遇；职业发展所包括的二级指标为专业匹配、岗位培训和晋升机会；工作稳定性所包括的二级指标为离职意愿、解雇风险和职业危机；就业条件所包括的二级指标为工作时间、工作安全和工作感受；劳动关系所包括的二级指标为管理公平、同事关系和制度阻碍。上述具体的就业质量指标与对应的调查问卷题目详见表2。

表2 各指标性质与名称

指标性质	指标名称	指标量化	对应问卷调查
工资与福利	月收入	X_1	您大致的月收入为
	收入增加	X_2	我对自己涨薪水的机会感到满意
	福利待遇	X_3	我对单位提供的福利待遇满意
职业发展	专业匹配	X_4	您的专业与当前的工作是否对口
	岗位培训	X_5	您是否参加过目前工作的岗位培训
	晋升机会	X_6	我对我的晋升机会感到满意
就业稳定性	离职意愿	X_7	我总有跳槽的想法
	解雇风险	X_8	我从事的工作具有稳定的雇佣关系
	职业危机	X_9	您有职业危机感吗
就业条件	工作时间	X_{10}	每周平均工作的小时数
	工作安全	X_{11}	您的工作是否存在安全隐患及风险
	工作感受	X_{12}	我的工作能使人感到愉快
劳动关系	管理公平	X_{13}	我的上级对我不公平
	同事关系	X_{14}	我喜欢和我共事的人
	制度阻碍	X_{15}	很多制度程序阻碍了工作顺利完成

选取的十五个就业质量评价指标还可以按照客观与主观两个层面划分，客观层面包括月收入、专业匹配、岗位培训、工作时间和工作安全五个指标。其中月收入指标对应的是大学毕业生的每月平均收入的范围，分为3500以下、3500—5000、5000—7000、7500—10000、10000以上共五个月收入层次，以此分别按照0、1、2、3、4赋值打分。专业匹配指标对应的是大学毕业生的专业与目前工作是否对口，“对口”赋值为0，“相关”赋值为1，“不对口”赋值为2。岗位培训指标对应的是大学毕业生是否参加过目前工作的岗位培训，“是”赋值为0，“否”赋值为1。工作时间指标对应的是大学毕业生的平均周工作时间，具体由平均每周工作天数与平均每天工作小时数计算得出。工作安全指标对应的是大学毕业生的目前工作是否存在安全隐患和风险，“有”赋值为0，“没有”赋值为1。其余的主观层面指标，包括收入增加、福利待遇、晋升机会、离职可能和解雇风险等共十个指标，对应的均是调查问卷中的就业满意度的内容，选项都有六个层次构成，分别为“非常不同意”、“一般不同意”、“有点不同意”、“有点同意”、“一般同意”、“非常同意”构成，依次按照0、1、2、3、4、5赋值打分。

上述的十五个指标的赋值量化结果可用Xj表示，其中j=1,2…15，并且在选取的大学毕业生就业质量评价指标中，分别对正向指标和负向指标的数量级进行标准化处理，以获得横向的可用性与可比性。

正向指标标准化计算公式如下：

$$x_{ij}=\frac{X_{ij}-Min(X_j)}{Max(X_j)-Min(X_j)}$$

负向指标标准化计算公式如下：

$$x_{ij}=\frac{Max(X_j)-X_{ij}}{Max(X_j)-Min(X_j)}$$

其中，Xj表示第j个指标的量化结果，Max（X_j）为第j个指标各样本点上的最大取值，Min（X_j）为第j个指标各样本点上的最小取值，X_{ij}作为第i个样本点在第j个指标的标准化取值，变量标准化之后，样本点在各个指标上的取值都服从区间[0,1]。

四、层次分析

对大学毕业生的就业质量进行综合评价和分组比较，首先应该确定各个一级指标和二级指标的分配权重。本文采用层次分析法来构建指标模型，层次分析法是一种定性分析和定量分析相结合的分析方法，是用于分析多目标、多因素、多准则的复杂系统的有力工具。具体来说，是利用判断矩阵分别对于各一级指标之间，以及各一级指标下的二级指标之间进行两两比较，根据九级标度法确定其相对重要程度。为了提升就业质量指标权重的客观性，可通过专家打分来构造和确定判断矩阵，进而对判断矩阵进行一致性检验，最终各层次单排序的一次性指标 CR 值都小于 0.1，才可确定各层次的判断矩阵都具有良好的一致性。

（一）建立就业质量指标层次框架

运用层次分析法对大学生就业质量进行评价，首先应该构建就业质量指标层次框架。该框架模型包括三个层次：目标层、因素层、指标层。目标层就是就业质量综合评分，因素层是影响就业质量高低的主要因素，指标层是隶属于各个因素的评价指标。具体的就业质量指标评价框架详见表 3。在大学生就业质量指标层次模型中，A 表示目标层就业质量，也表示因素层的判断矩阵。Bi 代表因素层的各个因素，也表示指标层的各个判断矩阵，其中 i=1,2,3,4,5，Bij 代表隶属于第 i 个因素的第 j 个指标，其中 j=1,2,3。

表 3　大学生就业质量指标层次模型

就业质量 A														
工资与福利 B_1			职业发展 B_2			就业稳定性 B_3			就业条件 B_4			劳动关系 B_5		
月收入 B_{11}	收入增加 B_{12}	福利待遇 B_{13}	专业匹配 B_{21}	岗位培训 B_{22}	晋升机会 B_{23}	离职意愿 B_{31}	解雇风险 B_{32}	职业危机 B_{33}	工作时间 B_{41}	工作安全 B_{42}	工作感受 B_{43}	管理公平 B_{51}	同事关系 B_{52}	制度阻碍 B_{53}

（二）确立判断矩阵

建立指标层次模型之后，为提升指标权重确定的客观性和准确性，运用重要性 1—9 标度的两两比较方法，对各个因素之间和各指标之间的重要程度进行比较，以对上一级变量的重要性比值作为得出最终权重的依据，1—9 标度的重要程度见表 4。

表 4　1—9 标度的重要程度比较表

标度	含义
1	两变量相比，具有同样的重要性
3	两变量相比，前者比后者稍重要
5	两变量相比，前者比后者明显重要
7	两变量相比，前者比后者强烈重要
9	两变量相比，前者比后者极端重要
2，4，6，8	表示上述相邻判断的中间值
倒数	若变量 i 与 j 的重要性之比为 b_{ij}，则变量 j 与 i 的重要性之比为 $1/b_{ij}$

专家打分法可以提升层次分析法的客观性和科学性，笔者邀请就业质量相关研究方面的专家，对因素层和指标层的各变量之间的重要性比值进行打分，按照中位数法最终得出因素层和指标层的各个判断矩阵。具体的各判断矩阵下所示：

$$A=\begin{vmatrix}1 & 2 & 2 & 2 & 3\\ 1/2 & 1 & 2 & 1 & 2\\ 1/2 & 1/2 & 1 & 1 & 2\\ 1/2 & 1 & 1 & 1 & 2\\ 1/3 & 1/2 & 1/2 & 1/2 & 1\end{vmatrix},\ B_1=\begin{vmatrix}1 & 2 & 2\\ 1/2 & 1 & 1\\ 1/2 & 1 & 1\end{vmatrix},\ B_2=\begin{vmatrix}1 & 2 & 1/3\\ 1/2 & 1 & 1/6\\ 3 & 6 & 1\end{vmatrix},\ B_3=\begin{vmatrix}1 & 2 & 2\\ 1/2 & 1 & 1\\ 1/2 & 1 & 1\end{vmatrix},$$

$$B_4=\begin{vmatrix}1 & 1/3 & 1/2\\ 3 & 1 & 2\\ 2 & 1/2 & 1\end{vmatrix},\ B_5=\begin{vmatrix}1 & 2 & 1\\ 1/2 & 1 & 1/2\\ 1 & 2 & 1\end{vmatrix}$$

其中，A 表示就业质量目标层判断矩阵，B_1 表示工资与福利因素的判断矩阵，B_2 表示职业发展因素的判断矩阵，B_3 表示就业稳定性因素的判断矩阵，B_4 表示就业条件因素的判断矩阵，B_5 表示劳动关系因素的判断矩阵。

（三）一致性检验

通过专家打分法得出最终的各个判断矩阵之后，应该对上述的判断矩阵进行一致性检验，以此来验证所得出的各指标权重分配的合理性。具体检验方法要通过计算判断矩阵的最大特征根的平均值，然后得出一致性指标 CR，若 CR ＜ 0.1，就说明该判断矩阵的一致性是可以接受的，此判断矩阵为有效矩阵，并进而得出相应的各层次的权重。否则，就需要对判断矩阵进行调整。表 5 表示的是经计算得出的上述六个判断矩阵的 CR 值。

表 5 各判断矩阵一致性指标 CR

一致性指标	CR 数值	检验	结论
CR_A	0.0588	＜0.1	A 为有效矩阵
CR_{B1}	0.0000	＜0.1	B_1 为有效矩阵
CR_{B2}	0.0001	＜0.1	B_2 为有效矩阵
CR_{B3}	0.0280	＜0.1	B_3 为有效矩阵
CR_{B4}	0.0080	＜0.1	B_4 为有效矩阵
CR_{B5}	0.0000	＜0.1	B_5 为有效矩阵

由表 5 可以得出，上述的六个判断矩阵的一致性指标 CR 的数据均小于 0.1，因此，六个判断矩阵均为有效矩阵，在此基础上构建模型，便可以得出各个因素和各个指标的较为合理的分配权重。

五、实证分析

（一）模型构建

上述判断矩阵通过一致性检验后，就得出了层次总排序权重，在这里即为大学生就业质量综合评价指标权重。因此，可以通过指标权重构建大学生就业质量指标评价模型，进而对大学生就业质量进行综合评价和比较。大学生就业质量指标评价模型具体构建如下：

$$A=\sum_{i=1}^{5}a_i\sum_{j=1}^{3}b_{ij}B_{ij}\text{，（}B_i=\sum_{j=1}^{3}b_{ij}B_{ij}\text{，}i=1,2,\cdots,5\text{，}j=1,2,3\text{）}$$

其中 A 表示综合评价的大学生就业质量，B_i 表示影响就业质量的第 i 个因素（即前面所述的维度），a_i 表示第 i 个因素的分配权重。B_{ij} 表示隶属于第 i 个因素 B_i 的第 j 个指标，b_{ij} 表示该指标的分配权重。结合表 6 中的各分配权重得出了具体大学生就业质量指标评价模型，如下所示：

$$A=0.1737B_{11}+0.0868B_{12}+0.0868B_{13}+0.0470B_{21}+0.0235B_{22}+0.1409B_{23}+0.1203B_{31}+0.0285B_{32}+0.0113B_{33}+0.0301B_{41}+0.0992B_{42}+0.0546B_{43}+0.0390B_{51}+0.0195B_{52}+0.0390B_{53}$$

表 6　各因素及指标的权重

因素名称	因素层次权重	指标名称	指标层次权重	指标就业质量权重
工资与福利	0.3473	月收入	0.5000	0.1737
		收入增加	0.2500	0.0868
		福利待遇	0.2500	0.0868
职业发展	0.2113	专业匹配	0.2222	0.0470
		岗位培训	0.1111	0.0235
		晋升机会	0.6667	0.1409
就业稳定性	0.1601	离职意愿	0.7514	0.1203
		解雇风险	0.1782	0.0285
		职业危机	0.0704	0.0113
就业条件	0.1839	工作时间	0.1634	0.0301
		工作安全	0.5396	0.0992
		工作感受	0.2970	0.0546
劳动关系	0.0974	管理公平	0.4000	0.0390
		同事关系	0.2000	0.0195
		制度阻碍	0.4000	0.0390

（二）就业质量的综合评价与比较

以上通过层次分析法得出了判断矩阵及指标权重，并由此构建了大学毕业生就业质量指标评价模型，在此基础上就可以进行不同组别的就业质量比较。本文拟从学历及单位性质两个方面将样本进行分组，分别将不同学历和不同单位性质的大学毕业生在就业质量总体得分上和各因素得分上进行比较，以判断大学生就业质量是否存在上述两个方面的组间差别。

1. 学位比较

结合大学毕业生就业质量调查问卷，将大学生的学位水平分为由低到高四个层次，分别为专科、本科、硕士和博士。本文拟从这四个层次将大学生的就业质量进行总量和各因素的评价与比较，以期对大学生就业质量的学位差别进行较为客观的证明。具体来说，首先使用 SPSS Statistics 软件得出各学位层次子样本在各指标变量上的均值（学历各指标均值详见表 7），上述样本数据经正向标准化之后，指标变量取值均为 [0,1] 之间，从而可以更好地进行变量间的横向比较。

表 7 各学位层次的指标变量均值

指标变量	均值			
	专科	本科	硕士	博士
月收入	0.1424	0.2390	0.3552	0.5500
收入增加	0.4801	0.4691	0.4634	0.4400
福利待遇	0.5280	0.5491	0.5593	0.5440
专业匹配	0.4907	0.5780	0.6643	0.7200
岗位培训	0.7440	0.7560	0.7636	0.6400
晋升机会	0.5347	0.5155	0.5262	0.6080
离职意愿	0.6386	0.6565	0.6738	0.7360
解雇风险	0.6130	0.6695	0.7210	0.7280
职业危机	0.4527	0.4343	0.4350	0.5400
工作时间	0.5181	0.5608	0.5573	0.5523
工作安全	0.6920	0.6680	0.6927	0.7600

续表

工作感受	0.5659	0.5703	0.5816	0.6640
管理公平	0.6987	0.7034	0.7262	0.5680
同事关系	0.7488	0.7437	0.7537	0.6800
制度阻碍	0.4965	0.4807	0.4553	0.4640

结合正向标准化后的指标变量均值，利用上述构建的大学生就业质量指标评价模型，计算得出各个学位层次大学生的就业质量的各因素得分以及综合得分，具体得分情况详见表8。

表8　各学位层次的因素及综合得分

因素变量	得分			
	专科	本科	硕士	博士
工资与福利	0.3232	0.3741	0.4333	0.5210
职业发展	0.5482	0.5561	0.5833	0.6364
就业稳定性	0.6209	0.6431	0.6654	0.7208
就业条件	0.6261	0.6215	0.6376	0.6975
劳动关系	0.6278	0.6224	0.6234	0.5488
综合得分	0.5038	0.5253	0.5582	0.6125

从就业质量的综合得分来看，从专科、本科、硕士到博士，随着学位层次的提高，大学生的就业质量得分是逐渐增加的，即学位层次与大学生就业质量之间存在明显的正相关关系，这说明大学生进行教育方面的人力资本投资，可以带来就业质量提升的回报。但是，对于各个因素得分来说，并不是都存在着与学位层次之间的正向变动关系。因此，应该对于不同学位层次的就业质量在各因素上进行比较。

首先，对于工资与福利因素来说，学位层次的高低与大学生就业质量之间存在非常明显的正相关关系，且学位不同造成的工资与福利因素的得分差距是所有因素中差距最大的。也就是说，对于大学生来说，毕业之后不直接就业而选择继续深造的话，工资与福利会有比较大的提升。对于招聘单位来说，针对高学位的求职者一般情况下都会提供相应高的工资收入与福利待遇，这也是许多大学生做此选择的重要原因之一。

其次，就职业发展、就业稳定性和就业条件因素来看，学位层次与它们之间基本都存在着比较明显的正相关关系，即学位层次越高的大学生，在职业发展、就业稳定以及就业条件方面体现的就业质量越高。具体来说，学位层次的提升会增加大学生在择业机会方面的优势，较高的学位更有利于使其从事与自己专业相关性强的工作，也有利于其选择就业条件好的工作单位，并拥有更大的职业发展空间，因此，上述优势会使高学位大学生离职与解雇的可能性降低，其就业的稳定性就会更强。

最后，对于劳动关系因素来看，就业质量的组间差别与上述的那些因素有所区别。专科、本科、硕士这三个学位层次在劳动关系因素上体现的就业质量差别不大，即此时学位层次的高低对劳动关系因素上的就业质量没有明显的影响。但是，博士生的就业质量在劳动关系因素上却出现了下降的现象。这主要是因为博士生在教育上的投资较高，具有较高的知识水平，其自身的高学历使其在管理的公平、在单位的地位以及制度安排方面产生较高的期望。同时，多年来在知识学习上投入大量的精力，可能会使其在人际关系处理方面的能力较弱，导致博士生的高学位对其劳动关系方面的就业质量反而产生了负面影响。

2. 单位性质比较

根据本次大学生就业质量调查问卷，将大学生就业的单位性质划分为政府部门、事业单位、国有企业、民营企业、三资企业和集体企业共六个类别。对大学生就业质量从这六个方面分组进行评价和比较，同样首先使用 SPSS Statistics 软件得出各单位性质子样本在各指标变量上的均值，经正向标准化之后，其指标变量同样在 [0,1] 之间取值，单位性质的各指标变量均值见表 9。

表 9 各单位性质的指标变量均值

指标变量	均值					
	政府部门	事业单位	国有企业	民营企业	三资企业	集体企业
月收入	0.2586	0.2426	0.2958	0.1639	0.3164	0.1607
收入增加	0.3586	0.4458	0.4873	0.4621	0.5090	0.4750
福利待遇	0.4190	0.5173	0.6107	0.4928	0.5773	0.5036
专业匹配	0.4310	0.6107	0.6481	0.5041	0.5806	0.4911
岗位培训	0.6983	0.7897	0.7886	0.7049	0.8057	0.6607
晋升机会	0.4621	0.4856	0.5429	0.5111	0.5393	0.5250
离职意愿	0.6897	0.6111	0.6981	0.6172	0.6427	0.6714
解雇风险	0.7121	0.6664	0.7129	0.6131	0.6626	0.6179
职业危机	0.5000	0.5129	0.4246	0.4267	0.4242	0.5089
工作时间	0.6082	0.5824	0.5649	0.5302	0.5160	0.5406
工作安全	0.7586	0.6531	0.6161	0.7551	0.6303	0.6607
工作感受	0.5138	0.5653	0.5928	0.5574	0.5877	0.5107
管理公平	0.7362	0.6723	0.7229	0.6934	0.7033	0.6429
同事关系	0.7259	0.7446	0.7664	0.7369	0.7166	0.6429
制度阻碍	0.5034	0.4731	0.4678	0.4914	0.4825	0.4857

从表 10 中不同单位性质的就业质量综合得分来看，就业于国有企业的大学生就业质量是最高的，其次是三资企业，然后事业单位、政府部门和民营企业的大学生就业质量依次略有降低。近些年，国有企业以其较高的工资收入、更完善的福利待遇、较好的工作稳定性以及企业良好的发展前景，吸引着广大的大学毕业生，而与事实相一致的是，就业于国有企业的大学毕业生就业质量是最高的。三资企业虽然吸纳人才的热度稍有降低，但是其先进的技术、科学的管理以及较好的工资待遇，仍然给大学生们带来了比较高的就业质量。民营企业一直位于大学生就业选择列表上的末端，同时也经常作为大学生们就业的临时选择，从比较中可以看出，就业于民企的大学生的综合就业质量得分是最低

的。还有一个比较特别的现象是政府部门大学毕业生的就业质量同样是比较低的，这与这些年的“考公务员热”的现象确是不一致的。说明大学毕业生就业所热衷的政府部门并没有带来较高的就业质量，这与政府部门较低的工资水平、晋升机会的不足、缺乏灵活的管理制度是分不开的。下面再来分别比较一下六类单位性质在各个因素上的差别。

首先，从工资与福利和职业发展因素来看，国有企业和三资企业是最高的，事业单位居中，政府部门和民营企业最低。这两个因素在就业质量评价中占比较高的权重，而国企和外企在此方面的优势促使大学生们表现出比较高的就业意愿。同时政府部门和民企的工资福利待遇与职业发展都处于劣势，但是大学生对其选择的意愿却有所区别，这与“官本位”的思想与求稳的“铁饭碗”模式是有紧密联系的。

其次，对就业稳定性而言，国有企业和政府部门在此因素上体现的就业质量是最高的，这与现实情况也是相符合的，同时也是大学毕业生向往国企和政府部门的原因之一。在这六种性质的单位中，民营企业的就业稳定性因素的就业质量是最低的，这是因为很多大学毕业生将民企的工作作为跳板，同时很多民企更为注重的是追求自身的利润，而对于就业大学生的长远职业发展并不看重，所以会使就业者产生较高的职业危机感和离职意愿。

最后，从就业条件和劳动关系这两个因素看，政府部门和民营企业在就业条件因素上体现的就业质量最高，同时政府部门在劳动关系因素体现的就业质量也是最高的，这是由于政府部门在工作时间、工作安全和同事关系等方面占有优势，而集体企业在这两个因素上的就业质量都是最低的。

表 10　各单位性质的因素及综合得分

因素变量	得分					
	政府部门	事业单位	国有企业	民营企业	三资企业	集体企业
工资与福利	0.3237	0.3621	0.4224	0.3205	0.4297	0.3250
职业发展	0.4814	0.5472	0.5936	0.5303	0.5781	0.5325

续表

就业稳定性	0.6803	0.6140	0.6815	0.5999	0.6308	0.6504
就业条件	0.6613	0.6155	0.6008	0.6651	0.5990	0.5965
劳动关系	0.6410	0.6071	0.6295	0.6207	0.6176	0.5800
综合得分	0.5071	0.5120	0.5530	0.5022	0.5472	0.4957

六、结论及建议

本文采用国家社会科学基金项目《大学毕业生就业质量与就业研究》的大学毕业生就业质量问卷调查数据，构建了五个维度、十五个二级指标的大学毕业生就业质量指标评价体系，并运用层次分析法确定指标权重，对大学毕业生就业质量进行综合评价，进而分别从学位和单位性质两个方面对其进行了组间比较，发现在就业质量的综合评价和各因素的就业质量评价上，这两个方面都存在着一定的组间差别。

（一）主要结论

1. 学位层次与大学毕业生就业质量之间存在着正相关关系

通过上述的比较分析发现，从专科、本科、硕士到博士，随着学位层次的提高，大学毕业生综合就业质量得分也随之增加，这说明对于大学毕业生来说，毕业后选择继续进行人力资本的教育投资，是可以从整体上提高其就业质量水平的。

2. 学位层次在工资与福利因素上所体现的组间差别较大，博士毕业生在劳动关系因素上出现了低就业质量的特殊情况

随着学位层次的不断提高，大学毕业生的收入和福利所体现的就业质量水平会得以较大幅度的提高。这个结果的产生主要源自月收入的学历差距较大，若以专科生月收入均值为基数，本科生、硕士生和博士生的月收入分别是其1.68倍、2.49倍和3.86倍（详细数据见表7）。因此，这也就成为很多大学毕业生选择继续深造的主要原因之一。另外，与其他学位层次相比较，博士毕业生在劳动关系上出现了低就业质量的情况。这是一个比较特殊的表现，与学历和就业质量综合得分之间的正相关关系相背而驰。究其原因，可能是博士生投入了大量的金钱和时间成本，所以对管理和制度因素以及自身在单位所处的地位期望过高，反而造成了主观评价上的就业质量偏低的情况。另一方面，很多博士生一直对于知识的学习投入精力较多，可能会忽略人际交往能力的提高，导致在劳动关系方面的就业质量得分较低。

3. 大学毕业生就业质量在单位性质上存在比较明显的组间差距

第一，大学毕业生由于所在单位的性质不同，其整体就业质量存在比较明显的区别。其中，国有企业的大学毕业生就业质量最高，其次是三资企业，然后事业单位、政府部门、民营企业和集体企业依次降低。近些年，国企和外企一直是大学毕业生首先考虑的就业选择，这与得出的就业质量排序结果是一致的。但是比较反常的是“考公务员热”也一直是温度不减，但结果显示就业于政府部门的大学毕业生就业质量并不高，究其原因是由于“官本位”的思想和“铁饭碗”的求稳模式，使得大批毕业生加入了考取公务员的大军。但是在实际就业中却发现政府部门虽然稳定，但是工资待遇却远低于国企和外企，并且个人晋升与职业发展方面也受到限制，因此就业于政府部门的大学毕业生就业质量整体偏低。

第二，单位性质在一些因素上的就业质量也存在比较明显的差别。其中，国有企业和三资企业的工资与福利待遇因素就业质量最高，这也是大学毕业生们首选国企的主要原因之一；政府部门的职业发展因素体现的就业质量最低，由于政府部门的管理和晋升制度与企业有所区别，很多大学毕业生在这些方面不具优势，自身的发展往往会受到诸多限制，因此导致了此因素上的低就业质量的存在；政府部门和事业单位的就业稳定性体现的就业质量最高，这个结果也是与实际情况相一致的，同样也是二者吸引大学毕业生就业的主要优势所在。

（二）几点建议

根据以上得出的结论，本文针对大学毕业生就业质量提出如下几点建议：

1. 对于毕业后是否继续深造，大学生应结合自身实际情况理性选择

学位层次与整体就业质量水平是正向相关的，学位越高相对应的就业质量就越高，但这并不能说明大学毕业生就一定要选择继续深造而放弃直接就业。这是因为，继续深造会产生大量的金钱和时间成本，虽然可以得到更高就业质量的回报，但是回报率的高低却由个人能力和具体情况而定。所以不要因为逃避就业或者盲目跟风而去选择考研、考博，要综合考虑家庭和自身的情况做出适合自己的理性选择。

2. 博士毕业生应脚踏实地，充分提高各方面素质和能力

博士毕业生在教育投资方面较高成本的投入，使其在拥有了较高知识水平的同时，也存在对就业的过高期望，希望自己的高学历在单位的重视和晋升方面能有所体现。但是高学历和高知识并不一定代表高能力，由于博士毕业生把大部分精力都用在学习知识上，却容易忽略了人际关系等其他社会能力的培养和提升，当遇到与自己的期望不相符的情况，就会在主观因素上产生较低的就业质量评价。所以，对于博士毕业生来说，对于自身的学历和就业应该正确认识，脚踏实地的工作，努力提高自身的综合素质，以自己的工作能力和个人魅力来赢得单位的认可与重用，拥有更加广阔的职业发展空间。

3. 大学毕业生应采取主观与客观相结合的二元择业策略

根据就业质量在不同性质单位的比较与排序，国企和外企的整体就业质量水平最高，这与现实中大学毕业生的选择意愿是相一致的。但是国企和外企吸纳就业的能力毕竟有限，而且国家为鼓励大学毕业生到基层就业、实行自主创业所做的政策上的倾斜，可以在一定程度上促进其就业质量的提高。因此，大学毕业生应采取主客观相结合的二元择业策略，即在考虑主观意愿的同时，也应注重客观情况，把握时机，放弃那些“非国企、外企不嫁”的择业观，到一些发展前景比较好、工资待遇比较高的民营企业就业不失为一个明智的选择。而对于政府部门和事业单位的选择则需要冷静对待，虽然其就业稳定性较高，但是实际整体的就业质量却处于较低的层次，而且其竞争激烈程度不亚于国企，因此“考公务员热”确实需要冷却一下了。目前为了配合养老保险制度改革，国家计划实施机关事业单位调薪政策，希望会对其从业人员的就业质量有所改善。

4. 民营企业应依照国家的优惠政策，提高自身吸纳大学生就业的能力

民营企业作为创造就业的潜力大军，应切实利用鼓励大学生就业的补贴优惠政策，采取措施提高自身吸纳大学生就业的能力。民企应结合自身实力及发展状况，尽量提供较高的工资与福利待遇，积极实施大学生的岗位培训制度，为其制定合理的职业发展规划，建立公正严格的管理模式，提高大学毕业生在民企的就业质量，以改变其对就业于民企的被动观念，并增强其就业于民企的信心，从而在为企业自身吸纳和培养人才的同时，也有助于为国家分担大学生就业难的压力。

（本文合作者王雪清，东北财经大学经济学院博士研究生。）

“十三五”时期我国的行政改革热点

政府治理为官不为懒政怠政问题研究

许耀桐

【导语】习近平总书记指出，反腐倡廉必须常抓不懈。决不允许“上有政策、下有对策”，决不允许有令不行、有禁不止，决不允许在贯彻执行中央决策部署上打折扣、做选择、搞变通。随着贯彻中央八项规定力度的加强和反腐倡廉建设的深度发展，目前在各级政府的实际工作中，明显出现了公务员和干部只想当官、不想干事，只想揽权、不想担责，只想出彩、不想出力的现象；在公务员和干部队伍中，不思进取、为官不为，满足于当“和事佬”、做“太平官”的情况比较普遍、严重。在行政体制改革和政府治理领域，执政党和政府如何治理工作不力、为官不为、懒政怠政，已成为一个迫切需要解决的问题。

李克强总理在《2015 年政府工作报告》中明确指出：“对工作不力的，要约谈诫勉；对为官不为、懒政怠政的，要公开曝光、坚决追究责任。”为此，必须很好地察寻公务员和干部为官不为、懒政怠政的表现和成因，探究推动公务员和干部敢于担当、干事创业的动力来源，推出有效激发公务员和干部清正廉洁、勤政务实的具体举措。

一、为官不为、懒政怠政的主要表现

在公务员和干部队伍中，目前有相当一部分人思想境界不高、精神萎靡不

许耀桐，国家行政学院一级教授、原科研部主任。研究领域为政治体制改革、社会主义理论与实践、党的建设和党内民主等。

振、安于现状、乐于守成，出现了如下的不正之风、不良表现。

“没好处不办事。”中央出台八项规定和深入反腐倡廉建设以来，一些公务员和干部感到现在当官一点好处都没有了，每个月的工资就那么点，开始懒政怠政不作为，按部就班无创意。过去政府机关是“门难进、脸难看、事难办”，现在则是“门好进、脸好看、事不办”，得过且过，拖着磨着，天天“老故事”，事事“马拉松”。

“安闲轻松度日。”公务员和干部当“官”，是为了报效国家、服务人民，“为官一任，造福一方”。但是，当这样的“官”太辛苦了，付出太多。而一些公务员和干部把官职仅仅当作谋生的手段，只想安逸，工作不上心，多一事不如少一事。

“害怕出事担责。”干事创业必然蕴含风险，一些公务员和干部工于个人得失计算，与其说因为失误挫折什么都得不到，还不如墨守成规，因循守旧，图个平安，说不定机会来了可以平步青云。因此，他们畏首畏尾，怕出问题，怕遭非议，遇到矛盾躲着来，碰到困难绕道走。

“干事易得罪人。”过去一段时间，无须讳言，我们在干部选人用人标准上出现偏颇，就是搞了“唯票取人”。由于勤政务实、干事创业者往往敢说敢做，难免得罪人，民意测评的票数自然不高，这就导致了大家不愿干事创业，争着去当老好人。

“做多没好结果。”现有的机关工作制度规定，还不能彻底地解决公务员和干部“干好干坏一个样、干多干少一个样、干与不干一个样”的问题；还不能旗帜鲜明地支持改革者、鼓励创业者、批评空谈者、教育失误者，及时调整懒、软、散的干部，让干者上，不干者下，这就使得公务员和干部感到勤政务实、干事创业没有任何益处，心灰意懒、踌躇不前。

“热衷蹲办公室。”沉迷于机关办公，不愿意深入基层搞调查研究。一些“一把手”和主要领导干部满足于常规性管理工作，陷入具体的事务之中；他们习惯于动口不动手，搞文牍主义，繁杂公文。每天把主要时间和精力花在看文件上，靠打电话了解情况，听取汇报，处理问题。

“好开会和讲话。”虽然现在精简了会议，但会议还是少不了的，关键还在于有些领导本身就喜欢这种形式。这些领导离开了开会这种工作形式，似乎也无事可做。与开会相关的是领导需要讲话，虽然现在要求讲话要简短些，但仍然需要事先写好讲话稿，完全由秘书班子代笔。秘书班子代写讲话稿早已驾轻就熟，有一定的格式、有一定的套路，结果无论是开会也好、讲话也好，多属形式主义，应景之作，多半空洞无物。

“喜图简单省事。”有些领导图方便，要轻松，习惯于简单省事的“命令—服从”式的管理模式，动辄诉诸强制的管理理念根深蒂固，执法方式简单粗暴，管理措施僵化生硬，不考虑社会效果，不考虑群众感受，不善于对话协商，乃至滥用警力，人为制造社会矛盾，极易诱发群体性事件，造成干群关系紧张。

二、为官不为、懒政怠政的内在成因

以上种种为官不为、懒政怠政的不良表现，无论是对于政府治理的效率，还是对于政府的形象和政风来说，都是巨大的损害和破坏。那么，是什么导致了公务员和干部为官不为、懒政怠政呢？必须探究其深层次的内在成因。

第一，理想信念缺失。公务员和干部为官不为、懒政怠政，最根本的就是忘记了作为政府官员的“官念”、“官经”。我们的“官念”、“官经”就是报效国家、服务人民，应该做到“为官一任，造福一方”。正因为他们没有了这样的理想信念，不可能奋发有为、全身心地投入党和人民的事业，把岗位当作为人民服务的机会，为事业的发展殚精竭虑、甘于奉献。他们把工作仅仅当作谋生过日子的手段，满足于上班了、干活了，可以对得起到手的薪酬了。

第二，责任意识淡薄。公务员和干部为官不为、懒政怠政，是把国家和人民的事业重于泰山和勤政务实、干事创业本是自己应尽的职责抛置脑后。他们“怕”字当头，怕矛盾，怕困难，怕得罪人；他们有“僵”的痼疾，僵化不变，墨守成规，因循守旧，不敢突破条条框框，好机遇不敢抓，好政策不敢用。唯恐自己的乌纱帽丢了，却把沉甸甸的勤政务实、干事创业的责任意识丢掉了。

第三，素质能力不足。现在，执政党和政府治国理政面临着“四大危险”，其中之一就是“能力不足的危险”。公务员和干部为官不为、懒政怠政，也在于自身的学识素养、领导水平不行。他们既不能很好地领悟中央的路线方针政策，又不能很好地研判和应对实际的发展变化；既不善于把推进理论创新、制度创新、科技创新、文化创新同本单位本部门的工作有机衔接起来，也不善于正确处理和合理协调现实中存在的各种复杂矛盾。在素质能力不足的情况下，谈愿景，乏善可陈；讲运作，没有招数。何以勤政务实、干事创业？

第四，用人导向偏差。治国之要，首在用人。用了勤政务实、干事创业的公务员和干部，就会出现争创事业、勇促发展的可喜局面；用了碌碌无为的公务员和干部，则会助长平庸守拙、推责诿过的不良倾向。过去一段时间，我们在公务员和干部选人用人标准上出现了失误，就是搞了“唯票取人”，“唯分取人”，也不敢使用一些有争议、有缺点但确实本事高强、干劲十足的干部。“唯票取人”，导致了大家都去当老好人；“唯分取人”，导致了只重考试成绩忽视工作实绩；不敢使用敢说话、敢冒尖的干部，导致了人人心存余悸、谨小慎微；这就难免挫伤了公务员和干部勤政务实、干事创业的积极性。

第五，制度规定缺陷。公务员和干部要勤政务实、干事创业，需要给予强有力的制度支撑。通过严格的制度管理，公平公正地看待干部，才能对勤政务实、干事创业的公务员和干部起到激励、保护、监督的作用。现有的制度规定，还不能彻底解决公务员和干部“干好干坏一个样、干多干少一个样、干与不干一个样”的问题；还不能旗帜鲜明地支持改革者、鼓励创业者、批评空谈者、教育失误者，及时调整懒、软、散的干部，让干者上，不干者下。这就使得公务员和干部在勤政务实、干事创业面前显得踌躇犹豫，心灰意懒。

三、推动勤政务实、干事创业的动力来源

通过对公务员和干部为官不为、懒政怠政内在成因的探究，归根到底，把这些诸多成因集中到一点就在于，公务员和干部缺乏勤政务实、干事创业的动

力。动力，是推动事物前进和发展的基本力量。没有动力，事物就不可能生成、运动和发展。公务员和干部要勤政务实、干事创业，也需要动力。而且，推动公务员和干部勤政务实、干事创业的动力来源越是充足，成就和业绩才会越大。

公务员和干部勤政务实、干事创业的动力，不是与生俱来、天然自成的，它源自公务员对党和人民事业深刻的认识和感悟，源自自觉的认同和践行，只有接受和树立了正确的思想观念，才能转化为自身内在的动力。那么，构成公务员和干部勤政务实、干事创业的动力结构有哪些呢，分析起来主要有三大动力来源。

一为精神动力。人的行动，总是受到一定的思想支配，受到一定的精神动力驱使。特别是共产党人，如果没有了高尚的精神动力，就会沦为浑浑噩噩、尸位素餐。公务员和干部勤政务实、干事创业的精神动力源，就是坚定的共产主义理想信念。理想信念，是共产党人精神上的“钙”，没有理想信念或者理想信念不坚定，精神上就会“缺钙”，就会得“软骨病”。坚定的理想信念，是共产党人安身立命的根本，是鼓舞一代又一代共产党人前仆后继、英勇奋斗的神圣力量。每一个共产党员从加入党组织的那一天起，从当上国家公务员和党的干部的那一刻起，就要牢固树立坚定的理想信念。坚定的理想信念，体现为心中有党、对党忠诚、为党和人民的事业始终顽强拼搏。作为国家公务员和党的干部，无论走到什么地方，也无论在什么样的岗位上工作，都要做到生命不止、奋斗不息。由此可见，坚定的共产主义理想信念，渴望为改革事业做出贡献，干工作争强好胜的竞争精神，以及受到党和人民表扬嘉奖的荣誉感等等，都构成推动公务员和干部勤政务实、干事创业的精神动力。

二为物质动力。在公务员和干部勤政务实、干事创业的动力中，不能缺少物质利益。对公务员和干部不是不要讲物质利益，恰恰相反，它在公务员和干部勤政务实、干事创业的动力源里是不可或缺的。马克思早就指出，人们为之奋斗的一切都与他们的利益有关。当然，作为公务员和干部勤政务实、干事创业的物质动力源，不是一种偏狭的拜物教，不能简单地将其等同于追逐金钱利润、追求升官发财，而是有着丰富的内涵。首先，讲干事创业的物质动力源，就是要求干部苦干实干，拿出改造客观物质世界的政绩成效。公务员和干部为什么勤政务实、干事创业，还不是为了全面建设小康社会，提高人们物质文化生活水平，促进人的全面发展。如果离开这样的物质成果、实绩业绩，公务员和干部勤政务实、干事创业就没有任何意义。其次，我们党对于勤政务实、干事创业而成就斐然的公务员和干部，必须给予适当优厚的物质待遇，给予一定的物质褒奖激励，否则，公务员和干部勤政务实、干事创业也就感受不到任何自豪光荣。由此可见，改造物质世界的成就，提高人们物质文化生活水平，公务员和干部获得与自身才能、地位相合适的物质待遇，以及因政绩明显得到职务拔擢和物质激励等等，都会构成推动公务员和干部勤政务实、干事创业的物质动力。

三为制度动力。制度是人类社会生活中达成的共同遵守的办事规程和行动准则，是实现某种功能和特定目标的一系列规范体系。在现代社会里，制度已愈发成为一种强大的动力源。在当代中国，推进国家治理体系和治理能力现代化，领导制度、组织制度、干部制度起着至关重要的作用。正如邓小平说的，它带有根本性、全局性、稳定性和长期性。制度好可以使坏人无法任意横行，制度不好可以使好人无法充分做好事，甚至会走向反面。在好的制度的推动下，可以催发一支浩浩荡荡的勤政务实、干事创业的大军。反之，则将出现万马齐喑，死水一潭的颓败景象。由此可见，当代中国特色社会主义的领导制度、组织制度、干部制度等一系列制度机制，是决定着公务员和干部能否勤政务实、干事创业的强大的制度动力。

在推动公务员和干部勤政务实、干事创业的精神动力、物质动力、制度动力的动力来源结构中，精神动力起着统领作用，物质动力起着基础作用，制度动力起着保障作用。这三大动力，不可偏废、不可或缺，相得益彰、相互促进。过去，我们对公务员和干部勤政务实、干事创业的精神动力过于强调、倚重，以致忽视甚至否定物质动力和制度动力的作用。现在，应在继续发挥精神动力作用的同时，将重点放在突出物质动力和制度动力的作用上。

四、激发勤政务实、干事创业的具体举措

针对着为官不为、懒政怠政的主要问题和影响制约勤政务实、干事创业的内在原因以及激发公务员和干部动力的问题，提出以下相关的举措予以解决。

首先，激发公务员和干部勤政务实、干事创业的精神动力。激发精神动力，要注意和平时期和战争年代的不同。战争年代为了理想信念，党员干部必须无条件奉献，和平时期则要把对理想信念的追求奉献同公务员和干部实现个人人生价值有机结合起来，需尊重他们的多样化选择意愿。为此，应该采取以下具体措施：

一是大力加强公务员和干部的思想教育，健全和落实严格的学习制度。加强公务员和干部的思想教育，就是加强对马克思主义的信仰教育，坚定社会主义和共产主义的理想信念。要扎扎实实地搞好公务员的思想教育，真正在掌握科学体系上下功夫，在掌握精神实质上下功夫，在掌握立场、观点、方法上下功夫，学深学透，学以致用。重视思想教育、抓好公务员和干部的学习，要常抓不懈，建章立制，方见成效，如朱熹曰："无一事而不学，无一时而不学，无一处而不学，成功之路也。"公务员和干部的思想教育好了，理想大了，才能立志勤政务实，干大事业。

二是大力提升公务员和干部的责任意识。可以从两个方面着手，一方面，对没有勤政务实、干事创业责任意识的公务员和干部给予严厉的批评帮助，促其深刻反省，使其敢于担当。古人云，"为官避事平生耻"。封建时代的官员尚有责任观念，作为社会主义国家的公务员和干部岂能害怕担责、躲避风险！另一方面，要切实采取措施鼓励务实创新，鼓励他们用好用活用足政策，凡现行法律法规和政策没有明令禁止的，都允许进行积极的探索实践。

三是以发扬战争年代不怕牺牲的精神，大力组织新形势下勤政务实、干事创业的"冲锋队"、"敢死队"。今天，我们仍然有很多"战役"可"打"，如科技创新需要攻克难关，生态保护需要达到硬指标，老百姓民生工程刻不容缓，

可以开展“大比武”、“擂台赛”、“立军令状”等激发精神动力的形式，毛遂自荐，人岗相适，振奋斗志，鼓舞士气。

其次，激发公务员和干部勤政务实、干事创业的物质动力。要注重党在执政条件下公务员和干部的个人利益问题，切实解决公务员和干部收入过低和干事创业效益与其物质待遇不相称的问题。为此，应该采取以下具体措施：

一是采取津贴措施。对处在干事创业一线的党政干部，根据工作辛劳难易情况，给予适当的收入补助。不搞大锅饭，奖勤罚懒，扶正祛邪。

二是采取重奖措施。对于参与完成重大项目取得重大效益的相关领导和人员，鼓励冒尖、挑大梁，按照一定比例提取金额给予重奖。

三是采取普惠措施。我国的公务员尤其基层公务员的工资收入较低。应根据世界各国通行情况，按照公务员工资收入应在社会平均收入中等偏上予以调整。

再次，发挥制度功能有效激发公务员和干部勤政务实、干事创业的动力。要让制度营造良好的政治生态和干事创业的宽松氛围，让制度释放出巨大能量，起到激励、引导、保护、督促公务员和干部勤政务实、干事创业的作用，真正使制度对创业者求贤若渴、知人善任，也使创业者心情愉悦，敢于担当。为此，应该采取以下具体措施：

一是发挥制度的激励功能。以习近平提出的好干部的“五条标准”：信念坚定、为民服务、勤政务实、敢于担当、清正廉洁；“四有”：心中有党、心中有民、心中有责、心中有戒；“四种人”：做政治的明白人、发展的开路人、群众的贴心人、班子的带头人，作为选人任人的重要依据，确立“以改革发展论英雄、凭干事创业选任人”的用人导向。要在勤政务实、干事创业的实践中培养、发现和使用公务员和干部，不仅重视民意测评、知识考核，更要重视实绩指标。要把公务员和干部的能力，特别是创新能力，放在突出位置。对能力出众、勇于创新的公务员和干部，坚决破除“论资排辈”、“平衡照顾”的陈旧观念，该破格的破格，该重用的重用。

二是发挥制度的引导功能。引导公务员和干部向上向前，想正事、干实事，提高自身干事创业的素质能力和领导水平。引导公务员和干部把时间花在学习上，时刻抱着对素质能力不满足的心态，结合自身实际，确定提升素质能力的目标，不断积累新知识，锻炼新能力，提升新境界，适应新形势。引导公务员和干部不断立于全面深化改革、推动事业发展的潮头，走在勤政务实、干事创业的前头。

三是发挥制度的保护功能。对锐意进取、勤政务实、干事创业的公务员和干部出现的一些失误、错误，要有宽容心、包容性。凡属在干事创业试验过程中造成的失误、损失，应不予追究责任，还要表扬他们的探索创新精神，直至让其试验成功。一定不能急于踩刹车、一棍子打死，从而解除干事创业者的顾虑负担。

四是发挥制度的督促功能。督促公务员和干部谨记勤政务实、干事创业要“时不我待、争分夺秒”。要很好地解决勤政务实、干事创业与懒政怠政、混日子、不干事创业一个样的问题，使能者上，不能者下，鞭打快牛，惩罚慵懒。把对督促公务员和干部勤政务实、干事创业的管理工作纳入科学化、规范化、制度化的轨道。

制度最可靠、最有效，取得制度改革和建设的成果，对于有效激发公务员和干部勤政务实、干事创业的动力具有决定性的意义。适应着激发公务员和干部勤政务实、干事创业动力的需要，建议中央制定出台鼓励公务员和干部勤政务实、干事创业的办法条例，通过新的制度规定，真正发挥对公务员和干部勤政务实、干事创业的激励、引导、保护、督促作用。

把"规划图"落地为"施工图"，进一步巩固简政放权成果

刘　军

【导语】党的十八大报告提出，深化行政审批制度改革，继续简政放权，推动政府职能向创造良好发展环境、提供优质公共服务、维护社会公平正义转变。简政放权不仅是舆论和民众关注的焦点，也关系着深化改革整体成效的取得。需要强化结果导向，进一步巩固简政放权的成果。

党的十八大报告对深化行政体制改革提出了明确的要求。十八届二中全会强调，转变政府职能是深化行政体制改革的核心。十八届三中全会指出，坚持用制度管权管事管人，让人民监督权力，让权力在阳光下运行，是把权力关进制度笼子的根本之策。同时要求"推行地方各级政府及其部门权力清单制度，依法公开权力运行流程"。本届政府将简政放权作为开门的"第一件大事"和全面深化改革的"先手棋"，大力推进行政体制改革和政府职能转变，逐步取消下放行政审批事项。两年以来，李克强总理多次就简政放权、深化行政审批制度改革做出重要指示，强调这项改革是"牛鼻子"，具有牵一发而动全身的重要作用。

简政放权实施以来，成效显著，本届政府承诺减少1/3的目标已提前实现，有些地方政府行政审批事项取消或下放比例超过一半，最高省份达70%，部分地方省级非行政许可审批事项已全面取消。政府的职能更加明确，改革的红利不断释放，市场活力和社会创造力得到进一步激发，也推动了政府治理能力提升和廉政建设。同时，我们也看到简政放权在实践中还存在一些突出问题，真

刘军，国务院办公厅电子政务办公室主任。

正制约行政体制改革的核心权力仍以各种形式和名目影响着经济运行的质量和效益。有些已经下放的权力事项在行业协会、中介组织中有死灰复燃的迹象，企业和社会公众的感受度较差，对进一步改革的期盼还很高，巩固已有成果和进一步深化改革的难度越来越大。

一、当前简政放权存在的突出问题

（一）头转身不转

一些地方简政放权工作落实仍不到位，往往是“上面雷声大，底下雨点小”。有的审批权中央取消了，地方又捡起来，机关下放了，行业协会又接起来，一些让基层“跑断腿、磨破嘴、交了钱、受了累”的行政审批事项依然存在。有些地方甚至专门做了改革的“典型”、“景点”，给上级汇报很“好看”，但实际上中央的很多政策没有真正落地。

（二）家底不清楚

有的地方部门没有对行政权力进行全面清理规范，不知道本单位到底有多少行政权力，没有搞清楚行政许可审批与非行政许可审批的区别，也没有厘清行政审批与备案、资质资格认定等之间的关系。同是行政审批事项，在不同的地方和部门分类标准不一样，有的“一项”指小项，有的指大项，有的一大项包括若干小项。

（三）“中梗阻”难疏通

国务院部门下放的一些权力，被地方政府截流，出现了放小不放大、放虚不放实、放责不放权、明放暗不放、这边减那边增等种种“中梗阻”现象。一是放权不到位。给海岛城市下放草原经营许可，向缺煤地区下放煤炭开采类许可事项，看上去权力不少，实际上有权难用。二是放权有水分。一些地方和部门“没好处的容易放，有油水的死命攥”，把含金量低的事项取消和下放，对含金量高的抱着不放，有的是“卸包袱”，只把管理难度和责任大的事项下放。三是放权不彻底。受理权放了，终审权紧攥手中；决定权放了，发证权却不放。于是出现一半环节在市级办、一半环节在县里办的“两头跑”现象。

（四）放管有脱节

“监管是短板、放管有脱节”的情况普遍存在，一些地方和部门“会批不会管”，有的“对审批很迷恋，对监管很迷茫”，对加强事中事后监管研究不够，办法不多。很多部门和人员长期习惯通过审批和处罚实施管理，现在审批事项减少了，行政处罚规范了，就不知如何管理，甚至不愿管理，“多一事不如少一事”，出现消极懈怠现象。有些领域的监管力量不足，有些领域的监管体制不顺，权力寻租、滋生腐败的现象仍然存在。

（五）“最后一公里”不通畅

当前，简政放权的关键环节和重要领域都已经进行了大刀阔斧的自我革命，但在改革的“最后一公里”，即改革惠及于民的落实环节仍然不畅通，门难进、脸难看、事难办、审批时间长、流程多、排长队等问题仍然没有彻底解决，一些地方部门审批自由裁量权过大、行业协会和中介机构审批服务不规范等现象仍然存在，大大影响了政府办事效率和简政放权的效果。在简政放权的过程中，“最后一公里”往往是最为关键的步骤，倘若“最后一公里”不畅通，即使之前的九十九公里付出了诸多努力，仍难免让公众不满意。

如何促进中央政策和部署在基层贯彻执行，如何有效解决政策落实中出现的问题，确保简政放权的措施落地见效，是各级政府当前亟须解决的问题。

二、电子政务推动决策“规划图”落地为“施工图”

信息化建设是促进政务工作提质增效，优化政府治理最有效的手段，各地方部门在推进简政放权的过程中充分利用信息技术和网络平台，主动对接中央的顶层规划和政策要求，把规划图转化成工作层面可以落地操作的施工图，通过建设行政权力网上公开透明运行平台，梳理权力事项，厘清权力边界，晒出权力清单，固化权力流程，监督权力运行，真正推动简政放权工作落实到位。

（一）以统一行权平台为载体，加强各级政府上下联动

在推进简政放权工作中，首先要高度重视组织领导，强化顶层设计，以建设统一行权平台为载体，推动省、市、县三级行政机关在推进简政放权工作中上下联动，确保“头转身也转”。比如，2010 年，江苏省在全省范围内建成了统一的行权平台，确定了包括行政权力库、网上政务大厅、行政权力运行平台、行政监察平台和政府法制监督平台在内的“一库四平台”总体建设框架。依托这一网络平台，基本实现了全省所有县级以上行政机关全覆盖、所有行政权力事项全覆盖、网上行政监察全覆盖，实现了全部权力事项在平台中规范、在阳光下运行、在网络上监察。

（二）以梳理权力事项为基础，统一晒出权力清单

行政职权设置随意、依据繁杂、归属不清是导致行政行为不规范、行政权力滥用的重要因素。因此，梳理行政权力事项是简政放权工作的重点和难点。权力事项的梳理要从权力来源出发，由各级政府法制部门牵头，严格遵循《行政许可法》，全面清理规范行政职权。各级行政机关依据现行法律法规，对本单位行使的行政许可、行政征收、行政处罚等各类行政权力事项进行全面梳理。同级政府法制部门依法进行审核确认，对没有法律法规依据的职权一律清理。通过梳理权力清单，建立“行政权力库”，摸清了政府行政权力分布、结构等权力“家底”，厘清了权力边界，为真正解决不作为、乱作为、慢作为等问题创造了条件。

（三）以权力全程上网办理为途径，推动行政权力公开透明运行

一是统一编码管理。在梳理权力清单的基础上，要编制行政职权目录，对

权力清单中的所有行政权力事项逐项统一编码管理，使每项行政权力都拥有唯一的“身份”，同时明确规定凡未经核定、没有编码的行政权力一律不得行使，确保了底数清，来源明，有效杜绝了一些行政权力“故意隐藏”、“改名换姓”、“明放暗不放”、“转移审批”等“中梗阻”现象。比如江苏等地发现部分行政机关在“晒权力清单”时的“小把戏”：一项法定权可以拆分成多项执行权，如果上级部门只下放一项法定权中的部分执行权，下级部门实际上还是用不了这项权力。这也是为什么各地各部门公布的权力事项加起来甚至会超过中央公布的总数，一个重要原因就是行政权力没有进行统一编码管理，各地对于行政权力的拆分标准不一致。

二是科学编制权力运行流程。行政权力网上公开透明运行就是要强化对行政权力行使过程的公开和制约。在梳理形成权力清单的基础上科学编制权力运行流程图，对行政权力事项逐项确认行使依据、内容、程序、时限、责权等，并将过去纸质方式运行的所有要素、流程全部电子化为计算机程序，做到流程清晰、权责明确，最终实现有利社会监督，方便群众办事。

三是权力事项办理全程上网运行。在编制行政权力运行流程图的基础上，要实现所有权力事项全程网上办理，未上网办理的权力事项一律不得行使，真正将所有权力运行纳入闭环管理。比如办理一个行政审批事项，受理申请的是各级政务服务中心的窗口工作人员，各部门的具体办事人员只能通过电脑系统按照约定的流程办理，如果有人离开电脑操作，最终结果将无法从系统中输出，而且系统会自动报警，从而避免了权力的“体外循环”。

四是权力足迹全程留痕。权力运行过程中的每个环节、每个岗位、每个工作人员操作时间和内容均由计算机记录在案，全程留痕，杜绝将网上办理变为事后登记，实现权力运行全过程网上可查可控，避免了人为因素干扰，有效遏制了权力的滥用。

同时，权力事项如果发生变更，需要经由同级或上一级政府法制部门审核，而且原有的权力事项也不能删除，每次修改的痕迹都会在行权平台中保留，真正做到可追溯，可追责。

（四）以电子监察为手段，强化事中事后监管

如果说清理权力事项、建立行政权力库、编制权力运行流程图、推动行政权力事项网上公开透明运行是“执行”，那么电子监察就是“监督”，是真正建立简政放权长效机制的关键一环。依托行权平台实现电子监察覆盖各级行政机关、全程监控各项权力事项办理过程、实时督查督办异常或疑似异常情况，让行政机关工作人员适应在“红绿灯”下进行工作，按步操作、按约实施、按时完成。这是把权力关进笼子，监督权力按程序和规则不折不扣执行的重要环节。

一是制定网上监察规则。根据行政权力事项的分类和业务办理特点，制定网上监察规则，明确时效异常、流程异常、内容异常、裁量异常、廉政风险点异常等电子监察内容。对每一项可能发生异常的内容都设置了预警、报警规则，并固化到行政权力库中。

二是全程监控权力运行。电子监察全面覆盖各级行政机关，全程监控各项权力事项办理过程，自动采集查看行政权力行使过程，对权力行使的时效性、流程合法性、上网信息的完整性等监察监控内容自动发现、提醒、督办。如同在每项权力、每个岗位、每个环节安装了“电子眼”、“隐形探头”，实现对行政权力行使的全过程监控，截断了“暗箱操作”、“走后门”、“找关系”的渠道，也为及时发现廉政风险提供依据。

三是压缩自由裁量空间。行政处罚的自由裁量权是权力乱象中最引人诟病的，也是滋生腐败的源头。针对不同违法情形分解细化相应处罚档次，并在系统中进行量化管理，根据处罚案情自动“对号入座”，从而减少了执法人员自由裁量的随意性。比如，以江苏省南京市建委“未领取施工许可证擅自施工”行政处罚项目为例，法律规定是按工程造价的1%—2%进行处罚，弹性空间很大。南京市将处罚细分为11个档次、85种情形，并固化到行权平台系统中，办案人员只要将违法行为、情节等相关客观要素输入，计算机就能自动比对并生成处罚结果，使自由裁量不再“自由”。

（五）以为民服务为目标，提升办事效率和质量

建设行权平台，依法规范权力运行，将权力关进制度笼子里，最终目的是为所有社会群体和阶层提供普遍的、公平的、高质量的公共服务，不断提升为民办事的效率和质量，提高政务服务水平。

一是将行权平台与政务服务大厅进行无缝对接和有机融合，形成了“窗口受理、网上办理、窗口反馈”的工作机制，极大方便群众办事，打通了为民服务的“最后一公里”。

二是利用网络平台和物理大厅的紧密联动和信息共享，一些“老大难”问题也得以解决。据江苏省人社厅反映有两个“没想到”：一是通过把药店、医院的业务流程纳入行权平台，有效遏制了骗保、重复开药、开非药品等问题，仅徐州市一年就节省 8000 万元；二是依托行权平台，实现了异地就医联网结算信息无障碍交换，13 个省辖市和部门，县市区与省平台双向接口互通，参保人员可在这个范围内享受“刷卡结算”的医保服务。

三是不断向基层拓展服务。通过直达村一级的网络平台，群众办事可以做到“小事不出村，大事不出镇”，“只进一家门，办妥所有事”。政务服务的触角可以延伸到每一个市民和村民，真正解决“最后一公里问题”。

三、取得的成效和下一步工作的思考

经过近几年的持续推进，行权平台正逐步成为各级政府部门简政放权、转变政府职能的重要抓手和落地措施。

一是通过电子政务手段摸清了权力底数，公开了权力运行轨迹，固化了行政权力运行流程，行政审批从“人际关系”变为“人机关系”，对权力行使过程进行全程跟踪、全程留痕、全程监督，并限时办结，斩断了权力寻租、滋生腐败等利益链条，切实把权力关进透明的“电子笼子”。

二是提升了政务服务效率。行权平台为推进简政放权提供了全新高效的载

体，所有的行政权力事项办件都要在规定时限内受理、办理和反馈，所有办事环节以图表方式清晰显现，时效考核以秒为单位精确统计，做到全程留痕，并与绩效考核体系接轨，有效提升了行政机关工作人员的办事效率，也进一步提高了政府服务群众的效率和水平。

三是改善了干群关系。依托行权平台，对政府依法行政建立了一套刚性程序，使得政府决策、采购支出、三公消费、办公场所等群众高度关注的环节变得更加透明。透明了才不会有猫腻，透明了公众才不会有疑惑，如此一来，政通了，人自然和了。

四是提升了辅助决策能力。通过对各地行权平台运行的数据进行统计分析和数据挖掘，可为决策部门提供很多有价值的决策信息和决策依据。比如，通过行权平台运行记录统计，江苏省淮安市某县水利部门编制 30 人，行政权力事项 15 项，一年办理事项 500 件，有的权力事项一年甚至只办理了几件。而该县农委部门编制 25 人，行政权力事项 12 项，一年办理事项 3000 多件，远远超过水利部门工作负荷。通过这些数据比对可以看出，当前部分行政资源配置不合理，这为未来进行行政机构改革提供了决策参考。再如，据统计，江苏省南京市政务服务中心办理的行政权力事项中，约 70% 的行政权力事项需要公众提供身份证、职称证、营业执照等证照原件。这些证照均由有关行业主管部门颁发，可以通过整合共享相关部门证照系统信息，建立统一的电子证照库，今后在办理行政权力事项时只需到电子证照库比对认证，不需公众专门到行政服务大厅提交证照原件，这就为下一步简化行政审批流程、取消行政权力事项提供了依据和参考。

目前，各地方部门简政放权工作都在进一步推进，行权平台的建设方式、内容、标准和进度各不相同，有必要从国家层面进行统一规范和管理，指导政府行政体制改革工作有序进行。

（一）强化顶层设计，统一标准规范

加强行政权力公开透明运行工作的顶层设计和整体规划，从国家层面确立

行权平台体系建设，构建中央、省、市、县、乡、村六级政务服务体系。统一政府权力事项梳理标准、编码规则和技术规范要求，包括权力事项数量、名称、类别、法律依据、内外流程图等，厘清各部门、各级政府的权力职责，全面推进权力标准规范建设。

（二）推进网上政务服务

一是不断深化权力公开透明运行。总结江苏、上海等地在推进简政放权方面的经验做法，在中央和地方选择有积极性的单位进行试点，积累经验后逐步在全国推广。二是会同各地区各部门推进网上政务服务平台建设，以服务窗口集成和服务产品定制的方式，促进各职能部门创新服务模式，丰富服务内容，在线或离线向公众提供行政审批等多种公共服务，方便群众办事，有效监督评价各职能部门的权力运行，不断推动服务型政府建设。

（三）强化部门合作，整合部门资源

从国家层面整合协调部门资源，强化部门合作共享，有效解决垂直部门自建系统与行权平台融合问题，打破部门系统之间的壁垒，实现部门间的数据共享和系统无缝对接。加快推进电子政务网络整合，为开展行政权力公开透明运行提供技术支撑。

（四）建立健全相关法律法规

加快电子证照、电子档案、信息共享等信息化相关立法，确立电子凭证的法律地位。建立电子政务绩效评价体系，围绕社会需求，将网上政务服务作为重点内容，与政府绩效考核硬性指标相结合，不断促进服务型政府建设。

【参考文献】

[1] 胡锦涛：《坚定不移沿着中国特色社会主义道路前进 为全面建成小康社会而奋斗》，在中国共产党第十八次全国代表大会上的报告。

[2]《中共中央关于全面深化改革若干重大问题的决定》，人民出版社 2013 年版。

[3]《中共中央关于全面推进依法治国若干重大问题的决定》，人民出版社 2014 年版。

[4] 中央文献研究室：《习近平关于全面深化改革论述摘编》，中央文献出版社 2014 年版。

[5] 中宣部：《习近平总书记系列重要讲话读本》，学习出版社、人民出版社 2014 年版。

[6] 国务院新闻办：《习近平谈治国理政》，外文出版社 2014 年版。

[7] 李克强：《简政放权 放管结合 优化服务 深化行政体制改革 切实转变政府职能——在全国推进简政放权放管结合职能转变工作电视电话会议上的讲话》，《人民日报》2015 年 5 月 12 日。

促进公众参与政府执行力评估的路径探寻

王福波

【导语】 李克强总理多次指出，要深化行政体制改革，切实转变政府职能。在推进“简政放权、放管结合、优化服务”的过程中，需要积极引入公众参与，促进政府提高执行力。当前，我国公众参与的意识还比较薄弱，范围和程度有限，方式方法尚需进一步丰富，已成为制约政府执行力提升的重要因素。需要对症下药，提升公民参与政府执行力评估的广度与深度。

政府执行力评估是政府绩效管理在政府执行力领域的具体应用和探索，是指将政府的执行态度、执行协调度、执行速度、执行能力以及公众对政府的信任度、满意度通过绩效评估主体体系的构建、评估指标的完善、评估的实施以及评估结果的运用等体现出来，并进而与提高政府执行力紧密相连。一般来讲，对政府执行力进行评估是政府执行反馈的关键，也是政府执行力改进的起点，政府执行力评估的缺失将会直接导致政府执行力的提升成为无源之水。特别是当前党中央、国务院对政府执行力问题愈加重视，要进一步提高政府执行力，需要对政府执行力制定完善的评判标准，并对执行力情况做出客观公正的评价和判断，也需要探寻执行力改进的绩效路径或者绩效方略。而在改善政府执行力评估方面，公众参与是一个独特的视角，不仅源于其深刻的必然性，而且也有其现实的急迫性。

王福波，法学博士，国家行政学院博士后，研究方向为政府绩效管理。

一、公众参与政府执行力评估的重要价值

政府执行力评估必然要求公民作为评估主体参与其中，这其中有其深刻的必然性，主要考虑有：一是公民参与政府执行力评估不但是绩效管理的基本原则，也反映了政府绩效管理的价值。政府执行力评估的价值理性与工具理性的整合，必然要求我国政府绩效管理要由“政府本位”转向“公民本位”、“以顾客为导向”，客观上要求将公民满意度作为政府绩效管理的出发点和落脚点。二是公民参与政府执行力评估，是政府加强其回应性的具体表现。“政府回应是政府与公众的一种双向互动过程，是公共管理民主化的具体体现，是政府与社会、政府与公众之间互动的过程。”[①]公民参与执行力评估，可以促进公民对政府履行职责的监督，同时可以加强政府和民众的沟通，增进公众对政府的信任。三是公民参与政府执行力的评估有利于强化政府绩效，改善服务水平。公众全过程参与绩效管理可以将公众对各政府部门的评议结果与部门领导以及工作人员的个人利益直接挂钩，评议结果的好坏也将直接影响到各部门领导及工作人员最根本的利益。因此，公众参与政府绩效管理无疑会对政府部门的领导及工作人员起到巨大的激励和约束作用，使其努力提升政府绩效，尽最大努力来满足公众的需求，这样也就促使了公共服务质量的提升。[②]

现在各地开展的以公众参与为主的政府绩效管理活动，使公众参与政府管理的途径得到拓展，使政府及其工作人员的责任感和服务意识及公共服务的质量得到提高。政府执行力评估的价值理性与工具理性的整合，客观上要求将公民满意度作为政府绩效管理的出发点和落脚点，同时公民参与政府执行力评估，也是政府加强其回应性的具体表现。公民参与绩效管理方面出现了偏差，往往会影响政府执行的公共效益，也影响执行主体与执行客体的交流互动，增加了执行的难度。此外，政府执行力建设的合法性是以政府执行力建设行为为民众

① 范祖华：《服务行政理念下的政府回应建设》，《法制与经济》2008 年第 12 期。

② 武文艳：《论公众参与我国政府绩效管理》，《中共银川市委党校学报》2014 年第 3 期。

所认同和支持为前提的，而政府绩效管理是向民众展示政府活动成效的机会，通过向民众展示政府执行力建设各项指标的运行状况，就有利于公众对政府活动的监督。若公民参与政府绩效管理不充分、不深入，民众对政府的认同感和支持率就难以保证，久之，就会危及到政府执行的合法性基础。

二、公众参与政府执行力评估的困境分析

目前，公众参与政府执行力评估存在一些不完善的地方，主要存在以下几个方面的困境：

（一）公众参与政府执行力评估的意识薄弱且动力不足

当今世界上，公众参与意识冷漠现象已不同程度地成为各国的难题。在传统的管理过程中，政府总是利用其强势的政治权威进行自上而下、单向的行政治理，而公众也习惯于政府提供什么就被动地接受什么，并且中国古代“恪守庶民不预政务”的传统政治文化的影响仍然在延续，久而久之，造成了公众对政府行为的冷漠和顺从心理，即使他们有什么需求和不满，也只习惯于在下面发发牢骚，少有参与政府管理的意识。此外，公众参与我国政府执行力评估缺乏一定的动力。“利益的自我实现性源于人的需要的自我满足，任何主体的需要，从其产生的那一刻起就带有自我满足的动力基因和目标指向。”[①]就公民参与政府绩效管理而言，其动力主要有三种来源：第一是从使命感和责任的角度，公众自觉参与政府绩效管理；第二种受利益驱使，为了实现特定的个人或集体利益而参与政府绩效管理活动；第三种则是一种被动的、强制的参与，这是由于政府为了营造民主的氛围，故作民主的姿态，强制要求公众参与政府绩效管理。[②]而当今我国公众参与政府执行力评估的实践表现出使命感不足，受利益驱

① 刘贵忠：《政府服务的公众满意度测评研究》，湘潭大学硕士学位论文，2005年。

② 曾博函：《公众全过程参与我国政府绩效管理问题研究》，大连海事大学硕士学位论文，2011年。

动的参与显得“激烈无序、左右摇摆”。这样，对于公众而言，往往抱有“搭便车”的心理，希望通过别人的参与而分享他人参与的结果，公众参与绩效管理的动力严重不足。

（二）公众参与政府执行力评估的制度化及规范化程度不高

“公民的参与状况与其所在国家或地区的政治环境直接相关，特别是国家的政治制度和政治当局的民主精神。公民参与必须有相应的政治制度保障和政治宽容精神，否则就难以有真正的公民参与。国家的政治制度为公民的参与提供合法的渠道、方式、场所，并且当公民的参与行为受到非法侵害时，应当保护公民的正当参与权。”① 一般来讲，西方国家的公民参与，往往有一整套制度保障，如英国政府的《公民宪章》、《竞争求质量白皮书》、《政府现代化白皮书》，美国的《政府绩效与结果法案》、《设立顾客服务标准》第12862号行政命令等，都在法规、体制、程序等方面确立了公众对于衡量政府绩效、服务质量等的核心地位，为公众参与政府执行力评估提供了有力的制度保障。而与西方国家相比，我国在政府执行力评估的制度化以及具体实施层面，虽然我国的基本社会制度和《宪法》都为公众参与政府绩效管理提供了根本保证，但实践中没有相应统一的政策、法律、法规作为应用性的制度来规范，在关于公民如何参与、如何规范参与行为、如何确保参与渠道畅通、如何正确运用参与结果等方面的制度却并不健全，公众参与政府执行力评估具有很大的随意性。

（三）公众参与政府执行力评估的范围和程度有限

政府的绩效管理是一项系统工程，一般包括计划、沟通、执行、结果运用等环节。要充分发挥公民参与的作用，公民就必须参与到绩效管理的各个环节当中。但对照我国目前一些政府的实践做法即可发现，公众在政府绩效管理扮演的角色单一、介入的评议环节偏少，直接决定了公众参与绩效

① 俞可平：《十八大之后的中国——改革关键期》，《社会主义研究》2013年第2期。

管理的总体影响力极为有限。这主要表现在：一是拟定绩效计划阶段，政府绩效目标对公众需求难以有效确认。有的政府制定的绩效目标往往是部门主要领导者的政绩目标，而与现实的公共利益脱钩，与公众的需求没有有效对接，或者说公众的需求只是予以了零星考虑，考量的深度、广度等方面都远远不够，公众需求没有成为政府绩效目标制定的出发点和归宿点。二是绩效实施阶段，公众对绩效实施过程监督缺位。当前我国政府在绩效实施过程中将信息向公众公开的程度普遍不高，政府绩效实施过程中出现了不少"含糊言之"、"暗箱操作"、"报喜不报忧"等情况，对于绩效实施的进展情况、预算的执行情况、人员的配备等关乎绩效实施的重要信息都没有向公众进行统一的公开。另外，公众获取信息的途径和渠道也比较有限，直接制约了公民参与的水平。三是绩效评估阶段，公众作为评估主体参与环节发挥的作用小。我国政府在对绩效进行评估时往往是由政府主导，一家独大，这就限定了公众参与的方式。同时，目前我国各级政府主要采用随机评估（此种方式主要是指问卷调查和电话采访）与邀请各界代表两种方式相结合的方法来实现公众对政府绩效评估的参与。被邀请的评估主体主要是来自于外部的社会公众，包括企业或组织代表、公共服务对象和普通民众，虽然这种方法涵盖的评估主体相对较为全面，但在关乎各方利益平衡与协调比如各类主体的数量、所占的权重等方面仍存在问题。四是绩效结果反馈和改进阶段的公众意见被忽视。对公众参与政府部门绩效评议的真实情况进行及时公开，有助于及时发现工作中存在的问题，并进而采取改进措施，只有这样，公众参与政府绩效管理才能真正发挥作用。但是现实情况是，有的政府往往根据自己的需要对公众参与评估的意见任意取舍，而不与公众进行良性的互动与沟通，不及时对公众参与测评的意见进行反馈并进行有效的绩效改进，使得公众参与政府绩效管理的持续性难于保证。

（四）公众参与政府执行力评估的方式方法尚需进一步丰富

西方国家公民参与政府绩效管理实践中大量引用企业的"顾客需要满意程

度模型”、“期望—实绩理论模型”等理论模型，公民参与在绩效评估指标的设置、结果的运用等方面的技术渐趋成熟，而我国公民在绩效评估指标设计、评价因素及指标的分类计量等方面尚在摸索阶段，技术运用比较粗放，同时，公民参与政府绩效管理方法较为单一，多是发放调查问卷等形式。同时，有的政府在设计公民参与绩效评估指标时，定性的指标较多，定量的指标较少，指标大多集中在一些感受方面，公民在评价政府时，往往要凭直觉或感受做出反应，导致出现绩效评估随意性和片面化甚至情绪化的现象。有些评价指标虽然在形式上可以定量，但在实践中缺乏具体的准确描述，公民对评价有关内容并不了解，评价结果往往体现了直观的心理感受，带有极强的个人主观色彩，评价结果的信度和效度有待推敲。

三、促进公众有序参与政府执行力评估的路径

（一）不断增强公众参与政府执行力评估方面的知识和能力

公众想要有效地参与到政府执行力绩效管理活动中并且发挥应有的作用，一定的知识和能力是必须具备的。目前，我国公众相对缺乏绩效管理方面的专业知识和实际经验。对此，一是应该培养公众对绩效管理工作的认识，运用电视、报纸、广播等媒体加大对政府绩效管理的宣传力度，使公众对政府绩效评估活动有一个清楚的了解和认识。二是要积极开展公众参与绩效管理的活动，让公众在实践中不断总结经验，从而提高公众参与的能力。三是建立专门的培训咨询机构，对公众进行必要的培训。在这方面，可以借鉴国外的成功经验，比如，美国罗格斯大学为新泽西州公众提供了业绩测评概念的培训，为公众提供了理解预算和业绩数据所需要的知识。

（二）构建公众参与政府执行力评估的保障制度

随着我国公民社会的发展，当前公众参与政府执行力绩效管理的强烈诉求与参与制度化缺乏的矛盾已日益明显。要更加深入地推进公民参与政府执行力

绩效管理的实践，必须在健全公民参与政府绩效评估制度上有进一步的突破。笔者认为，首先，要通过立法明确公民参与政府执行力评估的权利和义务，保障公民参与政府执行力评估的合法性和独立性，赋予公民在政府执行力评估中的信息获取、调查评估等权利，使公民参与政府执行力评估迈向规范化和科学化轨道。其次，要建立系统规范的评估制度，明确公民参与政府绩效管理的实施步骤与程序，明确所享有的权利、义务以及公众参与评估结果的运用管理等内容。此外还要建立责任制度，明确公民参与政府执行力评估的内部责任与外部责任，避免出现政府的“运动式”评估和公众参与的“搭便车”现象。当然，我们也欣喜地看到，有的地方政府已经在此方面积极探索。比如2009年10月1日开始实施的《哈尔滨市政府绩效管理条例》，该条例规定不仅绩效管理机构、政府及部门可以委托第三方机构开展绩效评估，其他高等院校、科研机构、社会中介组织和普通市民等也可在未受委托的情况下独立开展对政府及部门的绩效评估，从法律法规上明确了公民参与政府绩效评估的地位，从而对公民参与起到了很好的导向作用。

（三）不断提高推进公众参与政府执行力评估的工作水平

目前我国公民对政府执行力评估的参与，还只是一种低度参与，公众扮演的只是“被动信息供给者”的单一角色，公众评议结果的影响力极为有限。当前，我们要科学设计公众参与机制，逐渐将公众的部分参与转变为全过程参与，逐步实现公众由单一的参与角色向综合的“信息供给和决策共享者”角色转变。笔者认为，一是继续拓宽公民参与评估的领域和范围，为方便社会公众知晓和监督，凡涉及公众切身利益的公共事务都应该主动公开，特别是对于与公众日常生活关系较为密切的民政、公安、社保、人事、环保、财税等领域，要进一步改进评估方式，积极接受公众的监督。二是继续深化公民主体参与的深度。公众评议不能仅仅停留在对政府绩效的评判和反映上，而应该真正参与到政府绩效的全过程中，从绩效计划的制定、绩效指标的设计、绩效监控、绩效评估、绩效结果的运用等环节，都应当充分听取公众的意见，甚至规定公众在其中应该发挥何种作用，唯如此方能充分发挥公民主体的参与价值。三是要提高公民主体参与的理性度。现实情况表明，公民在参与政府执行力评估过程中也伴随着一些非理性的问题，比如，有的公众对政府执行力评估的状况“百般挑剔”甚至“一棒子打死”，有的借机发泄对政府的不满，从而背离了公民参与执行力评估的初衷，影响了公民参与的效度，所以，我们要注意将那些真正代表多数人利益的有效信息筛选出来，并排除大众情绪化因素对政府执行力评估造成的干扰。

（四）进一步丰富公众参与政府执行力评估的方式方法

公众在政府绩效管理中选取的参与方法和渠道直接影响了公众参与的有效性。根据世界各国的实践经验，公众参与政府执行力评估的途径和方式主要有公开听证、民意调查、公民咨询委员会、公民论坛、公民满意度测评、网上评议等方式。目前，我国公众评议实践普遍采用的主要是民意调查、满意度测评和网上评议三种。随着公民参与意识和参与能力的进一步提高，政府要相应地拓展公众参与政府执行力评估的方式和途径，笔者认为，下一步要在继续深入开展民意调查、公众满意度测评及广泛应用网上评议政府的基础上，一是要建立公民论坛，鼓励公民自发组织，围绕社区内的公共问题积极开展讨论，为政府公共政策的制定提供参考。二是发展公民咨询委员会，鼓励公众就特定的政策议题有组织地参与政府政策制定过程，使公众更积极主动投身于政府绩效管理实践活动中去，检验和评定政府绩效活动，并对政府绩效的改善产生积极的影响。

整体治理理论视域下的公安警务体制机制创新研究

王瑞军

【导语】按照党的十八大和十八届三中、四中全会关于全面深化改革的战略部署，加快推进公安改革，完善与国家治理体系和治理能力现代化相适应的现代警务机制、建立符合公安机关性质特点和履责需要的组织体系已势在必行。

当前，我国正处于经济转轨、社会转型、社会矛盾多发的特殊历史时期。公安机关作为人民民主专政的重要工具，是武装性质的国家治安行政力量和刑事司法力量，承担预防打击犯罪、服务人民群众、维护国家安全和社会稳定等重要职责。随着形势任务的发展变化，公安机关管理体制和运行机制与市场经济发展水平和动态社会环境不相适应的问题日益凸显。20 世纪 90 年代以来，以英国为代表的西方许多国家兴起和发展起来的整体政府理论，为深化我国现代警务体制机制改革、推动传统公安工作实现跨越式发展提供了新的理论工具和路径选择。

一、公安机关现行体制机制存在的问题

一是机构设置不合理。纵向看，层级划分太多，从公安部、省厅、市局再到县（区）（分）局，片面强调业务对口，上下对应；横向看，警种分割过细、

王瑞军，中央机构编制委员会办公室处长，国家行政学院 2012 级博士研究生，研究方向为行政体制改革。

机构裂化、职能“碎片化”，导致的直接后果是警力分布呈“倒金字塔”状，机关化倾向严重。指挥领导的人多，干活执行的人少，内部存在工作量两极分化的现象；同级职能交叉，相互推诿扯皮；上下级事权划分不明，争利、打架的情况时有发生。

二是警力资源配置不科学。很多地方不是按人口密度、管理面积、城区功能、社会发展状况及未来发展趋势等综合因素来配置警力，导致警力不能随着警情走，空间分布不够合理。部分地方警力部署分散，形不成拳头；某一区域同时聚集分局、派出所、责任区刑警队等多重警力，造成警力浪费；装备、经费等警力资源要素在系统内配置不尽合理，影响工作正常开展。

三是领导管理体制不顺。地市和县级公安机关实行“条块结合、以块为主”的领导管理体制，对于公安工作和队伍建设造成了一定的负面影响。如地方党政领导凭借对地方公安人权、财权的控制，经常把公安机关推到维护社会稳定的最前沿，随意指挥调动警力，依靠国家机器，采用专政手段处理人民内部矛盾，致使警民关系紧张，甚至引发一系列暴力群体冲突事件，影响社会稳定。同时，由于基层公安机关承担了大量的非警务活动，参与过多的行政联合执法，造成了警力资源的紧缺。

四是跨地区、跨警种间协作不力。受体制不顺、机构设置过多和职责划定限制等影响，不同地区、警种之间配合不力、协调不畅，单打独斗、“自扫门前雪”的现象比较普遍，由此导致重复建设、警务资源浪费，多层次全方位的警务合作政策框架、运行机制尚未形成。有些公安机关地方保护主义和本位主义严重，对外地协查案件和“追逃”工作不愿配合，甚至提出“有偿服务”，阻碍了跨地区、跨部门案件和其他警务工作开展。

五是整合利用社会资源不足。基于我国社会生态和传统观念，“警察包打天下”比较普遍，公安机关职能泛化严重。同时，公安机关与其他行政执法部门、社会管理部门之间的协调合作机制不够健全，由基层自治组织、社会团体、公众参与的社会化维稳工作格局尚未形成，导致公安机关与相关部门之间信息封闭、协作不力，社会资源整体效益不高。

二、整体政府理论的基本内涵

整体政府理论是在反思和扬弃传统的官僚制模式和碎片化的新公共管理模式的基础上形成和发展起来的，是一种通过横向和纵向协调的思想与行动以实现预期利益的政府改革治理模式。它以现代信息技术为依托，采用交互、协作和一体化的管理方式与技术，促使各种公共管理主体在共同的管理活动中协调一致，达到功能整合、消除排斥的政策情境，有效利用稀缺资源，为公民提供无缝隙服务[①]。提供优质的公共服务是"整体政府"的根本目的，政府机构功能的"整合"（Integration）是其精神实质，各种方式的"联合"或"协同"（Joiner-up）、"协调"（Coordination）则是其功能在管理上发挥作用的基本特征[②]。

整体治理不仅是一种工具理性意义上的治理模式变迁，更是一种治理理念的重塑，能极大地深化和提升政府治理的理论内涵和实践意旨[③]。针对各自为政的部门主义和视野狭隘的短期行为，整体政府理论强调合作的跨界性，要求目标和手段相互增强，通过完善合作、整合和信任机制，促使公共服务由分散走向集中，由破碎迈入整合，内聚产生"1+1>2"的协同效应。一方面提倡"官僚制"的存在，另一方面又采取多方的合作，要求相同和不同部门之间的协调。其官僚制的核心是机构的精简，目标、职能的整合和权力的统一，目的是为了防止机构的零散、臃肿，职能的割裂及服务效率的低下，是一种"新官僚制"。同时，它还要求多方的协作管理和整体性治理，包括不同层级政府之间、公私部门之间、不同政策领域参与者之间的合作以及公共部门内部的协调。随着当前我国社会管理机制创新的呼声日渐迫切，以整体治理为理论工具，深化我国现代警务机制改革，推动我国传统公安工作实现跨越式发展，不仅非常必要，

① Christopher Pollit, "Joined-up Government: A Survey", *Political Studies Review*, 2003（1）: 34-49.

② 曾维和：《西方整体政府改革理论、实践及启示》，《公共管理学报》2008 年第 4 期。

③ 曾凡军、韦彬：《整体性治理：服务型政府的治理逻辑》，《广东行政学院学报》2010 年第 2 期。

而且切实可行[①]。

三、基于整体政府理论的公安警务体制机制改革对策

（一）更新警务理念，限定警务范围

整体治理理论主张在吸收新公共管理理论关于提高公共服务效率的有益做法的基础上，通过协同和整合的方式为公民提供无缝隙而非碎片化的公共安全服务，实现公共服务的公平和正义。现代警务要实现整体治理就首先要剔除传统的全能型、管制型、人治型警务观念，着力建立整体服务型警务模式。

一是坚持以人为本的价值取向。执法为民是公安机关执法思想的核心，强化人本、法治意识既是现代警务价值取向的重构，也是人民群众对公安工作评价的基本准则。公安机关应切实贯彻中央关于加强和创新社会管理的要求，坚持管理与服务并重、维护秩序与保障权利统一，转变公安行政管理思路，创新管理服务方式。要推行重心下移，深化公安行政管理改革，建立行政审批事项定期清理和行政审批权力清单制度，改进户籍管理、交通管理、出入境管理、消防管理等公安行政管理工作，提高便民、为民服务水平，进一步提升人民群众的安全感、满意度和公安机关的执法公信力。

二是逐步减少非警务活动。破除警察全能观念，建设“有限公安”。根据《人民警察法》的规定，对公安职能进行重新定位，收缩公安机关权力作用领域，对于其目前承担的大量非警务活动，诸如征地拆迁、税费征缴、市容整顿、灾后重建等，按照先易后难、循序渐进的原则，交由税务、工商、城管、民政等政府相关职能部门负责。把属于社会的、市场的、公民的权力回归或放权于社会、市场、公民，防止公安职能的泛化[②]。同时，严格规范非警务活动用警审批和违规用警责任追究制度，限制基层警力无端被征用、滥用，切实做到合法

---

① 吴跃文：《整体治理：现代警务机制创新的必然逻辑》，《福建警察学院学报》2011 年第 2 期。

② 曹咏：《西方警务革命对我国警务改革之启示》，《湖北警官学院学报》2008 年第 5 期。

出警，节约用警。

（二）调整机构设置，建立“内联”治理结构

借鉴整体政府基于结果与目标的组织创新，对我国警察组织体系全面升级再造，建立一种“组织规模大、职能范围广”的大部制体制，对职能相同或相近的部门和警种进行撤并整合，综合设置警种、机构，健全部门、警种之间协调配合机制，从根本上解决机构重叠、职责交叉、权限冲突、政出多门等问题，最终形成体现整体政府的要求，与新形势、新任务、新要求相适应的实战化公安组织架构体系。

一是纵向减少管理层级，推行扁平化管理。公安业务工作强调时间性和灵敏性。在传统警务体制下，多层级结构直接导致决策速度缓慢、感受信息迟缓，延误警令传递，降低反应速度，增加运营成本，影响了适应外部环境变化所需的灵活性和反应力。为此，应调整和改善警力分布结构，简化纵向管理层次，加大横向管理幅度，使决策层和执行层之间的管理层级尽量减少，缩短管理指挥链条，提高工作效率。近年来，河南新乡、黑龙江大庆等地城市公安机关，撤销了城市公安分局（派出所），由三级管理改为二级管理，大量警力充实到街面、社区，“做大做强派出所（公安分局）、做专做实警务室”，取得了积极成效。

二是横向整合警种设置，打造“多功能警察”。公安机关警种设置过多，警种间忙闲不均、协调难度大，且各警种职能单一、相对固化。为此，一方面可整合设置现有警种、部门，促使警务机构逐步向大刑侦、大治安、大国保等管理模式过渡，实现警种部门内部协同；另一方面可整合基层一线单警职能，实现一警多能。根据各级公安机关的职能定位，精简内设机构和派出单位，合并职能交叉、相近的部门和警种，将机关精简人员调整到基层一线执法办案岗位，使队伍结构由“倒三角”变为“正三角”，切实解决部门警种间人浮于事、职能交叉、职权脱节的问题。

（三）创新警务运行机制，发展“外协”合作关系

整体政府理论注重公共服务主体间形成跨部门（或组织）的伙伴关系，通过多主体的联合提供无缝隙公共服务。公安机关应当以满足公民日益增长的公共安全需求为目标导向，按照统筹协调区域、城乡发展的原则要求，灵活采用市场化和非市场化手段，综合运用社会治安治理主体的嵌套、替代、互补等方式，实行一对多或多对一的联合公共服务供给，建立党委领导、政府负责、公众参与、社会协同的公共安全服务供给模式，实现社会治安综合治理主体多元化，完善公安工作社会化联动机制。

一是进一步明确公安机关与其他政府部门的职能分工。按照转变政府职能的要求，进一步规范和明确公安机关职权划分，逐步缩小和弱化行政审批、社会管制、监所管理等控制职能，集中力量加大社会面治安防控和安全隐患排查，加强防范和打击违法犯罪活动。明确各相关部门加强社会管理的职责，理顺公安机关与其他政府部门交叉、重叠的职能，将不属于或不适合公安机关承担的职能剥离出去，使公安机关集中精力做好治安维稳主业。

二是建立协调、参与式警务机制。整合公安资源与社会资源，强化协作、合作意识，通过“内联外协”、先“联”后“动”，建立健全新型的整体作战机制。整体作战机制，是以加强同违法犯罪作斗争的有效性为目标，以现代信息技术为手段，组织调度各地区、各警种的力量，充分发动和依靠群众，取得社会各界的支持与配合，形成整体功能优势的工作机制[①]。要强化公安机关上对下的领导指挥关系，建立不同区域、不同警种间的警务联动机制，消弭地方利益、人为阻隔等影响，实现警务资源整合利用。要加强金融证券、食品药品等市场监管部门与公安机关之间的协作，健全完善行政执法与刑事司法衔接机制，形成打击违法犯罪活动的工作合力。要坚持党的群众路线，坚决走“专群结合、群防群治”之路，建立社会化联动机制，提高警民协同能力和执勤执法水平。

---

① 孟宪文：《刑事侦查学》，中国人民公安大学出版社 2000 年版，第 27 页。

以上是笔者基于对公安机关体制机制现状的实践认知，针对制约公安机关职能作用发挥、影响公安事业长远发展的突出问题进行的粗浅解析。公安机关在整个国家治理体系中有着举足轻重的地位，公安改革作为全面深化改革的重要组成部分正在抓紧推进，许多困境问题的解决还有待进一步的摸索和探讨。

加快城中村改造步伐 提高城市发展质量

武小欣

【导语】李克强总理指出，要推进以人为本的新型城镇化，解决好“三个一亿人”问题，棚户区改造是一个绕不过去的问题。棚户区问题不解决，我们何谈社会公平？“十三五”期间，应进一步加快“城中村”改造，促进人的城镇化，提高城镇化发展质量。

城镇化是我国“十三五”时期国民经济和社会发展的重要内容。“城中村”改造是促进城镇化集约化发展的重要途径，从郑州市和镇江市的实践看，“城中村”改造具有很好的市场实施机制，有必要在“十三五”时期加快城市建成区内的“城中村”改造步伐。

一、“城中村”改造是加快城镇化建设的重要着力点

目前，在各个层级的城市建成区范围内广泛存在“城中村”。“城中村”往往是外来人口的聚集地，以出租、餐饮、零售为主的低端业态无序发展，管理难度很大。“城中村”与周边现代化城区形成了鲜明的对比，影响了城市的品质与形象。因此，有必要加快城市建成区“城中村”的改造步伐。在当前和今后一段时期，加快城市建成区的“城中村”改造工作，对经济发展、城镇化建设具有重要意义。

武小欣，国家信息中心综合部综合处处长，中国人民大学博士后。主要研究领域为宏观经济。

第一，“城中村”改造是扩大内需的重要着力点之一。城镇化是我国未来一段时期扩大内需最重要的领域之一，关键是要找准具体有效的政策着力点，“城中村”改造就是其中之一。通过对“城中村”改造，可以带动城市基础设施、农民安置房等社会有效投资，并且能拉动相关的消费需求。

第二，加快“城中村”改造是加速消除城市内部二元结构的重要途径。“城中村”使城市建成区内也形成了城乡二元结构，对城市管理、社会和谐造成了很大的体制性障碍，影响了城市的持续发展。通过加快“城中村”改造，促进“城中村”居民生产方式和生活方式的转变，可以促进城市健康发展。

第三，加快“城中村”改造可以提升城市发展品质。“城中村”改造是促进城市内涵式、集约化发展的重要途径。通过“城中村”改造，可以优化城市建成区内小区域空间功能布局，改善现有城市功能不完善的问题，提高城市综合承载能力；通过“城中村”改造，可以改善“城中村”地区脏乱差的形象，从总体上改善城市形象，提升城市发展品质。

二、郑州市和镇江市“城中村”改造情况

郑州市和镇江市非常重视“城中村”改造工作。郑州市2013年提出围合区域的概念，即将市区沿黄快速通道、万三公路及西南绕城围合区域称为“围合区域”，并提出2015年底前拆迁工作大头落地的总体目标。工程涉及8个区，358个行政村（含755个自然村），共有群众28.8万户，111.7万人，村庄原有建筑面积38679万平方米。到2015年6月底，共有249个行政村（含518个自然村）实施拆迁，涉及27.1万户，79.4万人，拆迁面积26252万平方米；累计投入1500亿元，累计开工安置房项目164个，开工面积5355万平方米，累计回迁安置房安置项目73个，回迁面积1607.6万平方米，回迁群众20.6万人。目前，“城中村”正在轰轰烈烈的拆迁改造过程之中。按照镇江市棚户区改造规划，其中城中村改造总面积700万平方米，涉及4.3万户。到2014年底，完成“城中村”改造320多万平方米，涉及1.9万户。

在具体的“城中村”改造过程中，郑州市和镇江市的工作各有特点。

在开发方式上，两市基本上以市场化运作为主。郑州市形成了“政府主导、区级负责、群众自愿、市场运作”工作模式。所谓“政府主导”是指市政府负责“城中村”改造政策与规划的制定，统一制定相关政策，明确补偿标准、土地出让以及可能的优惠政策等。所谓“区级负责”是指区政府全面组织实施“城中村”的改造工作，主要包括：开展群众动员，处理拆迁、安置补偿等事宜；负责土地一级整理，落实安置用地，收储剩余土地等。所谓“群众自愿”是指在村级层面依据“4+2”工作程序实施具体的“城中村”改造决策，通过之后才能正式开始实施改造工作。（“4+2”工作程序是指按照“四议”、“两公开”的程序决策实施。“四议”即党支部会提议、“两委会”商议、党员大会审议、村民代表会议或村民会议决议；“两公开”即决议公开、实施结果公开。）所谓“市场运作”包含两层含义，一是村民安置房建设依靠市场化运作，二是依靠收储的剩余土地成立区级的全资子公司，与其他商业性机构合资成立一个开发公司，其中区政府控股51%以上，合资公司通过信贷等融资渠道对剩余土地进行商业化开发，把安置房、公共服务配套设施等政策性建设任务与商业性开发项目捆绑在一起，从而完成整个城中村改造项目建设工作。镇江市在“城中村”开发方面主要依托城建集团、城投集团、文旅集团、交通产业集团等四家市属平台公司负责整体开发工作。

在“城中村”改造补偿方面，郑州市以实物为主，镇江以货币补偿为主。郑州市在拆迁补偿方面，对农民补偿比较充分，一般而言，每家补偿四五套单元房，少数家庭补偿十套以上。在具体补偿过程中，村民各有不同，大多数倾向以小区单元房补偿，少数倾向于以底商门面房作为补偿。在集体经济补偿方面，主要是把小区底商门面房作为村集体未来经济的主要收入来源。镇江市在安置政策方面规定，既可以选择货币补偿也可以选择房屋实物补偿。2012年，镇江市将货币补偿的补助比例由10%提高到15%，调动了群众选择货币补偿的积极性。目前群众选择货币补偿的比例达到75%。

在资金投入方面，两市在“城中村”改造过程中基本没有政府性资金投入，主要依靠市场化运作完成。开发过程中的资金来源主要依靠商业银行贷款。镇江市把“城中村”改造纳入棚户区改造项目范围，平台公司在“城中村”改造过程中使用了国家开发银行的政策性贷款，但是普遍反映出国家开发银行的棚改资金贷款规定太死，不好用。为了促进该项工作开展，两市政府均出台了一系列优惠政策进行引导和鼓励。

在过渡安置方面，郑州市大多数“城中村”改造项目的村民安置问题一般由开发商为村民发放安置费，村民自己租房或投亲靠友解决过渡期的居住问题。等过渡期结束后，大部分村民回原地安置。镇江市由于平台公司往往拥有多个楼盘，平台公司可以用现房进行安置，或者直接异地解决村民长久安置问题，或者以现金补偿方式直接解决了过渡安置问题。

在配套设施建设方面，郑州市在大的“城中村”改造项目中一般都配建有学校、医院、社区管理等基础设施，而且这些也往往成为开发商的主要卖点，所以规划和建设都比较好。资金来源主要由开发商直接提供，待项目完工以后，这些设施直接移交给相关机构，如学校直接移交给教育局管理。

在社会转型和管理方面，郑州市通过“城中村”改造，实现了“三个转变”：把“城中村”集体土地通过征收拆迁转变为国有土地；实现村民身份转变，村民变市民；村集体经济转变为股份制经济。在社区管理方面，实现由村组管理转变为城市社区管理的转变。安置房小区物业费一般由村集体经济收入进行代缴代扣，村民不用直接缴纳。为减轻村民负担，安置房小区的物业费用明显低于商品房开发小区。物业管理直接由村里组织进行管理，管理人员直接从村民中选择，物业管理人员工资由村集体经济负责。

通过调研我们发现，郑州市作为人口大省的省会城市，聚集效应很强，而镇江市经济发展富有活力，两市均是人口的净流入地，住房需求持续增长。开发商在土地整理和开发过程中实现了很大的增值收益，“城中村”是有利可图的项目。因此，“城中村”开发基本可以通过发挥市场机制完成。

三、“城中村”改造中存在的问题

在全国各地城市“城中村”大规模改造过程中，也存在着一系列问题值得关注，主要包括以下几个方面的问题：

一是拆迁难。总体而言，在“城中村”拆迁过程中许多城市政府给予村民的补偿条件应该是比较好的。但是在拆迁过程中，极少数村民因利益问题要价过高而成为“钉子户”。地方政府和开发商因为害怕“钉子户”上访，以及担心媒体不当宣传，往往显得十分被动。国家法律政策的缺失，开发商和地方政府往往以更多的利益补偿来满足“钉子户”，但是会引发鼓励更多的人成为“钉子户”。“钉子户”导致开发成本不断上升，项目工期受到严重影响，导致大面积逾期安置，损失很大。

二是建设存在隐患。首先表现在“城中村”改造建设容积率偏高。开发商基于利益的考虑，往往以高容积率来增强开发强度。例如郑州市曾经出现过8.99极端容积率的情况，目前大部分项目容积率处于3—5之间。过高的容积率影响宜居性。其次是规划和建设质量问题。开发商为了降低安置房的建设成本，从户型和建筑材料等方面进行了精心的考虑。有的安置房和商品化住宅小区之间形成一边是欧洲，一边是非洲鲜明的对比。最后，导致城市存量房过度供给。郑州市目前在大规模拆村建城的过程中，给村民的补偿的房子很多，平均每家四五套，城市存量房存在过度供给风险。

三是管理不到位。“城中村”改造建设上高楼林立，硬件上实现了现代化，管理上简单粗放，软件上明显不足。“城中村”的物业服务主要是负责基本环境卫生管理，承担的服务管理职能不完整，群众要求和现实服务处于脱节状态。新建社区需要新成立班子，需要保障人员工作经费、运转经费与服务经费等，一个社区每年运转下来需要几十万元经费，基层政府建设新社区的积极性不高。群众精神文明活动、文体活动没有组织牵头，一部分村民认同度不高，归属感不强，相当一部分农民不适应上楼住单元房的生活。

四、政策建议

为把“城中村”改造项目做好，在完善政策体系、强化规划引导作用、加强信贷政策支持的同时，还有必要做到“注重三个结合”：

一是注重“城中村”改造与完善城市功能品质相结合。我国大部分城市正处于快速成长发育阶段，城市内部在空间和功能上存在诸多不和谐之处，可以通过“城中村”改造契机优化完善城市功能布局，弥补城市功能要素的缺失，提升城市发展品质。例如，通过“城中村”改造可以扩大城市公共活动空间、生态绿地空间、优化街区功能、增加停车场和地下管廊设施等，促进城市小区域协调发展。

二是注重发挥大中城市的市场机制作用与强化中西部地区中小城市政策支持作用相结合。在东部地区城市和中西部地区的大城市等人口净流入地区，通过发挥市场机制作用，很大程度上就可以进行“城中村”改造项目。但是在中西部地区的中小城市，受经济发展水平、潜在的城区人口规模约束，完全依靠市场机制进行“城中村”改造可能存在一定程度的困难，因此，有必要加大政策支持力度，使中西部地区的中小城市的“城中村”也得到改造建设。

三是注重“城中村”硬件改造与加强管理服务相结合。改变“城中村”建设过程中的重建设、轻软件、轻服务的局面，强化“城中村”改造后社区管理与服务，把组织建设、人员队伍建设、经费保障、社区管理纳入城市政府社会管理的重要工作内容，避免出现新的二元结构，促进城市整体协调发展。

培育良好的制度环境是实施创新驱动战略的主要抓手

陈明华

【导语】中共中央、国务院《关于深化体制机制改革加快实施创新驱动发展战略的若干意见》指出："要加快实施创新驱动发展战略，营造大众创业、万众创新的政策环境和制度环境。"良好的制度环境是实施创新驱动战略的重要前提。本文认为应以制度环境建设为抓手，通过营造创新环境、夯实创新支撑，构建创新生态系统的建设，积极打造和完善创新驱动发展的支撑体系和机制环境。

"十三五"时期，我国面对全球科技革命和产业革命的机遇和挑战，面对经济发展新常态下的产业增长趋势变化和发展特点，全面深化改革的重点和主轴不变，创新驱动发展的战略意义尤显重要。实现这一战略的根本是改革，关键是营造有利于创新的体制机制和政策环境，调动全社会的创新积极性，解决创新资源配置和创新能力发挥等核心问题。

正如在新增长理论的视域中，推动经济增长的要素主要包括资本、劳动力、自然资源、制度和科技等五大因素。资本、劳动力和自然资源为第一层次，其增长直接作用于经济的增长；科技进步和制度变迁这两个创新自变量作用于生产要素的重新组合，导致效率提高，并使要素组合的产出边界向外移动，科技创新越来越成为驱动经济社会发展的原动力①。显然，随着我国经济发展驱动力量由要素驱动、投资驱动向创新驱动转变，科技进步和制度环境的协同成为影

陈明华，中科招商投资管理集团股份有限公司常务副总裁，中国人民大学博士，研究领域为国民经济。

① 胡长生：《创新驱动发展战略的历史选择与实现路径》，《中国井冈山干部学院学报》2015 年第 2 期。

响这一阶段经济增长原动力实现的关键因素，有利于创新的制度环境培育则是这一原动力的主要抓手和重要保障。这不仅由创新本身的需求所决定，还受我国特殊国情和发展环境的影响。

从创新本身的特点和规律来看，有效的制度环境培育是创新驱动力得以发挥的重要前提。与物质要素驱动发展不同，创新驱动是一种以知识型生产要素为核心驱动力的发展模式，因其具有不完全排他性、异质性、边际报酬递增等特性，创新项目存在内在不确定性、创新投入与产出之间均存在不确定性，无法用以物质要素为研究对象的研究惯性来论证等特性。科技创新并不符合物质世界中“种瓜得瓜，种豆得豆”的生产方式，知识型产品的生产是非线性、不连续、冲击波式的创新再生产。由于创新的上述不确定性，绝大多数的 R&D 项目支出都将以失败而告终，而那些极少数成功的 R&D 项目在市场中的应用情况也是在研发投入时无法预测的。美国 2001 年一项对化工、医药、石油、电器产业的研发情况的调研显示，只有 20% 的研发项目可以成功地进入到市场商品化阶段，而在少数成功进入市场的研发产品中，只有 45% 可以达到预期的利润目标①。在国家层面，斯泰尔等通过对美国、日本、德国、法国、英国、丹麦、芬兰、挪威、瑞典 9 个发达工业化国家的计算机、生物制药、汽车等 9 个产业的研究显示，国家的技术创新活动的活跃度与研发费用的多少不相关。②施筱勇通过研究目前创新驱动经济体的三大特征：高比例的知识资本投资、活跃的创业、高劳动生态率和全要素生产率，提出：与以往由技术人员驱动的技术创新不同，当今的创新越来越显现出创业者驱动（Entrepreneurship-Driven）的特征，初创公司（Start-up）对一个国家整体创新的作用越发重要。③可见，创新的产出与创新的投入不存在正相关，而建立有利的创业环境，消除创业的障碍，

① Hill Charles W.L. and Jones Gareth R., *Strategic Management Theory*, 5ed., U.S.A.: Houghton Mifflin Company, 2001, pp.183-184.

② See Benn Steil, David G. Victor and Richard R., *Technological Innovation and Economic Performance*, Princeton: Princeton University Press, 2002.

③ 施筱勇：《创新驱动经济体的三大特征及其政策启示》，《中国软科学》2015 年第 2 期。

才是建设创新驱动经济体的基础。

因此，支持创新能力建设也要尊重创新的规律。创新本身的不确定性、创新企业的信息不对称性以及创新生态的复杂性，均需要制度环境这一要素的保障。从美国硅谷和世界各地自诩的诸多“硅谷”的发展逻辑来看，尚未出现有像当年的硅谷一样能对破坏式创新给予最大包容的发展路径，硅谷的成长伴随着技术的迭代积淀、学术研究的积累、反主流文化思潮等系列要素变迁，成长为一个内生循环源源不息的创新生态圈，实现着自我反哺、更新和颠覆。在创新这个生态体系中，企业是科技创新的主体，而在推动企业科技创新能力提升中，政府则是营造环境的主体。在不断减少创新企业面临的不确定性和信息不对称问题的过程中，科技创新逐渐由单纯研究开发延伸为构建由新产品、新产业、新经济组成的完整生态，围绕这一完整的创新链条的公共研发、企业孵化、风险投资、产权交易、法律服务等各环节都会成为制约创新效率提升的瓶颈[①]。政府则应从疏通完善整个创新链条的角度完成创新生态，打造适宜的制度环境，最大限度降低创业成本。

我们在这里所强调的制度环境建设不是政府的过度干预，而是培育有利于市场创新要素重新组合的软环境。在我国现阶段，创新驱动发展虽已被提到重要战略地位，但由于制度创新建设较为滞后，难以构建创新生态系统。诸如，相关创新法律法规不健全、知识产权保护和专利制度不完善、与创新发展所需的风险资本体系尚不健全、创新资源被优势大型国企占据、政府在制度上过度干预企业孵化，使得创新活动以政府政策主导为风向标，使得创新主体失位，创新的发展逐步偏离市场逻辑，从而形成了现实中在市场的“有效性”和政府“有为性”博弈过程中的两种创新路径。王海兵、杨蕙馨通过对政府干预倾向和非市场化程度对创新驱动的作用分析，得出政府干预倾向对全要素生产率和技术进步具有显著负面影响，政府干预倾向越强，越不利于创新驱动的发展。[②]吉

① 胡钰：《增强创新驱动发展新动力》，《战略与决策》2013 年第 11 期。

② 王海兵、杨蕙馨：《创新驱动及其影响因素的实证分析：1979—2012》，《山东大学学报》（哲学社会科学版）2015 年第 1 期。

云认为因为创新活动本质上具有的不确定性、长期性、多阶段性和动态依赖性，决定了其价值的关键部分由复合实物期权构成。[①]由于政府主导的绩效评估机制需要依据“可见”的价值指标进行，而创新各阶段所呈现出的期权价值不可观测、不可度量，这导致相关评估机制会低估这些价值，进而降低每阶段的期权执行概率，最终导致整个创新复合期权价值的下降。创新价值降低促使政府主导型经济的增长动力更多地倾向于要素驱动，而非创新驱动。因此，创新驱动经济需要更高的市场化水平。尤其是在创新速度越来越快的时代，政府要想准确把握创新方向，变得越来越难，能够及时把握创新动态的，更多的来自于处在市场竞争中的企业。

以近年来火热的“众创产业”发展为例，以企业为主体的“众创产业”支持能够自然吸引创新创业所需的资金、技术和创客等资源的汇聚。而过多的政府干预却带来了资源的浪费和新一轮招商引资的恶性竞争，进而推动该行业偏离市场规律。

在实践中，笔者早在2014年8月作为创始合伙人在北京中关村投资成立创新型孵化器“速普创新孵化器”（Super G），不仅提供从初期到退出期的持续资本投入，也提供创业导师、投资者和策略合伙人等支持，构建起一条创新创业的产业链。同时，结合多年来的投资经验和近年布局的创业教育、互联网PE等平台，这种立足于企业自身优势创新创业的系统支持平台，不仅通过全资本链的支持保证了资本持续投入和阶段性退出，吸引了大量创客和投资者；而且通过技术、市场的对接汇聚了项目源，满足了市场上创新创业的要素需求。自2015年“创新创业”被写进政府工作报告、国务院常务会议确定支持发展“众创空间”的政策措施后，全国创新创业产业发展被推向高潮，作为这场运动的物理载体，“众创空间”顺势如雨后春笋般涌现。各地政府甚至启动众创空间资助计划，但是，政策驱动下并未带动创客、资金自发靠拢，部分“众创空间”处于等米下锅状态，创新创业俨然变成新一轮招商运动。在这样的新一轮全国

---

① 吉云：《政府主导经济：要素驱动还是创新驱动》，《制度经济学研究》2014年第1期。

运动式的资源配置模式下，资源的争抢带来了市场信息不透明、投资人和创业者信息不对称等问题。即使政府提供一定的资金引导，政府也没有能力分辨创客项目的真伪，再加之创新项目风险较大，引导资金投资难以形成统一标准，却要承担比市场更高的管理成本。可见，政府为主导的创新创业难以体现真实的市场需求，创新驱动力也难以发挥。而在早期投资的公信力方面，又出现了政府缺位的现象。自"创新创业"与"众创空间"成为热词以来，越来越多的创业项目开始虚报融资额，从而迅速导致了早期投资的大量泡沫。易凯资本王冉指出，其近期投资的大多创业者都将融资额虚报了两到三倍。真格基金徐小平甚至发起倡议，共同抵制虚报融资额现象。类似早期项目真实投资额的统计与发布需要社会公信力的参与，而这些需要体现公信力或亟须行业组织参与的领域，目前又处于监管缺失状态。

创新这颗种子需要合适的土壤，制度环境则是创新驱动力发挥的土壤。这份土壤的培育需要厘清市场和政府的职能定位，规范政府在创新驱动发展中力量的投入方向。经验告诉我们，"区域经济的创新发展，不是取决于政府主导的资本投入，而是取决于是否有一套有利于创新活动开展和人的潜能充分发挥的制度安排、社会环境和文化氛围。"[①] 因此，政府在推动创新业务中的理性作为，应该从服务建立以市场需求为导向的科技创新生态出发，实现创新驱动力发挥，经济中高速增长。

优化政府职能，在营造公平合理的市场环境中有所作为。有利的创新环境是建设创新驱动经济体的基础，政府应加强对创新创业的宏观引导、公共服务和市场监管。在市场机制有效的领域，应充分发挥市场配置创新资源的能力。让创客和创新创业企业在市场中优胜劣汰，让价格机制和市场供需调整创新创业的规模和形式，避免政府作为创新创业的管理者参与进来；在市场失灵的领域，政府要着力完善创新创业的政策体系和制度体系，创造有利于创新创业的法制环境和监管环境。政府引导创新活动的集聚不在建设科技园区，不在大兴

① 吴敬琏：《发展中国高新技术产业：制度重于技术》，中国发展出版社 2002 年版，第 23 页。

土木发展众创空间，而是在降低企业的准入成本，营造尊重人才流动的软环境，疏通企业融资、上市、并购等各种产权和转移方式的机制等方面。

转变政府职能，简政放权，引导社会各要素主体参与创新生态体系建设。创新驱动发展战略的实施，需要不同产业之间、不同创新主体之间的协同合力。

科技与金融的结合是实现创新发展的先决条件。优化金融体系，将政府引导资金通过风险投资、私募基金、证券市场等多元化金融资本注入到创新要素市场，充分发挥政府引导和市场专业投资力量的集合作用。通过引导资金结合金融机构、企业及其他社会资金，鼓励按照市场机制设立创业风险投资基金，加大科技创新风险投资规模；加快建立和完善科技型企业融资担保和信用保险机制。鼓励金融机构开展知识产权等无形资产质押贷款；支持战略性新兴产业等创新型企业孵化投资，充分借助资本市场加快创新型企业成长，政府则重在完善资本市场环境建设、监管。

通过相关政策和规划的制定，推动创新的发展，完善公共服务平台建设，为服务创新资源整合转化创造良好条件。作为最具有公信力的机构，政府应重在通过设立公共服务平台，包括信用评价体系、知识管理平台、科技资源共享服务平台等，减少创新的不对称性、信用风险、重复研究等合作壁垒和资源浪费，促进科技与经济的融合发展；通过不断完善现有的知识产权保护法律、法规，对创新成果产生的知识产权进行保护。充分赋予科研人员科技成果处置权和受益权，又要鼓励搭建知识产权的投融资体系，通过知识产权投融资服务平台完善创新知识产权质押融资风险、评估及流转的管理机制，从而促进知识产权融资的商业化、常态化。同时，公共平台的建设不仅能满足公共服务需求，而且能促使加入平台的创新主体共同参与平台集成，实现资源需求方和供给方的有效对接和协作，有利于创新创业的发展。

完善行业组织与中介组织积极参与的制度环境。政府应简政放权，将行业引导管理、知识产权维护、信息技术交流平台建设等资源配置权尽可能交给行业协会、专业服务中心和科技中介等服务体系。其中非营利组织在服务体系中的作用固然重要，但更重要的是发展以市场盈利为目的的中介组织。目前我国更多的服务组织需要以市场机制为动力，向盈利型组织转型。长期以来，政府在资源配置中占据主导地位，在一定程度上影响了行业协会等中介机构的合法性和资源配置能力。这些中介组织具有自发性、市场性、行业性、会员性、非政府性和互益性。在创新生态建设方面，政府可以借助创新服务体系的力量提供更专业化的服务、实现与企业信息沟通、行业的引导和对企业的支持，在减少创新成果交易成本、发挥创业成果转移纽带作用等方面发挥积极作用。

结　语

在创新驱动发展的过程中，突出科技创新尤其是自主创新能力、鼓励以创新产业为标志的创新型经济发展，这些就科技创新本身的意向、含义和着力点而言，都是明确的。创新的产出与要素的投入并非正相关，且在较大程度上受制度环境的影响，如果缺乏相应的制度环境匹配，则创新资源的配置效率将大大降低。这一制度软环境的建设表现为政府简政放权的体制改革；表现为经济、法制等管理的创新；表现为厘清市场与政府的职能定位，充分发挥政府作为政策和制度制定者的作用，来真正影响创新的外部环境和动力机制，充分调动市场与中介组织服务体系力量，共同促进创新市场的繁荣。

国外中央与地方关系的经验与启示

刘　铮

【导语】党的十八届三中全会《关于全面深化改革若干重大问题的决定》指出，要正确处理中央和地方关系，发挥中央和地方两个积极性。央地关系既决定着长远的国家统一，又密切关联当前的经济发展。在全面深化改革、推进国家治理能力和治理体系现代化的过程中，有必要认真汲取世界上其他国家处理央地关系的经验教训，把握处理央地关系的规律，以为我们所参考、借鉴。

央地关系影响着国家当前的团结稳定，又决定着国家未来的发展活力，是一个需要持续实践探索和理论研究的重大问题。纵观美国、日本、法国等十余个国家央地关系的发展历程，国外的中央和地方间关系呈现出一定的变迁规律和发展趋势，为我国提供了有益的经验教训。这些研究成果为进一步完善我国央地关系提供了重要参考，我们应在立足我国国情的基础上进行借鉴、批判和扬弃。

一、国外央地关系的变迁规律

世界各国央地关系的变迁历史表明，国家的不同发展阶段对央地关系提出了不同的要求，央地关系只有根据发展阶段的要求进行相应调整才能同时兼顾国家的团结稳定和发展活力，能够根据国家特定发展阶段的要求对央地关系做出有效调整是判定央地关系成熟的主要标志。这是国外央地关系变迁中的一个基本规律。

刘铮，国家行政学院2013级博士研究生。主要研究领域为行政体制改革。

纵观世界各国现代化发展过程，可以将其分为起步阶段—快速发展阶段—危机阶段—成熟阶段。与这一过程相对应，央地关系的发展趋势也呈现出集权—分权—再集权—再分权的四个不同时期。第一，现代起步阶段是一个重要的转轨时期，国家需要有力的中央集权以减少争议和内耗，为国家指明发展方向，抓住机遇尽快进入现代化的轨道。央地关系因而出现了明显的中央集权趋势。第二，进入快速发展阶段后，伴随市场机制逐渐成长完善，中央集权过度干涉经济的问题逐渐突出，导致了严重的官僚主义和权力腐败，成为现代化进程中的阻力。央地关系因而出现了明显的地方分权趋势。第三，在现代化危机阶段，国家不得不集中各种力量和资源以应对紧张局势，央地关系重新由地方分权走向中央集权。第四，进入现代化成熟时期后，社会民众对自由和民主的需求越来越高，科技的发展也使得地方分权变得更加可行和有效，国家因而又开启了新一轮的地方分权浪潮。

表面上，央地关系经历了一个循环的过程，但这绝不是简单的反复或倒退，而是依据国家发展阶段的变化对央地关系进行了有效调整。因此，央地关系与国家发展阶段是密切联系的，央地关系的调整要服务于国家发展阶段的需要，既不能超前，也不能落后。央地关系的变化不是一个单向的线性过程，而是一种波浪式前进、螺旋式上升的过程。

二、国外央地关系调整的主要经验

美国、日本、法国等国家的央地关系呈现出一定的变迁规律和发展趋势，为我国提供了有益的经验教训。这些研究成果为进一步完善我国央地关系提供了重要借鉴和参考。

（一）央地关系问题的关键是处理好职能划分、财权配置和监督控制三者的关系

职能划分、财权配置和监督控制，三者有着密切的联系。必须将其作为一

个整体，才能处理好央地关系。首先，中央和地方的职能划分必须兼具原则性和灵活性，才能既有实效，又能应对经济社会的快速变化。第二，财权的配置既要考虑地方的事权职能，也要有利于中央对地方的监督控制。世界各国普遍将财政资金作为监督控制地方政府的有效手段。第三，中央政府的监督控制能力决定了地方所能享受分权的程度。中央监督控制能力越强，地方享受的分权程度越高。忽视监督控制能力，一味扩大地方分权，必将导致混乱和无序。

（二）调整央地关系的主要手段及其问题

央地关系的调整手段可以分为政治、行政、法治和财政等四种。总体而言，四种手段都是平衡中央集权和地方分权的有力武器，各有优势和不足，没有高低优劣之分。单独一种手段都不可能构建起良好的央地关系，必须根据实际情况和需要，综合搭配运用。

政治手段，指中央直接或间接对地方领导人进行任免和监督。行政手段，则是指由中央政府直接对地方政府发布命令指示或进行监督指导。政治和行政手段在形式上常表现为一种直接控制，其优势在于行动有力、效果明显，有利于加强中央集权，适用于单一制集权国家。但由于政治和行政手段在加强中央集权上的有效性，许多实行地方自治的国家也创造条件进行使用。例如，美英各国中央政府部门都在地方设有派驻机构，派驻机构的人财物由中央统一管理，从而能在地方自治的情况下运用政治和行政手段加强对地方的控制。政治手段的主要问题在于它导致用人腐败，进而滋生一系列的政治、经济和社会问题，并且难以与群众不断增长的自由和民主诉求相融合。行政手段则对地方政府进行直接的行政干预，损伤了地方政府的独立性，降低了地方政府的行政效率。尤其是伴随地方职能的增长，中央行政干预对行政效率的影响就更加明显。

法治手段是指以法律和司法的形式来处理中央和地方关系问题，其主要作用在于为央地关系构建一个基本框架，并为处理央地间的争议提供一个平台。财政手段是指以财政收支的形式来处理中央和地方关系，是制约地方政府和推进中央政策的有效机制。法治和财政手段在形式上常表现为一种间接控制，其主要优点是稳定性、灵活性和规范性，易于在中央集权和地方分权间取得平衡，有利于保障地方分权，在单一制国家和联邦制国家都得到了广泛的运用。尤其是转移支付制度，它以中央政府控制大部分财政收入为基础，从而形成中央控制地方、地方依赖中央的基本格局。然后由中央政府以财政补助的形式将资金拨付给地方政府，形成中央实施宏观调控和推动落实中央政策的有力手段。法治手段的主要问题在于其给中央和地方提供了保障自身权益的法律武器，坚定了各方捍卫自身权益的决心，进而加剧了对立和内耗，甚至于使各方陷入了法治的泥潭。20世纪80年代，英国央地关系的调整就导致了双方行政诉讼的激增，给整个国家的政府间关系带来了极大的负面影响。财政手段的负面效应则更多，如破坏了地方财政的完整性和连续性，降低了财政资金的使用效率，导致中央和地方财政关系的紧张。尤其是当前普遍使用的转移支付制度，在央地关系上起着一定的反向引导作用，即谁的分裂倾向最大，谁获得的转移支付就越多，以一种隐藏的方式鼓励着分裂对抗行为。从一定程度上说，财政手段将央地矛盾浓缩到央地财政紧张上，而转移支付制度则是将当前的央地矛盾积累到未来，都只是浓缩积累了矛盾，而不是化解央地矛盾的治本之策。

（三）注重民族问题：过度集权和过度分权都将严重危及社会稳定

民族问题使央地关系变得更加敏感，一旦处置失当，民族问题就很容易被地方分裂主义所利用，升级为根本性的团结统一问题甚至是国际问题。苏联和南斯拉夫，在民族问题上分别采取了过度中央集权和过度地方分权两种截然不同的做法，使民族问题发展为国家解体的导火索。因此，在处理央地关系上必须高度注重民族问题，更加注重集权与分权的平衡，既不能过于集权，也不能过于分权。

三、国外央地关系发展的共同趋势：集分平衡与央地共进

根据当前的发展趋势，世界各国央地关系间的差异仍旧客观存在，但这一

差异正在不断加速缩小。从一定程度上讲，世界各国的央地关系正沿着不同路径向着一个共同的理想状态逼近。这个共同的理想状态可以概括为两个方面，即集分平衡与央地共进。

集分平衡是指世界各国不再刻意地单方面追求中央集权或者地方分权，而是努力从中央集权和地方分权中寻求平衡。集分平衡背后所反映的中央和地方间相互依赖的增强，仅仅依靠中央或地方单方面都无法满足民众对政府的要求，也无法回应各种内外部的挑战，必须通过集权与分权的平衡来充分发挥中央和地方两方面的积极性。例如，美国、德国等传统的地方分权型国家正在不断加强中央集权，而法国、日本等传统的中央集权型国家则在积极对地方进行放权，着力减少中央对地方的行政干预和直接控制。

央地共进是指在中央集权和地方分权的平衡过程中，中央和地方的权力实现了同步增长。有效的权力调整就是将权力配置在了更适当的地方，从而增加了双方权力的总和。例如，在福利国家的发展过程中，地方政府的权力普遍扩大，但与此同时，中央政府始终保持着对地方的有力控制，地方的权力增长因而也就保障了中央的权力增长。所以，央地关系绝不是此消彼长，而是要通过有效调整实现中央和地方权力的共同增长。

四、国外中央与地方关系对我国的启示

（一）坚持在单一制的框架下寻求集权与分权的平衡

世界各国央地关系的实践表明，单一制与联邦制都是处理央地关系的有效模式，没有高低优劣之别。从发展趋势来看，单一制和联邦制的区别正在淡化。从促进地方分权的角度来看，单一制也并不输于联邦制。从运作效果来看，单一制有很多成功的范例，联邦制也有许多惨痛的失败。所以，单一制与联邦制之间的差异对于央地关系和国家的发展并不起决定性作用。

我国是单一制国家，这是由我国的政治、经济、文化等各方面的现实因素综合决定的。改革开放30年来的巨大发展成就表明，单一制是适合我国国情的

正确选择。当前我国全面深化改革已进入攻坚期和深水区，将对利益格局和思想观念进行巨大重构；我国幅员辽阔、区域发展极不平衡；全球化浪潮下，国际竞争日趋激烈。面对这些挑战和问题，在未来保持一个强有力的中央集权是极为必要的。在坚持单一制模式的同时，要正视我国央地关系中存在的客观问题，依据时代要求和国家具体情况在中央集权和地方分权之间进行有效的平衡。既不能退回到高度集权制，也不能照搬联邦制的地方分权模式。尤其要坚持完善“一国两制”和民族区域自治制度，维护好国家的团结稳定。

（二）放权改革要坚持问题导向，坚持有序、可控、见成效

从一定程度上讲，发达国家普遍将调整央地关系作为应对经济社会危机的有效手段。世界各国之所以对中央和地方关系进行调整，都是为了解决本国所面临的重大体制性结构性问题，都是为了适应新形势下国家和经济社会发展的需要，而不是对央地关系的基本格局或基本形式进行根本性变革，更不是为了将国家引入某种学术理念的乌托邦之中。

结合当前我国实际情况，在新一轮的放权改革中要坚持问题导向，要以促进经济社会发展和服务国家大局为目标开展放权，绝不能为了放权而放权。在全面深化改革的过程中，我国政府将简政放权作为改革创新的当头炮，开启了新一轮的放权改革。这一决策部署符合我国经济社会发展需求，与当今世界各国调整央地关系的趋势相一致。需要注意的是，放权涉及央地关系的调整，必须慎重稳妥。必须在放权中坚持问题导向，要以放权解决实际问题，要以放权取得实效。绝不能将放权本身作为目的，无论是追求政治理念还是搞形式主义，轻易调整央地关系都是不明智的、不可取的。

在坚持问题导向的基础上，更要在放权中坚持有序、可控、见成效。有序，就是指在区别问题轻重、缓急、难易的基础上，有步骤、有计划地进行放权。可控，就是要在放权过程中综合考虑地方承接能力和中央监管调控能力，做到收放自如。如果地方承接能力不足或中央监管调控乏力，都有可能会出现“一放就乱”的困局。见成效，就是在做好政策设计的基础上抓好落实。世界各国

调整央地关系的过程都不是一帆风顺的，都遇到了各种阻力和困难。对我国而言，放权过程中的“明放暗不放、放虚不放实、先放后收”等诸多变通政策也是屡见不鲜。因此必须要高度重视放权中的政策落实问题，灵活运用法治、电子政务、第三方评估等创新手段，把放权工作抓实抓严抓细，确保放权见成效。

（三）在坚持完善政治和行政监督的同时，更加注重运用法治和财政手段进行监督，逐步建立完善间接监督控制机制

中央对地方的监督控制机制是央地关系中的决定性因素。一般而言，监督控制机制可分为直接和间接两种。世界各国央地关系的实践表明：监督控制乏力将使地方自治走向分裂主义；直接监控有助于国家应对事关存亡的政治、军事或经济危机，但难以使国家长期持续保持活力；间接监控虽然减轻了监控的强度，但给予地方充分的自主活动空间，有利于集权与分权的平衡。从一定程度上讲，中央对地方的间接监督控制越有力，地方所能享受的自主程度就越高。

从中央对地方的监督控制来看，当前我国央地关系中的三个突出问题就是：直接监控过强，间接监控过弱；政治行政监控泛滥，法治财政监控不足；多头监督，独立性和权威性不高。受历史文化等多方面因素影响，我国对地方的控制主要是通过政治、行政方面的直接控制，如对地方党政领导的任免、由中央部委从行政上对地方进行“条条”管理，以及在部分领域实行的垂直管理等。我国幅员辽阔、区域发展差异大，使用政治和行政手段进行直接控制是有必要的，是我国保持长期稳定的基石，必须予以长期坚持。但同时也应该注意到，政治和行政监控可以是直接的监控，也可以是间接的，可以为地方留下相对较多的决策空间。更为重要的是，对于国际上普遍使用的法治、财政等间接监控手段，我国还有很大的学习借鉴空间。尤其是我国的转移支付制度，税收返还和财力转移占比过高，专项和一般性转移支付占比偏低，没有发挥出应有的监督控制作用，有待逐步完善。

总体而言，加强对地方的监督控制是央地关系中的核心问题，也是我国央地关系中的薄弱环节。加强对地方的监督控制，在监督体制上，要从多部门的松散监督走向单一部门的独立权威监督；在监督手段上，要从以政治、行政监督为主转向综合运用政治、行政、法治、财政等各种监督手段；在监督方式上，要从以直接监督为主转向直接监督和间接监督并重。

（四）按照审慎稳妥的原则逐步规范央地关系

新中国成立 60 多年来，我国在央地关系上进行了长期的实践，积累了许多宝贵的经验，有必要在总结经验教训的基础上，逐步规范央地关系。需要清醒认识的是，很多国家都通过宪法和法律对央地关系进行了明确规范，但这种规范的央地关系与实际的央地关系总是有很多差距，甚至有着天壤之别。我国是一个有着十几亿人口的大国，要实现现代化进程中的“惊世一跃”，历史上没有过，国际上没有过，我们自己也仍处于摸索之中。因此，规范央地关系，绝不能照搬别国的具体模式和做法，不能为了规范而规范。规范央地关系必须要符合对我国央地关系的正确认识，认识到什么程度，就将其规范到什么程度；必须要针对央地关系中的具体问题，一旦对央地关系进行规范就必须有益于中央和地方两个积极性的发挥。

规范央地关系应坚持审慎稳妥的原则。中央与各地就央地关系进行着精彩的实践，等一等、看一看，表面上的问题会逐步散去，深层次的问题会持续凸显。中央掌握着央地关系的主动权，一旦看清楚了，把握住了规律，就可以先将看清楚的这部分规范起来。央地关系问题是一个长期的体制性问题，不是在市场经济里做生意，谈不上稍纵即逝。具体而言，中央和地方的事权划分可以由粗到细的进行；中央和地方的互利合作机制可以逐步探索；中央和地方关系的法制化则仍有待实践和理论的进一步发展。

【参考文献】

[1]〔英〕伊夫·梅尼等主编：《西欧国家的中央与地方关系》，春秋出版社 1989 年版。

[2] 胡康大：《欧盟主要国家中央与地方的关系》，中国社会科学出版社 2000 年版。

[3] 董礼胜：《欧盟成员国中央与地方关系比较研究》，中国政法大学出版社 2000 年版。

[4] 薄贵利：《中央与地方关系研究》，吉林大学出版社 1991 年版。

[5] 薄贵利：《集权分权与国家兴衰》，经济科学出版社 2001 年版。

[6] 林尚立：《西方国家中央与地方关系的特点及其发展趋势》，《松辽学刊》（社会科学版）1992 年第 4 期。

[7] 潘小娟：《中央与地方关系的若干思考》，《政治学研究》1997 年第 3 期。

[8] 杨小云、邢翠微：《西方国家协调中央与地方关系的几种模式及启示》，《政治学研究》1999 年第 2 期。

[9] 张永斌：《世界主要国家与我国处理中央与地方关系的历史考察》，《上海行政学院学报》2002 年第 2 期。

[10] 潘小娟：《中法中央与地方关系改革比较研究》，《 国家行政学院学报》2005 年第 4 期。

政府职能转变背景下我国公共服务市场化研究

杨志荣

【导语】党的十八届四中全会对规范和转变政府职能提出了两项要求：一是政府职能法定化；二是制定并遵循良法。在进一步转变政府职能的背景下，探索在公共服务中适度引入包括私人部门、民营部门等多主体参与，适度引入价格机制和竞争机制，对提高公共服务的质量和效率有着重要意义。

一、我国政府职能转变：历史变迁及新趋势

政府职能是政府在国家政治、经济和社会生活以及公共事务管理中所负有的职责和功能。这一定义准确概括了人类社会发展进程中，政府和国家的关系以及政府在国家政治生活中的地位和作用。国家是一个历史概念，是人类社会生产力发展到一定阶段的产物。政府继之国家的产生而产生，且一经产生，便在国家政治生活中发挥着重要的作用。政府作为国家治理的核心主体，行使对国家和社会公共事务的管理权。凭借这种权力，政府便相应地享有一定的职能。政府职能并非一成不变，而是随着经济社会的发展以及治国方略的调整不断调整。

（一）我国政府职能的历史变迁

随着国家经济发展和社会变迁，我国政府职能也在不断转变中，经历了全能型政府职能、经济发展型政府职能、治理型政府职能三种职能模式。

杨志荣，中国人民大学公共管理学院2013级博士研究生，研究领域为政府治理和行政体制改革。

1. 全能型政府职能：计划经济体制的产物

全能型政府职能模式形成于1949年新中国成立后。由于当时所处的国际国内环境较为严峻，加之建国初国力贫弱，我国实行政治上的高度集权和经济上的计划体制。全能型政府模式是这种高度集权的计划经济的产物。计划经济的特点就是行政干预和命令控制。政府对经济和社会发展体现着极强的“父爱主义”色彩。在经济领域，政府通过行政命令控制企业的一切生产经营活动，在生产、分配、交换、消费的每个环节，政府的管制无处不在。政府几乎垄断了国民经济的所有环节和领域。同样，在社会生活中，政府也包揽了一切事务。社会资源被政府牢牢控制，一切社会组织和个体均依附于党和政府，几乎不存在任何独立自主的民间组织与公共场域。[①]社会没有任何资源和权力，也没有一点生气与活力；市场机制被完全取缔，计划和命令大行其道。市场和社会被政府这个无所不包、无所不管的“大家长”统得过死，便是计划经济时代全能型政府职能的特点。

2. 经济发展型政府职能：改革开放的角色定位

长期的计划经济束缚，导致我国经济发展落后，人民生活水平低下。十一届三中全会后，党和国家的工作重心转移到经济建设上来，拉开了改革开放的序幕。在全世界大多数国家和地区都实行市场经济的时代背景下，改革开放就是要改变以往那种传统的计划经济体制，打开大门同国际接轨，实行市场经济。然而长期计划经济的影响，是我国市场经济脱胎的根源。过去计划体制下，政府以强有力的计划和政策配置资源、干预经济的方式和传统，仍然沿袭至市场经济的运行中。所以我国的市场经济体现出明显的政府主导色彩。而且在“发展才是硬道理”、“中国解决一切问题的关键是发展”等赶超思维模式的指导下，政府主导，不遗余力推动经济发展，以高速的经济增长和显著的发展成就被证明是绝对合理的。我国改革开放三十多年取得的举世瞩目的成就，被誉为世界经济增长的奇迹，而这种奇迹在很大程度上是中国政府强力主导经济转型的

---

① 唐兴军、齐卫平：《治理现代化中的政府职能转变：价值取向与现实路径》，《社会主义研究》2014年第3期。

结果。改革开放的背景下，政府全部的职责和使命在于推动经济转型和经济发展，并且以全部的资源和权力主导这场生产力提高和经济增长的大革命，这便是改革开放时代经济主导型政府职能的特点。

3. 治理型政府职能：治理理念下的政府转型

三十多年的改革开放，中国的市场经济逐步确立和完善起来。政府主导下以经济建设为中心的经济增长模式，为中国经济的起飞注入强大动力。政府主导型市场经济最明显的弊端就是助长了各级政府唯经济绩效论政绩，片面追求 GDP 增长的“GDP 主义”盛行。以追求 GDP 增长为直接目标的经济发展成为各级政府的唯一职能，造成政府职能的严重偏离。在成熟和完善的市场经济条件下，政府的基本职能应该定位于提供公共产品、供给制度框架、维护市场竞争和维护公平正义。而政府主导型经济增长方式，由于各级政府盯着 GDP，把主要精力放在铺摊子、上规模、抓速度上，就会出现一些问题，一是会在市场该发挥作用的地方做出很多僭越之举，二是一些在社会管理领域该做的事被疏忽。把所有精力用于经济增长的政府，在兼顾经济社会协调发展上，难免会显得力不从心。长期以来，我国经济社会“一条腿长一条腿短”发展不平衡的问题较为突出。因此，在市场经济不断完善、治理理念大行其道的今天，政府要实现有效治理，就应改变过去的治理理念和职能方式。政府职能的发挥不仅在于提高自身经济效率的能力，还应体现在与其他社会力量结成伙伴实现合作共治。在治理理念下，政府就是要完成从经济发展主导者向合作共治治理者的角色转换。政府发挥职能的方式不再是管理，而是服务；不再是单独主导，而是合作共治。如此则实现了治理理念下治理型政府的成功转型。

（二）新时期我国政府职能转变的新趋势

改革开放以来，我国进行了多次行政体制改革，每次都把政府职能转变作为改革的重点。历次的政府职能转变都各有不同的内容和重点。当前，我国经济转型和改革发展进入关键期，面临新的社会经济形势。经济增速放缓，产能过剩压力增大，劳动力成本上升，资源环境约束强化，这些都要求政府推进经济转型升级，加强发展战略、规划、政策、标准制定和实施。[①]新时期，我国的改革发展进入攻坚时期，政府职能转变也因此面临新的挑战。随着中央治国理政方略的顶层设计调整，政府职能转变将展现出新的局面和形势。可以说，十八届四中全会的召开，为新时期我国政府职能转变指明了方向。

十八届四中全会决定提出，加快建设职能科学、权责法定、执法严明、公开公正、廉洁高效、守法诚信的法治政府。国务院对于推进依法行政建设法治政府，着眼于战略和全局，提出了新的工作部署。指出新时期建设法治政府要重点做好三方面的工作，首要的就是要依法推进政府职能转变。新时期，我国政府职能转变的新趋势主要有：

1. 应该加大简政放权的力度，切实向市场放权、向社会放权

改革开放前长期实行的计划经济体制的影响，一直顽固残存在我国市场经济运行中。政府运用行政权力直接干预和控制企业，管了很多“不该管”和“管不好”的事，而市场的作用却没有得到应有的发挥。在社会领域，政府同样是大包大揽，承担了很多本该由社会承担的事务，而政府办社会却存在很多问题。政府介入市场和社会太多，以全面又直接的方式行使职能，一方面造成企业、社会的效率损失，另一方面增加了企业的负担。转变政府职能，目标和任务不仅仅在一个“转”字，即转变政府的行权方式，关键和重点更在一个“减”字，即删减和终止政府的某些职能和业务，缩小和减少政府活动的范围。[②]通过简政放权，一方面减少政府对微观事务的干预，为政府减负，另一方面也将本该由市场和社会承担的事项还给市场和社会，从而激发市场和社会的活力。

2. 应该坚持政府职权法定，清理规范行政权力，建立权力清单

政府的职责边界明确，是政府正确行使职能的前提。职权法定是依法行政的基本特征，也是行政机关及其工作人员行使行政权力的基本原则。行政

---

① 朱之鑫：《全面履行政府职能》，载《〈中共中央关于全面深化改革若干重大问题的决定〉辅导读本》，人民出版社2013年版，第15页。

② 张成福：《公共管理学》，中国人民大学出版社2007年版，第298页。

机关及其工作人员的行政权力，必须有法律的明确授予，行使职权必须按照法律规定的范围和程序。"法无授权不可为"，没有法律明文规定的行政权力是无效的。十八届四中全会提出要推行政府权力清单制度。权力清单制度，其最终目的是"清单之外无权力"，就是要推进政府机构、职能、权限、程序、责任法定化。通过对现有权力的清理调整和全面梳理，把政府的权力以清单形式明确下来，从而让政府机关及其工作人员清楚职责和权力范围在哪里，把该管的事管好，全面正确履行职能。推行权力清单制度，使职权法定、边界清晰、主体明确、运行公开，可以促使政府很好地发挥作用和使市场充分发挥在资源配置中的决定性作用。

3. 政府应该更加重视营造公平竞争环境和提供必需公共服务职能的发挥

政府全面履行法定职能，就是要做到履行到位，不缺位、不越位。市场经济条件下，政府职能的主要内容是经济调节、市场监管、社会管理和公共服务。这不同于计划经济条件下，政府集生产者、监督者、控制者于一身的角色扮演。市场经济的运作，只需要政府扮演好经济发展基本制度的供给者、市场经济良好秩序的维护者、公共产品和服务的提供者、收入财产的公平分配者以及社会组织的积极培育者等角色。政府要正确发挥好自身职能作用，处理好政府与市场、政府与社会的关系，确保市场在资源配置中决定性作用的发挥，鼓励多元社会主体参与社会治理。这就要求政府尽快转变职能，最大限度缩小其功能和作用范围，减少对微观事务的直接干预，把更多精力放在营造公平竞争的市场环境、提供公共服务和维护社会公平正义上来。

二、政府职能转变新趋势下我国公共服务市场化改革的重点

新时期我国政府职能转变表现出新的趋势。在转变政府职能作为核心议题提上深化改革日程的背景下，如何把握新形势，推进我国公共服务市场化的完善，是当前我国公共服务市场化改革的重要问题。

（一）政府向市场放权，充分发挥市场在公共服务领域中的作用

十八届三中全会指出，经济体制改革的核心问题是处理好政府和市场的关系，使市场在资源配置中起决定性作用和更好发挥政府作用。市场在资源配置中起什么作用，首先取决于政府发挥什么作用。[①]公共服务市场化的核心和关键在于通过价格和竞争机制的引入，提高效率。政府不再独家垄断公共服务领域，而是鼓励私人部门、民营部门等非政府组织参与经营；政府要改变长期以来以行政命令干预企业生产经营的行为，而是通过市场调节和宏观调控的方式为市场化保驾护航。政府就是要取消垄断，向市场放权。具体而言，一是在公共服务的市场准入环节放开，鼓励多元主体，如企业、民营部门、外资等进入公共服务领域。通过吸收社会资本进入，拓宽民间资本的投资空间，形成多元化的公共服务投资来源渠道；二是在公共服务的生产经营环节，采用包括民营化、合同外包、“用者付费”、特许经营、产权交易等多种方式，实现公共服务经营模式多样化；三是打破我国长期以来的政府对公共服务领域的行政垄断。在政府独家垄断的电力、银行、民航、教育、医疗等行业，要适当放开，鼓励非国有和民营经济参与经营，改变政府在这些基础公共服务领域的垄断主体地位。

（二）重新定位政府角色，在公共服务市场化中“掌舵”而非“划桨”

公共服务市场化在很大程度上可以说是政府的一场自我革命。政府不仅要放弃对公共服务的垄断，更要将自身职能进行彻底转变。受长期的计划经济体制影响，政府在我国经济社会发展中，总是惯于大包大揽、无所不能。在公共服务供给中，政府扮演安排者和生产者的双重角色，担当“掌舵者”和“划桨者”的双重职能，常常显得不堪重负。实现公共服务市场化，政府就是要通过删减相关职能事权，适当缩小职能范围，还权于市场，把“管不了”和“管不好”的事交给市场去做。政府职能转变，要“有所不为”，也要“有所为”。真

① 周绍朋：《市场在资源配置中能否起决定作用关键在政府职能转变》，《前线》2014 年第 8 期。

正的市场化并不是政府责任的丧失和转移，转移的仅是通过市场的功能所表现出来的成效。[①]公共服务市场化，并不是“去政府化”，不需要政府发挥供给职能，只是重新定位政府角色。政府从大包大揽、公共服务的直接提供中解放出来，与市场、社会合作，可以把更多的精力用于制定公共服务的相关政策法律，提供制度框架，并对公共服务市场化进行有效监督。公共服务市场化，就是要让政府实现从公共服务供给的“划桨者”向“掌舵者”的角色转换。

（三）完善政府公共服务职能

公共服务市场化，政府角色由“划桨者”转变为“掌舵者”。然而，政府的角色和功能并不仅仅通过对市场化的监督得以体现，政府在社会管理和公共服务中的职能应更加得以彰显。因为理想的政府不可以一成不变地干涉一些特定原则，应当在运作过程中发挥最极致的效应。[②]公共服务市场化使得政府不必再垄断性地、直接性地提供公共服务，但政府应积极地把职能转移到社会管理和公共服务中来，更好地为社会、为公民提供公共服务。完善政府公共服务职能，首先要完善基本公共服务体系。要加快形成政府主导、以人为本、覆盖城乡、完备高效、可持续的基本公共服务体系，从而满足人民群众基本公共服务需求；其次要不遗余力地推进基本公共服务均等化。要在综合考虑城乡差别、地区差别、群体差别和行业差别的基础上，加大各级政府公共服务财政投入的力度，并合理配置公共服务财政资源，从而消除公共服务领域的不公平现象；还要通过创造良好的制度环境和公平的竞争秩序，鼓励更多的私人部门、社会组织等社会力量参与到公共服务提供中来，不断满足经济社会发展和群众多样化的公共服务需求；最后要实现政府自身的改革和创新。政府要打破传统的思维模式，树立服务理念，要通过审批制改革，减少对市场的干预，实现由“管制型”政府向“服务型”政府的转变。

---

① 娄峥嵘：《公共服务市场化中的政府职能探析》，《行政与法》2008年第3期。

② 〔美〕斯蒂格利茨：《政府为什么干预经济》，中国物资出版社1998年版，第226页。

三、政府职能转变新趋势下我国公共服务市场化应注意的几个问题

政府职能转变新趋势下，政府更多地向市场放权，更加注重发挥公共服务职能。实现公共服务市场化势在必行。公共服务市场化，其核心和主旨在于取消垄断，向市场放权，提高公共服务效率。在政府职能转变的背景下，公共服务市场化的运作模式，应恰当地处理好如下几个问题：

一是要处理好效率与公平的关系，在公共服务提供中追求公平正义的价值取向，推进公共服务市场化和均等化的同时实现。市场经济是效率经济，效率是市场经济的首要目标。市场经济的效率是通过价格机制、竞争机制和供求规律的功能实现的。[①]公共服务市场化，就是要通过吸引和鼓励私人部门、民营部门等非政府组织参与到公共服务提供中，由价格和竞争机制发挥作用，从而取消和打破政府垄断提供公共服务的格局，提高公共服务供给的质量和效率。然而，效率和公平从来就是市场经济中一对此消彼长、相互替代的概念。效率的增长必使报酬有差异，欲求报酬公平则无法保持效率。改革开放三十多年来，我国经济发展取得举世瞩目的成绩，但城乡经济发展不平衡、工业化和城镇化的任务未完成、农村人口和贫困人口比重较大的现实仍然突出。城乡之间、地区之间、群体之间享受基本公共服务不均等的问题较为严峻。社会主义市场经济下的效率和公平不存在根本对立的关系，两者能够实现协调统一。实现公共服务市场化，要追求公平正义的价值取向，贯彻效率优先、兼顾公平的原则，来处理效率与公平的关系。在实现基本公共服务市场化的过程中，要不遗余力地解决公共服务均等化的问题。让每个公民公平地享受政府提供的基本公共服务，不因地区、民族、年龄的不同而受到不同待遇。市场化是满足公民对于公

---

① 尹吉成：《社会主义市场经济条件下的效率和公平关系探析》，《石油大学学报》（社会科学版）2004 年第 12 期。

共服务效率要求的不二法门，而均等化是保证公民公平享受公共服务的关键之举。实现公共服务市场化，只有坚持公平正义的价值取向，才能推进公共服务市场化和均等化的同时实现，促进社会主义和谐社会的建设。

二是要处理好放权与监管的关系，在公共服务提供中正确发挥政府的监管作用，更好地推动公共服务市场化改革。公共服务市场化，核心和主旨在于取消政府垄断，向市场和社会放权。通过放权，多元主体如企业、私人部门、民营部门、非营利组织、外资等参与到公共服务提供中。政府的角色发生转换，不再是公共服务领域中的唯一垄断者，而是诸多合作者和行动者中的一员。对于公共服务提供，政府不再扮演安排者和生产者的双重角色，而是担当对多元主体的监督者角色。政府角色和功能的转换，并不意味着政府责任的消失，而是要求政府负责任的方式也要相应改变。政府放权的同时，必须加强监管职责。政府要确定关于公共服务质量明确而具体的标准；要对公共服务提供的关键环节和重要因素实施监控；还要建立其完善的公共服务评估指标体系，搜集公民对公共服务质量的评价信息，实施对公共服务的绩效评估；同时还要加强对公共服务市场的制度化和法制化建设，维护良好的市场秩序。政府只有发挥好对公共服务的经济调节和市场监管职能，才能更好地推进公共服务市场化。因此，公共服务市场化的意涵，绝非在于政府绝对的、完全的政府放权，而是意味着政府监督责任的加强。

三要正确认识政府失灵和市场失灵的关系，处理好政府和市场的相互关系，以纠正市场“无形之手”所造成的“市场失灵”。公共服务的非竞争性和非排他性特征，决定了无法通过市场机制来配置资源，以满足公共需求。此即公共服务供给中存在的“市场失灵”问题。这样，公共服务的提供便成为政府必做的分内之事。也就是说，在公共服务提供中，由政府来解决和克服“市场失灵”的问题。然而，如同在市场作用显著的地方存在着“市场失灵”一样，政府作用昭彰的地方，“政府失灵”也不可避免。政府在提供公共服务中同样存在着“政府失灵”现象。随着公民对公共服务的需求日益复杂化和多样化，政府公共服务供给不足、质量低下的问题就会产生。这就说明，市场做不好的事情政府也未必能做好。所以，政府不能完全取代市场，公共服务不能完全交给市场，也不能完全由政府负责，政府和市场都应参与，在公共服务的提供中引入竞争机制，通过竞争提高效率。[①]公共服务市场化就是通过发挥市场这只“无形之手”的作用来为公民提供优质高效的公共服务。于是，“市场失灵”的问题，如寻租腐败、私人垄断、国有资产流失以及政府的管理危机等，就会困扰公共服务市场化的进行。可见，在公共服务提供中，政府和市场均非万能，都存在着失灵的可能，并且市场不是解决“政府失灵”的灵丹妙药，政府也不是解决“市场失灵”的万能良方。政府这只“有形之手”和市场这只“无形之手”终究要相携并进，才是解决一切问题的根本之举。公共服务市场化，核心和关键在于发挥市场作用，但同时也要处理好政府和市场的关系，通过政府职能转变，正确发挥政府职能，运用政府的“有形之手”来纠正和弥补市场的“无形之手”所造成的“市场失灵”。

① 龚永辉、熊化忠：《关于我国公共服务市场化“度”的探索》，《中国市场》2007年第31期。

食药安全“三合一”改革的风险及其治理

杨华锋

【导语】习近平总书记指出，能不能在食品安全上给老百姓一个满意的交代，是对我们执政能力的重大考验。食品药品安全关系国计民生，其有效治理是衡量国家治理能力强弱的重要标尺。食药安全监管改革应在政府职能重塑的总体进程中，始终秉持公共安全的治理理念，合理配置中央与地方事权，强化源头治理能力，以保障全社会的食品药品安全。

一、何谓“三合一”改革

“三合一”改革是时下地方对整合工商、质监和食品药品监管局组建市场监督管理机构的通用语辞。具体来说，是将工商、质监和食药监等部门合并成一个部门，借此统一市场监管。如深圳、浙江、天津、辽宁、吉林、上海浦东新区、重庆两江新区、武汉东湖新区等地都相继实施了“三合一”改革①。其改革目标正如江苏省2014年11月7日下发《关于调整完善市县工商质检食品药品管理体制加强市场监管的意见》一文所显示的那样，核心内容是将工商、质监省级以下垂直管理改为地方政府分级管理体制；区县一级要整合原食品安全办、工商、质监和食品药品监管部门的职责以及卫生部门承担的食品安全监管职责，

杨华锋，北京师范大学中国社会管理研究院博士后。主要研究领域为食药安全和区域治理。本文系国家社会科学基金（项目编号：15CZZ017）、中国博士后科学基金面上项目（项目编号：2015M570046）的阶段性成果。

① 有些地方改革实行的是“二合一”或“四合一”，但其核心目标与改革方案与“三合一”大同小异，为行文统一，采用应用较为广泛的“三合一”。

组建区县市场监督管理局。将过去分散在工商、质监、卫生的部分食品安全监管职能统一集中起来，扭转以前“铁路警察各管一段”，遇到问题常常出现推诿扯皮的局面。①

各地“三合一”改革实践进程中形成了比较有代表性的三种模式。一是浙江模式，这种模式较为普遍，即在县市区整合工商、质监、食药监的职能和机构，组建市场监督管理局。安徽、辽宁、吉林、上海、武汉等地皆效仿此模式。二是天津模式，即同时整合食药监、工商、质监三个局的执法机构，受天津市市场监管委垂直领导，乡镇街道设置市场监管所作为区市场监管局的派出机构。三是深圳模式，即整合工商质监、物价、知识产权的机构和职能，组建市场监督管理局，后来加入食品药品监管职能。这三种模式，各地均有不同程度仿效。经过这一轮的改革，截至2014年底，改革后地方综合设置市场监督管理机构的有423个，其中，省级1个，副省级2个，地市级16个，区县级404个，分别占各级局的3.1%、13.3%②、4.7%和14.1%；同时，各级食品药品监管行政机构共有编制135921名，同比增长101.4%，其中，省、副省、地和县级分别同比增长5.2%、65.1%、25.2%和129.9%。③从这一数据可以看出，“三合一”改革的实践主要集中在区县一级。这一行为方略在理论上有一定的合理性，即区县一级并不需要过于细分的职能结构，很多职能交叉、重叠的部门完全可以合并起来，既可以有效地避免“踢皮球”现象的发生，又可以有效地整合人力资源提升管理水平。具体表现在以下几个方面：

其一，在市场企业者看来，“三合一”改革的便利性显而易见。以开办食品企业为例，自2013年国家食品药品监督管理总局成立以来，食品流通许可证的办理划转为食药监部门，那么对于企业法人来说，他首先需要到工商管理部门

---

① 《改革静悄悄，背后有深意》，《新华日报》2015年1月23日。

② 副省级城市中占比达13.3%，看似比较高，其实因为副省级城市总数为15个，比重偏高，数量并不多。

③ 国家食品药品监督管理总局统计办公室：《食品药品监督管理统计年度报告（2014年）》，2015年3月。

办理营业许可，再去食药监部门办理流通许可证，最后再到质监部门办理组织机构代码证。一旦实行"三合一"，自然精简了程序，提升了服务水平。

其二，在部分学者看来，"三合一"改革具有先行先试的示范意义，符合改革发展的总体趋势。如2014年上海浦东新区成立市场监督管理局之时，胡伟便认为，浦东新区的改革符合以前国务院推行的大部门体制改革，即打破"九龙治水"这样一种状况，把一些职能相近的部门的功能加以整合，我们政府体制当中比较大的问题就是机构太多，职能太碎，造成机构重叠、职能交错，遇很多事情相互"踢皮球"，把相关机构整合了，就没办法推卸责任了。三个机构合并后，所有的流通等环节的监管都在一个局，职能加以整合，减少"踢皮球"，精简机构，提高效率。所以，浦东的改革方向非常符合我们大部制改革的要求，符合十八届三中全会深化改革、加强市场监管的要求。[①]有利于消除权责边界，形成监管合力，进行无缝衔接，资源共享机制确立后对于提高行政效率有着积极作用；有利于实现生产、流通、消费环节监管的有机统一；机构精简与职能转变并举；整合优化执法资源，减少执法层级；实现了机关"瘦身"、基层"强身"的目标。在上海浦东新区市场监督管理局成立以后，原有三个局的内设机构从29个减少至16个，精简了44.8%，机关编制从264名减少至139名，精简了48%，其中，市场监管局991名干部中，有86%的人员集中在基层，可以说比较好地实现了行政流程的优化再造。[②]

其三，在部分地方政府看来，"三合一"改革的积极功能也比较突出。比如，地处福建东北部的柘荣县，人口10.7万人，县域面积544平方公里。在长年的发展过程中，该县逐渐形成了以酒类、茶叶、调味品、植物油加工为主导的食品生产体系，食品经营单位高达1388家，站县域市场主体总数23.1%。但产业规模偏低、工业化程度较低，整体抗风险能力偏弱。在此情境之下，食药

---

① 《浦东"三合一"改革是一种"先行先试"》，《东方早报》2014年1月1日。

② 刘洋洋：《透视市场监管体制改革——以上海市浦东新区"三合一"改革为例》，《党政论坛》2015年第5期。

监管局在人员配置、治理能力等方面均面临着诸多问题，如监管任务重、专业素质薄弱、乡村监管力量匮乏、技术支撑空白，整体治理水平偏低。因而，该县副县长魏丹琦认为，通过“统一市场监管，可以充分利用和整合原有三个部门（工商、质监、食药监）的信息资源、技术资源和执法资源，做到优势互补，实现行政执法效率最大化，从而可以系统化地解决多年来食品、药品、保健品、化妆品、医疗器械领域的违法广告、商业贿赂、商标侵权等不正当竞争行为屡禁不止的问题，增强行政执法的权威性、有效性和统一性。”[①]这一观念在地方政府层面颇有市场。在他们看来，“三合一”改革有助于增强食药监管能力、符合全面深化改革发展大局的要求，具有良好的政治寓意，又有助于优化行政执法资源的整合，兼具治理改进的现实意义，可谓一举多得。

二、“三合一”改革的潜在风险

诚如前文所述，“三合一”改革方案有着积极的正向功能，这一点毋庸置疑，但其应用食药安全治理实践过程中的潜在风险亦不可小觑。在笔者看来，主要有以下几个方面：

（一）容易偏离新一轮改革的总体方向，曲解“统一权威”的蕴涵

纵览食药安全监管的改革历程，食药安全监管呈现出日益独立、专业化的趋势，及至中共十八大报告明确提出建立“完善统一权威的食品药品安全监管机构”。而地方的机构合并事实上偏离了这一改革方向。如表 1 和表 2 所示，食品药品安全的监管经历了从无到有，从托管到专管，从分散到统一的改革历程，及至 2003 年组建国家食品药品监督管理局将二者统一起来，初步形成统一、权威和专业监管体系的雏形。

① 魏丹琦：《“三合一”模式下的食品安全监管新态势》，《中国食品药品监管》2015 年第 6 期。

表 1 药品安全监管历史性节点

时间	事项	意义
1978	《药政管理条例(试行)》	为实施现代药品监管构建了框架
1981	《关于加强医药管理的决定》	明确药政和药检的性质
1984	全国人大《药品管理法》	提升了药品安全监管的法律地位
1988	医药管理局改为国务院直属机构	分段、分类履行药品管理职能的体制模式
1997	《关于卫生改革与发展的决定》	提出统一、权威、高效的管理体制
1998	国务院组建国家药品监督管理局	统一、权威、高效药品监管体系的尝试
2000	国务院批转药品监管体制改革方案	省以下实行垂直管理
2003	组建国家食品药品监督管理局	增加食品、保健品、化妆品安全的综合监管

资料来源:笔者根据相关资料整理所得

表 2 食品安全监管历史性节点

时间	事项	意义
1982	《食品卫生法(试行)》	食品卫生监督为主;尚无明确食品安全监管
1992	质量技术监督部门成立	开始介入食品安全监管领域
1995	《食品卫生法》	县级以上卫生行政部门承担食品卫生监督职责
1998	组建国家出入境检验检疫局	出入境检验检疫局统一管理进出口食品工作
2003	组建国家食品药品监督管理局	统一、权威、专业的食药监管体系雏形

资料来源:笔者根据相关资料整理所得

当然,统一、权威、专业、独立监管体系的健全与完善并不是一蹴而就的。2004 年食药安全实施分段监管①,国务院按照一个监管环节由一个部门监管的原则,采取分段监管为主、品种监管为辅的方式,确定农业、质监、工商、卫生、食品药品监管等部门共同承担食品安全监管,初步形成从农田到餐桌的监管体制。这一时期,"统一"性受到极大的销蚀。而 2007 年《国家食品药品

① 分段监管主要针对食品安全领域,即农业部门负责生产环节、质监部门负责加工环节、工商部门负责流通环节、卫生部门负责消费环节、食药部门负责综合监督、组织协调、依法查处重大事故。

安全十一五规划》规定，“地方政府负总责、监管部门各负其责、企业是第一责任人”，这也就在事实上变更了2001年以来形成的垂直管理，改为属地化管理。随后在2008年将食药监重新划转卫生部托管，希望可以解决日益严峻的食品药品安全风险与治理危机。这一划转方案并未能解决由分段监管所形成的历史沉疴。及至2009年《食品安全法》的颁布，方才积极地尝试将“分段监管”转变为“统一协调与分段监管相结合”。这一统一协调思路在2010年的国家食品安全委员会的成立和2013年国家食品药品监督管理总局的组建得以彰显。通过整合食安办、食药监以及质检总局、工商总局相关职责，形成统一、权威的食药监管体系。从历史沿革的角度来看，中央层面的行政改革遵循着十八届三中全会《关于全面深化改革若干重大问题的决定》所提出的“完善统一权威的食品药品安全监管机构，建立最严格的覆盖全过程的监管制度”的制度设计。统一权威并不是说简单的部门合并，关键在于相关职能的融合与自身发展的内在规律性。如果职能不能有效地融合，合并起来的机构充其量也不过是形式上的“统一”，难有实质意义上的“权威”。“统一”与“权威”分离也就失去了其致力于组织变革寻求有效治理的现实意义。

（二）容易偏离改革的指导性原则，增加行政沟通协调的难度

《国务院关于地方改革完善食品药品监督管理体制的指导意见》（国发〔2013〕18号）（下文简称《指导意见》）明确规定：“省、市、县级政府参照国务院整合模式，结合本地实际，将原食品安全办、原食品药品监管部门、工商行政管理部门、质量技术监督部门的食品安全监管和药品管理职能进行整合，组建食品药品监督管理机构，对食品药品实行集中统一监管。”[①] 在这一表述中，明确有三个指导性意见：一是参照中央一级改革模式；二是整合不同部门中的食品药品管理职能；三是组建食品药品监督管理机构。应用行政系统的分析

① 《国务院关于地方改革完善食品药品监督管理体制的指导意见》，中央政府门户网站，http://www.gov.cn/zwgk/2013-04/18/content_2381534.htm.

框架，在输入端，输入不同部门的食药职能，通过参照中央改革模式、结合实际的系统运作，在系统输出端，输出独立的食药监督管理机构。而"三合一"的改革方案，一方面，将《指导意见》中的"职能整合"理解为"机构合并"。《指导意见》明确说明是对食药相关机构部分职能的整合，即有关食品药品相关层面的职能，不是相关方的所有职能，因此将地方工商、质监与食药监机构合并缺乏改革依据。即便是为了形成统一市场监管，强化监管能力，也不是靠简单的机构合并来实现。另一方面，将"组建食品药品监督管理机构"转变为组建"市场监督管理局"，明显地背离了改革目标。

另外，在一个权责同构的行政体系之中，如果没有从上而下的同步性改革，只是地方性的"自变革"，将造成事实上的行政沟通困境。"三合一"改革之后，区县一级将由单一的市场监督管理局来因应更高层级工商部门、质监部门和食药监部门的业务指导。然而，在中央一级仍然采取分部设计，并且省市大多亦保留工商、质监、食药监的情况下，只是在县区"三合一"为"市场监督管理局"，必将为后续的工作带来一系列的协调问题，业务对接能力不容乐观。如福建，改革前，福建省质监和食药监为省以下垂直管理，行政许可业务主要由省、市局承担，县级负责日常监督，大量的人力和技术能力集中于省、市两级。改革后，县一级在人员和技术方面比较缺乏，将会有一段时期无法有效承接下放的职能。同时，在县区一级由于部门构成与职能的差异，也容易滋生横向协调的困难，从而事实上形成上下衔接，左右协调困难的局面。

（三）容易偏离公共安全的治理理念，弱化"安全"的意识

工商部门监管的是交易行为和市场秩序，更多体现为综合执法，监管方式较为粗放，监管领域较为广泛。而质监、食药监等部门更多地表现为专业层面的执法，技术支撑能力要求较高，尤其是食药监方面的专业性要求尤其明显。食药安全监管的目的在于"安全"，市场监管的重心在于市场"秩序"的维系。如上海福喜事件并不是其对市场秩序造成了冲击而被查处，是"安全"出了问题。药品一类更是如此，如抗生素滥用并没有扰乱市场秩序，但却带来严重的

药品安全以及生态安全问题。[①]即便“市场局”有着“安全”的职能目标，但在其职能目标集合中难以占到优先位置。从根本上说，这是源于治理理念上的差异，造成治理目标及其排序的位移。不同部门的管理重心不同，工商部门负责市场主体准入，通过监管企业主体来规范市场秩序，突出企业风险管理；质监部门重点考虑产品是否符合标准体系；而食药监则不同，其更多地专注于产品安全，重点考虑产品对公众健康威胁的程度。

亦正如前文表1和表2所示，食品与药品安全监管的发展历程始终与公共卫生、卫生体系紧密相关，其本质上是基于公共卫生管理的公共安全问题。这一点与一般商品市场监管所追求的市场秩序有着本质区别。如一些地方对一些酒店商店售卖阿胶、西洋参之类，车船站所售卖风油精之类药品进行检查，以“无药品经营许可”来查处，于市场秩序来说是没有问题的，但如从安全性来说毫无意义，因为食药安全的本质在于“公众安全”、“公共安全”目标的实现，只要没有影响到或伤害到公众安全，其监管也就是多余的，分散了地方监管力量。

监管一旦偏离“安全”这一目标，势必进一步弱化“安全”意识。在“三合一”改革中，将投诉举报电话整合到12345市民热线即为例证。随着部分地区整合工商、质监、食药监成立“三合一”市场监督管理局，一些地方将原食药监12331投诉举报电话整合到12345市民热线进行统一接听。一是造成投诉举报件办理效率降低。二是弱化了投诉举报的咨询服务功能。弱化了12331在宣传食药安全知识、为百姓进行事前咨询的功能。三是造成投诉举报基础信息的缺失。[②]这些问题都不同程度地造成对公共安全考虑的缺失，弱化公众的安全意识。

---

① 抗生素滥用问题：2014年10月《美国医学会内科杂志》刊发首都医科大学等医疗机构的调查文章，调查显示：中国基层医院的门诊处方中，抗菌药物的使用多达52.9%，其中60.6%没有必要。住院病人中77.5%使用了抗菌药物，其中75.4%属于滥用。2014年世界卫生组织发布首份全球抗生素耐药报告称，抗生素耐药性已对全球公共卫生构成重大威胁，如果不采取紧急协调行动，多年来可治疗的常见感染和轻微伤痛可再一次置人死地。另外，2013年中国抗生素总使用量已逾16.2万吨，除去48%的人用之外，还有大量的兽用抗生素，医疗行业、养殖畜牧业大量使用抗生素带来巨大的安全风险。

② 国家食品药品监督管理总局稽查局：《全国食品药品投诉举报统计分析报告（2015年上半年）》（内部资料），2015年6月。

（四）地方保护主义抬头，末端管理弱化食药安全治理能力

源于食品与药品安全的跨域性、跨界性，食药安全已具备全国乃至全球公共产品的性质，自然地方政府与食药厂商都不具备提供该公共品的动力与积极性。食药产业经济利益的地方化与食药安全隐患的跨域性、全国性、全球性之间的矛盾，成为地方保护主义的温床。"三合一"改革致力于将食药安全事权下移，甚至于乡村、街道都将设有基层所，来实现监管的"全覆盖"。不过这种全覆盖只能是形式层面上的而非职能履行上的。这种以地方事权来替代中央事权的方式，在食药安全领域是不可取的。对于地方经济社会发展而言，食药行业具有巨大的人力、资源吸附能力，又有着巨量的GDP产出，企业利益地方化，地方利益合法化具有顽强的生命力。如一些地方"三合一"改革之后，大量查处其他县市的食药企业，而非本地企业即为例证。在地方政府的成本收益核算体系中，药品安全风险的成本是全国性/全球性的，而经济收益是充盈地方财政的重要手段，因而对于理性的地方政府来说，促进地方经济发展的目标也就自然排在风险控制的前面。

进一步而言，一方面，食药生产、流通、使用等环节的跨域性，决定了单一的属地化管理有着局限性。同时又因其安全的重要性，在全国范围内的食药安全也就意味着是一种"全国性的公共品"，那么一时一地的地方政府也就缺乏供给的动力和积极性。随着"三合一"市场局的组建，地方食药监管经费装备保障难以预期，因为各地经济社会发展差异，对食药安全的关注程度存在差异，难以保障充分的经费投入。再加上其地方绩效考虑，事实上也就偏好于"保护"而非"关停"。另一方面，强调食药安全的基层监管是一种末端管理思想，尤其是一些地方搞所谓的食药安全的网格化管理，这种管理理念用于社会治理或社会治安管理或有效果，用于食药安全是不可取的。原食药监和质监部门主要以机关股室为主要监管力量，工商则以基层所为主要监管力量。三个部门之间在管理方式、管理手段和作用途径等方面均存在巨大差别。其中，食药安全更是典型地将重点聚焦于源头治理。如果源头管不好，强调其他环节的监管效力是

舍本逐末。只有在抓好源头才能纲举目张。如果过多地追求末端管理，那么食药安全的专业性监管事实上也就被弱化了。

三、“三合一”改革的风险治理策略

首先，就治理方向而言，在改革总体趋势中把握地方改革方向，审慎地开展“三合一”改革。“要从全局和战略上统筹谋划全面深化简政放权、放管结合的改革任务和目标，按照完善社会主义市场经济体制要求，构建全过程、立体式、开放型、现代化的政府监管体系，有步骤地协同推进放权与监管改革”。[①]可以说，新一轮的改革重点在于职能统一，而不是机构的简单合并。各地方推动“三合一”改革在理论上有其合理性，在实践中也存有一定的积极功能。这一点不应忽略，但一旦将该改革思想应用在食品药品安全治理领域将存在着极大的不适应性。比如深圳 2009 年即成立市场监督管理局，整合了工商、质监、物价和知识产权及食品安全监管的职能，但在实践中时时面临监管困局，最终仍然是将食品安全的职能抽离出来，重新组建食品药品监督管理局。从“三合一”改革实践来看，不得不说这是一种折腾。同时，也再一次地验证了食药安全监管的特殊性，是对有失偏颇的改革策略的再一次“改革”。可见，地方性改革要在总体改革的脉络中寻找自适应的边界，不宜过度解读亦不宜误读中央政府职能改革的路线图，在总体推进的过程中审慎地开展地方试验，及时总结经验教训，一旦发现改革偏差，应及时给予纠正，否则将积重难返，诱发更大的治理风险。

其次，就治理理念而言，在改革过程中秉持公共安全的治理理念，铭记“公众饮食用药安全”的工作宗旨。党的十八届三中全会报告在第九章“推进法治中国建设”中谈到深化行政执法体制改革时强调“加强食品药品等领域基层执法力量”，这一要求往往成为“三合一”改革的理论依据，以此来解决权责

---

① 魏礼群：《创新和加强监管 提高政府治理水平》，《行政管理改革》2015 年第 7 期。

交叉、多头执法带来的沉疴。但其并不是“三合一”改革的必要条件。针对食品药品的体制改革重点在“健全公共安全体系”一节之中，重点强调食品药品作为公共安全的属性，并以此为基础探讨完善统一权威与建立最为严格的覆盖全过程的制度体系。也就是说其核心焦点始终围绕着公共安全的价值理念。理念对于改革有着重要的意义，“社会的变革和人类的进步基本上都是在新的理念推动下出现的，没有理念的变化就没有制度和政策的改变”[①]。食药监管改革的目的应始终围绕在“公众饮食用药安全”，只有始终铭记这一治理理念，方能在纷繁复杂的改革过程中进退有据。

再者，就治理内容而言，在府际关系的调适中强化食药安全的中央事权，合理配置中央与地方的权责范围。食药安全是典型的全国性公共产品或曰之全球性公共产品，仰赖于一时一地之善治改进，是难以有效应对食药安全风险的。当然“安全”本身是一个相对概念，并不存在完全意义上的“绝对安全”。在追求这一相对安全的目标时，我们可以发现各个国家的权责划分虽有不同，但强调中央事权却有着基本共识。如美国 FDA 在处理联邦与各州对于药品事务的监管权限时，依据食品药品销售网络的边界来确定各自权限，但凡牵涉跨州的食品药品即为联邦权限。随着全球化的推进，现在不消说药品已是全球供应链，食品也逐步成为全球性产品。那么，食品药品的安全保障自然更多地导向中央事权，而非地方事权。这并不意味着地方无责，或者地方政府可以置身事外，只是事权的分配与责任的归属府际有别。目前“地方政府负总责”问责体系的形成有着特定的历史缘由，积极而审慎地改进与优化府际关系中的权责配置是食药监改革必须正视的问题。

最后，就治理策略而言，在治理策略方面应更多地强调源头治理，而非末端管理。在管理策略上来看，末端管理往往事倍功半。在食药治理领域更是如此，生产、流通与使用诸环节中生产是第一步，如果这一环节不能有效管制，而将监管职责放在庞大的消费终端市场，自然就会形成任务重、问题复杂、监

---

① 张维迎：《理念的力量》，西北大学出版社 2014 年版，序言第 2 页。

管能力不足、效率低下等问题。所以说，基层监管能力薄弱，有其组织建设、人员队伍素质的问题，但更本质的问题是治理策略的选择偏差。“三合一”改革将食药安全有效治理寄望于消费市场这一末端，是管理策略的设计失误。需要加强的是源头治理能力，这既有赖于中央与地方事权、事责的合理划分，也有赖于食品药品标准体系的进一步完善。食品药品专业化、科学化治理能力的形成需要强化中央事权，唯有如此，才能吸引更多的优秀人才参与到食药安全的治理队伍中。而分散的末端管理缺乏必要的人才吸引力，难以形成智力支撑系统，自然也就无法提升治理能力。同时，源头治理的改进也有赖于食药安全治理体系的社会开放程度，清晰有效的公众参与机制、理性的智库参与机制均可以有效地提升改革方案的适应性，避免不必要的改革成本。诚如桑斯坦所言，“公众的审查能够推动理性决策，减少冒失的决策行为，同时简化政府制定规定的过程”。[①] 充分的公共讨论既符合公共安全的价值旨向，也符合最小化政策风险的改革目标。最终，多元共治体系的建立也将最大化地提升食药安全源头治理能力，最大限度地维护公众饮食用药安全。

① 〔美〕卡斯·桑斯坦：《简化——政府的未来》，陈丽芳译，中信出版社 2015 年版，第 5 页。

国家治理视角下的政府性基金管理研究

冯俏彬

【导语】党的十八届三中全会《关于全面深化改革若干重大问倩的决定》指出，“财政是国家治理的基础与重要支柱”。随着财政收入增长“一位数”时代的来临，统筹所有形式政府收入的紧迫性正在凸显。当前，政府性基金已成为除税收之外的第二大收入来源，但其管理机制却相对陈旧。需要在对政府性基金进行正确分类的基础上，重建相关的管理机制。

财政转型是国家治理转型的“牛鼻子”。“通过改变国家取钱、分钱、用钱的方式，就可以实质性地改变国家的治理模式”。① 一般公认，包括收入汲取和预算安排在内的财政能力是国家治理能力中最重要的组成部分。在我国，财政收入的汲取能力有目共睹，但财政收入的分散也同样触目惊心。以2014年为例，据不完全统计，我国广义政府收入② 超过20万亿元，其中财政收入达到14万亿左右，且财政不完全具有统筹能力的政府性基金就达到54093.38亿元，占当年整个财政收入的40%、政府收入的20%左右。由于政府性基金多为部门管理，透明度较低，又多涉及水、电、油等民生产品，因此牵动社会神经，为各方所诟病③。更重要的是，随着我国经济进入新常态，财政收入增长也将长期处

冯俏彬，国家行政学院经济学部教授、博士生导师。主要研究方向为公共财政与税收、政府经济管理。

① 王绍光、马骏：《走向“预算国家”——财政转型与国家建设》，《公共行政评论》2008年第1期。

② 在我国，广义政府收入=税收收入+非税收入+政府性基金+社会保障收入+国有资本经营收入。2014年，上述几项的收入分别为11.9万亿、2.1万亿、5.4万亿、2.24万亿和0.17万亿元，共计21.81万亿元。

③ 新华社2014年8—12月连续十次播发“钱去哪儿了”系列报道，追问各类行政事业性收费或政府基金的去向。涉及土地出让金、机场建设费、住宅维修资金、高速公路收费、彩票资金、水电油价“附加费”收入以及停车费等，引起社会强烈关注。

于“一位数”时代，这种情况下，统筹管理政府所有收入就变得比任何时候都更加重要。推动政府性基金改革势在必行。

一、我国政府性基金的前世今生

资料显示，我国政府性基金主要是在当时国家财政收入有限、财力不支但又必须要举办一些重大公共事业、建设工程的情况下，财政部门允许相关部门自行筹集经费所打开的一道口子。经验表明，一旦允许各部门自行收钱而同时疏于管理的话，就相当于打开“潘多拉的魔盒”，极易失控。果然，在其后的十来年中，各地方、各部门纷纷出台各色各样的收费项目，一度到了泛滥成灾、民怨沸腾的地步。对此，国家曾发起过多轮清理整顿。如 1996 年，国务院发布《关于加强预算外资金管理的决定》，将养路费、车辆购置附加费、铁路建设基金、电力建设基金、三峡工程建设基金等 13 项数额较大的政府性基金纳入财政预算，这是“政府性基金”这一名词见于记载的伊始。2005 年 6 月，财政部发布《关于公布取消部分政府性基金项目的通知》，规定从 2006 年起取消 277 项政府性基金项目，这是历次整顿政府性基金动作最大的一次。2010 年，国务院出台《政府性基金管理暂行办法》，要求各地每年要编制政府性基金项目并向社会公布，严令不在此目录的范围之外，企业和公民有权拒交。此后，财政部每年编制《全国政府性基金项目目录》并定期向社会公布。综观这几年的目录，尽管每年都有一些调整，但政府性基金项目一般保持在 43—45 项之间。

近年来，由于种种原因，我国政府性基金增长很快。特别是在地方政府层面，即使扣除占比最大的土地出让金，政府性基金的增长仍然十分明显。更引人注目的是，在各级财政收入、支出双双上升，且大多数年份都有数额不等的赤字的情况下，历年政府性基金都有大额结余。如表 1 所示。

表 1　2010—2014 年中央与地方政府性基金收入情况（单位：亿元）

	全国政府性基金	中央政府性基金	占比（%）	地方政府性基金（含土地出让金）	占比（%）	地方政府性基金（不含土地出让金）	当年余额
2010	36785.02	3175.75	8.63	33609.27	91.37	5411.57	635.87
2011	41363.13	3130.82	7.6	38232.31	92.4	7091.89	794.87
2012	37534.90	3318.16	8.8	34216.74	91.2	8912.22	822.21
2013	52268.75	4238.44	8.1	48030.31	91.9	8957.32	834.73
2014	54093.38	4097.51	7.57	49995.87	92.43	9591.53	907.13

数据来源：财政部网站 2010、2011、2012、2013 全国财政收入决算表，2014 年数据根据财政部公布的《2014 年全国财政收支情况》整理而成

目前，社会对于政府性基金主要存在以下几个方面的质疑：一是收取的法理依据不足。有研究者称，在现行 45 项基金中，有明确征收依据的仅有 6 项；二是收取的标准不清楚，调整机制缺失；三是政府性基金使用管理信息不透明、不公开等等。除了这几个方面，深层次地讲，我认为还存在以下三个突出问题。一是政府性基金的部门化特色比较明显。在现行财政管理制度下，政府性基金采用的是"列收列支"的方式，由相关部门负责征收、使用和管理，即收、支、用、管高度集中于某一部门。由于缺乏各环节之间的制衡，造成诸多不良后果。二是公共定价机制不完善、不科学。政府性基金中具有"价格"性质的部分，多对应特定重大基础设施的各类成本费用补偿，但由于种种原因，相互之间的数量关系不是十分清楚，引发公众质疑。三是一些重大基础设施建设的资金来源"面目模糊"，政府性基金成"唐僧肉"。

二、对我国政府性基金的重新分类

从实践上看，现行 45 项政府性基金中类别复杂，性质迥异，令人眼花缭乱。"什么都有，是'第二预算'"，一位财政厅长如此说。有鉴于此，对于上述社会发问很难笼统回答。必须要对其分门别类、一一甄别，细加考察和分析，才能找出存在的真正问题，也才能寻找出妥善的改进之策。

根据财政学基本原理，所有政府收入不外乎四种形式：税收、使用者付费、国有资本（资源）收入、债务，分别简称为税、费、租、债。以此为标准，我们尝试着对现行45项政府性基金项目进行整理和重新分类。

（一）“准税收”类政府性基金

衡量一项政府性基金是不是税的标准，是看其是否具备税收之实，即是不是用于那些本就应当由税收支持的支出项目，只不过因没有税收之名，故名为“准税收”。据此，以下9项政府性基金可划定为“准税收”类。如表2所示。

表2　具有税收性质的政府性基金项目

序号	基金名称	序号	基金名称
1	文化事业建设费	6	残疾人就业保障金
2	国家电影事业发展专项资金	7	城市公用事业费附加收入
3	彩票公益金	8	城市基础设施配套费
4	可再生能源发展基金	9	旅游发展基金
5	地方教育附加收入		

（二）“租”类政府性基金

在经济学概念中，“租”是指产权主体因出租、出让资产所获得的收入。在政府性基金中，特指政府出租、出让国有资本（资源）所产生的收入，在当前主要表现为土地使用权出让收入和来自于国有企业的收入。如表3所示。

表3　国有资本、资源收入性质的政府性基金项目

序号	基金名称	序号	基金名称
1	新增建设用地有偿使用费	6	农业土地开发资金收入
2	中央特别国债经营基金	7	铁路资产变现收入
3	新菜地开发建设基金	8	电力改革预留资产变现收入
4	国有土地收益基金收入	9	烟草企业上缴专项收入
5	国有土地使用权出让金收入	10	转让政府还贷道路收费权收入

（三）"使用者付费"类政府性基金

费的基本特征是政府因提供特定服务、向特定对象收取的费用，具有明确的"服务—收费"的对称性。与一般的行政事业性收费不同的是，政府性基金中的收费项目专属性更强，使用者更加明确。如表 4 所示。

表 4 使用者付费性质的政府性基金项目

序号	基金名称	序号	基金名称
1	森林植被恢复费	7	废弃电器电子产品处理基金
2	育林基金	8	散装水泥专项资金
3	船舶港务费	9	新型墙体材料专项基金
4	长江口航道维护收入	10	海南省高等级公路车辆通行费附加费
5	无线电频道占用费收入	11	车辆通行费
6	核电站乏燃料处理处置基金	12	水土保持补偿费收入

（四）"加价"性质的政府性基金

在政府性基金目录中，有 10 项是通过提高价格（如电价、票价等）等产生的收入。根据这些基金的管理条文，这些加价产生的收入要么是用于相关工程、设施的建设支出，要么是用于贷款的还本付息支出，要么用于日常维护与营运成本支出。如表 5 所示。

表 5 加价性质的政府性基金

序号	基金名称	序号	基金名称
1	农网还贷资金	6	南水北调工程基金
2	铁路建设基金	7	大中型水库库区基金收入
3	民航发展基金	8	水库移民后期扶持基金
4	港口建设费	9	三峡水库库区基金
5	中央水利建设基金	10	国家重大水利工程建设基金

（五）其他

此外，还有3项不能归入上述分类的基金，一是船舶油污损害赔偿基金收入，这相当于相关企业交纳的事故押金；二是政府住房基金收入，这是由各级政府代为管理的住房公积金的孳息收入；三是“其他政府性基金收入”，一并归入“其他”。

三、政府性基金管理的国际经验借鉴：以民航为例①

必须承认，在国际政府管理与财政管理实践中，以基金方式管理特定用途和特定方向的资金，是一种常见的理财方式，并非我国独创。但是，相当长一个时期以来，我国政府性基金过多强调“专款专用”、强调部门对其的管理权和支配权，而在资金管理、信息公开、基金增值方面乏善可陈，以至实践中政府性基金更多成为了一种收入概念而非管理要求，实乃咄咄怪事。反观发达国家，一方面同样也要保证国家重大基础设施建设项目的资金需要，另一方面本国财政管理的制度规则同样适用于政府性基金，更全面地凸显了“基金”之本来意义。以民航为例，很多国家都通过收取专门的税费、设立具有专款专用基金来支持其庞大的基础设施建设费用、巨额的运行维护费用的资金需要。

（一）英国航空旅客税

英国自1994年11月1日，对从英国国内出发的航班征收航空旅客税（Air Passenger Duty），征税对象为民航的承运人（航空公司），至今已经有过5次重大的修订。英国航空旅客税的征税标准考虑两个因素，一是航线的距离，二是座位等级，具体如表6所示。英国航空旅客税收入纳入国家一般预算收入管理，

---

① 本部分资料转引自作者指导的国家行政学院2015级MPA学生曹庆利学位论文《我国民航发展基金改革问题研究》，特此致谢。

未采用专款专用的管理模式，英国机场、空管等民航业基础设施的投入由国家预算统筹安排支出。英国税收和海关总署每季度公布一次航空旅客税中涉及的旅客人数和税款收入。以 2013 年为例，涉税航空旅客人数 1.01 亿，航空旅客税申报金额 29.62 亿英镑，实际收入 29.6 亿英镑。

表 6 英国航空旅客税征税标准（单位：英镑）

目的地距离伦敦里程（英里）	优惠税率（乘坐最低等级座位）		标准税率（乘坐除最低等级以外的所有等级座位）		较高税率（飞机起飞全重超 20 吨且旅客人数少于 19 人）	
	2013 年 4 月 1 日	2014 年 4 月 1 日	2013 年 4 月 1 日	2014 年 4 月 1 日	2013 年 4 月 1 日	2014 年 4 月 1 日
A 档（0—2000）	13	13	26	26	52	52
B 档（2001—4000）	67	69	134	138	268	276
C 档（4001—6000）	83	85	166	170	332	340
D 档（6000 以上）	94	97	188	194	376	388

注：如果最低等级的座位面积超过 40 平方英寸（1.016 平方米）收费则按照标准税率。

来源：英国财政部消费税 550 号通知（Excise Notice 550: Air Passenger Duty）①

（二）美国的机场和航路信托基金

美国于 1971 年设立了机场和航路信托基金，其法律依据是 1970 年出台的机场和航路税收法案。基金的收入来源主要有三个方面，一是人员和货物航空运输税，二是航空燃油税，三是一般预算收入等。其中，美国的人员运输税分别对国内航线旅客和国际航线旅客征收，实行分航段计税。航空运输税由航空公司负责收集和汇缴纳税。机场和航路信托基金主要用于机场建设、机场设施维护、研究和部分美国联邦航空管理局的行政运营等，由财政部提供给美国联邦航空管理局（FAA）、运输部（DOT）进行支出。以 2013 财年为例，机场和航路信托基金收入是 130.88 亿美元，总支出 116.17 亿元，其中机场和空管的运

---

① 资料来源：英国财政部，2014 年 9 月，航空旅客税公告（Air Passenger Duty Bulletin-September 2014）。由于实际收入金额按照收付实现制确认，故实际收入的时间比申报时间一般滞后一个月左右，导致实际收入与申报金额的差异。

营费用 47.96 亿元，占总支出 41%；对地方机场和空管的补助 36.53 亿元，占总支出 31%；设施设备支出 28.49 亿元，占总支出 25%；其他比重较小的项目如研究支出、航空公司支出等。

（三）加拿大航空旅客安全费

2002 年 4 月，加拿大政府为向航空旅行安全体系提供资金支持，设立了航空旅客安全费（the Air Travelers Security Charge），开始向使用加拿大航空运输体系的航空旅客征收。目前执行的征收标准为：国内单程每人 7 加元、国内来回程每人 14 加元、跨境航班每人 12 加元、国际航班每人 24 加元。航空旅客安全费在旅客购买航空服务的时候支付，由航空公司在票款中直接收取并汇缴国家收入局，支出则主要用于加强规则制定、复核标准的执行和对所有的安全服务进行监控。收支情况每年在财政部的出版信息中公告。

归纳起来，各国针对民航、机场、空管方面的建设与营运资金需要，都有专门的管理办法。概括而言，有以下几个方面的启示与借鉴。一是多以专项税收划费用来筹集资金，法律依据明确、法律级次较高。上述三个国家涉及航空的税费均由国家最高立法机构的批准。二是收、支、用、管相互分离、相互制衡。三国用于民航方面的资金，收入均由税务部门依法收取，支出由财政部门按预算支付，航空管理部门负责具体支出与使用，执行国家预算管理的通用规定。三是信息公开。英国定期在国家财政和税务部门网站公布航空旅客人数和税款收入明细，美国、加拿大也定期在财政部等政府网站公布的收支运行情况。四是有合理的征收标准制定和调整机制。如英国航空旅客税的征收，按航线里程和座位等级不同分别制定，具体税率还结合经济发展情况每年进行调整。在加拿大，如果航空旅客费收入超过了加强航空旅客安全体系的项目支出，就要降低征收标准。五是监管处罚制度严厉。为保障收入的及时全额收缴，三国都有严格的监管和处罚制度，如英国税务与海关总署对航空公司申报的纳税数据，其追溯时限一般为 4 年，最长可达 20 年。这些对我国政府性基金管理具有重要的借鉴意义。

四、分类整顿我国政府性基金的主要政策建议

（一）以破除政府性基金的“收、支、用、管”一体化为核心，建立健全政府性基金的管理机制

笔者认为，当前我国政府性基金中，最重要的问题是“收、支、用、管”一体化所致的管理问题与公信力不足。在现行财政管理制度下，政府性基金采用的是“列收列支”的方式，由相关部门负责征收、使用和管理，即收、支、用、管高度集中于某一部门，“一体化”特征明显。反观发达国家，对于民航、交通、水利工程等重大基础设施项目，一方面坚持国家支持和投入的基本原则，另一方面则主要是通过规范的税收或收费来保证债务偿还和营运、维护的资金需要，由税务部门负责取得收入，财政部门负责安排支出，项目管理部门只负责“管”和“用”，从而形成了适度分离、相互制衡的机制，同时管理规范、信息公开，社会公信力很强。在我国，由于种种原因，很多承担公共职能的公共企业，其管理与信息并未“公共”，成本费用信息高度保密，收费只上升不下降，引起社会一浪高过一浪的纷纷物议。结合当前我国政府性基金的实际情况，可以很清楚地看到，45 项基金中的大多数其实是具备收取的理由和正当性的，所不足者，主要是在“收、支、用、管”一体化的管理体制和信息闭锁两个方面。因此，我们应当认真学习借鉴国际经验，以破除政府性基金的“收、支、用、管”一体化为核心，建立健全政府性基金的管理机制，积极推进公共企业的信息公开，完善公共定价机制，推动政府理财体系的科学化和现代化，为建设国家治理体系和加强治理能力做出贡献。

（二）尽快将具有“准税收”性质的政府性基金调入一般公共预算

前文具有“准税收”性质的政府性基金，主要用于文化、教育、公益等方面支出，具有显著的公共性。对此，理论和实务部门都有共识，这些支出应当由一般公共财政承担。因此，这类政府性基金应当从制度上保证相关行业、领

域的正当资金需要，另一方面消除这些基金的部门背景，达到规范政府收入秩序，严格财经纪律的目的。前不久，财政部已将11项基金调入一般公共预算，就是适时应势做出的调整。需要特别指出的是，在将这些基金调入公共预算的同时，必须统筹考虑这些收入与原来附加其上的母税之间的协调程度，保证在转入公共财政之后，不新增加社会负担。

（三）将具有“租”性质的政府性基金纳入一般公共预算

政府性基金中的“租”，主要是基于我国土地国有制下土地使用权转让、出租形成的收入，以及部分国有企业改制、上交等形成的收入。理论上讲，这些收入与现有国有资本经营预算所涉及的收入性质是相同的。鉴于其“国有”性质，这类基金应适时并入一般公共预算。特别是考虑到土地出让的净收入并不高，且现有土地出让金已有相当部分用于一般公共支出的情况，就更是如此。

（四）清理整顿“使用者付费”性质的政府性基金

这一类基金的情况比较复杂。总体而言，目前政府性基金中的“使用者付费”项目，除了一小部分过时陈旧的项目外，大部分征收的必要性、合理性还是比较明显的，特别是近年来新增的无线电频道占用费收入、废弃电器电子产品处理基金、核电站乏燃料处理处置基金等。对此，应当具体问题具体分析，针对不同具有“使用者付费”性质的政府性基金提出解决对策。一是对一些收费时间过长、收费理由基本上已经消失的基金，应当马上取消，典型的如散装水泥专项资金、新型墙体材料专项基金等。二是对应当保留的这类基金项目，要建立收费项目的核定、收费标准的定期评估与调整机制，以保证收费符合实际。三是加大信息公开力度，保证这类基金的专款专用性质，如有结余，要么降低收费标准，要么调入当年结余，由财政部门统筹安排使用。

（五）建立、完善公共定价机制，明晰国家重大工程项目的成本补偿机制

政府性基金中具有“价格”性质的部分，所占的资金比重大，社会关注度高，管理上确有诸多需要深挖、改进之处。表面上，这类政府性基金是加价收入，实质上是国家层面重大基础设施建设项目的成本补偿问题。长期以来，我国类似于南水北调、民航、铁路等重大工程建设项目的资金来源主要是财政直接支出、银行贷款等支持，缺口部分通过设施投入使用后的加价收入进行弥补。项目建成后的营运、管理、维护等日常支出，既有来自价格收入部分、也有国家财政补贴的部分，相互之间的数量关系比较含混，难以明白表述。究其实质而言，这实际上是公共事业的定价机制不健全、不科学的表现之一。鉴于我国公共企业众多、公共事业量大面广，且随公私合作机制（PPP）的推广应用，未来更多与公共定价有关的议题将进一步直上前台。因此，应当逐渐、适时建立完善我国的公共定价机制。以政府性基金中的相关项目而言，则是要明晰国家重大工程项目的成本补偿机制。具体而言，建设成本部分在国家投资之外，最好由中央国债资金补足差额，其还本付息的支出作为定价的天花板，并定期进行调整，由此可望建立一个收费与成本之间随时间、余额甚至物价变化而动态调整的机制。对营运、维护部分的支出，则按实际发生计入成本，据实定价，当然同时要通过一系列制度建设保证成本信息的真实可靠。

总之，在推进国家治理转型、实现国家治理体系和治理能力现代化的历史进程中，加强政府性基金管理对于规范政府收入秩序、保证社会负担稳定在可接受的水平、推进新一轮财税改革具有重要的现实意义。政府性基金作为我国财政收入的一个有机组成部分，必须实质性地明确其“财政属性”，大力削减其部门特色，全面纳入财政统一管理链条之中，另一方面也要关注部分政府性基金管理中所隐含的公共企业信息公开和公用事业定价问题，尽量提前研究，预为筹谋，防止舆论强攻之下才手忙脚乱地被动防御，真正将“治理”之多元、

公开、科学等要义体现在财政管理的每一个环节之中，共同为建设责任政府、建设现代财政做出努力。

【参考文献】

[1] 冯俏彬、郑朝阳：《进一步规范政府性基金的使用管理》，《中国财政》2013 年第 2 期。

[2] 冯俏彬、郑朝阳：《规范我国政府性基金的运行管理研究》，《财经科学》2013 年第 4 期。

[3] 王利娜：《公共品定价理论评述》，《东岳论丛》2012 年第 1 期。

[4] 杨全社、王文静：《我国公共定价机制优化研究——基于公共定价理论前沿的探讨》，《国家行政学院学报》2012 年第 3 期。

[5] 王璟谛：《广西政府性基金预算管理问题研究》，《经济研究参考》2010 年第 71 期。

[6] 财政部：《关于 2014 年中央和地方预算执行情况与 2015 年中央和地方预算草案的报告》，财政部官网，http://www.mof. gov.cn/zhengwuxinxi/caizhengxinwen/201503/t20150317_1203481.htm, 2015 年 3 月 17 日。

[7] 财政部，2010、2011、2012、2013 全国财政收入决算表，财政部官网。

财政部：《2010 年全国公共财政收入决算表》，财政部官网，http://yys. mof. gov.cn/2010juesuan/201107/t20110720_578448.html, 2011 年 7 月 20 日。

《2011 年全国公共财政收入决算表》，财政部官网，http://yys. mof. gov.cn / 2011qgczjs/201207/t20120710_665247. html, 2012 年 7 月 10 日。

《2012 年全国公共财政收入决算表》，财政部官网，http://yys. mof. gov.cn / 2012qhczjs/201307/t20130715_966210. html, 2013 年 7 月 15 日。

《2013 年全国公共财政收入决算表》，财政部官网，http://yys. mof. gov.cn / 2013qgczjs/201407/t20140711_1111970. html, 2014 年 7 月 11 日。

“十三五”时期我国的社会治理改革热点

构建留守儿童关爱服务体系需要顶层制度设计和搭建服务平台“两手用力”

乔尚奎

【导语】党中央、国务院高度重视农村留守流动儿童工作，将其作为农民工工作及加强和创新社会治理的重要内容。党的十八届三中全会明确提出，要建立健全农村留守儿童关爱服务体系。国务院颁布的《国家中长期教育改革和发展规划纲要（2010—2020年）》中明确提出，要建立健全政府主导、社会参与的农村留守儿童关爱服务体系和动态监测机制。本文基于对贵州毕节等地的实地调研，针对构建留守儿童关爱服务体系提出了相关思路建议。

近几年来，农村留守儿童意外事件屡屡发生，一再刺激公众神经，引起社会各方面的广泛关注。加快构建农村留守儿童关爱服务体系，解决好农村留守儿童问题，是政府“兜底线”的重要责任，必须谋良策、出实招、快见效。为此我们做了研究，到贵州毕节等地进行实地调研，搜集整理了国内外一些经验做法，提出了相关思路建议。报告如下。

一、农村留守儿童问题频发，呼唤加快构建关爱服务体系

农村留守儿童群体的产生源于多年来我国城镇化进程中大范围的人口流动。目前我国城镇化率不到55%，处于城镇化中期，人口在城乡、区域间大规模流动的趋势短期内不会变，专家预测未来30—50年内，因父母外出务工而出现的

乔尚奎，现任职于国务院研究室社会发展司。

大量农村儿童在家留守的现象还将长期持续。据统计，目前我国3亿儿童中有农村留守儿童6100多万人，平均每5个儿童中就有1个是留守儿童，其中还有200多万儿童处于无监护人照管的独居状态。如此庞大的一个儿童弱势群体，如果长期得不到关爱和帮助，就会产生一系列危及儿童健康成长和家庭安定、影响社会和谐乃至国家民族发展的现实问题和重大隐患，集中体现在：

一是儿童安全保障受到严重威胁。由于缺少家庭保护和父母照管，留守儿童在成长过程中会面临更多危险。据媒体报道，2010年春节期间，浙江天台多名留守儿童在附近的水库溺水死亡。时隔5天，广西田陈村4个孩子烧死在无人看管的稻草屋中，其中两名留守儿童的父母过春节也没有回来。2011年甘肃正宁县特大校车事故，死亡的20个孩子绝大多数是留守儿童。今年7月，湖南桃源县留守儿童在河堤戏水时不慎跌入江中，他的奶奶和14岁的姐姐在施救时也落水溺亡。还有前些年发生在湖北黄梅县的伤害儿童事件，12岁小学留守女生因顶嘴被脾气暴躁的奶奶勒死，而此前这个由两位70岁老人和5个孩子组成的“留守大家庭”已发生过两起女童掉进水塘、粪池淹死的意外事件。惨痛个案的背后是沉重的现实。据统计，全国每年有5万多名儿童非正常死亡，意外伤害发生率是美国的2.5倍，其中大部分是留守儿童。2013—2014年“全国六类重点青少年群体研究”调查显示，一年中全国有49.2%的留守儿童遭遇过不同程度的意外伤害，且放假离校是高发期，其中暑期意外伤害的首要死因是溺水。除了溺水、车祸、跌落、中毒、割伤、烧（烫）伤、触电等导致的伤亡，留守儿童被殴打、虐待和性侵的几率也很高。在一些地方，留守儿童成为犯罪分子实施勒索、抢劫、拐卖等侵害的主要对象，并容易因互联网不良信息影响或社会闲散人员引诱、教唆，走上违法犯罪道路。孩子们的悲剧是家庭之殇、社会之痛。

二是会产生冲击伦理道德底线的连锁反应。我们实地调研的贵州毕节七星关区，2012年、2014年、2015年接连发生5名留守儿童垃圾箱内死亡、多名留守女童被教师性侵、4名留守儿童家中服农药自杀的重大恶性事件。这些事件中，同时伴有家暴、遗弃、虐待、重婚、师德沦丧等严重冲击家庭伦理和社会道德底线的关联问题。让人更为担心的是，一些地方“一个老人带六七个小孩”、“大孩子照顾小孩子”的情况在持续增加，不少人把孩子扔给政府和学校就外出打工，有的甚至常年不管不问，孩子的健康和衣食起居全然不顾。

三是为社会安全埋下隐患。留守儿童问题的关键症结还在于内因。福建建宁县客坊中心小学组织全校180余名留守学生的心理测试显示，85%的孩子具有不同程度的心理问题，这在6000多万留守儿童中很具有代表性。关爱的缺失让正处于身心快速发育期的留守儿童有强烈的被忽视甚至被遗弃的伤害感，许多孩子出现了性格孤僻、心理失衡、焦虑自闭等问题，不少孩子与祖父母等实际监护人沟通不畅，易产生反叛等故意偏差行为，甚至自暴自弃，从而沦为“问题学生”、“不良少年”。他们从小埋下了误解他人和仇视社会的“种子”，极易在不良诱导下走向违法犯罪。据测算，未来10年，现有留守儿童的90%都会流入城市，如果不予以及时矫治和干预，相当一部分长大后会因童年经历演变为“社会边缘人”，这将给社会和谐安定留下重大隐患。

儿童是国家的未来、民族的希望。解决好农村留守儿童问题，是政府社会治理能力的重要体现。当务之急，必须由政府负起主责，发动社会各方面力量，想方设法尽快构建起一套管用好用的留守儿童关爱服务体系。

二、构建留守儿童关爱服务体系的路径探讨和现实问题

留守儿童乃至农村“三留守”（留守儿童、留守老人、留守妇女）现象，是我国城镇化进程中较长时期的阶段性社会问题，解决起来不可能一蹴而就。多年来，国家通过采取法律的、教育的、福利的、社会的手段，进行过不少探索和努力，取得了一定效果，但都是零散的、碎片化的，缺乏系统设计和制度安排。最近，有关部门正在着手研究制定构建留守儿童关爱服务体系的框架意见，有关机构和专家也做了不少“路径”探讨。从宏观上看，现有提出的制度性安排，方向路子是对的，是管根本和长远的。但如何让制度安排更加贴近现实，解决急迫问题，需要进一步深入分析，“观其利”、“言其弊”，使好制度真正落得了地，尽快发挥作用。

（一）强化法定监护责任问题

运用法治手段保护留守儿童权益的导向完全正确，符合国际通行做法。比如新西兰等国家要求 14 岁以下儿童不得独处，在美国有“父亲当众打孩子一耳光，坐牢 6 个月”的现实案例，韩国则对性侵儿童的实施化学阉割。其实我国民法通则、未成年人保护法、婚姻法等也对父母的监护责任做出了规定，并明确了剥夺监护权的 7 种情形。但由于比较原则，多年来难以执行落实，被社会舆论戏称为“僵尸法条”。要看到，国外法律的威慑力来源于良好的法治环境和全民法治意识，而在我国多数农村地区，法律观念还比较淡薄，打骂、虐待孩子的陋习仍大量存在。同时，随着男耕女织小农经济和家庭传统观念的逐步解体，采取法律手段剥夺监护权，反而给一些不负责任的父母“解了套”，尤其在当前政府加大关爱儿童力度的形势下，有的甚至干脆把孩子“甩包袱”给政府一走了之。在实地调研中，地方政府对这种执法后的“尴尬”就很有顾虑，他们认为在农村地区培养守法意识还需要一个过程。

（二）在学校开展关爱服务问题

我国义务教育普及率接近全覆盖，将学校作为关爱留守儿童的“主阵地”应当说十分有效，也是很多外出务工输出地的普遍做法。现在不少地方开展的“控辍保学”、打造学、吃、住、乐“四在”校园、送医入校、加强安保等措施，为农村留守儿童在义务教育年龄段提供了温暖安全的“避风港”。但目前看，放学后的管理还是个问题，即使是大量兴建寄宿制学校，留守儿童在“双休日”特别是寒暑假也存在监管空白，老师不可能 24 小时盯着学生。现在有相当部分学校普遍反映老师负担过重、待遇却跟不上，一些山区小学的校长干脆因责任风险太大提出辞职。

（三）加强福利保障问题

留守儿童中有不少仍处于生活无着的困境之中，的确需要加强福利保障。

但随着农村物质生活条件的改善，外出务工父母收入不断提高，社会救助不断加强，很多农村留守儿童缺的不单纯是生活保障，更需要亲情关爱、精神支持和生活陪伴。而这正是行政化的救济救助、走访慰问等方式解决不了的。比如贵州毕节自杀的留守儿童，家里养着好几头猪，有上千斤玉米，3000多元存款，还有700多元政府救助金没有去领。从孩子的遗书及有关情况看，父母的漠视遗弃固然是推动这些孩子走向极端的“主因”，但自杀行为发生在干部们多次上门之后，也值得深思。谁该去上门，上门为留守儿童做些什么？显然仅靠干部上门送温暖发救济是不够的，还需要具备专业知识和能力的人士关爱孩子们的内心世界，这正是福利保障的局限所在。

（四）发动社会力量参与问题

积极鼓励引导社会组织、慈善团体、社会工作者等参与帮扶留守儿童，是一条整合资源、就近服务的捷径，能够为留守儿童多提供一道来自社会的“关爱屏障”。但是就我国农村地区的现状而言，留守儿童多、资金投入少、服务组织少、专业志愿者少、活动场所少的“一多四少”问题，与城市地区拥有大量的“青少年宫”、“儿童活动中心”等机构和服务资源形成了巨大反差，城市里很容易搞起来的各种青少年课余文化体育活动，在农村地区就很难开展，如何引导社会力量下乡入村，与家庭、学校合力形成农村留守儿童的社会化教育和监护体系，是一个亟须解决的课题。

（五）政府应急处置问题

一些地方政府提出要建立留守儿童应急处置机制，及时处理突发事件，沟通媒体、引导舆论。这是现代服务型政府应当具备的能力，但应考虑机制的常态化和可持续性，不能“矫枉过正”、总是处于“临战状态”。比如多次遭遇留守儿童突发事件的毕节市，当地政府在上级领导和舆论的压力下，一把手亲自挂帅，层层签订军令状，搞“七长”责任制（区长、教育局长、乡镇长和街道办主任、校长、村长、师长、家长）、“双线”（政府和学校）管理，把各级各方面的力量都发动起来，采取了严防死守、“人盯人”的做法。基层干部反映“连村委会都经常 24 小时连轴转，大家快崩溃了”，这样的机制显然难以持久。政府的应急处置关键是要形成从基层到县市级政府的常态化管理与预防机制，在基层要“有眼有手”，并借助信息化平台，动态掌握每名留守儿童的基本情况，突出重点、有针对性地防患于未然。

可以说，上面的几种路径探索，都是从制度设计来考虑的，共同特点是治病根、利长远，但都还存在着一些亟待解决的制度漏洞和现实问题，必须要根据基层实际加以调整完善，防止在落实过程中变成好看不管用的“空中楼阁”。

三、就地取材，搭建留守儿童“家门口”的关爱平台

从制度上、根子上来解决问题无疑是好的，但落地生效还要有个过程。如果能利用农村社区现有的设施和资源，把学校、家庭、村社等作为支点，通过“小改小革”、小投入换大效益，用爱心编织出一张就近就便服务的“安全网”，也不失为解决当前急需的务实之策。为此，我们总结提炼了一些部门、地方在服务留守儿童、养老助残等方面的经验和做法，为构建立足基层的留守儿童服务平台提供借鉴。具体提出五点建议：

第一，加快推动“儿童快乐家园”平台建设，为留守儿童打造形式多样的“少年宫”。由全国妇联、中国儿童少年基金会共同发起的“儿童快乐家园”项目，主要向社会募集公益资金，首期投入 1500 万元，建设 150 个为留守儿童提供有针对性的关爱服务平台，每一个点开办时给 5 万元资助，但不是给现金，而是向网商采购电脑、图书、文体用品、玩具等硬件设施，直接配送给试点地方，由当地聘请专人（如退休教师、村委会人员等）管理，为孩子们提供形式多样的文化娱乐活动。这个模式的最大好处，就是引入了社会力量的“源头活水”，逐步激活目前由妇联等人民团体建立的 8 万多个“儿童之家”，打造为农村留守儿童提供遍布城乡的关爱服务网络。城市儿童有“少年儿童文化宫”，农村更应加强以“儿童之家”为基础的“儿童快乐家园”建设。我们建议：除了

引导各人民团体、社会组织、慈善机构等各类社会力量，“八仙过海、各显其能”，动员社会捐款捐物加快建设外，中央和地方财政也应当给予一定的支持，投入的重点应放在留守儿童集中的中西部农村地区、偏远地区。还要充分利用各部门现已举办的各类服务平台，比如教育部门的“留守儿童之家”、共青团的“留守儿童自立自强中心”、文明办的“乡村学校少年宫”、卫计委的“亲情聊天室”等，动员教师、乡村医生、大学生村官、巾帼志愿者、专业社工等各系统各方面的力量共同参与，沟通交流、相互借鉴，多做探索创新，努力为留守儿童提供有针对性的贴心服务。

第二，鼓励留守家庭结成“互助之家”，邻里守望照护留守儿童。调研中，我们发现一些地方已初步形成了留守儿童家庭间的“互助模式”。比如毕节市海子湾镇插枪岩村，村民大多有血缘关系或同属一个少数民族，由于外出务工人员较多，一些相邻的家庭之间就以“口头协议”方式，由一家不外出打工的夫妻照料 2—3 家外出务工家庭的孩子。海子湾镇为支持村里工作，还专门建立了驻村“六员”（驻村工作员、安全巡逻员、卫生监督员、民生监督员、法律法规员、矛盾纠纷调解员）工作机制，为留守儿童“互助家庭”提供日常生活和安全卫生保障。我们建议：地方政府应鼓励支持这种留守儿童家庭间的互助服务，在亲情互助基础上，具备条件的也可以逐步发展成社会化的家庭寄养服务模式，以适当形式明确一些法定义务和报酬，充分调动家庭及村镇等各方面的积极性，促进形成遍布村寨的“关爱家庭”服务网络，使留守儿童在相对熟悉的家庭氛围和生活环境中成长。同时将其与学校教育和课余活动相结合，让邻里守望、家庭互助和学校支持共同发挥作用。

第三，借鉴“互助养老”模式，帮扶留守儿童自助互助。互助养老（也称“互助养老院”）是以建制村为单位、村级主办的养老新模式。它充分利用集体资金、闲置房产等，由村集体承担水、电、暖等日常运转费用，衣食医由老人的子女保障，老年人根据年龄和身体状况互相服务、共同生活。这种模式最大的好处，就是适应农村老人“离家不离村”的养老需求、符合农村物力财力实际条件，每年集体开支仅几千元，老人每月只需花几十元，村集体经济好的中午还管一顿饭。为推广这一做法，中央专项彩票公益金2013—2015年已累计投入30亿元，建设10万个“农村幸福院”，大力支持互助式养老，主要服务对象是5000多万留守老人。目前该模式已在山西、内蒙古、湖北、陕西、甘肃等十余个省份推开，仅河北省就建立起2万多家，覆盖了40%的建制村。这种模式值得借鉴，稍加复制改造，完全可以用于为留守儿童搭建服务平台。我们建议：一是在中西部地区尽快建设起一批留守儿童“阳光互助之家”，逐步扩大覆盖面。鉴于留守儿童的总体规模和分布，与留守老人比较接近，中央应考虑在资金投入、机构建设数量和标准上同等对待。二是支持各地把村镇废弃学校、厂房、农村书屋等公共设施充分利用起来，让“阳光互助之家”尽快落地，为孩子们提供集中学习和相互照顾的场所，实行以大带小、以强助弱，增进交流、共同成长。三是根据孩子数量，每村安排2—3名不等的留守妇女作为监护照料人员，让她们配合学校和村里管好留守儿童的课余生活，及时发现孩子们存在的困难和问题并帮助解决，填补寒暑假、节假日、“双休日”管理服务空白。照料人员待遇以购买服务形式每人每月发给一定的补助，由中央和地方财政共同负担，这既解决了儿童照料问题，又为促进留守妇女就业打开了渠道。

第四，创新推广“四点半课堂”，丰富留守儿童课余文化体育生活。“四点半课堂”是城市社区为解决双职工下班无法及时接孩子问题开展的一种社会服务形式。它是课堂教育的延伸，可以更多地结合孩子们的兴趣爱好和活泼好动的特点，组织丰富的文化体育等活动，深受学生和家长欢迎，也很快被推广到农村留守儿童关爱服务中，在实地调研中就看到不少，效果很好。我们建议：一是加快推广农村留守儿童“四点半课堂”，上学时应以学校为主阵地，放假期间应延伸到“儿童快乐之家”、“阳光互助之家”及留守儿童“互助家庭”等。二是在开展文体活动的同时，也侧重组织一些寓教于乐的安全防护和法律知识等方面的教育活动，积极发动女干部、女教师、女企业家、妇代会代表等爱心人士，定期参与“四点半课堂”，结对做留守儿童的“爱心妈妈”，从学习、生活、情感上做近距离的关爱关心和沟通引导。三是要鼓励放假期间大批有体育、音乐和文化特长的志愿服务人员下乡为留守儿童服务，寒暑假期间，在不同学校、村落间开展体育文化活动及竞赛，组织留守儿童积极参加。

第五，依托信息化平台，建立留守儿童虚拟社区管理服务机制。借助信息化手段为分散居住的农村留守儿童提供管理服务十分必要，总结一些地方的工作经验，我们建议：一是提供信息定位和应急处理服务。针对一些已出现严重的心理及精神问题，甚至有自残自杀行为的留守少年儿童，要及时进行管控干预，可以借鉴开展社区矫治的工作模式，参考为重残儿童、失能老人配备的一些"电子腕带"、"定位书包"、"一键报警手机"等设备的做法，对重点对象随时跟踪定位，及时了解需求、处理危急问题，对有特殊需求的留守残疾儿童要及时提供抢救性康复服务、精神卫生保健和托养服务。二是架起亲子沟通的"爱心桥"。依托乡镇、村卫生计生等系统的视频设备，建立QQ群、微博、微信等，在村寨普遍设立亲情热线电话，方便留守儿童与父母亲情沟通，对残疾儿童、特困儿童可上门安装家庭式"亲情电话"。三是建设信息化平台，提高关爱服务的针对性、有效性。通过逐步完善以县（区）政府为核心的信息化管理服务平台，在建立完善当地所有留守儿童电子档案数据库的基础上，认真分析研究服务重点难点，合理分配调度县（区）、乡（镇）、村等各级的管理服务力量及社会资源，不断扩大为留守儿童提供关爱服务的覆盖面和质量水平。

以上这些做法，都是有关部门和地方已经在做的，共同特点是贴近实际，易推广、易复制，可操作性强、见效快，既可以单独做，也可以结合起来做。目前一些地方已经开展了相关工作，但都还是星星点点，比较零散，多数尚未上升到政策层面，迫切需要将上述模式进一步总结提炼，加快在留守儿童集中地区实施推广，逐步构建起惠而不费、可持续的农村留守儿童关爱服务工作机制。

总之，解决农村留守儿童问题，必须将顶层制度设计与搭建基层服务平台结合起来，发挥各自优势，既立足当前、又着眼长远，"两手"发力、打出"组合拳"，促进各项政策措施综合显效，尽快构建起一个适合中国国情和乡土文化的关爱服务体系，为留守儿童的健康成长撑起一片蓝天。

高度关注农村失能老人的健康照料需求

吕晓莉

【导语】党的十八届三中全会提出，要积极应对人口老龄化，加快建立社会养老服务体系和发展老年服务产业。随着我国人口老龄化的快速发展，失能老人长期照料服务需求剧增。在我国城乡二元结构的背景下，城乡失能老人的长期照料需求呈现出显著差异，特别是农村失能老人的健康照料需求，呈现出规模巨大、比例极高、需求迫切等特征，必须引起高度关注。

我国已进入人口老龄化快速发展阶段，失能老人①规模巨大，长期照料服务需求剧增，已成为亟须解决的社会问题。长期照料是一个内容丰富的综合照料体系，其内容包括生活照料、健康照料、社会支持、精神慰藉等诸多方面。从目前社会养老服务体系提供的服务内容看，生活照料方面已受到了较多关注，社区居家养老服务提供了比较多样的家政、送餐、做饭、洗澡、陪购等服务。但基于2010年中国城乡老年人口状况追踪调查②的数据显示，城乡失能老人的健康照料需求非常突出，且农村失能老人数量庞大、健康状况堪忧、健康照料需求巨大，形势非常严峻。

吕晓莉，民政部社会工作司司长，北京师范大学博士。主要研究领域为社会治理与人口老龄化等。

① 本文所用失能老人概念，是指在个人自我照顾和独立生活方面有功能障碍的老年人，这种功能障碍包括基本日常生活活动能力（Activities of Daily Living，ADL）和工具性日常生活活动能力（Instrumental Activities of Daily Living，IADL）。本文采用吃饭、穿衣、上下床、上厕所、室内走动和洗澡等6项ADL指标，以及洗衣、做饭、做家务、购物4项IADL指标，将失能老人分为轻微失能、轻度失能、中度失能、重度失能和极重度失能。

② 2010年中国城乡老年人口状况追踪调查为中国老龄科研中心开展的综合调查。其调查截止时间为2010年12月1日0时，共涉及全国160个市（县），640个街道（乡）、2000个居（村）委会，收回问卷20009份。

一、城乡失能老人健康照料需求[①]突出

2010 年我国失能老人共有 6374 万。其中，城镇、农村失能老人分别为 2301 万和 4073 万，分别占 36.1% 和 63.9%。对城乡失能老人的生活照料需求、健康照料需求、社会支持需求、精神慰藉需求进行分类，将城乡失能老人的四类长期照料需求加总，得到失能老人长期照料需求类型构成的城乡比较图如下。

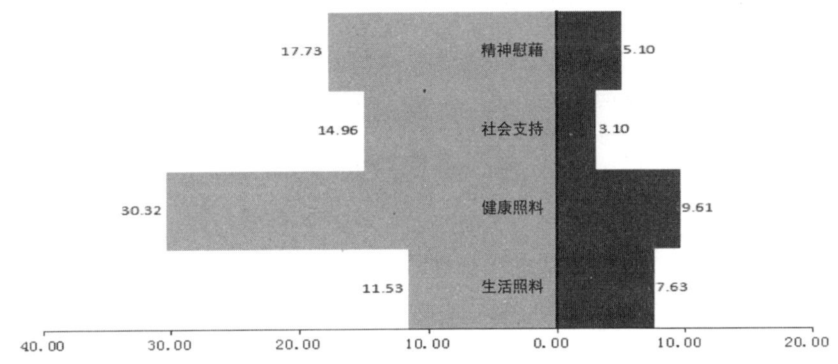

图1　失能老人长期照料需求类型构成的城乡比较

通过图 1 中金字塔图的横向、纵向比较，可以看出：第一，农村失能老人的长期照料需求总量明显高于城镇。纵坐标左侧的农村失能老人长期照料需求占到城乡失能老人长期照料总需求的 74.54%，是右侧城镇失能老人长期照料需求的 2.93 倍。第二，农村失能老人的各类长期照料需求均明显高于城镇。农村失能老人的生活照料、健康照料、社会支持和精神慰藉需求都比城镇更高，需求量分别达到城镇的 1.51 倍、3.16 倍、4.82 倍和 3.48 倍。第三，城乡失能老人健康照料的需求均明显高于其他三类长期照料需求。对城镇失能老人来说，健康照料的需求是生活照料的 1.26 倍，是社会支持的 3.1 倍，是精神慰藉的 1.88

① 健康照料是指由专业人员提供的或在专业人员指导下以康复保健为目的的照料服务，问卷针对上门护理、上门看病、康复治疗三个方面进行了调查，对三项中任一项有需求的视为有健康照料需求。

倍；对农村失能老人来说，健康照料的需求是生活照料的 2.63 倍，是社会支持的 2.03 倍，是精神慰藉的 1.71 倍。可见，对农村失能老人健康照料需求分析具有重要的现实意义。

进一步从数据上分析，有健康照料需求的失能老人对上门护理、上门看病、康复治疗三项具体服务项目的需求上，城乡之间有显著差异。如表 1 所示，从规模上看，农村对三类服务项目的需求远远高于城镇。其中，上门看病需求最多，农村为 3127 万人，是城镇的 3.48 倍；其次分别是上门护理和康复治疗，农村需求规模分别是城镇的 3.15 倍和 3.08 倍。从比例上看，在上门看病项目上城乡之间有显著差异，农村对上门看病的需求（93.73%）比城镇高出近 9 个百分点；上门护理和康复治疗两项服务之间的需求水平，在城乡差异上很小，都保持在六成左右。

表 1　城乡有健康照料需求失能老人对健康服务项目需求情况比较（单位：万人，%）

	城镇		农村	
	规模	比例	规模	比例
上门护理	661.78	62.57	2086.37	62.52
上门看病	899.99	85.09	3127.85	93.73
康复治疗	648.63	61.33	1995.37	59.80

从需求分布的模式上看，城乡在健康照料三个项目的需求次序上基本一致。如图 2 所示，有健康照料需求的城乡失能老人对三项健康照料服务项目的需求中，对上门看病服务的需求水平最高（91.65%），其次是上门护理服务（62.53%）、康复治疗服务（60.16%）。这一模式在城乡之间基本一致。

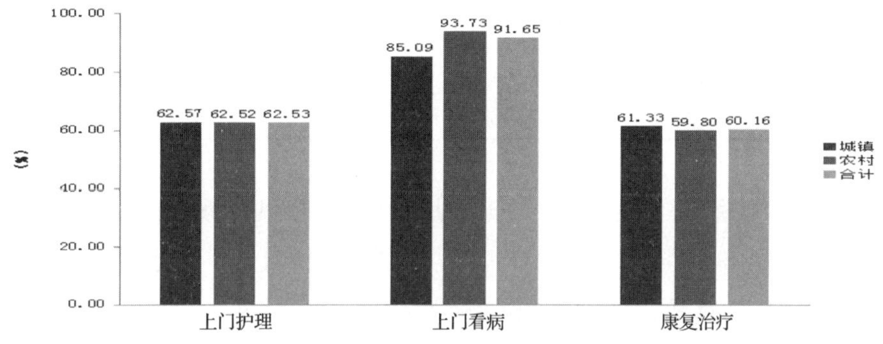

图2 城乡失能老人对健康照料服务项目的需求

具有不同个体特征、社会经济特征、家庭特征和生活环境特征的失能老人，其健康照料需求不尽相同；在城乡对比的视角下，同属某一特征类别的城乡失能老人，相应的健康照料需求水平之间明显存在着差异。总的来看，农村失能老人的健康照料需求更突出，需求水平在不同特征内各类别间的波动也较小。

二、不同自理能力失能老人健康照料需求的城乡比较

失能老人的健康状况直接影响着其自理能力等级，健康状况与自理能力有显著的相关关系，健康状况越差，自理能力也更差。可见，不同自理能力等级失能老人，对于健康照料及其服务项目的需求势必存在固有的差异。表 2 显示了城乡不同自理能力失能老人的健康照料需求的总体情况。可以看出，在各个自理水平上，农村失能老人健康照料需求的规模和水平都明显高于城镇。

表 2 城乡不同自理能力失能老人的健康照料需求的总体情况（单位：万人，%）

	城镇		农村		合计	
	规模	比例	规模	比例	规模	比例
轻微失能	337.95	37.99	1158.07	79.29	1496.01	63.66
轻度失能	488.75	50.16	1507.81	81.82	1996.54	70.87

续表

中度失能	162.13	51.45	530.57	85.47	692.69	74.01
重度失能	33.49	70.02	43.70	93.69	77.19	81.70
极重度失能	35.36	47.92	96.81	94.69	132.16	75.09

在绝对数量上，农村在每个自理能力等级上都远远超过城镇。其轻微失能、轻度失能、中度失能、重度失能、极重度失能老人的数量，分别是城镇的3.43倍、3.09倍、3.27倍、1.3倍、2.74倍。

在需求水平上，如图3所示，农村仍然在每个自理能力等级上明显高于城镇，并且相差很大，基本保持差距在30—45个百分点。但城乡不同自理能力等级失能老人的健康照料需求水平在不断变化。图3显示，从走势上看，随着失能老人障碍等级的升高，其健康照料需求水平呈逐步增加的趋势。[①]这种增高趋势在城镇失能老人上表现得比较明显，从轻微失能的38%左右逐步增高到重度失能的70%左右；而农村由于每一等级上一直都处于较高需求水平，增长的趋势则没有城镇那么明显；并且城乡相对比例之间的差距，随着障碍等级的升高，都达到一个相对较高的需求水平，城乡之间的差距反而逐渐有所减小，从轻微失能的31.7%的差距减小到重度失能的23.7%的差距（极重度失能例外）。

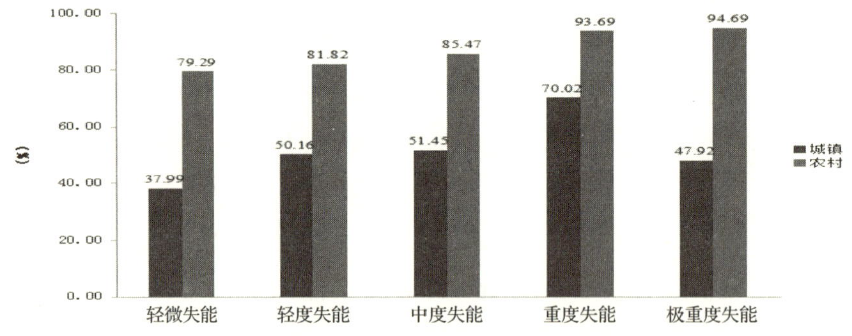

图3 城乡不同自理能力失能老人的健康照料需求水平比较

① 但城镇极重度失能老人的健康照料需求出现了急跌，其具体原因，后文将做进一步讨论。

随着自理能力的不断变差，城乡失能老人对上门护理、上门看病和康复治疗这三项健康照料服务的需求水平不断升高。表3显示了不同自理能力水平下，三个服务项目在城乡之间的明显差异。在所有的健康需求服务项目上，农村的需求水平都高于城镇。城乡对三个服务项目的需求程度，总体上呈现出随障碍等级升高而需求水平升高的趋势。只是在极重度失能老人群体中，除农村极重度失能老人对上门看病这一项有较高需求外，其余各项在城乡上都出现了需求水平降低的状况，这可能与极重度失能老人身体状况太差、康复期望较低的原因有关。

表3 不同自理能力失能老人健康需求服务项目的需求水平（单位：%）

	上门护理			上门看病			康复治疗		
	城镇	农村	合计	城镇	农村	合计	城镇	农村	合计
轻微失能	22.50	44.53	36.19	32.31	74.43	58.49	21.32	45.76	36.51
轻度失能	30.59	53.32	45.46	43.53	76.2	64.90	31.39	49.33	43.13
中度失能	34.67	60.07	51.52	39.54	80.39	66.64	34.52	55.99	48.76
重度失能	47.66	67.78	57.59	69.43	89.13	79.16	40.27	60.65	50.33
极重度失能	42.75	47.82	45.69	41.54	93.86	71.92	33.88	41.12	38.08

（一）轻微失能老人

城乡轻微失能老人对健康需求最高的服务项目是上门看病，达到58.49%，对上门护理和康复治疗的需求水平稍高于36%。

城乡对比可以看出，农村轻微失能老人对健康照料三项服务的需求水平都远远高于城镇，达到了城镇相应需求水平的2倍多，特别是对上门看病的需求水平高达74.43%，比城镇高42.12个百分点。

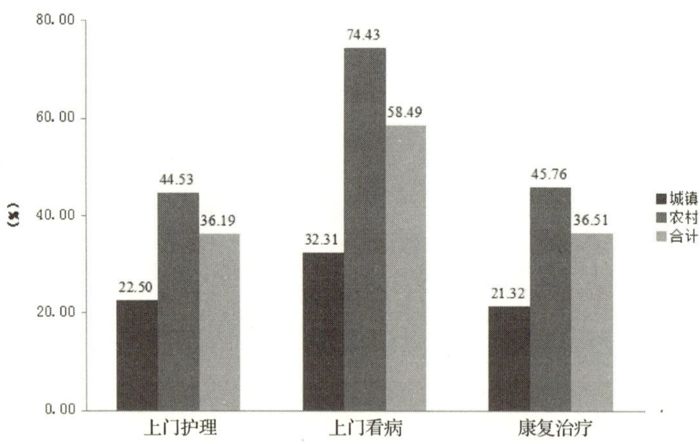

图4　轻微失能老人健康照料服务项目需求

（二）轻度失能老人

与轻微失能老人相比，轻度失能老人对健康照料三项服务的需求水平均有所上升，需求最高的服务项目仍是上门看病，上升到 64.9%，对上门护理和康复治疗的需求水平则上升到 45% 左右。

城乡对比可以看出，农村轻度失能老人对健康照料三项服务的需求水平都高于城镇，达到城镇相应需求水平的 1.5 倍多，特别是对上门看病的需求水平已高达 76.2%，比城镇高 32.67 个百分点。

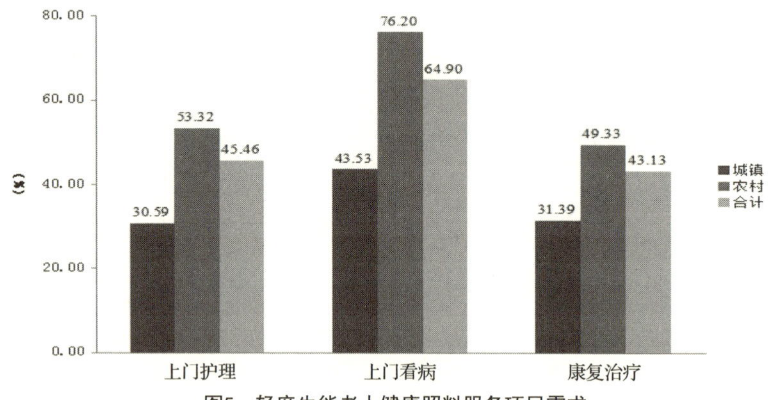

图5　轻度失能老人健康照料服务项目需求

（三）中度失能老人

与轻度失能老人相比，中度失能老人对健康照料三项服务的需求水平进一步上升，需求最高的服务项目仍是上门看病，达到66.64%，对上门护理和康复治疗的需求水平则上升到50%左右。

城乡对比可以看出，农村中度失能老人对健康照料三项服务的需求水平都高于城镇中度失能老人，达到城镇相应需求水平的1.6—2倍。农村中度失能老人对上门看病的需求水平已超过80%，达到80.39%，比城镇高40.85个百分点。

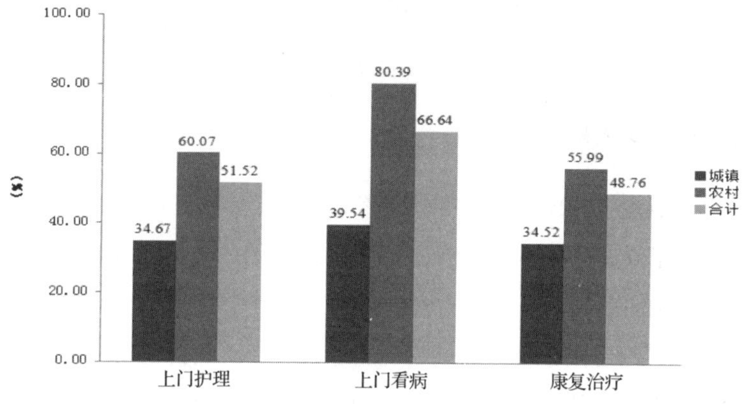

图6 中度失能老人健康照料服务项目需求

（四）重度失能老人

与中度失能老人相比，重度失能老人对健康照料三项服务的需求水平还在继续上升，需求最高的服务项目仍是上门看病，达到79.16%，对上门护理和康复治疗的需求水平都上升到超过50%。

城乡对比可以看出，农村重度失能老人对健康照料三项服务的需求水平都高于城镇重度失能老人，达到城镇相应需求水平的1.3—1.5倍，城乡间的差距有所缩小。农村重度失能老人对上门看病的需求水平已接近90%，达到89.13%，比城镇高19.7个百分点。

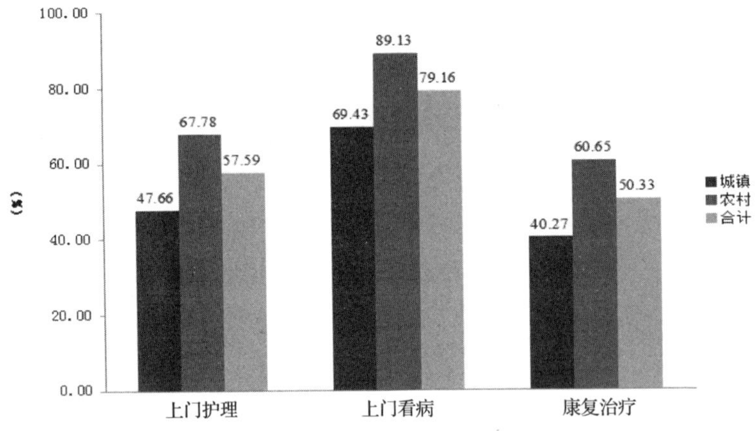

图7　重度失能老人健康照料服务项目需求

（五）极重度失能老人

与重度失能老人相比，极重度失能老人对健康照料三项服务的需求水平有所回落，但需求最高的服务项目仍是上门看病，为71.92%，对上门护理和康复治疗的需求水平回落到40%左右。

城乡对比可以看出，农村极重度失能老人对健康照料三项服务的需求水平仍高于城镇极重度失能老人。城乡极重度失能老人的健康照料服务项目中，只有农村极重度失能老人的上门看病需求有进一步上升（已高达93.86%），其余的服务项目需求都出现了不同程度的下降。城镇极重度失能老人对健康照料三项服务需求水平的普遍下降，特别是上门看病需求出现近30个百分点的降幅，使得其整体健康照料需求出现了前文的急跌。

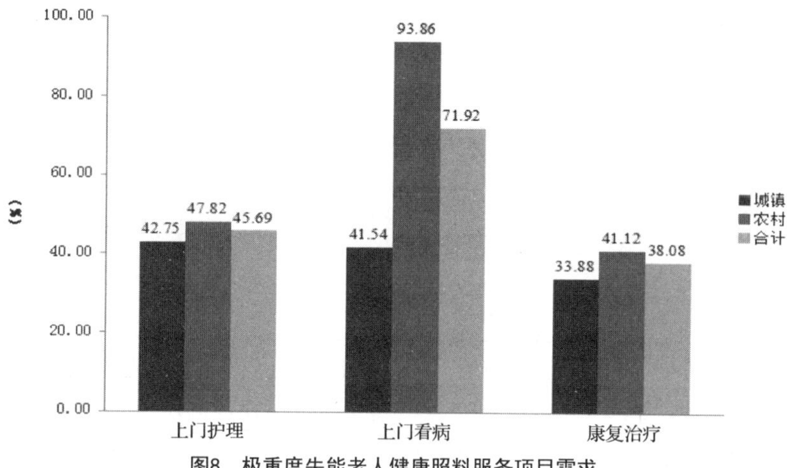

图8 极重度失能老人健康照料服务项目需求

三、健康照料需求的影响因素比较

（一）城镇失能老人健康照料需求的影响因素

选取城镇失能老人进行单独分析，使用二分类 Logistic 回归模型分析其健康照料需求的影响因素，通过向后逐步回归法对自变量进行筛选，回归模型保留了 7 个对城镇失能老人健康照料需求有显著影响的自变量。

表 4 城镇失能老人健康照料需求影响因素二分类 Logistic 回归模型的参数估计

	参数估计	标准误	统计量	P 值	OR 值
健康状况（参照类 = 好）			19.66	0.00*	
一般	-0.07	0.14	0.26	0.61	0.93
差	0.29	0.14	4.25	0.04*	1.34
自理能力等级（参照类 = 轻微）			14.94	0.00*	
轻度	0.27	0.09	10.35	0.00*	1.32
中重度	0.38	0.11	11.35	0.00*	1.46
退休前职业（参照类 = 机关事业单位）			9.57	0.02*	

续表

国有企业	0.21	0.11	3.91	0.05*	1.23
其他类型企业	-0.03	0.13	0.05	0.82	0.97
其他	-0.04	0.11	0.12	0.72	0.96
居住方式（参照类 = 非独居）	-0.21	0.09	5.67	0.02*	0.81
照料负担（参照类 = 无）	0.21	0.11	3.97	0.05*	1.23
本社区居住时长（参照类 =20 年及以下）			17.96	0.00*	
21—40 年	-0.02	0.09	0.05	0.83	0.98
41—60 年	0.03	0.11	0.06	0.81	1.03
61 年及以上	0.50	0.13	14.80	0.00*	1.65
社区照料服务（参照类 = 无）	0.47	0.08	32.23	0.00*	1.59
截距	-0.91	0.18	26.40	0.00*	0.40

注：* 表示 P<0.05。

如表 4 所示，健康状况、自理能力等级和退休前职业等 7 个自变量对城镇失能老人是否有健康照料需求的影响在统计上显著。健康状况差的城镇失能老人需要健康照料的可能性比健康状况好的高 34%；中重度失能、轻度失能这两个等级的失能老人，需要健康照料的可能性比轻微失能老人分别高 46% 和 32%；独居的城镇失能老人需要健康照料的可能性（与非独居相比）低 19%；家庭有其他照料负担的失能老人需要健康照料的可能性高 23%；社区提供相关照料服务的城镇失能老人，需要健康照料的可能性要高 59%。

（二）农村失能老人健康照料需求的影响因素

选取农村失能老人进行单独分析，使用二分类 Logistic 回归模型分析其健康照料需求的影响因素，向后逐步回归法对自变量进行筛选，回归模型保留了 10 个对农村失能老人健康照料需求有显著影响的自变量。

表 5　农村失能老人健康照料需求影响因素二分类 Logistic 回归模型的参数估计

	参数估计	标准误	统计量	P 值	OR 值
性别（参照类 = 女性）	-0.29	0.09	10.17	0.00*	0.75
民族（参照类 = 少数民族）	0.37	0.13	7.73	0.01*	1.44
地域（参照类 = 东部）			95.51	0.00*	
中部	-0.24	0.09	6.61	0.01*	0.78
西部	0.90	0.12	58.00	0.00*	2.47
健康状况（参照类 = 好）			11.28	0.00*	
一般	-0.10	0.14	0.50	0.48	0.90
差	0.20	0.15	1.86	0.17	1.22
自理能力等级（参照类 = 轻微）			6.38	0.04*	
轻度	0.01	0.09	0.02	0.88	1.01
中重度	0.29	0.12	5.36	0.02*	1.33
子女孝顺程度（参照类 = 孝顺）	0.39	0.10	15.46	0.00*	1.47
照料负担（参照类 = 无）	0.32	0.12	6.44	0.01*	1.37
本社区居住时长（参照类 =20 年及以下）			37.08	0.00*	
21—40 年	0.15	0.33	0.20	0.65	1.16
41—60 年	0.40	0.31	1.62	0.20	1.49
61 年及以上	0.84	0.31	7.22	0.01*	2.31
社区照料服务（参照类 = 无）	1.12	0.09	170.33	0.00*	3.06
朋友资源（参照类 = 四个及更多）			5.62	0.06	
无	0.26	0.11	5.32	0.02*	1.29
一至三个	0.20	0.11	3.52	0.06	1.22
截距	-0.70	0.37	3.49	0.06	0.50

注：* 表示 P<0.05。

如表 5 所示，性别、民族、地域等 10 个自变量对农村失能老人是否有健康照料需求的影响在统计上显著。农村女性失能老人的健康照料需求更高，相当于男性的 1.33 倍；农村汉族失能老人的健康照料需求比少数民族高 44%；子女孝顺的农村失能老人需要健康照料的可能性最低；家庭有其他照料负担的农村失能老人，需要健康照料的可能性高 37%；在本社区居住不低于 61 年的农村失能老人，需要健康照料的可能性非常高，是在本社区居住 20 年及以下的农村失能老人的 2.31 倍；社区提供相关照料服务的农村失能老人，需要健康照料的可能性相比高出 2.06 倍。

（三）影响因素的城乡对比及主要发现

影响城镇、农村失能老人健康照料需求的各个因素中，有一部分是都有的。个体特征中的健康状况和自理能力等级，家庭特征中的照料负担，生活环境特征中的本社区居住时长和社区照料服务，这五个因素对城镇、农村失能老人的健康照料需求都有显著影响。健康状况为差的失能老人，其健康照料需求高于健康状况好的失能老人；家庭的照料负担越重，失能老人需要健康照料的可能性越高。相较而言，在本社区居住时长在 61 年及以上的失能老人的健康照料需求最为突出；所在社区提供相关照料服务的失能老人有更高的健康照料需求。这五方面特点在城镇、农村失能老人中体现出的模式基本一致。

与城镇失能老人相比，农村失能老人健康照料需求影响因素更多，除以上共同因素外，还有个体特征中的性别、民族、地域，家庭特征中的子女孝顺程度，生活环境特征中的朋友资源数。男性农村失能老人，需要健康照料的可能性比女性低 25%；汉族农村失能老人，需要健康照料的可能性比少数民族高 44%；农村失能老人需要健康照料的可能性按中部、东部、西部的次序逐渐升高；子女不孝顺的农村失能老人，需要健康照料的可能性相对更高。

总的来看，农村失能老人的健康照料需求非常高，尤其是农村女性失能老人的健康照料需求需要高度关注；失能老人的健康照料需求，与其健康状况和自理能力等级之间存在较明显的正相关关系；分城乡和地区看，西部地区农村失能老人的健康照料需求十分突出；在主要依赖家庭养老的农村地区，子女孝顺程度对失能老人健康照料需求有显著影响；由于健康照料具有专业性，家庭成员的作用有限，这就使得子女不孝顺的农村失能老人的健康照料需求会倾向于更高。

四、建　议

通过对城乡失能老人健康照料需求结构及其影响因素的比较分析，可以发现：农村失能老人的健康照料需求极为突出，健康照料需求规模巨大、比例极高，必须给予高度重视和特别关注。

（一）突出需求导向，建立以健康照料为重点的长期照料服务体系

长期照料是针对老年人的特殊需求而产生发展的，只有“以需求为导向”，根据顾客群的需求去开发产品，并力求在服务过程中既得顾客满意度[①]。健康需求是长期照料需求中最突出的，健康照料也是长期照料服务中最短缺的。在推进长期照料服务体系建设中，必须突出健康照料服务。当前，我国老年医疗卫生服务系统尚未形成，老年病防治专业人才匮乏，不能对居家和社区的长期照料形成有效辐射和支撑。老年护理机构建设滞后，大多不具备医疗护理功能，健康照料服务内容项目不丰富，失能老人的护理康复需求得不到有效满足。为此，必须在长期照料服务中特别加强健康照料服务的有效供给和能力建设，有针对性地提供相对应的照料服务项目，加强指导健康照料服务产品的设计、调配和供给等实操工作。这样才能将健康照料服务与失能老人实际需求更好地进行匹配。

（二）注重城乡统筹，加大资源向农村长期照料服务倾斜的力度

建立失能老人长期照料服务体系的重点和难点在农村，能否真正解决好农村失能老人的长期照料服务问题，是关乎整个照料服务体系建设成败的核心

① 参见张润彤、朱晓敏：《服务科学概论》，电子工业出版社 2009 年版。

问题。农村失能老人对健康照料的突出需求，源于现实服务的不足。这是我国城乡二元社会长期作用积累的结果，也是一种历史欠账。为此，在构建城乡失能老人长期照料服务政策的时候，需要在价值引导上特别注意城乡统筹，把农村失能老人长期照料服务纳入整个失能老人长期照料服务的全局之中进行通盘筹划、综合考虑，统筹城乡相关资源，优化资源配置，要根据城镇和农村地区经济社会的不同特点和失能老人需求结构差异，确定发展的优先次序和重点任务。既要发挥城镇在资源聚集和使用的规模效应、效率作用，又要挖掘农村乡土资源的独特优势；既要推动城镇长期照料服务的率先发展和示范作用，又要格外重视把公共资源配置的重点放在农村。鉴于农村基础设施相对落后、公共服务资源相对短缺的现状，当前的首要问题是加大向农村失能老人长期照料服务资源倾斜的力度，在长期照料服务资源的布局和配置上，突出回应农村的现实需求。

（三）发挥传统优势，研究制定家庭养老支持政策

前文研究发现，家庭在我国养老和照料中发挥重要作用，子女数量、孝顺程度、家庭照料负担等因素也显著影响失能老人健康状况的照料需求。但我国在经历经济转轨、社会转轨和文化转变的深刻变革的同时，家庭功能严重弱化，在养老照料上开始显得力不从心，老年人的生活质量受到严重影响，子女的工作生活受到极大困扰。国际社会经验表明，社会养老不能替代家庭养老，当前西方一些国家正在从院舍集中养老向家庭和社区照料回归。可见，在老年人生活质量和晚年幸福上，无论发达国家还是发展中国家，都离不开家庭对老年人的支持、照顾和关爱，“家庭始终是一个中心议题（Central Issues）”[①]。家庭养老一直是我国养老保障体系中最核心的模式。我们要在汲取西方国家经验教训的基础上，重新审视家庭养老的重要作用和地位，建立和完善家庭养老支持

① 邬沧萍：《中国家庭养老研究》序，载姚远：《中国家庭养老研究》，中国人口出版社 2001 年版，序第 2 页。

政策，修复并强化家庭养老功能，巩固家庭养老的基础地位，确保居住在家的老年人享受到全方位的支持（aging-in-place）。这不仅符合国际上老年人长期照料服务发展规律和实践经验，而且也顺应广大老年人的意愿和我国的养老传统。

积极推进社会事业改革创新

陈　鹏

【导语】党的十八届三中全会提出，要创新社会治理体制，推进社会事业改革创新。党的十八届四中全会进一步提出，必须以法治思维和法治方式来谋划各项改革。社会事业是人民群众共享改革发展成果、拥有更多“获得感”的主战场，也是进行利益关系调整的重要领域。近年来，我国社会事业改革领域出现诸多精彩亮点之处，一些关键领域的改革获得重要进展和突破。本文对此进行了分析。

党的十八届四中全会提出，要加快保障和改善民生，推进社会治理体制创新和法律制度建设。法律是治国之重器，良法是善治之前提。法治是治国理政的基本方式。法治思维和法治方式的前提是，全社会要对法治有共同的理解，全社会有共同的法治精神和法治原则①。运用法治思维和法治方式推进社会事业体制改革，就是要把法治理念、法治精神、法治原则和法治方法贯穿到社会事业体制改革实践的各个环节当中，既要加强社会事业领域的立法建设，又要切实增强社会事业领域的执法和司法建设，确保人民群众幸福安康和社会公平正义。

陈鹏，北京师范大学中国社会管理研究院、社会学院讲师。北京师范大学博士后。研究方向为社会建设与社会治理。

① 徐显明：《法治思维和法治方式》，《行政改革内参》2014 年第 7 期。

一、社会事业领域改革新进展

（一）教育领域综合改革

教育公平是社会公平的重要基础，是最基本最重要的公平。2014 年，我国在深化教育领域综合改革，加快推进教育治理能力现代化、建立中国特色现代学校制度方面取得新进展。主要表现在：

1. 考试招生制度改革

义务教育是教育公平的基础。自城乡免费九年义务教育全面普及以来，我国在持续深入推进义务教育均衡发展方面取得重要进展。2013 年 12 月 31 日，为统筹城乡义务教育资源均衡配置，加快缩小区域、城乡教育差距，促进基本公共教育服务均等化，教育部、国家发改委、财政部制定了《关于全面改善贫困地区义务教育薄弱学校基本办学条件的意见》。该《意见》指出，农村、边远、贫困和民族地区，特别是集中连片特困地区仍然是我国义务教育事业发展的薄弱环节，因此全面改善贫困地区薄弱学校基本办学条件，推进义务教育学校标准化建设，既是守住“保基本”民生底线、推进教育公平和社会公正的有力措施，也是增强贫困地区发展后劲、缩小城乡和区域差距、推动义务教育均衡发展的有效途径。2014 年 1 月，为落实义务教育免试就近入学要求，健全科学、明晰、便利的小学升入初中制度，教育部《关于进一步做好小学升入初中免试就近入学工作的实施意见》发布，为全国各地“小升初”政策正式确定了“轨道”，有利于规范招生入学行为、提高治理水平、促进教育公平。在地方层面，北京市教委率先公布 2014 年义务教育入学政策，实行“单校划片”或“多校划片”入学小升初政策，且小学免试就近入学，取消存在多年的“共建生”制度。据相关数据显示，每年通过“共建”渠道进入重点中小学的孩子，约占到总招生名额 10% 左右。北京作为首都，是优质教育资源的密集地，率先取消“共建生”具有积极的进步意义，也对全国其他城市具有重要的示范效应。

与义务教育改革相协同的是高考制度改革。2014 年 9 月，《国务院关于深化考试招生制度改革的实施意见》公布，标志着我国考试招生制度改革进入实操阶段。其中，《意见》涉及的“高考制度改革”尤其引人注目，也是恢复高考以来最为全面和系统的一次考试招生制度改革。2014 年 12 月，针对高考制度改革，教育部又连续公布多个重要配套政策：《关于普通高中学业水平考试的实施意见》、《关于加强和改进普通高中学生综合素质评价的意见》、《关于进一步减少和规范高考加分项目和分值的意见》、《关于进一步规范自主招生试点工作的意见》，将高中“学业水平考试”和“综合素质评价”作为重要指标正式加入高考人才选拔机制，同时进一步完善和规范高校自主招生考试和高考加分事项。具体而言，根据《意见》，此次高考制度改革的主要内容包括：一是改革考试科目设置。考生总成绩由统一高考的语文、数学、外语 3 个科目成绩和高中学业水平考试 3 个科目成绩组成。二是改革招生录取机制。探索建立基于统一高考和高中学业水平考试成绩、参考综合素质评价的多元录取机制。大幅减少、严格控制考试加分项目，2015 年起取消体育、艺术等特长生加分项目。三是完善和规范自主招生考试。此次改革的最大亮点是高校自主招生考试被统一挪到全国高考之后进行。据相关数据显示，截至 2015 年 1 月底，90 所自主招生试点高校均未出台自主招生简章①。

四是启动高考综合改革试点。自 2014 年，上海市、浙江省分别出台高考综合改革试点方案，从 2014 年秋季新入学的高中一年级学生开始实施。五是建立招生问责制。自 2015 年起，由校长签发录取通知书，对录取结果负责。

2. 完善高校法人治理结构

一是制定大学章程。大学章程作为大学办学的重要文本，享有大学“宪法”之美誉，对大学依法治校、照章办事具有划时代的意义。依章程自主管理是高校的法定权利，制定章程是完善中国特色现代大学制度的关键环节。高校的举办者、主管教育行政部门按照政校分开、管办分离的原则，以章程明确界定政府与学校的关系，保障学校的办学自主权。2011 年 7 月，教育部颁布《高等学校

① 樊未晨：《自主招生改革成了难题》，《中国青年报》2015 年 1 月 28 日。

章程制定暂行办法》，并要求"985 工程"和"211 工程"高校率先制定章程。2013 年教育部首批核准了 6 所：包括中国人民大学、东南大学、东华大学、上海外国语大学、武汉理工大学和华中师范大学；2014 年 5 月，公布了包括吉林大学、上海交通大学等在内的 9 所高校章程核准书；2014 年 10 月，公布了北京大学、清华大学等 9 所高校章程核准书；2014 年 11 月，公布了北京师范大学、厦门大学等 15 所高校章程核准书。至此，"985 工程"和"211 工程"高校章程制定取得重要阶段性成果。

二是建立健全理事会。2014 年 7 月，教育部颁布《普通高等学校理事会规程（试行）》。根据该规程，理事会是支持学校发展的咨询、协商、审议与监督机构，是高等学校实现科学决策、民主监督、社会参与的重要组织形式和制度平台。理事会具有"筹措办学资源"和"扩展社会合作"两大基本功能，享有咨询权和监督权，但不具有决策职能。其中，2011 年成立的南方科技大学在探索设立理事会制度方面值得关注。根据《南方科技大学管理暂行办法》，理事会是南科大的决策机构，理事会可以聘任或解聘校长、副校长，审定学校章程、财务预决算报告以及学校的中长期发展规划等。理事会由政府代表，南科大校长及管理团队、教职工等代表和社会知名人士等组成，理事长由深圳市市长或市长委任的人员担任。2014 年 9 月，南方科技大学经校长遴选委员会推荐，报经深圳市政府审定后，由理事会聘任了第二任校长。

三是启动"两校一市"教育综合改革试点。2014 年 7 月，国家教育体制改革领导小组原则同意"两校一市"（北京大学、清华大学和上海市）的教育综合改革方案。综合改革的主要任务包括：完善大学治理结构、深化人事制度改革、创新人才培养模式、健全学科发展机制和科技创新体系、改革社会服务体制机制、推进资源管理模式改革、深化行政管理改革等方面。"两校一市"综合改革先试先行，将探索在全国可复制、可推广的改革思路与举措，逐步将综改扩至部署高校全体。四是完善"党委领导下的校长负责制"。2014 年 10 月，中央办公厅印发《关于坚持和完善普通高等学校党委领导下的校长负责制的实施意见》。该意见指出，党委领导下的校长负责制是党领导高校的根本制度，是中国特色现代大学制度的重要内容，符合我国国情和高等教育发展规律，必须毫不动摇、长期坚持并不断完善。从制度设计的角度讲，党委领导与校长负责是相互依存、不可分割的有机整体，两者分工合作、协调运行、共同形成党政合力。

3．加快发展现代职业教育

职业教育在国家人才培养体系中占据重要位置，在扶贫富民方面具有积极作用。2014年6月，国务院印发《关于加快发展现代职业教育的决定》，全面部署加快发展现代职业教育。主要改革举措包括：一是创新职业教育模式，扩大职业院校在专业设置和调整、人事管理、教师评聘、收入分配等方面的办学自主权。二是打通中职、专科、本科到研究生的上升通道，引导一批普通本科高校向应用技术型高校转型。三是引导、支持社会力量兴办职业教育。四是促进形成“崇尚一技之长、不唯学历凭能力”的社会氛围等。2014年1月，广西印发《关于加快改革创新全面振兴教育的决定》，提出从2014年秋季学期起，实现中等职业学校学生免学费政策全覆盖，并提出“定点精准教育扶贫”，即享受城乡最低生活保障家庭的学生，政府从小学开始对其全程跟踪，在免费九年义务教育基础上，享受三年免费中职教育；由中职考上高职后政府继续给予学费补助，以推动实现“上学一人、就业一个、脱贫一家”[①]。

（二）医疗卫生体制改革

医改是世界性难题。自2009年“新医改”以来，我国医疗卫生体制改革取得进展。2014年，国务院首提实行医疗、医保、医药“三医联动”改革。

一是加快公立医院改革。县级公立医院是我国医疗卫生服务体系的主体，是解决群众看病难、看病贵的关键环节。2014年3月，国家卫计委等5部门联合印发了《关于推进县级公立医院综合改革的意见》，要求2014年县级公立医院综合改革试点覆盖50%以上的县（市），2015年全面推开。改革重点内容主要包括：（1）科学规划布局医疗卫生资源，合理把控单体医院的规模和标准。

① 张莺：《广西今年秋季学期起所有中职学生全部免学费》，新华网，2014年1月23日。

（2）破除以药补医、建立科学补偿机制。（3）推动分级诊疗制度建设。（4）建立符合医疗行业特点的人事薪酬制度，重点落实公立医院用人自主权等。

二是有序放宽社会力量办医准入。2014 年 1 月，国家卫计委出台《关于加快发展社会办医的若干意见》，提出建立公开、透明、平等、规范的社会办医准入制度；优先支持社会资本举办非营利性医疗机构，加快形成以非营利性医疗机构为主体，营利性医疗机构为补充的社会办医体系；放宽社会办医服务领域要求，凡是法律法规没有明令禁入的领域，都要向社会资本开放；允许医师多点执业。2014 年 3 月，国务院召开常务会议指出，要求有序放宽社会力量办医准入，在医保定点、职称评定、等级评审等方面给予同等待遇。从之前的鼓励“社会资本”、“社会资金”办医，到鼓励“社会力量”办医，这种政策表述上的变化，凸显了医改思路的重要调整和不断明晰。这种利好政策推动了社会办医事业的较快发展。不过，从总体上来看，我国社会办医的规模、数量和速度与国家“十二五”卫生事业规划提出的到 2015 年床位数、服务量均占全国总量 20% 的目标仍尚有较大差距①。

三是推进大病保险试点全覆盖。大病保险试点始于 2012 年 8 月，国家发改委等六部委下发《关于开展城乡居民大病保险工作的指导意见》，明确从“新农合”或城镇居民医保基金中切出一部分，为大病患者提供“二次报销”，以防“因病致贫、因病返贫”。2014 年 2 月，国家卫计委发布《国务院医改办关于加快推进城乡居民大病保险工作的通知》，要求尚未开展城乡居民大病保险试点的省份在2014年6月底前启动试点工作。目前，大病保险试点统筹层次参差不齐，吉林、青海、甘肃、山东 4 省是省级统筹，大多数试点地区是市级统筹，还有个别地区是县级统筹。

（三）社会保障体制改革

社会救助是一项保民生、促公平的托底性、基础性制度安排。2014 年 2 月 21 日，国务院公布《社会救助暂行办法》，这是我国第一部统筹各类社会救助

① 廖海金：《打破社会办医“玻璃门”》，《经济日报》2014 年 5 月 29 日。

制度的行政法规，是推进社会救助法治化的重要举措。该《办法》明确将最低生活保障、特困人员供养、受灾人员救助、医疗救助、教育救助、住房救助、就业救助、临时救助8项制度和社会力量参与作为社会救助基本内容。具体而言，有两个方面值得重点关注：一是完善最低生活保障制度。最低生活保障制度是我国社会保障体系的重要基础组成部分。2014年，民政部、财政部联合印发了《最低生活保障工作绩效评价办法》。《办法》规定，绩效评价指标包括工作保障、工作管理和工作效果等三个方面，涵盖能力建设、资金保障、操作管理、监督检查、社会效果等内容，并首次将社会公众和低保对象对当地低保工作的满意程度列入评价内容。绩效评价分为优秀、良好、合格、不合格四个等级。绩效评价结果将作为指导地方改进低保工作、通过"以奖代补"分配中央财政城乡低保补助资金的重要依据。二是全面建立临时救助制度。临时救助实行地方政府负责制，救助资金列入地方预算，中央财政给予适当补助；同时，引导大中型企业、慈善组织等设立公益基金，充分发挥社会服务机构、志愿者的积极作用。

社会保险是我国社会保障体系的核心组成部分。城乡养老保险制度建设的提速，是十八届三中全会以来我国全面深化社会体制改革的一个重要例证。由于种种原因，我国的社会养老保险制度有很大的差异性，不同的身份有不同的制度，每个制度之间的待遇差距又比较大[①]。具体而言，我国现行有四类养老保险：机关事业单位养老保险（退休金）、城镇职工基本养老保险（"职保"）、新型农村社会养老保险（"新农保"）、城镇居民社会养老保险（"城居保"）。建立全国统一的城乡居民基本养老保险制度，是城乡融合、促进社会公平的重要标志。2014年2月21日，国务院办公厅印发《关于建立统一的城乡居民基本养老保险制度的意见》，部署在全国范围内建立统一的城乡居民基本养老保险制度，提出到"十二五"末，在全国基本实现"新农保"和"城居保"制度合并实施，并与职工基本养老保险制度相衔接；2020年前，全面建成公平、统一、

① 杨婷：《城乡居民养老保险"并轨"有效衔接有助缩小城乡差距》，新华网，2014年2月8日。

规范的城乡居民养老保险制度。2014 年 2 月 26 日，人社部、财政部联合印发《城乡养老保险制度衔接暂行办法》。根据这一办法，"农民工群体"和"城镇非从业居民"养老保险将获得可靠保障。据相关数据显示，截至 2013 年底，全国参加城乡居民养老保险的总人数达到 4.98 亿，其中 2399 万为城镇非从业居民①。为统筹城乡社会保障体系建设，建立更加公平、可持续的养老保险制度，2015 年 1 月，国务院发布《机关事业单位工作人员养老保险制度改革的决定》。根据《决定》，机关事业单位养老保险制度将遵循五个基本原则：（1）公平与效率相结合。（2）权利与义务相对应。（3）保障水平与经济发展水平相适应。（4）改革前与改革后待遇水平相衔接。（5）解决突出矛盾与保证可持续发展相促进。并实行社会统筹与个人账户相结合的基本养老保险制度。这意味着近 4000 万机关事业单位人员将告别"免缴费"时代，从"吃财政饭"转变为"缴养老费"，从"单位养老"转向"社会化养老"，并按工资的 8% 缴纳养老保险，按工资的 4% 缴纳职业年金，由此中国养老"双轨制"正式终结②。

（四）政府购买服务制度

在全面深化改革的关键时期，大力推进政府购买服务，逐步建立健全政府购买服务制度，是正确处理政府和市场、社会的关系，建设服务型政府，推进国家治理体系和治理能力现代化的客观要求。自 2013 年 9 月国务院办公厅印发《关于政府向社会力量购买服务的指导意见》以来，政府购买服务工作在全国快速推开。特别是党的十八届三中全会对推广政府购买服务进行全面的战略部署后，政府购买服务在各地呈现出井喷之势。政府购买服务制度已在全国绝大多数省（市、区）实现落地。

截至 2014 年 12 月，已有广东、上海、江苏、山东、云南、安徽、河北、天津、吉林、广西、湖北、北京、山西、黑龙江等 28 个省（市、区）出台了政府

---

① 冯文雅：《城乡居民养老保险账户终身不变 全国可迁移》，《新京报》2014 年 2 月 27 日。

② 新华社：《近 4000 万"体制内人员"养老金告别免缴费》，《河北青年报》2015 年 1 月 15 日。

购买服务相关指导性文件，其中 17 个（市、区）已发布向社会力量购买服务的指导目录[①]。除了省级外，杭州、成都、无锡等三十多个地市也出台了推广政府购买服务的有关文件，比如，深圳列出了混合清单（即政府购买服务目录和负面清单），在政府购买服务推广模式上做出了探索。在各地政府购买服务快速推进的同时，中央单位针对行业业务特点的政府购买服务工作也在积极推进。比如，早在 2012 年，民政部、财政部联合制定了《关于政府购买社会工作服务的指导意见》；2014 年，民政部作为提供社会服务的重要部门，又率先制定了《民政部购买社会服务指导目录》并向社会公开；2014 年 4 月，财政部、国家卫计委、中国残疾人联合会等六部门联合下发《关于做好政府购买残疾人服务试点工作的意见》，将 5 大类 19 项残疾人服务纳入政府购买试点范畴。目前，环保部正起草《关于做好政府购买环境公共服务的指导意见》，并已征求了各方意见[②]。

为确保政府购买服务稳步有序推进，相关的细化配套措施也在不断完善。自 2013 年底以来，财政部相继出台了《关于做好政府购买服务工作有关问题的通知》、《关于政府购买服务有关预算管理问题的通知》、《关于推进和完善服务项目政府采购有关问题的通知》，对政府购买服务的推广、预算管理、政府采购执行程序等进行了规范。2015 年 1 月，财政部、民政部、国家工商总局联合对外公布了最新制定的《政府购买服务管理办法（暂行）》，其中明确规定政府购买服务应当与事业单位改革相结合，推动事业单位与主管部门理顺关系和去行政化，推进有条件的事业单位转为企业或社会组织。不过，按照我国现行的《政府采购法》，政府采购范围包括货物、工程和服务，而其中的“服务”仅限于政府自身运作的后勤服务，并没有将“公共服务”纳入采购范围。亟待通过制定实施政府采购法条例进行修改。

---

① 中国政府采购网：《政府购买服务基本实现省（市、区）落地》，《中国政府采购报》2014 年 12 月 16 日。

② 李彪：《衔接经济发展与环境保护企业关注“政府购买服务”治污》，《每日经济新闻》2014 年 9 月 29 日。

二、社会事业领域改革存在的主要问题

（一）公办社会事业与民办社会事业尚未形成良好的协同格局

长期以来，在计划经济体制的影响下，我国社会事业由政府直接举办，提供公益服务的机构实行事业单位管理体制。主管部门与事业单位之间的行政隶属关系严重影响和制约了公益事业单位的活力和效率，应当将其从“行政隶属”关系转变为市场经济条件下的“契约合作”关系。近年来，国家先后出台了一系列鼓励民间资本进入社会事业领域、政府购买社会公共服务的政策措施，社会力量参与社会事业的领域逐步拓宽，服务范围不断拓展，参与形式日益丰富。但是，从总体而言，当前社会力量参与社会事业的总体规模仍然偏小、质量水平相对偏低，社会力量仍普遍感受到政策“铁门”、“玻璃门”和“弹簧门”的制约，其功能作用没有得到充分发挥[①]。公办机构发挥保障性托底功能，民办机构满足社会公众多样化需求，两者之间相互协调与配合的总体格局仍未形成。

（二）政府基本公共服务供给与公众需求结构之间的匹配度不够高

根据《国家基本公共服务体系“十二五”规划》，我国基本公共服务均等化的战略目标是2015年初步实现、2020年基本实现基本公共服务均等化。目前，我国基本公共服务资源配置存在较大的不均衡问题，主要体现在城乡间、区域间不均衡，各类基本服务之间不均衡，配置群体间的不均衡[②]。从一些调查结果来看，基本公共服务均等化的客观评价结果与公众的主观评价结果存在明显的差异，这表明政府供给与公众需求的结构失衡问题日益突显。也就是说，由政府单方面决定的供给导向型的基本公共服务供给模式造成政府供给结构与公众

---

① 邢伟：《民办社会事业发展的困境与思考》，《中国发展观察》2014年第8期。

② 叶洪涛：《基本公共服务均等化存在三方面问题》，中国网，2013年8月5日。

需求结构存在明显的偏离，降低了基本公共服务效用与公众的满意度[①]。这就要求实现基本公共服务供给从“供给导向型”向“需求导向型”转变，积极引导和动员公众参与到公共服务政策的制定过程中来。

（三）公共财政投入不足，民生支出比重仍偏低

目前，在财政预算口径上，我国对基本公共服务范围的界定比较笼统。财政预算口径上尚无专门的基本公共服务项，中央和一些地方有时也用“民生支出比重”来衡量公共财政使用情况。“民生支出”的提法首次出现在财政部2009年向全国人大所做的预算报告中。财政部曾对民生支出的口径做过说明，把教育、医疗、就业、社会保障、住房保障五个科目[②]的汇总数称为与人民群众生活直接相关的民生支出。据相关数据显示，2007年OECD国家公共社会性支出占广义政府支出的比重平均为61.8%，占GDP的比重平均为24.4%。从国际比较来看，我国民生支出占广义政府支出比重和占GDP的比重均远远低于OECD的平均水平，均不到其一半的水平[③]。仅以教育为例，我国财政性教育经费支出占GDP的比重4%的目标，于2012年首次实现，但在2013年又有所倒退，未能实现。从世界范围来看，4%的水平，与世界平均水平为7%左右、发达国家达到9%相比，仍存在较大差距。再以民生支出占GDP比重来看，从2010到2013年，民生支出总体上呈现增长趋势，最高时达到36.09%，这与发达国家一般达到50%的比重仍有较大距离。对此，对民生支出必须实行财政预算“硬约束”。

---

① 郭小聪、代凯：《供需结构失衡：基本公共服务均等化进程中的突出问题》，《中山大学学报》（社会科学版）2012年第4期。

② 党的十七大报告提出，要加强以改善民生为重点的社会建设，提出“五有”目标：学有所教、劳有所得、病有所医、老有所养、住有所居。这个“五有”是衡量我国民生支出的一个重要参考指标。

③ 贡森、葛延风等：《福利体制和社会政策的国际比较》，中国发展出版社2012年版，第217—220页。

民生支出占一般预算支出和 GDP 比重（%）

		2010	2011	2012	2013
教育	占预算	13.96	14.79	16.84	15.66
	占 GDP	3.11	3.42	4.08	3.85
医疗卫生	占预算	5.35	5.85	5.73	5.87
	占 GDP	1.19	1.35	1.39	1.44
社会保障和就业	占预算	10.16	10.23	9.98	10.32
	占 GDP	2.26	2.36	2.42	2.53
住房保障	占预算	2.64	3.51	3.54	3.17
	占 GDP	0.59	0.81	0.86	0.78
合计	占预算	32.11	34.38	36.09	35.02
	占 GDP	7.16	7.94	8.75	8.6

三、社会事业领域改革展望与建议

2014 年是全面深化改革元年，2015 年是全面深化改革的关键之年，许多政策举措都亟待落地。教育、卫生、文化、体育、环保等基本公共服务和社会事业与人民群众的切身利益紧密相连，其改革成效直接关系到民心向背、社会稳定和公平正义。某种程度上讲，2014 年社会事业领域制定和颁布的诸多政策，都直击社会体制改革中的“硬骨头”。特别是人民群众对生活质量、健康、食品安全、水和空气清洁、满意度、幸福感等都有了更高的要求，我国正步入一个更加注重社会发展质量的新阶段①。在中国“经济新常态”背景下，基本公共服务和社会事业体制改革必然会遭遇严峻挑战，也面临重要机遇。

（一）高考制度改革

自 1977 年恢复高考以来，高考成为国家选才的重要通道。高考制度改革牵动千千万万学生和家长的心。2014 年，高考制度改革直面长期以来存在

---

① 李培林：《当今中国社会正经历着哪些转折》，《中国社工时报》2014 年 12 月 31 日。

的“一考定终身”、“只见分不见人”、“招生腐败”等积弊，是推动和实现教育公平、办好人民满意的教育的重要举措。这一年密集出台的系列教育政策文件，应当说具有较强的颠覆性，能在多大程度上取得实际成效，人们将拭目以待。

（二）事业单位分类改革

自2011年新一轮事业单位分类改革启动以来，事业单位体制机制改革进入一个全新的阶段。由于事业单位改革牵涉利益复杂、博弈激烈，这项改革虽进展较慢，但仍在不断推进，且日益步入良性运行轨道。2014年颁布的《事业单位人事管理条例》，有待在2015年全面落实和推进。公开招聘、聘用合同、岗位管理、竞聘上岗等基本制度将更为规范地得到执行并日益深入人心。

（三）养老金并轨改革

养老金改革是世界性难题。长期以来，我国实行“双轨制”养老金制度，这也是社会保障体制改革中的一块“硬骨头”。在2015年开局之始，国务院发布《机关事业单位工作人员养老保险制度改革的决定》，使得我国养老金制度开始正式并轨。这只是一个开始，其后续的改革配套措施尤为关键。特别是机关事业单位与城镇职工养老金最终建立和形成一个统一共用的“养老金池”还有一段较长的路要走。

（四）法治社会建设

党的十八届四中全会通过《关于全面推进依法治国若干重大问题的决定》，为我国创新社会治理、建设法治社会做出重大决策部署。某种意义上，法治社会的建设意味着中国将开启和迎来一个“社会立法”的新时代。2014年，社会领域各类政策文件密集出台，凸显了这一趋势，但亟待提高立法层级。

将上述改革趋势和愿景最终变成现实，尚需付出诸多努力：

一要进一步简政放权，转变政府职能，厘清政府、市场、社会的权力边界，真正实现政社、政事、政企分开，并为社会领域的成长和发展释放空间、提供资源。

二要加快推进事业单位去行政化，切实破除行政事业一体化体制，建立中国特色现代事业制度。通过事业单位分类改革，纯化事业单位的构成，确立事业单位公益法人地位，使其成为基本公共服务均等化的主体力量。

三要建立健全公共财政体制，加大基本公共服务投入，实现从“民生本位”向“权利本位”的转型，从更高层次统筹和满足人民群众日益增长的公共服务需求和要求。

四要加快社会领域立法步伐，切实加强社会领域的执法和司法。特别是在关于基层社区、社会组织、社会事业（教、科、文、卫、体、环保等）、公共安全、政府购买服务等领域，尽快出台和推出一批法律法规；同时，要倡导全民守法理念，培育信仰法治的社会氛围，提高整个社会的法律意识和水平。

“微时代”的新常态——微信人际互动的新模式

余　佳

【导语】随着新媒体时代的到来，网络助政成为国家治理的重要手段。近年来，我国新媒体法治已进入常态化和精细化发展阶段。当前，微信已被广泛使用，并成为另一个向度的社会和个人生活场景。与此相适应，微信的人际互动也呈现出若干新特征、新趋势。让社会人际互动达到新生态的必然趋势，是微时代的“新常态”。

“微时代”到来让现代性、社会形态结构、现代人的心理危机、网络传播、风险社会等各色理论与现实问题持续引爆热点。互联网渗透到各个领域和行业，重新塑造行业、人、物、组织等的意义边界，并成为融合互动的重要工具。从微博到微信，“微时代”的映射工具层出不穷，这是另一个向度的社会场景和个人生活的展现。据近期腾讯公布的2015年中期业绩报告显示，微信（WeChat）已不单单是一个充满创新功能的手机应用，它已成为中国电子革命的代表，覆盖90%以上的智能手机，并成为人们生活中不可或缺的日常使用工具。截至2015年第一季度末，微信每月活跃用户已达到5.49亿，用户覆盖200多个国家、超过20种语言。此外，各品牌的微信公众账号总数已经超过800万个，移动应用对接数量超过85000个，微信支付用户则达到了4亿左右。25%的微信用户每天打开微信超过30次。55.2%的微信用户每天打开微信超过10次。微信是强大的社交工具，接近一半的活跃用户拥有超过100位微信好友。57.3%的用

余佳，北京师范大学《社会治理》多媒体部主任，国家行政学院博士后。主要研究领域为中国哲学、中西哲学比较、现代性与网络文化等。

户通过微信认识了新的朋友，或联系上多年未联系的老朋友……微信用户的使用频次和时长惊人。[①]

移动互联时代具有高度的人为性和不确定性，我们要获得整体的理解和判断并非易事，但也因为如此，如何"把握好互联网这个最大变量"，深入思考影响如此巨大的工具变革下现代人群的需求和行为，才显得尤为迫切。本文利用个人为基础的人际关系网络的传播，通过"微信时代的人际互动"的问卷调查，以微信的人际互动、交往的呈现方式，思考工具变革下现代人群的需求和行为。相关数据以这次问卷调查[②]的结果为参考，概述了"微时代"人际互动新模式的若干特征和趋势，包括社群打破时空界限的解体与重组，不同人群互动存在较大差异，以及"趣味"的需求成为最大价值等。

一、"微时代"的社群解体与重组

微信打破了传统人际交往和互动的时间和空间限制。多时空切换成为惯性本身就是"微时代"的显著特征。社群在无界限的时空中解体与重组。调查显示，微信已经成为当代人群普及度最高、最频繁使用的通讯和社交软件，手机移动终端上，腾讯的微信和移动 QQ 的普及率占了绝对优势。相较之下，几年前异常火爆的微博，还有早期主要依赖非移动互联网终端的博客、空间、论坛、BBS 等，与微信等后起之秀相比明显大势已去。[③]微信聊天工具的使用频率极高。

---

① 数据来源：《腾讯 2015 中期报告》，http://www.tencent.com/zh-cn/content/ir/rp/2015/attachments/ 201501.pdf。

② 为了对微信的人际交往模式有一个更加明晰的、定量化的了解，2014 年 11 月 17 日—11 月 23 日，我们进行了一个"微信时代的人际互动"的问卷调查（23—26 道题目），总共收集到 1000 份有效答卷。问卷调查通过微信的"朋友圈"、"聊天工具"以及电子邮件、QQ、直接访问填表等形式，采用"滚雪球"的方式，利用个人为基础的人际关系网络进行传播。其中用手机（移动设备）终端完成的答卷占 79.7%。

③ 当询问到，"您手机上频繁使用的通讯和社交软件有哪些"（多项选择题，最多可以选择三项）时，最多被提及的通讯和社交软件是微信（90.4%）和移动 QQ（68.6%），微博（28.9%）与电子邮件（28.1%）差不多，提到如博客、空间（10.6%），论坛、BBS（2.7%），还有 7.3% 的调查对象选择"其他"。

尽管有 22.6% 的受访者表示还是习惯传统通话和短信，偶尔使用微信聊天 1—2 次；但有 48.2% 的人每天微信上线，需要沟通和发布消息就使用微信；甚至还有 29.2% 的人表示自己的微信使用很频繁，不上去看看就心痒痒。（表 1）

表 1　微信聊天工具的使用频率

答案选项	回复情况
偶尔 1—2 次，还是习惯传统通话和短信	22.6%
每天，需要沟通和发布消息就使用	48.2%
很频繁，甚至不上去看看就心痒痒	29.2%
受访人数：1000	

关于微信使用的时间和场合，有两个选项被认可程度最高，一个是“随时随地”，54% 的受访者选择，另一个是“一个人的碎片时间，如等车、等餐、等人、等天上掉馅饼……”，有 53.8% 的受访者选择。实际上，这两个选项都说明微信不仅超越了时间和场合的限制嵌入到了广泛用户的生活，而且它也以无孔不入的方式填补了广泛用户的碎片时间。实际上，18.9% 选择“与人聚会时，如不想说话、避免尴尬什么的”，以及 20.9% 选择“其他非私人场合，如开会无聊时……”也是类似的情况和理由。存在差异的是选择“固定时间，如早晨或睡前”这个选项的人群，大概相对比较具有计划和规律性，但是所占份额很少，只有 16.3%。（表 2）

表 2　微信使用的时间场合

答案选项	回复情况
随时随地	54%
固定时间，如早晨或睡前	16.3%
一个人的碎片时间，如等车、等餐、等人、等天上掉馅饼……	53.8%
与人聚会时，如不想说话、避免尴尬什么的	18.9%
其他非私人场合，如开会无聊时……	20.9%
受访人数：1000	

微信重组的社群还是以熟人强连接为主体的社群。微信与微博的传播形态和用户体验有明显区别，二者差异在于不同的定位：微博更像是“大众化”的“媒体”，而微信尚不具备媒体形态，更像是私人化的沟通通信工具，微信具有熟人社会强连接的特性。在“微信固定群类型”的选择倾向上，在朋友圈“黑名单”人群类型、朋友圈屏蔽对方信息的人群类型、分组功能成为“鸡肋”等诸多相关问题的回答中，都明显验证了微信作为熟人社会强连接的人际交往和互动工具的特性。

在微信被频繁使用的同时，在微信的若干不同功能上，普及度和受欢迎程度以及使用频率也存在较大差异。据调查数据显示，微信功能普及度由高到低依次是：朋友圈、即时语音或文字通讯，服务号、订阅号，群讨论，还有游戏，支付等其他。① 这个排列顺序与微信功能的受欢迎程度的选择排序完全一致。② 微信本来是以一款即时语音通讯功能的社交软件出现的，但相较之下，调查对象对“朋友圈”功能使用更多（朋友圈 88.9% VS 即时语音或文字通讯 81.4%）、更加推崇（朋友圈 73.1% VS 即时语音或文字通讯 68.3%），毋庸置疑，微信朋友圈已经是移动互联网上活跃度最高的平台之一，这一点值得特别关注。微信朋友圈中的互动行为也从多个侧面展现了微信的熟人关系强连接③ 人际交往模式。

朋友圈分组功能本来是可以有效协调一个微信号中的微信中社会关系的，可以说是有利于塑造和保存几个“自我”身份的利器。但调查结果显示，有接近半数（43.7%）的被调查者“不知道有这个功能”，还有大量的被调查者

① 当询问到使用微信哪些功能时，最多被提及的微信功能依次是：朋友圈（88.9%）、即时语音或文字通讯（81.4%），服务号、订阅号（57.9%），群讨论（51.8%），还有游戏（15.2%），支付等其他（27.7%）。

② 当询问到，“您觉得微信最值得点赞的功能是”（多项选择题，最多选择 3 项）时，最多被提及的微信功能依次是：朋友圈（73.1%）、即时语音或文字通讯（68.3%），服务号、订阅号（37.4%），群讨论（27.6%），还有游戏（2%），支付等其他（12.9%）。

③ 当问到“您是否有选择地添加微信好友，或者为他人搜索您设置权限限制”时，有 90.8% 认为“必须验证，谨慎选择”，只有 9.2% 的人选择“来者不拒，惧者不来”。由此看来，微信的确是一个建立在熟人关系强连接上的人际交往工具。

（39.3%）“知道，但不使用分组”。也就是说83%的被调查者根本没有使用这个功能。有6.1%的人群使用分组功能并分为两类，而这种类型其实比较近似于“不让他（看）我的朋友圈”。真正实现了分组功能效用，即选择“分组，分多类组别”这个选项的只有10.9%。（表3）分组功能成为“鸡肋”，这实际上也从侧面验证了微信作为熟人强连接工具的定位，因为是熟人圈，所以不需要那么多分组：如果不想和少数人互动，那就不加好友就行了；万一不得已加了好友，还可以列入“不让他（看）我的朋友圈”黑名单；如果不想让对方发现自己将其列入黑名单，才再分组来实现。

表3　朋友圈分组情况

答案选项	回复情况
不知道有这个功能	43.7%
知道，但不使用分组	39.3%
分组，分为两类	6.1%
分组，分多类组别	10.9%
受访人数：1000	

与此相关的，朋友圈黑名单功能使用上，有35.5%的调查对象知道并使用，有54.4%的人不列黑名单，还有10.5%的人表示“不知道怎么用”朋友圈黑名单。

在被问到“您将哪些人列入了‘不让他（她）看我的朋友圈’名单”时，最多的选择是“实际生活少交集的，如网友、俱乐部成员等”。而选择“父母、家中长辈、亲戚”、“单位领导、老板、老师”、“某些朋友、同学、老乡”、“某些同事、合作伙伴”这些展示熟人社会强连接的人数比例相差不算太大，且数值依次递增，[①] 再次验证了微信作为熟人社会强连接工具的特性。

① 在被问到“您将哪些人列入了‘不让他（她）看我的朋友圈’名单”时，最多的选择是“实际生活少交集的，如网友、俱乐部成员等”，有61.02%。选择“父母、家中长辈、亲戚”（15.82%），“单位领导、老板、老师”（23.75%），“某些朋友、同学、老乡”（24.86%），“某些同事、合作伙伴”（29.38%）。

二、微信人际互动模式的人群差异

调查显示，性别差异是影响微信的使用行为和人际互动的重要因素，特别是女性在交往上的活跃度和谨慎度在一系列的结论中展露无遗，女性的确是“天生的社交动物”。

活跃度方面，调查数据显示，性别是影响微信聊天工具的使用频率的重要因素。选择“很频繁，甚至不上去看看就心痒痒”的女性高达65.1%，远超男性的34.9%差不多20个百分点。选择“每天，需要沟通和发布消息就使用”的女性有53.7%，比男性的46.3%也多出了7.4个百分点。而选择“偶尔1—2次，还是习惯传统通话和短信”的居然有近六成（59.3%）的是男性，远超女性的40.7%。（图1）显然，女性在“微信聊天工具的使用频率”上远超男性，体现出相当强的活跃度。有关朋友圈发布内容，女性在展示他们个人

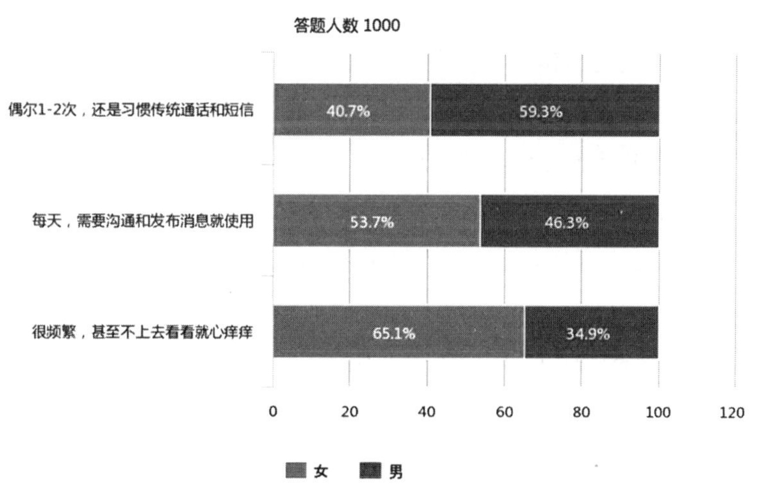

图1 “微信聊天工具的使用频率”与“性别”的关系

“原创”私人生活趣味方面的热情也明显高于男性。[①]女性在朋友圈评论的活跃度也普遍高于男性。[②]这与女性对熟人强连接的维护热度上高于男性的基本特征相一致。

谨慎度方面，在添加好友问题上，女性的谨慎度明显更高，有97.04%的女性坚持“必须验证，谨慎选择”，而男性的比例则只有83.44%。女性使用朋友圈黑名单的比例（41.2%）也大大高于男性（28.8%），这与在“添加好友的谨慎度”问题上女性明显高于男性的倾向一致。在“关注并阅读使用的订阅号、公众号数量”这个问题上，女性的选择主要集中数量较低的选项，更接近整体常值。而男性在数量较多的非常值选项上的比例明显高于女性。[③]非常值的选择实际意味着关注度、使用度相对较弱，也就是说，女性比男性在订阅号、公众号功能的使用上程度要高。换言之，女性在微信使用上更积极、更谨慎。

微信人际互动的模式会受到诸多因素的影响，职业类型、受教育程度等因素也会混合影响微信的使用行为和人际互动，特别是受教育水平较低的学生，在开放度和选择上与其他人群存在明显差异。年龄、地域等其他因素也可能极大地影响微信使用行为和人际互动。调查数据显示，在添加好友的权限问题上，“学生”这个特定的职业类型存在明显差异，选择“来者不拒，惧者不来”选项，不设防的学生人群比例高达22%，远远高过常值的9.2%。在“添加好友的谨慎度”问题上，“初中或以下”教育程度的数值明显偏低（70.8%），均常值的90.8%低了20个百分点。使用“朋友圈黑名单功能”的人群，“初中或以下”

---

① 选择在朋友圈发布“个人照片、美食、新奇见闻等”的女性比例高达57.5%，比男性的39.4%高出了18.1个百分点。

② “偶尔评论，也点赞”女性有66.7%，明显高于男性的57.5%。“经常评论互动”的女性有18.5%，也略高于男性的12.6%。而与此相对应，“一般只看不评论”的男性有20.9%，远高于女性的6.7%。“专注点❤（赞），一般不评论”的男性有8.9%，也略高于女性的8.1%。

③ 在“关注并阅读使用的订阅号、公众号数量”问题上，女性的选择主要集中在“10个以内”（52.1%）和“10—50个”（29.4%）选项，更接近整体常值。而男性在“没有注意，都不看”、“50—100个”、“100个以上”等非常值选项上的比例明显高于女性，依次高出4.49（男21.13% VS 女16.64%）、0.95（男2.61% VS 女1.66%）、2.22（男2.4% VS 女0.18%）个百分点。

教育程度的数值明显偏低（25%），比常值的35.5%低了10.5个百分点。“学生”这个特定的职业类型在使用朋友圈黑名单问题上与其他职业类型相比的确存在明显差异，选择“是”这个选项，会设防的学生人群低至20.8%，远远低于常值的35.5%。我们同时也参考了“初中或以下”教育程度调查对象的年龄和职业类型，他们不仅同时年龄偏低，身份也基本都是学生，所以和“学生”职业类型的添加好友低谨慎度的相关结论是一致的。从另一个侧面来说，这也是低年龄学生人群变动的社群解体与社群重组需求的体现，以及更不介意设防陌生人的倾向。

实际上，在问卷调查之外的调研中，也明显感觉到微时代在人际互动上呈现出的多重复合的“代际差异”。当今时代，由于正处于一个开放的社会急剧变革时期，代际差异不局限于不同代人的天然不同，某种程度上可能超越了传统因素，让加速度进行中的时代变换造就的不同成长和生存环境成为了首要因素，并通过心理状态、行为方式、价值观、道德伦理、兴趣爱好等多个方面表现出来。新一代人与年长的一代或几代人相比，表现出变化的趣味、反权威及反组织、多时空切换、游戏感与高频参与四大特征。[①]现代社会，激烈的社会变动，不仅加速了代际关系的外部环境，并且也加速代际的内在演变——某些时候，五年差异即可能“隔代”，而且代际差异问题也不再局限于原生家庭，而成为影响深远的社会问题。扁平的、无中心的互联网时代的交往平台，让各种边界在逐步模糊。近两年来微信的井喷式发展，人群重建强连接关系人际圈的内在需求是症结所在。尽管需求的体现是一回事，需求的实现和满足又是另一件事。事实上，以往传统社会中的强人际关系已经在逐步弱化，即便朋友圈每日的互动也无法挽救淡化的趋势，补偿性行为暂时缓解寂寞、孤独、焦虑、抱怨的情绪，情感空缺还会大面积存在。

---

① 余佳：《从焦点透视到散点透视：“微时代”人际互动的代际差异》，载魏礼群主编：《中国改革与发展热点问题研究（2015）》，商务印书馆2014年版，第380—382页。

三、微时代的“趣味”需求与“新生态”

“微时代”的人际互动是现实线下世界的反映。这种反映也有可能是一种对现实的夸张或者反背。现实世界中，人们总是会被兴趣想法相同的朋友吸引，远离不同趣味的人或媒介。互联网则以某些方式便利以及加深了这种分化。对“趣味”的要求是“微时代”新的风向标。变化的趣味成为价值。传统价值是相对稳定的、大众化的、统一的、内在一致的。但是，当价值成为趣味，这些标准全部被打破，因为趣味本身就是多样的、多变的、个体的，甚至是内在矛盾的。趣味不仅是“微时代”人际互动中的角色需求，同时也是能否实现“微时代”的“新生态”的关节点所在。

调查数据显示，朋友圈屏蔽对方信息常常与对方发布的无趣味的内容直接相关。在被问到“您将哪些人列入了‘不看他（她）的朋友圈’名单”这个问题时，除了“实际生活少交集的，如网友、俱乐部成员等”这个选项也有较多人选择（36.16%），远高于选择“父母、家中长辈、亲戚”，“单位领导、老板、老师”，“某些朋友、同学、老乡”，“某些同事、合作伙伴”这些展示熟人社会强连接的人数比例之外，还有一个选项的高得票率十分显眼——有高达72.88%的受访者认为“可能都有，取决于他（她）们常常发布的内容”。（表4）这完全验证了我们调查之初的推测，微信人际圈的交往根基除了熟人社会，尤其在意交往内容，个人趣味的内在驱动可能高于其他实际关系因素。

表4　朋友圈屏蔽对方信息的人群类型

答案选项	回复情况（人数）	回复情况（百分比）
父母、家中长辈、亲戚	13	3.67%
单位领导、老板、老师	15	4.24%
某些朋友、同学、老乡	43	12.15%
某些同事、合作伙伴	36	10.17%

续表

实际生活少交集的，如网友、俱乐部成员等	128	36.16%
可能都有，取决于他（她）们常常发布的内容	258	72.88%
受访人数：354		

朋友圈内容也是以个人“原创”私人生活趣味展示为重点。在朋友圈发布内容上，选择发布“个人照片、美食、新奇见闻等”的比例最高，为71.1%，其他如“转发新闻类、知识类资讯”“与工作业务相关的资讯和推广”，“转发养生常识、人生哲理”，“转发音乐、笑话、段子”等基本势均。（表5）

表5　朋友圈发布内容

答案选项	回复情况（人数）	回复情况（百分比）
个人照片、美食、新奇见闻等	492	71.1%
与工作业务相关的资讯和推广	265	38.29%
转发新闻类、知识类资讯	331	47.83%
转发养生常识、人生哲理	289	41.76%
转发音乐、笑话、段子等	216	31.21%
受访人数：692		

在被问到“您比较不爽对方发布什么样的内容，甚至会将其‘拉黑’”时，受访者显示出某种“同仇敌忾”的气势，有高达72.1%的人选择了“发广告、搞传销”，以及72%的人选择了“危言耸听帖，如‘不转发会×××’”，此外还有24.5%的人选择了“求点赞以换取优惠券等”。这些令人“不爽”的朋友圈内容显然都不是维持一个相对稳定和信任的熟人人际圈能够喜欢的发言内容，同时也几乎没有什么“趣味”的成分。值得注意的是，还有三成以上（34.5%）的受访者选择了“主要不是他（她）发什么，只是发的太多刷屏了”这个选项，过多的信息量转发而完全不能让人适度摄取，让观者“兴趣大减”，这会直接影响刷屏的发布者的人际交往和互动活动。（表6）

表 6　不受欢迎的朋友圈内容

答案选项	回复情况（人数）	回复情况（百分比）
发布个人照片、分享美食、新奇见闻等	53	5.3%
转发新闻类、知识类资讯	32	3.2%
转发养生常识、人生哲理	69	6.9%
转发音乐、笑话、段子等	31	3.1%
发广告、搞传销	721	72.1%
危言耸听帖，如“不转发会×××”	720	72.0%
求点赞以换取优惠券等	245	24.5%
主要不是他（她）发什么，只是发的太多刷屏了	345	34.5%
受访人数：1000		

“服务号、订阅号”是微信的第三号焦点平台。在“关注特定订阅号、公众号的理由”问题上，头号理由是“个人爱好”，有82.49%的受访者选择了这个选项。其次是为了获得“生活资讯”（51.66%）和处于“工作需要”（49.57%）。同时还有9.12%的人没有特定理由，选择了“随机”，实际上随机也是一种不确定的“趣味”。（表7）

表 7　关注特定订阅号、公众号的理由

答案选项	回复情况（人数）	回复情况（百分比）
工作需求	402	49.57%
个人爱好	669	82.49%
生活资讯	419	51.66%
随机	74	9.12%
受访人数：811		

以不确定的个体趣味为风向标的“微时代”有一个客观效应，就是要让社会从“有机体”回归“生态”。我们不同于以前的目标，无论是个人的、单

位的、企业的、组织的有机体样式为目标，遵循通用法则。而现在我们要突破传统，以自运转的生态不断从内重造自身。于时代而言，“微时代”，是从僵化工具的异化中解脱出来的时代，是使得工具成为人的衣物（穿戴性）甚至手足（器官性）的“新工具时代”。于生态而言，“微时代”是重新实现自由人的自由连接的时代。在人际互动上，以前是我们在规定、推导、建构、维持、强化这种人际关系的“有机体”。而现在我们要成就和服从“新关系”，要不断激活、贯通、变动不同的连接关系，让“新生态”常新、永葆活力。这当然也是微信人际交往模式的运作方式和方向。让社会人际互动达到新生态的必然趋势，这也是微时代的客观效应和“新常态”。

耦合关系下的社会组织治理机制研究

刘　蕾

【导语】党的十八大报告提出，要围绕构建中国特色社会主义社会管理体系，加快形成政社分开、权责分明、依法自治的现代社会组织体制。目前，我国社会组织的治理结构尚不合理，急需改进提高。本文从社会组织面临的政策、公众、组织等外部环境与社会组织内部决策、执行、监督等多元耦合的维度，对此进行了研究。

改革开放三十多年以来，我国的经济建设水平取得了显著突破，国民生活水平显著提高，这也对社会治理领域提出了更高的要求。党的十八大报告明确提出“要围绕构建中国特色社会主义社会管理体系，加快形成党委领导、政府负责、社会协同、公众参与、法制保障的社会管理体制，加快形成政府主导、覆盖城乡、可持续的基本公共服务体系，加快形成政社分开、权责分明、依法自治的现代社会组织体制”，为社会组织的发展与管理指明了方向。报告把社会组织体制改革作为社会建设和社会体制改革的四大重要目标之一。建立现代社会组织体制，关键就是要在法律的框架下，建立健全以章程为核心的法人治理结构，使社会组织实现自我管理、自我服务、自我教育、自我发展，成为独立的法人主体。社会组织在政策环境、组织环境和社会环境的变迁下如何通过自身治理机制的完善适应环境的变化，促进更好的发展，是本文研究要解决的核心问题。

刘蕾，中国矿业大学文法学院教师，中国人民大学博士。主要研究领域为社会组织、公益创业。

一、中国社会组织内部治理机制影响因素变化

中国社会组织内部治理机制的变化受多种因素的影响，在此我们按照政策环境变化、公共环境变化、组织环境变化三个方面进行划分。一是政策环境变化下的社会组织内部治理机制的完善。随着国家对社会组织准入门槛的降低，监督管理制度的严格，社会组织的决策机制、监督机制、信息披露机制应日趋完善，提高战略规划能力。二是公共环境变化下的社会组织内部治理机制的完善。随着公众对社会组织公共性、非营利性监督的加强，社会组织应当具备完备的财务管理和信息披露的职能。三是组织环境变化下的社会组织内部治理机制的完善。政府越来越重视与社会组织合作供给公共服务，企业以及社会组织之间的合作也逐渐增多，社会组织希望获得更多的发展机遇，筹资平台，就应当提高领导能力以及人力资源管理能力。

（一）政策环境变化

2004 年 6 月 21 日（中华人民共和国民政部令第 26 号）《基金会名称管理规定》对基金会名称做出规范化规定；自 2005 年起，国家出台一系列政策以促进社会组织发展的规范化和有序化。2005 年 3 月 29 日，民政部部务会议通过《民办非企业单位年度检查办法》，并于 2005 年 6 月 1 日起施行（中华人民共和国民政部令第 27 号）。2007 年 9 月 12 日，印发《民政部关于社会团体登记管理有关问题的通知》（民函〔2007〕163 号）对登记审核、年度检查和执法监督过程中所发现的部分社会团体存在的一些突出问题予以说明。2009 年 1 月 23 日，出台《民政部办公厅关于加强基金会 2008 年年度检查工作的通知》（民办函〔2009〕17 号），对基金会的年检工作做出了进一步的要求。同时，该文件要求对年度工作报告书和审计报告模版进行进一步完善，强化对分析年检工作重要性的认识。《民政部关于印送民办非企业单位 2008 年年度检查事项公告的函》（民函〔2009〕67 号），《民政部关于印送全国性社会团体 2008 年年度

检查事项公告的函》（民函〔2009〕63 号）也做出了加强年检工作的相关规定。《民政部财政部关于取消社会团体会费标准备案规范会费管理的通知》（民发〔2014〕166 号）规定“自《通知》发布之日起，社会团体通过的会费标准，不再报送业务主管单位、社会团体登记管理机关和财政部门备案”。民政部、财政部《关于加强社会组织反腐倡廉工作的意见》（民发〔2014〕227 号），加强社会组织反腐倡廉工作提出以下意见：健全社会组织民主机制；加强社会组织财务管理；规范社会组织商业行为；实行社会组织信息公开制度；强化社会组织审计和执法监督；加强社会组织廉洁自律教育。民政部、财政部《关于规范全国性社会组织年度财务审计工作的通知》（民发〔2015〕47 号）规定“社会组织在接受年度检查时，应当按照登记管理机关的要求报送会计师事务所出具的年度审计报告；承接社会组织审计业务的会计师事务所应当按照法律法规和委托方要求，组织具有胜任能力的审计人员开展工作，严格遵守审计准则和职业道德的规定，认真完成年度审计工作，对审计报告的真实性和合法性负责”等。《民政部关于探索建立社会组织第三方评估机制的指导》（民发〔2015〕89 号），要求探索建立社会组织第三方评估的总体思路和基本原则；积极培育和规范社会组织第三方评估机构；建立社会组织第三方评估资金保障机制；推进社会组织第三方评估信息公开和结果运用；加强对社会组织第三方评估工作的领导。一系列政策的出台推动着社会组织向更加良好的方向发展。

民政系统不断出台各类促进和规范社会组织发展的文件，逐步构建适应我国体制和制度的框架，引导社会组织走上规范发展的道路。伴随制度化过程出现了社会组织在内部治理、组织结构和运作机制上的规范化过程，其影响深远。

（二）公共环境变化

随着社会组织的快速发展，同一类型或同一使命的社会组织间的竞争越来越激烈。近年来，中央和地方政府都在积极探索向社会组织转移职能，通过购买服务等方式吸引社会组织进入公共服务领域。2012 年和 2013 年，中央财政先后安排共 4 亿元专项资金用于支持社会组织参与社会服务，累计 847 个项目，涉及十多个省市的社区服务、养老服务、医疗救助、受灾群众救助、教育培训等领域。但作为政府购买承接者的社会组织，其承接能力仍不足。社会组织数量有限，发育不成熟，专业能力不强，缺乏参与公共服务的经验、服务意识、服务能力、服务质量、公信力等。为更多更好地承接政府购买，社会组织必须谋求自身的完善与发展。调整社会组织内部治理机制，使其更加高效地承接政府购买。

同时，对于社会组织而言，捐赠人和受益人是整个组织的重要组成部分，尤其捐赠人是整个组织能够存在发展的基础，而受益人是整个组织存在的目的，社会组织能否让捐赠人安心，使受益人真正受益，并能维护二者利益，决定了整个社会组织的优劣质量。完善社会组织内部控制有利于规范整个社会组织的运营行为，做到对捐赠受赠行为公正透明办理，确保社会组织行为符合其初创愿景、目标和宗旨。提高社会组织的透明度、公信度有利于社会组织应对公共环境的变化，在竞争中确立优势。

（三）组织环境变化

组织环境的变化主要是指社会组织基于自律的内部治理机制调整，与制度化的“他律”相对应地来自社会组织内部的自律要求。随着市场经济的发展和人们对社会组织的公信力的关注，社会组织自律机制得到了不断完善和发展。如行业协会是较早探索自律的一类社会组织。早在20世纪80年代中期，随着工业领域行业协会的建立和发展，围绕行业协会的性质、功能等问题在学术界曾开展了一场讨论。其中提到，行业协会一方面通过民主办会、自主办会实现协会自律，另一方面推动行业自律的发展。90年代中期以后，在温州等市场经济相对发达的沿海地区，出现了行业协会自律联盟、自律公约等制度形式。在基金会的发展中，大规模公益项目的开展使得公信力成为基金会的生命线，内部自律和行业自律就成为许多基金会谋求发展的共识。早在20世纪90年代后期，一些基金会就试图组建具有自律联盟性质的“基金会联合会”，并多次以“公约”的形式发表自律宣言。近年来，围绕非营利性、自律、问责、可持续发展等诸多问题，许多社会组织进行了大胆的探索和创新，搭建了包括联盟、网络、论坛、评估中心等多种形式的制度平台。

基于自律的制度创新对社会组织发展的主要作用在于：将规范发展的外部约束转变为社会组织的自觉行动，并通过社会组织之间的联合行动形成广泛的社会影响，进而影响社会组织整体的生态系统。组织自身发展也需要自身内部治理机制的发展和完善。

二、社会组织内部治理机制建设的现状

截至 2013 年 6 月底，全国依法登记的社会组织有 50.67 万个，其中社会团体 27.3 万个，民办非企业单位 23 万个，基金会 3713 个，从业人员超过 1200 万人。社会组织的整体实力不断提升，已成为政府职能转移的主要承接者、社会政策的重要执行者和社会服务的重要提供者，成为我国社会主义现代化建设不可或缺的重要力量。目前，在政策环境变化下，社会组织的内部治理机制得到一定的完善。首先，国家改革社会组织登记管理体制，降低了社会组织准入“门槛”，简化登记，职能转变，简政放权，为社会组织发展提供了广阔空间，社会组织申请登记的数量得以明显增加。其次，目前政府越来越重视社会组织的内部管理，加强对社会组织内部规章制度的建设，如理事会会议制度、财务制度、劳动用工制度、印章管理制度等。由于政府要求社会组织建立内部治理制度，所以如今登记注册的社会组织都有基本的内部治理制度，内部治理有基本的规章可循。第三，政府在降低社会组织准入门槛的同时，对社会组织也严格地进行依法监管。试图建立法律监督、政府监督、社会监督、自我监督相结合的综合监管体制，建立社会组织负责人管理、资金管理、信息公开、年度检查等制度。目前社会组织基本建立起综合监管体制，基本建立起组织负责人管理、资金管理、信息公开以及年度检查等制度，只是资金在实际管理中仍有些不规范。信息公开，特别是财务账目信息公开水平不高。最后，政府要求社会组织机构建立完善的组织机构，形成分权制衡的内部治理结构。目前我国社会

组织基本都建立了理事会、秘书处、监事会等组织机构，但是尚未形成分权制衡的内部治理结构，理事会、监事会等机构在实际运作中有些变了味。

在公共环境的变化下，社会组织的内部治理机制得到一定的完善。近些年来，随着媒体的发展，特别是微博、微信等自媒体的发展，媒体监督社会组织的力度加大。而随着公众对社会组织公共性、非营利性等特性的了解增多，公众参与监督社会组织的意识增强。“郭美美事件”就体现了媒体的力量以及公众的强大监督意识。

在组织环境变化下，社会组织内部治理机制得到一定的完善。目前随着社会需求越来越多元化，“政府失灵”日益显现，政府越来越重视与社会组织合作，向社会组织购买服务。但是社会组织想要让政府购买自己的服务，内部建设必须达到一定的标准。同时，目前很多企业家具有很强的社会责任感，有意向投资公益。而目前在社会组织寻求与政府和企业合作的组织环境下，很多社会组织为了拓宽筹资平台，促进组织进一步发展，都逐渐完善自己的内部治理机制。

虽然社会组织在政策环境、公共环境、组织环境的变化下，组织内部治理机制得到一定完善，组织得到快速的发展，但是还是存在较多亟待解决的问题。

三、社会组织内部治理存在的问题

社会组织经过改革开放以来的三十年的发展，已经在当今社会经济发展中占据非常重要的地位，发挥着重要作用。但是社会组织其自身又不可避免地存在着难以克服的局限性或问题。具体而言，我国社会组织在其发展中存在结构不合理、职责不明确等问题。

目前中国很多社会组织没有建立完善的组织机构，有的社会组织虽然有会员（代表）大会、理事会、秘书处和监事会，但很多都是形同虚设，主要的权力还是集中在少数高层管理人员手中。中国众多社会组织承袭了政府管理体制中的弊病，如管理结构不合理、部门分割、管理幅度过宽或过窄、职能重复、多头管理等，大大降低了组织的工作效率。

（一）决策机构

理事会成员应由内部职工代表、组织管理人员、财会、法律等专业人员担任，但实际却是由政府任命，出资人组成等，由此大大削弱了理事会对组织的作用与影响。一方面，理事会的实权掌握在政府任命的理事长或理事会成员手中，大多数的理事会成员权力被架空；另一方面，理事会成员虽然参与组织管理，但是他们很少有报酬，且对理事会成员缺乏利益驱动和激励机制，使得他们很少真正关心并及时了解组织发展状况和相关信息。而且，虽然目前很多社会组织已经开始设立理事会，建立理事会制度，但就当前实施的实际效果来看，我国社会组织中的绝大多数都属于“咨询指导型”的理事会，真正能够很好地进行决策的理事会较少。因而不能对组织的很多事务进行有效的决策，不能对组织内部人员和事务进行有效的管理以及监督。

（二）监督机构

监事会的职权范围是：向会员（代表）大会报告年度工作；监督理事和行政负责人履行决策机构决议的情况；监督机构运行遵守法律、章程的情况；当机构负责人、成员以及工作人员的行为损害组织利益，或违反法律或章程规定时，要求予以纠正，必要时向政府部门报告情况；监督机构内部选举、任免工作；检查机构财务、会计资料；向决策机构管理提出质询和建议等。

当前中国的社会组织的监事会大多没有发挥其应有的作用，很多组织的监事会形同虚设，监督力度弱小。监事会拥有独立行使的监督权，在不干涉理事会行使其经营、管理权的前提下，不仅可以对理事会进行监督，还可对执行人员进行监督，不仅可以监督组织的财务状况，也可以监督组织的运作是否违反法律、法规和组织章程、规章制度。社会组织因为有监事会的存在，可以极大地约束理事会以及组织的管理者的行为，可以持续健康发展。但由于社会组织负责人意识不够，很多组织要么没有设立，要么监督范围和权力很小。更严重的是，由于中国特殊的环境，有些社会组织存在监事与理事由同一人担任的情况，十分不利于社会组织的发展以及维护利益相关者的权益。

（三）权力机构

会员（代表）大会尽管进入组织章程却形同虚设。社会组织产权不明晰，所有者在治理结构中缺位，会员（代表）大会未履行权力机关职责。有些组织设立有会员（代表）大会，却因组织环境和会员个人意识薄弱等因素而影响十分有限。社会组织的会员（代表）大会应该是组织的权力机构，处理组织的重大事项决策和管理。但是在实际的运作当中，往往就变成了是理事会投票决定或征求会员意见以供理事会参考，会员（代表）大会失去其权力。

四、社会耦合关系下社会组织内部治理机制的完善

社会组织内部治理结构主要应包括权力机构、决策机构、执行机构和监督机构这四个主体。清楚地界定各机构的职责权力，理顺各部门间的横向纵向关系，并在组织内部建立有效的激励和约束机制，从而建立一个权力机构充分行使权力，决策机构做出正确决策，执行机构进行严格执行以及监察机构可以有效监督的组织架构来确保内部治理机制的完善。

从权力机构来说，根据民主原则，互益性的社会组织权力机构应为会员（代表）大会，比如中国慈善联合会，会员大会为权力机构，由全体会员组成，是具有法人资格的联合会的议事机关和最高权力机关，是协会民主管理的基础。该机构无监事会，会员起监督作用。该机构共有 262 名会员。会员大会每五年召开一次，首次参会情况良好。会员大会按照议程开展。

从决策机构来看，参与访谈的三个社会组织决策机构均为理事会，但相对来说，中国慈善联合会与神华基金会的理事会制度更为完善。南都公益基金会秘书长徐永光曾坦言“南都基金会最宝贵的价值是理事会是真正的决策机构”，由此可见理事会制度在社会组织决策机制中的重要性。完善理事会制度，包括

制定理事会选举制度、会议召集制度、建立监督制度等。中国慈善联合会与神华基金会的理事会制度有相似之处，但也因组织自身的差异有所不同。互益社会组织中决策机构的权力来自会员的授权，公益社会组织则来自理事会代表的受托人责任。

中国慈善联合会理事会是会员（代表）大会的执行机构，对整个组织的协调、发展、监督等重大问题进行决策和领导，是联合会内部结构中的核心，对防止组织欺诈和滥用优惠政策负有第一道责任，理事先申请成为会员，再由民主选举产生。该机构最高决策机构是会员大会，有会长、副会长、常务理事会员、理事会员等。神华基金会理事会为纯决策机构，日常执行机构的人员构成与理事会完全无重合。第一届理事由出资人（主要捐赠人）、发起人决定，第二届理事在此基础上增加了民主选举的方式。

理事会主要职权范围基本包括有：制定、修改章程；制定内部管理制度；任命理事长（会长）、副理事（副会长）、行政负责人；根据行政负责人的提名任免其副职及财务负责人；审议组织的年度财务报告，审定年度收支预算及决算；决定组织分离、合并、终止等事项；决定重大业务活动计划，包括资金的募集、管理和使用计划；决定办事机构、分支机构、代表机构的设立、变更和注销。

理事会会议均有规定的会议召集机制；有明确的议题；会议及议题按规定进行提前通知；有规定的出席人数要求；有委托代理出席的机制；表决机制为1人1票；有完善准确的会议记录。中国慈善联合会理事会一年召集两次常规会议，神华基金会则不设常规会议，在需要时召开。

由此可见，一个内部治理机制相对成熟的机构，以理事会制度为核心的决策机制也是相当健全的。而相对于体制内的社会组织或整合了体制内外资源的社会组织来说，体制外的社会组织普遍面临更大的挑战和困难，这些挑战和困难来自于资金、技术、人才等方方面面，也制约了许多社会自发的草根组织进一步完善内部治理机制，建立相应的理事会决策机制，这也就是为什么许多社会组织在建设初期会由于核心领导人有出色的能力或丰富的社会资源得以蓬勃发展，而在后期却由于核心领导人退出或其他内部治理方面的种种因素衰退没落的原因。因此，一个合理的决策机制，不仅是为了减少决策失误，促进民主管理，更重要的是为社会组织自身的内部治理机制打造坚实的基础。

从执行机构来看，神华基金会无分支机构，设立办公室为专门的执行管理机构；执行机构不定时向理事会报告，一年多次。机构会定期对执行层面的员工或志愿者进行业务、财务和项目管理能力培训。若机构需要制订一份项目策划书以争取某个项目资金或主办某个项目的机会，执行机构将会制订项目策划书，但是该策划书必须经过理事会批准。行政负责人为秘书长，同时为理事会成员，由民主推选产生，需要向理事会负责和报告。章程规定行政负责人的职责主要是主持组织的日常工作，执行决策机构的决议；组织实施机构年度业务活动计划；向决策机构提出工作建议，报告工作；拟定内部管理制度，报理事会审批；向理事会提议任免本组织行政负责人副职和财务负责人；管理内设机构和专职工作人员。行政负责人的职责履行不独立于理事会的影响，在做出具体决策前必须请示理事会。在招聘行政负责人时，神华基金会更看重专业背景、项目执行能力、管理能力和对外沟通能力。

徐州心缘志愿服务中心行政负责人职责主要为：主持组织的日常工作，执行决策机构的决议；组织实施机构年度业务活动计划；向决策机构提出工作建议，报告工作；拟定单位内部机构设置方案；管理内设机构和专职工作人员；向理事会提议任免本组织行政负责人副职和财务负责人；任免内部机构负责人；负责对外联络；为组织筹款。行政负责人的职责履行独立于理事会影响，理事会在闭会期间无法对执行官员施加影响。机构有时对执行层面的员工与志愿者进行项目培训。项目制定上，执行机构会制定项目策划书，但是策划书需经过理事会批准。

从这两者对比来说，神华基金会的执行机制更加完善，可以实现合理的分工，但是徐州心缘志愿服务中心的行政负责人有更多的自主权，执行效率更高。执行机构独立于决策机构之外是社会组织内部治理机制完善的趋势，而一个成熟的社会组织大多采用向社会公开招聘的方式来选取行政负责人，同时要有效地规避执行机构与决策机构的利益关联，并努力实现二者之间的有效制衡与互相监督。

从监督机制看，首先要建立内部规范，设立信息披露管理制度、财务经费管理制度、印章文件管理制度及人力资源管理制度。神华基金会明确规定基金会理事遇有个人利益与基金会利益关联时，不得参与相关事宜的决策，不具备表决权；基金会理事、监事及其近亲属不得与基金会有任何交易行为。设立监事履行监督职责。尽管对于监事缺乏相应的问责制度，但基金会对于监事的选派及职责有详细的规定，理事、理事的近亲属和基金会财会人员不得任监事。监事的职责范围包括监督理事和行政负责人履行决策机构决议的情况；监督机构运行遵守法律、章程的情况；当机构负责人、成员以及工作人员的行为损害组织利益，或违反法律或章程规定时，要求予以纠正，必要时向政府部门报告情况；检查机构财务、会计资料；向决策机构管理提出质询和建议。徐州心缘志愿服务中心则设监事会，由第三方具有专业背景的律师、会计师进行财务审计报告与监督。

神华基金会工作人员认为，对于非政府组织（NGO）最有效的监督机制为组织自律机制，基金会建立了在偶尔或有需要时进行机构健康运行整体评估（包括项目可行性、运行合规性、管理科学性、人员分配合理性等）的机制，建立项目前、中、后期的全程跟踪监督机制，严格依据项目进度分批付款，保证项目监管到位。

除此之外，面对政策环境的变迁，需要突破瓶颈，促进立法，完善相关行政法规；促进政社分开，良性互动，独立自主发展。面对公共环境的变迁，需要创新社会管理，促进组织转型；加强公众监督，完善相关职能。面对组织环境的变迁，需要完善相关制度，健全社会组织内部治理结构，完善内部治理结构设置，明确职责分工，推动组织自身能力建设，提升核心竞争力。

城市社会治理模式创新的路径选择
——以深圳市为例

朱　瑞

【导语】党的十八届三中全会提出，要创新社会治理体制，推进社会事业改革创新。深圳市是创新城市社会治理的典范。近年来，深圳市始终重视“改革”和“创新”还存在的一些亟待解决的问题，全方位协同推进，构建公共服务管理平台，构建“整体性部门”，提高社会治理质量。

深圳是改革开放的排头兵，在中国改革中一直扮演着“示范田”和“领头雁”的作用。近年来，党和中央对深圳经济社会发展提出了更高要求，赋予了更大使命，要求其继续发挥改革开放的引领作用，在综合配套、社会治理创新方面，为全国开辟一条新路。作为移民之城、质量之城、创新之城，深圳市始终把“改革”和“创新”作为第一要务，从2010年开始，创新社会治理方式，改革基层社区治理，改革社会组织管理，目前形成了具有时代特征和深圳特点的深圳社会治理模式。

城市具有人口规模大、生产总量多、社会结构复杂等特点。随着城市规模的快速扩张，很多城市出现了交通拥堵、环境污染、房价上涨等难以治愈的“城市病”，这些都给社会管理带来了诸多挑战和困难。在2014年中国综合实力十大城市排名中，深圳位居上海、北京、广州之后，成为我国第四大城市。深圳市是城市社会治理创新的典范，在取得社会建设成效的同时，也存在很多城市社会治理的共性问题，如基本公共服务的统筹协调、社会建设的“质量”、数

朱瑞，北京师范大学2014级博士研究生。主要研究领域为社会治理、基本公共服务等。

据信息安全等。以深圳社会治理为例，梳理我国城市社会治理创新经验，以此形成可供借鉴、易于复制的蓝本。

一、深圳市经济社会发展概况

深圳市的前身为宝安县，1979 年改为深圳市，1980 年成为我国第一个经济特区，1981 年升格为副省级市。2010 年 7 月 1 日，经国务院批准，深圳经济特区范围扩大到全市。全市总面积 1996 平方公里，下辖 6 个行政区和 4 个新区。

"移民"之城。自深圳建市以后，95% 以上新增长的人口都是外地迁移进来的。2014 年年末，全市常住人口 1077.89 万人，其中户籍人口 332.21 万人，占常住人口比重 30.8%；非户籍人口 745.68 万人，占比重 69.2%。[①]深圳市整体人口结构具有外来人口多、人口密度大、年轻化、从业人口比重高的特点。

"质量"之城。2014 年，习近平总书记提出"推动中国制造向中国创造转变、中国速度向中国质量转变、中国产品向中国品牌转变"，即"三个转变"。深圳市率先践行"三个转变"，提出经济质量、民生质量、城市质量，打造出了"深圳质量"，推动深圳经济社会发展全面迈进质量新时代。质量成为新常态下特区发展的新名片。

"创新"之城。生物、互联网、新能源、新材料、文化创意、新一代信息技术等六大战略性新兴产业迅猛发展，2014 年战略性新兴产业总规模达 1.63 万亿元，增长 19.8%，对经济增长贡献率超过 50%。其中，互联网产业增加值 576.44 亿元，增长 15.5%，增长值居六大战略性新兴产业之首。新一代信息技术产业增加值 2569.8 亿元，增加值同样位居六大产业之首。[②]可见，深圳市的互联网产业、信息化产业的发展极为迅猛。

---

① 深圳市统计局：《深圳市 2014 年国民经济和社会发展统计公报》，http://www.sztj.gov.cn/xxgk/tjsj/tjgb/201504/t20150424-2862885.htm，2015 年 4 月 22 日。

② 同上。

二、社会治理的主要做法

（一）社会治理组织机构

深圳市正式成立社会工作委员会，社工委既是市委的工作机构，又是市政府的工作机构，列在市委工作机构序列。与广东省社会工作委员会不同，它不挂靠在市政法委，完全单独建立。

历史沿革。2010 年，深圳市被中央综治委确定为全国社会管理创新试点城市，2012 年又被确定为全国 9 个社会管理创新典型培育地区之一。深圳成立了"市社会管理创新工作领导小组"，后于 2010 年 10 月调整更名为"市社会建设工作领导小组"，并设立专门办公室，牵头负责推进深圳的社会建设工作。2011 年 12 月，深圳市正式成立社会工作委员会，统筹指导和综合协调全市开展社会建设工作。2012 年，随着深圳市社工委的正常运作，各区、新区以及市直各单位也将陆续建立相应机构及领导体制。如 2012 年 2 月，南山区社工委成立，3 月，龙岗区社工委成立，分别设置了与市社工委对应的组织机构。

机构设置。深圳市社工委现有 3 个内设机构，即综合处、社会建设指导处和公共服务促进处。拥有包括市委办公厅、市委组织部在内 30 个委员单位成员。市社工委主任由市委副书记担任，下设两名专职副主任。2014 年，深圳市社工委成立社会建设咨询委员会。咨委会是非官方机构，由市社会建设相关专家、学者和社会各界人士组成，主要对社会建设工作进行各类咨询、调研活动，收集相关调研报告和建议。

（二）社会治理的顶层设计与制度创新

深圳市委市政府自 2010 年以来，先后出台一系列政策文件，完善社会建设顶层设计。如《中共深圳市委深圳市人民政府关于加强社会建设的决定》、《深圳市社会建设考核指标体系》、《深圳市社会建设五年行动计划》，明确提出要通过改善民生、创新社会管理、加强社区服务、培育社会组织、加强社会治理研究等措施，形成社会治理的合力与氛围，全面系统推进深圳社会治理工作[①]。2011 年 10 月 26 日，深圳市人大常委会首次审议了《深圳经济特区社会建设创新促进条例（草案）》，该草案涵盖社会事业、社会保障、社会组织、社区建设、社会管理等不同范畴，在公众参与机制、非户籍居民平等参与社区自治等诸多方面做出探索性改革。该法案将作为深圳社会治理领域的纲领性法律文件，即“基本法”存在。12 月 28 日，市人大常委会表决通过了《深圳经济特区社会建设促进条例》，该条例成为国内首个社会建设法规。

三、社会治理的主要经验

深圳特区把社会建设和经济建设放在同等重要的位置，以“创新”和“改革”为中心，创造出了享誉全国的社会治理深圳模式，其突出的做法主要有把社会建设工程化、项目化，创新社会治理方式；充分发挥基层自治，形成了可复制、能推广的社区治理经验；社会组织改革始终走在前列，积极构建现代社会组织体系。

（一）创新社会治理方式，提升治理能力现代化

为提升社会管理效能，着力提升城市治理体系和治理能力现代化水平，2012 年以来，深圳市创新社会治理方式，深入开展社会治理“两大工程”，即“风景林工程”和“织网工程”。“风景林工程”着眼于社区建设优秀经验推广，将各行政区、各有关部门在社会治理中适用于服务社区居民的好经验、好做法（即“盆景”）筛选出来，分类设定标准，以工程化、项目化的方式推进，推广到各社区，形成城市新功能（即“风景”）。

“织网工程”是深圳市对社会建设进行数据化、信息化管理的创新型社会治理模式。一方面，作为特大型城市、“移民”之城，深圳市非户籍人口比重大，

---

① 杨立勋：《深圳 30 年社会建设的探索与实践》，《中国经济特区研究》2012 年第 1 期。

人口倒挂现象严重。另一方面，政府部门之间条块分割，职能模糊，资源和信息统筹效率低下。面对难题，深圳市以网络信息技术飞速发展为契机，运用大数据、互联网 +、网格化治理等理念，加快转变政府职能，向全市范围内推出了以资源信息共享为核心的“织网工程”。

“织网工程”雏形形成于 2010 年前后，深圳市南山区招商街道探索并建成街道综合信息化平台。2012 年 7 月，《深圳市社会建设“织网工程”综合信息系统建设工作方案》发布，这是第一份纲领性文件，就全市范围如何推进“织网工程”进行顶层设计。同年 8 月，龙岗区南湾街道被选定为“织网工程”改革试点街道。2013 年 4 月，深圳市委市政府在坪山新区开展“织网工程”综合试点，首次实现了“信息统一采集、部门信息共享、集成联网运行”，创造了可以复制推广的经验。2013 年 11 月 5 日，深圳印发《关于全面推进社会建设“织网工程”的实施方案》，提出到 2014 年年末完成建设并试运行，促成信息资源跨区域、跨层级、跨部门联通共享；2015 年，推动市、区、街道、社区四级“织网工程”综合信息系统正式运行①。

“织网工程”有效打通了各有关部门的“信息壁垒”，整合教育、住房、医疗、计生、就业、妇儿、残疾、助困等社会服务信息资源，以及综治、信访、维稳等社会管理信息资源，搭建起一个上下贯通、条块联动、互通有无、资源共享的社会建设综合服务信息平台②。其架构包括基础信息资源库、决策分析应用支撑平台、社会管理协同工作平台、社区家园网、社区综合信息采集系统、网格信息员队伍等六个方面。

“织网工程”在政务数据共享，统筹部门职能；提高政府效能，建立服务型政府等方面发挥了重要作用。一方面，在政务数据共享，统筹部门职能方面。“织网工程”将公安、教育、卫生计生、劳动社保、民政、住建、统计等部门的

---

① 李秀峰、韩亚栋、崔兴硕：《“织网工程”：创新社会治理的新标本》，《行政管理改革》2014 年第 10 期；叶民辉：《2013—2014 年深圳市社会建设形势分析与展望》，载叶民辉、张骁儒主编：《深圳社会建设与发展报告（2014）》，社会科学文献出版社 2014 年版，第 8 页；邓维新：《深圳“织网”》，《决策》2015 年第 1 期。

② 毛军吉：《城市社区治理的新探索——以深圳构建新型社区为例》，《特区实践与理论》2013 第 5 期。

数据集中于深圳市电子政务资源中心，资源中心将各部门相关业务数据进行编码和链接，实现部门信息共享和职能统筹。另一方面，在提高政府效能，建立服务型政府方面。“织网工程”通过建立社区家园网，提供“易办事”自助终端等，在街道办事处或社区一级实现计生、民政、组织人事、房屋租赁、劳动保障、社会福利、安全生产、社区服务和法律援助等服务公众的管理事项共用一个大平台，为市民办理业务提供了便利和实惠。

（二）创新基层社会治理，探索社区治理新模式

首先，深圳不断创新基层行政管理体制，为剥离居委会的行政职能，夯实基层社会管理和基层公共服务平台，在各街道成立了社区工作站，专门承接政府部门的行政性服务工作。

其次，大力推进“织网工程”，加快社区综合服务中心建设，全面整合社区工作网、管理网、服务网、调解网，形成了以社区党组织为领导、社区工作站为主体的行政性服务体系，以社区居委会为主体的基层自治体系，促进了社会建设工作网络化。

最后，各区积极探索，主动实践，创新基层社会治理，形成了多样性的社区治理模式。如罗湖区创建了“社区家园网”，让网络成为沟通政府与居民的桥梁；南山区月亮湾片区建立人大代表社区联络工作站，创建“月亮湾模式”。近年来，南山区打通单位党建和社区党建界限，实行“一核多元”的社区治理模式。南山区蛇口街道寓管理于服务之中，创建更加突显社区服务的“一平台两中心”模式等。这些由社区创建的新型社区治理模式，受到了社会各界的关注，在全国引起强烈反响。

（三）创新社会组织管理，构建现代社会组织体制

首先，构建现代社会组织的支持体制。30年来，深圳不断改革社会组织登记管理制度，先后探索了行业协会直接登记、行业协会无主管单位、行业协会民间化等办法，对八大类社会组织实行直接登记制度。同时，搭建社会组织

支撑服务平台、“种子基金”扶持平台、社会组织孵化平台等。通过这一系列的改革创新、制度安排和平台建设，努力构建现代社会组织支持体系。

其次，构建现代社会组织的合作体制。深圳市通过改革登记管理体制，实行直接登记制度，社会组织不再需要寻找业务主管单位，其内部管理也无须再受业务主管单位的行政干预和间接管理，实现了政社分开，为社会组织的自主发展营造了宽松的氛围。政府职能转移实行合同委托和政府购买服务，为社会组织的发展让渡了空间和资源，使社会组织与政府职能部门从行政依附关系走向平等的合作关系。

最后，构建现代社会组织的监管体制。建立政府部门联合监管机制，由民政与公安、外事、市场监管等部门联合成立市社会组织管理领导小组和协调联络工作组，建立沟通联系、预测预警、联动执法等社会组织管理服务机制。① 建立综合评估机制，承接政府转移职能和购买服务以评估结果为依据，积极探索社会监督，建立社会组织信息公开平台，接受舆论监督和公众监督，建立起由政府行政监管、社会组织自律、社会公众监督相结合的综合监管体系。

四、社会建设存在的问题

深圳市在不断探索社会治理创新中积累了宝贵经验，但是仍然存在一些亟待解决的问题，如基本公共服务缺乏统筹协调机制、社会建设的“质量”不高，“织网工程”的信息安全等问题。

（一）关于基本公共服务均等化和统筹协调的问题

改革开放以来，深圳基本公共服务领域发展迅速，目前已处在一个较高的水平。但特区内外的二元结构和倒挂的人口结构依然存在，因此在基本公共

---

① 陈海、罗思颖：《积极促进社会组织发展 有效推进政府职能转移——深圳市社会组织体制改革探索》，《中国机构改革与管理》2014 年第 11 期。

服务均等化方面仍存在着特区内外、群体之间的不均等，以及政府公共服务供给不能满足民众需求等问题。

深圳市在落实国家提出的65项基本公共服务项目的同时，自行增加15项，目前全市已实施基本公共服务项目总数达80项。公共服务项目多，覆盖面广。整个基本公共服务体系的规划、实施、监督、评估等工作涉及发改委、社工委、财政、民政、人力资源社会保障、卫生、教育、文体旅游、住房建设、食品药品等十几个业务部门，以及区、街道等政府部门①。部门之间各自为政、相互独立、缺乏衔接的问题广泛存在，如何统筹协调、管理监督好众多基本公共服务的领域和部门，是当前完善基本公共服务体系亟待解决的问题。

（二）关于经济建设“速度”和社会治理“质量”的问题

作为改革开放以来经济发展先行一步的城市，深圳曾经创造了举世闻名的“深圳速度”。深圳速度带来了巨大的经济效益，较大程度增加了财政收入、提升了民众福祉。但是，经济社会发展速度过快，会带来一系列的城市问题，如中低收入水平难以保证高质量生活、就业市场被产业结构牵制、城市环境污染、交通拥堵、房价上涨等，由此带来的社会矛盾和社会问题层出不穷。如何提升社会治理的质量以弥补经济发展过快带来的社会问题，继而增加民众生活舒适度，增强社会民生保障，是当前深圳市社会建设需要解决的又一难题。

（三）关于“织网工程”的信息安全与数据开放的问题

目前，“织网工程”在数据收集和数据共享上成效显著。但是随着“织网工程”的推广应用，采集的数据规模增大、信息量增多，用户也在不断增多，由此带来了一系列公众信息安全问题。公众个人信息是否得到安全有效的保护，决定着“织网工程”建设的成败。此外，政务公开是政府职能的重要内容，

① 陈东平：《2010—2015年深圳市社会建设形势分析与展望》，载张骁儒、陈东平主编：《深圳社会建设与发展报告（2015）》，社会科学文献出版社2015年版，第1页。

政府数据开放不仅有助于公众利用数据资源开展更多的增值服务，还有助于公众与政府的合作、对政府的监督等，因此在保障信息安全的同时，适当公开政务信息，开放数据，对于实现阳光政府、透明政府、智慧政府的意义重大。

五、社会治理的建议

（一）全方位协同推进，构建公共服务管理平台

深圳要实现基本公共服务均等化，就必须加快发展，以发展的办法解决发展中的问题[①]。改革公共服务供给模式，建立以政府主导、市场主体和社会共同参与的公共服务协同供给模式；优化财政支出结构，合理配置资源，把更多资金和资源投向基本公共服务领域，着力解决城市化过程中特区内外、群体之间公共服务不均等问题；建立健全基本公共服务的法律法规体系，依靠制度规范和法制保障，推动基本公共服务均等化。还需要积极研究构建基本公共服务管理平台，以“大数据”理念为指引，以信息手段为依托，通过数据共享、信息挖掘、资源引导等功能，进一步完善基本公共服务体系、提升服务能力，实现对公共服务资源的优化配置。

（二）提升社会服务品质，强化社会管理质量

深圳市提出了“创建深圳质量，打造质量强市”的口号，以实现从“深圳速度”向“深圳质量”的跨越。社会质量是深圳质量的立足点和着力点，社会质量要以深圳质量为基准，在社会治理中应该增强社会管理的质量意识，努力构建高品质的社会服务。

首先，提升社区社会服务品质。积极推进社区配套设施建设，提高社区公共服务水平。优化基层服务资源，满足多层次、多样化的生活需要，提高居民生活质量。其次，拓宽民众参与社会生活的渠道，保障人民群众权利，从积极

① 《深圳新一轮改革发展的前进号角》，《深圳特区报》2009 年 5 月 27 日。

培育公益性社会组织、加强社会工作者和志愿者队伍建设入手，激发社会活力，整合社会资源，营造良好发展环境。最后，营造安定、平安、和谐的生活氛围。全面加强城市平安建设和应急管理，不断提升市民安全感。完善市场监管体系，推进社会信用体系建设，营造法治化、规范化的社会环境。强化民众安全生产意识，提高突发事件应对能力。

（三）推动“织网工程”升级，构建“整体性部门”

一方面，当前，“大数据治国”的时代已经来临，大数据正在重构政府、社会、市场之间的关系，北京、上海、贵州相继出台大数据战略方案或规划。深圳市应把握时代机遇，推动“织网工程”更新升级，将大数据技术广泛运用到“织网工程”建设中，形成大数据社会服务平台、大数据公共信息安全。建立政府之间、政府与公民、政府与企业之间的数据信息互递系统，实现数据的共享、公开与互动。尽快制定大数据社会建设规划，从顶层设计上推动社会治理大数据产业孵化、技术研发、人才培养、推广应用，营造完善的政策环境。

另一方面，社会建设是个复杂的系统工程，涉及领域广，部门多，层级多，各层级各机构常常会为利益关系、职能划分、政策制定、责权划分、资源流动等互相推诿、转嫁责任。深圳市需要继续发挥“改革先锋”、“创新标兵”的作用，改革社会管理体制、创新社会治理组织结构，依托深圳市社会工作委员会，借助“织网工程”的资源信息综合平台，设立跨部门、跨领域的“整体性社会建设工作领导小组”，进而构建新型社会建设组织机构——“整体性部门”。

探析宁波养老模式

巢小丽

【导语】党的十八大报告强调，要积极应对人口老龄化，大力发展老龄服务事业和产业。近年来，我国人口老龄化问题日益突出。如何应对即将到来的"银发浪潮"，各地都在积极探索，积累经验。宁波市积极引导企事业单位、社区民间组织，以及老年居民群体自身等主动参与到养老事业中，形成了"以政府为主导，由政府提供养老基本公共服务，企业、社会、非政府组织等多方力量和资金参与养老机构和养老服务产业，多元社会支持网络"的"宁波养老模式"，值得参考借鉴。

一、问题的提出

依据国际标准，国家统计局在1999年宣布中国步入到"老龄化社会"。与世界上其他国家相比，中国老龄化形势更为严峻，它带有"老年人口庞大"、"未富先老"和"速度快"三项特征。[①] 第六次人口普查数据显示，全国60岁及以上人口为1.776亿人，占全国总人口的13.26%，其中65岁及以上人口为1.188亿人，占8.87%。人口老龄化增速加剧的现实，以及经济社会发展带来的人口结构和家庭结构的巨大变迁，对中国养老服务的提供以及养老服务体系的构建提出了迫切要求。中国又是在"未富先老"的情形下进入到老龄化社会的，因

巢小丽，宁波市行政学院公共管理教研部副教授，中国人民大学2014级博士研究生，研究领域为公共政策与社会治理。

① 汝信、陆学艺、李培林：《2005年中国社会形势分析与预测》，社会科学文献出版社2005年版，第102—104页。

此该养老服务体系，应该是“与我国的经济社会发展水平相一致的，以满足老年人养老服务需求、提升老年人生活质量为目标，面向所有老年人，提供生活照料、康复护理、精神慰藉、紧急救援和社会参与等设施、组织、人才和技术要素形成的网络，以及配套的服务标准、运行机制和监管制度。社会养老服务体系建设应以居家为基础、社区为依托、机构为支撑，着眼于老年人的实际需求，优先保障孤老优抚对象及低收入的高龄、独居、失能等困难老年人的服务需求，兼顾全体老年人改善和提高养老服务条件的要求”。①

在此背景下，全国各地纷纷探索适合具有本区域特色的养老服务体系构建，出现许多卓有成效的模式，如北京的“九养政策”、南京的“政府购买服务”、青岛的“老—老”结对帮扶政策、成都的城乡一体化的公共服务网络②，以及宁波的“海曙养老模式”等。

二、宁波“海曙养老模式”概述

宁波是个老龄化程度极为突出的城市，早在1987年就进入了老龄化社会。很长一段时间里，家庭自助养老是其最为主流的养老模式。进入21世纪，宁波人口老龄化速度加快，到2013年底，宁波市60周岁及以上户籍老年人口118.7万人，占户籍人口总数的20.5%，其中失能、半失能老年人9.45万人，占老年人口总数的7.96%。③为弥补家庭自助养老的“力有不逮”、机构养老选择的“非不得已而为之”的尴尬，来满足城市居民日益增长的养老服务需求，宁波进行了探索。创新始于海曙区。2004年初，宁波市海曙区启动居家养老服务工作建设，将之作为社区老龄工作规范化建设的重点，通过政府购买居家养老服务，

---

① 《国务院办公厅关于印发社会养老服务体系建设规划（2011—2015年）的通知》，http://www. gov. cn /zwgk/ 2011-12-27/content_2030503.htm,2011年12月27日。

② 刘晓静、张楠：《城乡统筹视角下中国养老服务体系构建》，《河北大学学报》（哲学社会科学版）2013年第3期。

③ 《宁波力推“医养结合”养老模式》，http://www.nbzx.gov.cn/art/2014/12/22/art193661145432.html，2014年12月22日。

结合区域社会化养老，形成养老"海曙模式"。该模式推出后，效果显著，很大程度上缓解了城市居民的养老难题。由此，得到当时国务院副总理回良玉、省委书记赵洪祝的批示和肯定，以及民政部、全国老龄办、中国社会工作协会等机构的关注。2005 年，宁波市海曙区成为全国社区养老服务示范区。之后，该模式在宁波市所有城市社区，甚至农村社区推广。宁波市民政局数据表明，截至到 2007 年底，宁波全市实质性开展居家养老服务的社区达到 370 个左右，约占社区总数的 83%，其中，海曙区、江东区、江北区、镇海区实现了全覆盖。于是，2008 年宁波"海曙养老模式"获第四届"中国地方政府创新奖"，评委会的评价词为，"海曙区居家养老工作从民生入手，简单易操作，用最少的钱起到了最好的效果，解决了养老这个难题。特别是义工银行，储备了很多养老资源，为居家养老的延续奠定了基础，很有生命力"。至此，"海曙养老模式"又被称为"宁波养老模式"。其后续运行延续了 2004 年以来的以"政府购买居家养老服务"为核心的养老资源提供方式，并辅之以更广泛的养老服务社会化参与，以及养老机构市场化的极力推动。接下来，将其具体做法进行概述。

从服务对象来看，"宁波养老模式"养老服务提供主要面对三个层次的老年人群：（1）首批 603 位 80 岁以上的困难老人，由社区聘请了 176 个服务员为他们提供上门服务，所需劳务费用由政府财政支付。（2）成立了敬老协会，由协会物色培训了 429 名义工，为 1260 位 70 岁以上有困难的老人对口服务。（3）60 岁以上的其他老年人群，则以非营利与有偿服务相结合的形式，采用适当收取劳务成本的办法来满足需要。从服务提供或获取的方式来看，"宁波养老模式"表现为"走进去、走出来"，"走进去"是指服务人员上门为老人服务，主要面向高龄和独居的困难老人，由海曙区政府出资向星光老年协会购买居家养老服务；"走出来"是指政府在一些街道社区建设一批具有日托功能的居家养老服务中心，让老人走出家门享受"日托中心"和社会组织提供的服务。①

---

① 巢小丽：《多重视角下城市社区养老模式的实践与思考：基于浙江省宁波市南门街道的案例研究》，《广西经济管理干部学院学报》2012 年第 4 期。

从养老服务社会化参与视角来看，“宁波养老模式”分为八个相互关联的紧凑环节：（1）高龄、特殊、困难老人，由政府出资购买养老服务，享受专业机构或专业人员提供的上门服务。（2）构建社区医疗“十分钟服务圈”，使宁波市所有老年人如需就医只要走出家门十分钟内就能得到解决。（3）宁波市各社区建成养老日托所、养老服务中心，老年人依托于居住小区、无须离家，就近享受所属街道或社区所提供的养老资源，主要包括文化学习、心理咨询、保健治疗、慈善救助等 6 大类 50 项免费或低偿服务项目，以及为老人提供送饭、洗澡、洗衣、巡视、陪送看病、清洁卫生、康复锻炼等“一条龙”服务。（4）成立敬老协会等社区民间组织，如书画社、腰鼓队、老网虫俱乐部等，既为老年人提供结对或对口养老服务，也为老年人日常生活和活动提供载体和平台，使其“老有所乐”。（5）借助公益性“81890”救助服务平台，为老年人提供安全“一键通”电话，使老年人在危急时刻能得到有效救助。（6）发放《海曙区社区基本医疗服务证》，使 70 周岁以上的老人在区属 7 个社区卫生服务中心和 24 个服务站享受低价医疗。（7）创办居家养老照护员培训基地——宁波老年照护院，来满足居家老人照护的“个性化”需要。（8）创办“义工银行”，对提供的服务如货币一样进行储备，具体为：凡是所有为老人提供服务的义工或志愿者，不管是以结对，还是低费用或无偿形式提供服务的，都可以根据不同情况把每一次服务都进行记录，存入“义工银行”，等到其年老后需要别人服务时可以随时“提现”。这八个综合环节的同时发力，宁波市所有老人不但能享受到生活照料、医疗保障、物质支持等养老服务，还能实现精神的愉悦和情感的满足，老年人的生活品质整体得到提升。

总体而言，宁波养老模式是随着经济社会发展，宁波市老年居民的养老需求凸显而产生和形成的。在此过程中，政府作为养老政策的决策者和养老物资的主要供给者，试图通过各种途径，如社区民间组织，企业，以及老年居民自身参与养老事业和服务提供等方式，形成多元化社会支持养老网络，为宁波市老年居民提供丰富、健康、愉悦、多样化的老年生活，实现“老有所养、老有所依、老有所乐、老有所安”。然而，宁波养老模式运行中也出现了一些问题，比如服务机构场地和设施无法满足人口老龄化快速的发展，服务项目拓展因此受到制约；服务资金由政府提供，服务活动经费以及设施建设费用额度受限；服务人员由一些“年龄较大、文化程度较低、就业相对困难”的“4050”人员构成，专业素质有待提高；服务内容主要局限于生活照料和家政服务，与老年居民所需的“多样化服务”期望存在差距。在这些问题中，“宁波养老模式”不断地对其原有方式、项目和内容进行了丰富和动态调整。2011 年，宁波市政府提出形成“政府扶持、非营利机构运作、社会参与”养老新模式，将社会、非营利机构和市场等多方面力量和资金广泛参与到养老服务项目和事业中，拓展了养老服务投入资金总额；2014 年 6 月，提出以“宁波市老年疗养院（合作管理模式）、海曙区广安养怡院和镇海区金生怡养院（公建民营模式）、江东区社会福利中心（公建公办委托运营模式）、鄞州区雅戈尔老年乐园（服务外包模式）、慈溪市乡镇（街道）敬老院（转型发展模式）等五种模式作为试点，推进公办养老机构管理改革”；同年 12 月，提出“医养结合”养老机构建设，支持公立医疗机构与养老机构的医养合作，建立对口支援、会诊绿色通道和双向转诊联动机制。① 大力支持、引导民营医院和镇（乡、街道）卫生服务中心（卫生院）等医疗机构，利用闲置床位提供养老服务，接收需要照护的失能、半失能老人，对符合养老机构登记条件的可享受相关补助政策；支持社会力量在养老机构内举办老年护理院、康复医院和提供临终关怀服务的医养结合服务机构，鼓励民办养老机构内设医疗服务机构。②

三、公平分配视域下的“宁波养老模式”

“不患寡而患不均”，公平分配问题在不同国度不同时代一直是公众关注的

① 《5 种模式作为试点 宁波推进公办养老机构改革》，http://blnews.cnnb.com.cn/system/2014/06/18/010982449.shtml，2014 年 6 月 18 日。

② 《宁波力推“医养结合”养老模式》，http://www.nbzx.gov,cn/art/2014/12/22/art_19366_1145432.html，2014 年 12 月 22 日。

重点，被认为是衡量一个社会的进步程度、一项政令的优劣与否，以及提升个体满意度和幸福感的重要指标和要素。然而正如现实社会所展现的那样，不同教育层次、不同职业、不同地域的人群，从个人自身、所属阶层或代表利益团体出发，几乎无人满意、无人感受到“公平”。这是国家发展到现阶段所面临最尴尬的现实。在涉及分配问题时，似乎每个人都存有不满。就如分配蛋糕一样，即便是拿到最大块蛋糕的人依旧认为自己拿到太少，更遑论拿到中、小、小小蛋糕的其余人群了。矛盾和冲突由此而来，发酵、升级、加剧，进而影响到个人心态，群体感受，甚至整体社会的稳定与和谐。不公平感到底是如何产生的呢？为何在财富、物资极大丰富的今天，公众的不公平感反而更甚于前呢？公众所要的公平，以平均“一刀切”的方式可以得到解决吗？当下的不公平感是事实存在着极大的不公平，是公众自我建构出来的，还是政策表达的缺少？这些都是政府在公共政策制定、执行，包括公共服务提供时必须关注的一系列现实问题。“宁波养老模式”在其运行的过程中，一定程度上关注到了这些问题，在养老服务的政策决议、服务对象、内容提供、具体推进等方方面面，让服务对象感受到了“基本养老服务均等化、优先困难老人群体、保障最低福利”等公平分配理念和“非平均化、分类别、有层次”等养老服务公平供给方式，实现了养老“社会福利或社会成员总体满意度最大化，而非个别人或个别群体的利益最大化”①。

（一）基本养老服务均等化

基本公共服务是指政府为保障社会全体成员的基本社会权利，满足社会全体成员的基本公共需求，利用公共资源为社会提供的产品和服务总称。②从市级层面来看，宁波市所有老人都在社区医疗“十分钟服务圈”辐射之下，可以使用公益性“81890”救助服务平台等公共服务资源。从社区层面看，

① 谢明：《公共政策分析概论》，中国人民大学出版社 2012 年版，第 254 页。

② 郑功成：《中国社会保障改革与发展战略》（总论卷），人民出版社 2011 年版，第 75 页。

所有街道社区都已建成居家养老服务中心和社区日托所，辖区内所有老人都可以到街道或社区去享受由居家养老服务中心和社区日托所提供的集就餐、送餐、养生、健身、娱乐、阅读、上网，及日托等多种基本养老服务；还可以通过辖区内授牌企业的“菜单式”服务享受到有偿、低偿或无偿的多方位服务；参加各类公益性组织或趣缘性社团，走出小家、融入大家，消除孤独感，满足精神文化需求。

（二）优先困难老人群体

公平分配的方法之一是，“在增加某些人福利的同时，应该设法保障境况变糟糕的那些人”[①]。在养老主体对象中，宁波市高龄、困难、失能老人群体因为其普遍“经济基础弱、自理能力差、健康状况不佳”，家庭自身根本无力养老，面临养老的最大困境。宁波养老模式最初就是通过政府购买居家养老服务来解决“高龄、困难和失能老人群体”的养老难题，由专业的服务员和家庭责任医生“走进去”为困难老人提供服务。宁波养老模式运行中，这一形式被不断拓展：（1）引入了由社区党员、老人邻居、热心人士、公益性团队等组成的，以低龄健康老人为主，通过结对帮扶、邻里守望等方式，为有服务需求的居家老人提供安全看护、生活照料、精神慰藉等多种形式的无偿服务。（2）向高龄、孤寡、失能、半失能困难老人发放爱心免费卡和邻里互助卡。爱心免费卡可以让老人免费享受社区在指定服务网点提供的理发、洗衣被、送煤气、陪医、洗头等服务。邻里互助卡，上面则印有各类诸如应急呼叫救助、110 治安救援、119 火警求助、120 紧急求助、结对义工及社区包片社工等电话。（3）建设“三合一家庭团队”，明确社工、义工、社区责任医生的职责，统一制定“三合一家庭团队”服务登记表，以单身独居、高龄失能的困难老人为主要服务对象，通过上门走访、谈心、聊天、建立健康档案等方式，为老人提供心理疏导、精神慰藉及生活照料等服务。

---

① 谢明：《公共政策分析概论》，中国人民大学出版社 2012 年版，第 256 页。

（三）非平均化、分类别的养老服务

平均主义在某些时候的确能平息一时的冲突与纷争，尤其不是什么太危急的情形下，因为大家获取的资源都一样，谁也说不出什么大的不妥来，从而“偃旗息鼓”。老人群体在年龄、健康状况、经济条件、心理期许、代际支持、养老观念等诸方面都存在较大差异，“一刀切”的平均化养老服务显然难以适应需求的复杂性和多元性。因此，养老服务的分类别就成为必然选择。为使养老服务供给的类别较为科学、合理，“宁波养老模式”注重阶段性地调查老年人养老服务需求，结合老人性别、职业、经济条件、年龄、爱好、身体状况等对需求的影响，来确定和设计居家养老服务内容与项目，这在一定程度上避免了养老服务提供的平均化问题。除了养老服务提供的分类别，宁波养老模式还关注机构养老类别，和社会化养老项目的多样化拓展。如宁波市政府对社会化养老事业和项目的推动，对不同形式养老机构的管理和改革，以及“医养结合”养老机构建设，实现公立医疗机构与养老机构的医养合作，就是对养老服务多样化需求分类别的探索。

（四）有层次的养老服务供给

需要理论认为，社会的首要责任是要满足社会成员的基本生存需要，包括生理的、社会的、情绪的和精神等方面的需要。而对老年人而言，其需求主要集中在物质需求（Money）、精神需求（Mental）和医疗需求（Medicare）三方面。对此，宁波养老模式对养老服务进行了分层：（1）结合社区医疗，实现“健康养老”。整合各类医疗资源，形成以社区卫生服务站、老年护理院等为主体，医疗卫生志愿者为补充的卫生服务网络。定期举办以“关爱老人健康”为主题的健康知识讲座，为特困、重症等特殊情况的社区老人开通就医“绿色通道”，主动送医、送药、送检上门，保障老年人康复医疗服务。（2）结合志愿服务，实现“互助养老”。动员、组织、引导企事业单位、社会团体、慈善组织和广大市民为有需求的老年人提供各种公益性服务。同时，倡导低龄、健康老人

参与养老志愿者队伍，使公益性社会组织成为居家养老志愿服务工作的主题。如海曙区南门街道“暖情俱乐部”成立陪聊服务队，成员以低龄老人为主，经常走访结对年迈病弱或独居的老年人，及时为他们解决生活中遇到的各种问题。在帮助高龄老人的同时，让低龄健康老人也积极参与社会事务，发挥余热。（3）结合社会资源，实现“帮扶养老”。在养老“授牌”服务基础上，借鉴“爱心超市”经验，探索建立“养老超市”，将老人的需求和辖区内能提供相应服务的企事业单位进行对接，针对老人自理、半自理、不能自理及不同的经济状况和个性化需求，实行菜单式养老服务，政府提供部分补助。通过这种方式，搭建起企业和爱心人士参与养老的桥梁，给老人提供更加直接和实惠的帮助，建立扶老济困的长效保障机制，有效拓宽了养老、助老的渠道，提高老年人生活质量。（4）结合社团组织，实现“精神养老”。根据老人群体的兴趣爱好，加大对社区民间组织培育的投入，让老人能参与到其中，“走起来、动起来”，实现自我价值和“精神养老”。还扶持公益性社会组织，从服务对象、服务内容等多方面推广原有品牌社会组织的社会效益，引导社会力量参与到关爱独居空巢老人、关心低龄失独老人、关照残疾重病老人的行动中。

四、结　论

宁波是中国较早进入老龄化的城市之一，家庭自助养老曾经是其最主流的养老模式，机构养老则是其有力补充。进入到21世纪以后，宁波市人口老龄化速度加剧，且家庭自助养老明显“力有不逮”，以及机构养老的“非人性化”导致其“乏人问津”，宁波养老问题凸显，挑战甚巨。“宁波养老模式”由此应运而生，在此过程中，政府作为养老政策的决策者和养老公共服务的主要供给者，根据经济社会发展状况，以及宁波市老年群体日益增长的养老需求，不断对该模式的服务对象、服务内容、服务方式等关键性环节进行调整、拓展和延伸。近十余年来，宁波养老模式运作良好，为宁波老年居民提供了丰富、健康、愉悦、多样化的生活，基本实现了“老有所养、老有所依、老有所乐、老有所安”。当下，宁波养老模式已经形成“以政府为主导，由政府提供养老基本公共服务，企业、社会、非政府组织等多方力量和资金参与养老机构和养老服务产业，多元社会支持网络的养老新模式”。从养老服务公平分配的视角来看，宁波养老模式凸显了“基本养老服务均等化、优先困难老人群体、保障最低福利”的公平分配理念和“非平均化、分类别、有层次”的养老服务分配供给方式，实现了宁波养老服务社会成员满意度最大，契合公平分配的价值、理念和现实路径。

试论英国老年社会工作发展对我国的启示

李　芳

【导语】党的十八届三中全会提出，要积极应对人口老龄化，加快建立社会养老服务体系和发展老年服务产业。目前，我国人口的老龄化、高龄化、失能化日趋显著，应对这一问题需要立足国情，也需要借鉴“他山之石”。英国是老年社会工作的发源地，其经验与启示值得我国借鉴。

我国加快进入人口老龄化社会，截至2014年底，我国60岁及以上老年人口约2.12亿，占总人口的15.5%。“当前和今后一个时期，我国人口老龄化发展将呈现出老年人口增长快，规模大；高龄、失能老人增长快，社会负担重；农村老龄问题突出；老年人家庭空巢化、独居化加速；未富先老矛盾凸显五个特点。”[①]我国应对人口老龄化挑战的形势将越发严峻。发达国家发展经验表明，老年社会工作对改善健康结果和提高老年人的生活质量具有独特贡献。[②]鉴于我国老年社会工作起步晚，发展速度缓慢[③]，借鉴社会工作发源地英国的发展经验，实所必要。本文不对英国老年社会工作的发展情况做全面考察，而是抓住影响其发展的若干关键问题进行详细阐述，并试图揭示出其对我国的借鉴和启示。

李芳，浙江工业大学副教授，北京师范大学博士后，从事老龄问题与社会政策，社会治理与社会建设方面的研究。

① 《全国老龄工作委员会在京召开全体会议》，民政部网站，2015年4月14日。

② Sally Richards, et al., “On the Edge of a New Frontier: Is Gerontological Social Work in the UK Ready to Meet Twenty-First-Century Challenges?” *British Journal of Social Work*, 2014, 44（8）: 2307-2324.

③ 李祥专：《人口老龄化下我国老年社会工作的困境与出路》，《社会工作》2010年第5期。

一、深化老年社会工作的价值研究

林伯里曾指出，英国老年社会工作的历史表明，它的职业地位并不高，不是流行的职业选择，也不被认为需要复杂技能，使得人们难以信心满满地肯定它的作用。[①]莫雷等人也认为，老年社会工作很大程度上被视为缺乏治疗机会，缺少先进技能和知识的使用。特殊技能的退出进一步侵蚀把社会工作投资到为老年人的服务中，强化了为老年人工作是无趣的观点。老年社会工作的重要性和挑战尚未被更广泛的社会工作专业和政策制定者所认同。[②]因此，有必要在多个关键领域研究证明老年社会工作的价值之所在。

莫雷等人认为，老年社会工作的作用概括起来表现在四个方面：一是老年社会工作有复杂工作的传统，能满足老年人的多种需求，如帮助老年人及其家庭成员管理居住环境的转换，提供情感支持，管理焦虑。二是提高老年人福祉和康复，如在“事故和紧急情况下，部署社会工作者”有助于老年患者，特别是在医院环境中的谈判，防止不必要的住院，获得社会服务。三是老年社会工作的作用和技能被老年人服务使用者给予高度评价。四是老年社会工作以反压迫、人权和正义等为价值基础，促进老年服务用户的健康，保障其权益。[③]赫洛德和林伯里认为，社会工作者带给多学科团队的独特东西是其价值观和取向，如反压迫、以人为本、独立性等价值观，以及全面视角、增权原则和需求导向。其次，老年社会工作者在多学科团队中具有强大的组织和战略作用。[④]还有些学者提出了老年社会工作的 13 项关键作用，它们是：社区照顾评估；事后评估；

---

① Mark Lymbery, “Care Management and Professional Autonomy: The Impact of Community Care Legislation on Social Work with Older People”, *British Journal of Social Work*, 1998,28（6）: 863-878.

② Mo Ray et al.，“Gerontological Social Work: Reflections on its Role, Purpose and Value”, *British Journal of Social Work*, 2014（45）: 1296-1312.

③ Ibid.

④ John Herod and Mark Lymbery, “The Social Work Role in Multi-disciplinary Teams”, *Practice Social Work in Action*, 2002, 14（4）: 17-27.

管理因功能失调人格障碍的老年人引起的社会问题；持续的个案责任；分析和解决家庭、照顾者和社区的问题；对多机构服务计划、干预、回顾和停止超过保健和社会服务范围的一系列服务等事情负有责任；冲突管理和管理家庭成员间不同的期待以获得解决途径；对依赖因素的理论层面和实践层面的理解；服务需求的中期和长期监控；认识和管理生活危机与转型的影响；在精神健康法指导下从事精神健康评估等工作；对表现出认知和心理脆弱的老年人进行评估；表现出复杂的相互关系和歧视的案例管理。①

在我国，社会工作的社会认同度也比较低，作为其分支的老年社会工作的社会认同度更低。② 老年社会工作通常作为二级学科社会工作的一个实务或研究方向而存在，不具有相应的学科地位。其作用和意义一直受到争议，价值被低估，导致现实中的老年社会工作在研究领域和实践领域都被边缘化。因此，借鉴英国经验，我国应当高度重视老年社会工作价值的研究。第一，充分认识老年社会工作的价值非常重要。如果老年社会工作没有明确的专业空间，可能产生两种组织反应，一是其他职业占据了老年社会工作的领域。二是老年社会工作者承担了其他职业的工作。在这样的价值错位下，老年社会工作难有其真正健康的发展。因此，明确老年社会工作的价值空间，才能确定老年社会工作的发展坐标。第二，加强老年社会工作研究。多管齐下驱动老年社会工作的研究者和实践者致力于揭示社会工作对老年人的生活和福利、健康和社会保健等的重要作用。第三，把与老龄相关的学科和研究嵌入到社会工作培训和教育中，同时发展教学专业能力，培养优秀的社会工作者和研究者。

二、完善老年社会工作的法律政策体系

与老年社会工作有关的法律法规、政策指示、服务递送标准等对老年社会

① Mark Lymbery, John Lawson, et al, "The Social Work Role with Older People", *Practice*,2007,19（2）: 97-113.

② 罗晓晖：《老年社会工作学科发展初探》,《老龄科学研究》2014 年第 12 期。

工作实践具有非常重要的规范和指导意义。英国老年社会工作发展的历史很好地佐证了这一观点。20 世纪 90 年代至 21 世纪初是英国公共服务现代化发展的重要时期，这一时期社会护理服务领域的重大改革既反映了保守党政府的政治思想，更反映了工党政府的执政理念。在 1997 年、2001 年、2005 年的大选中，工党连续三次成功连任。选举的胜利促进了工党政府在健康和社会服务的发展议程上更快速、更激进的发展，制定了一个雄心勃勃的公共服务现代化的计划，称之为“现代化议程”。现代化议程旨在通过抓住四大主题来提高公共服务，包括社会护理的质量和效率；支持独立性，发展预防策略和服务，促进福祉和保护脆弱的人；提高标准和监管；平等获得服务；合作和参与。围绕这四大主题，工党政府制定和实施了一系列法律、法规、政策、指南等正式文件，以支持现代化议程。虽然现实中这些文件有着错综复杂的相互关系，但是为了论述的清晰，本文分为四类简要介绍对现代化议程的实施最有影响力的正式文件和主要措施。

（一）支持独立性，发展预防策略和服务，促进福祉和保护脆弱的人

关于这一主题的法律，首先不得不提“国家健康服务和社区护理法”（NHS and CCA，1990），虽由保守党执政时制定和实施，其立法精神与现代化议程的主题保持了很好的一致性。该项法律带来的重大变化之一是要求所有需要护理资助的申请者，都要通过地方当局和法律规定的过程。因此可以认为，这一法案产生的最重要的法定职责是评估需要的责任，从公共部门和独立部门购买社会护理的责任。具体表现在三个方面：一是促进护理管理与评估的发展，提出护理管理过程包括发布信息、确定评估等级、评估需要、护理计划、实施护理计划、监测、检查七个核心任务。二是促进护理服务提供的混合经济的发展，赋予地方当局，除公共部门之外，可以从私人和志愿服务部门购买服务的权力。三是倡导发展服务用户、照顾者和相关机构之间的合作伙伴关系。

第二，白皮书“我们的健康、我们的护理、我们的发言权”（2006）。白皮书提出了服务发展的四个具体目标：一是改善健康、独立和幸福的预防和早期

干预。二是个人和社区有更多的选择和更强的声音。三是解决不平等和提高服务的可获得性。四是对有长期需求的人提供更多支持。

第三，“健康与社会护理法案”（2007）。该法集中于服务监管、服务标准、员工发展和安全，此外，与上文的白皮书一起，是促进直接支付和个人预算的两个特别重要的文件。直接支付和个人预算两项制度使得老年社会服务的递送方式发生了根本性变革，支持它们的价值原则是选择和独立。

还有，支持照顾者的立法、政策和指导。照顾者是整个健康和社会护理系统的重要组成部分。这一认识体现在众多具体的法规、指南和政策中。“照顾者（识别和服务）法”（1995）规定，照顾者有权要求对自己的需求进行评估，作为对被照顾者进行评估的一部分。“照顾者和残疾儿童法”（2000）赋予地方当局在适当评估后，为照顾者提供直接服务的权力。“照顾者新政”是政府发起的一项行动，通过热线、咨询和信息服务；危机和应急支持；专业护理者计划等措施，为照顾者提供服务和支持。

（二）提高标准和监管

提高标准和监管的主题特别明显地体现在以下正式文件中：

第一，“护理标准法”（2000）。该法改革了社会护理服务的监管系统。主要在三个方面影响老年社会工作实践：一是设立了国家护理标准委员会（NCSC）。监管英国的社会护理以及私人和志愿组织的健康服务。二是设立了综合社会护理理事会（GSCC）。制定社会工作实践的标准和规范，登记社会护理工作人员，管理社会工作者的教育和培训。三是建立了一个认为不适合为脆弱成年人工作的人员名单。

第二，老年人国家服务框架（2001）。这是一个确保老年人获得公平、高质、综合的健康和社会护理服务的全面战略。该文件提出了老年人健康和社会护理服务的六大目标和八大标准。六大目标包括发展提高独立性的服务、帮助老年人保持健康、保证服务标准、扩大服务的获得性、在机构之间建立有效联系、保证公平资助。八大标准包括根除年龄歧视、以人为中心的照顾、中间护理、综合医疗护理、中风、跌倒、老年人的精神健康、提倡积极健康的生活。这些目标与标准符合现代化议程的主题。

第三，卓越的选择：建设未来的社会护理人才队伍（2006）。这份文件探讨了社会护理人才在未来需要发展的方向，从观念、参与、伙伴关系、专业性四个方面提出未来社会护理人才的发展要求，并提出了一些发展建议。

此外，“社会护理的质量战略”（2000）详细介绍了改革社会护理培训和实践的计划。“社会关怀工作者及其代理的工作准则”（2001）对代理人和社会关怀工作者提出了具体的职业要求。

（三）平等获得服务

在上文论述中，有些法律、指南和政策文件已经体现了平等获得服务的主题。另一个非常重要的文件是“公平获得护理服务指南”（2002）。该指南为地方当局制定和实施成人社会照顾的地方标准制定了资格框架。该框架设置了四种资格类别：至关重要、重要、中等、低等，并分别列举出达到四种资格类别所需具备的服务需求状况。例如，如果某成年人不能执行重要的个人护理或家庭日常事务，则达到至关重要的等级；如果只是不能执行一项或两项个人护理或家庭日常事务，则达到低等的等级。

该指南规定，地方政府可以适当考虑自己的财政资源来决定获得服务的门槛。在执行标准时，对于达到门槛的服务对象，应当全面考虑服务对象当时和潜在的需求，并尽力满足。本指南的公平性还体现在：每一个地方政府只有一套标准，适用于对所有成年人的护理需求做出评价。因此，无论年龄、护理需要类型、疾病或残疾、潜在的服务提供，只使用一套资格标准。本指南的实施减少了歧视，确保获得服务的资格更加公平。

（四）合作和参与

有大量的政策、指南、立法及特殊项目，推动伙伴关系、跨机构和跨专业合作的优先发展。例如，“健康法”（1999）提出健康和社会护理领域跨机构的工作伙伴关系的未来发展建议，还设置了国家健康服务的机构和地方政府之间的合作义务。"国家健康服务计划"（2000）制定了国家健康服务的长期战略，巩固并确认把合作作为政治优先发展事项。"与老年人建立伙伴关系的项目"（2006—2007）是政府启动的项目，卫生部提供资金，鼓励地方组织与老年人一起工作，创造机会以改善老年人生活质量，保持积极健康的晚年生活。此外，上文提到的"护理标准法"（2000）和"老年人国家服务框架"（2001）也与伙伴关系有关。

英国老年社会工作在法律政策方面的发展带给我们的启示是：相关法律、法规、政策、标准、指南等正式文件对促进老年社会工作的发展，满足老年人的养老需要，起着至关重要的作用。虽然我国政府也相继出台了一些法律、法规等正式文件，如《老年人权益保障法》的制定（1996年）及两次修订（2009年和2012年）、《农村五保供养工作条例》等等。但是，还非常缺乏全面性、系统性和现实可操作性。山东平度李树荣老人的凄凉境况就是一个鲜活的例证。当前，老年社会工作应重点推动国家制定老龄社会发展中长期战略规划，制定老年长期护理保障制度、支持老年人参与社会发展的政策，完善养老保障制度和医疗保障制度。

三、建立老年社会工作中的合作与伙伴关系

建立"伙伴关系"是工党政府（1997年5月—2010年5月执政）非常重视的议题。政府鼓励各类组织打破它们之间的"柏林墙"。在很大程度上，"柏林墙"是自1945年以来连续的政府政策制造的①。如"国家健康服务法"（1973）规定，健康服务和社会护理服务明确分开，分别由各自独立的部门承担责任。然而在现实生活中，许多老年人的需求存在于健康和社会护理的交界处，这样

① See R. Means, H. Morbey and R. Smith, *From Community Care to Market Care? The Development of Welfare Services for Older People*, The Policy Press, 2002.

不可避免地导致哪个机构来负责的冲突；健康机构和社会服务机构相互推卸责任；老年人经常经历不协调的服务；重复收集老年人的个人信息且不共享，加剧了信息系统的分裂；等等。

面对这些现实问题，工党政府制定了很多正式文件来鼓励和规范合作与伙伴关系的建立。如白皮书“照顾人们”（1989）指出，政府认识到需要进一步努力提高健康和社会服务的协调性。成功的合作要求对每个机构的责任和权力、谁决定什么、资金怎么分配有一个清晰的相互理解。“老年人国家服务框架”（2001）的标准2，要求实施单一评估过程，这意味着，涉及老年人护理服务的地方层面的机构、团队和个人实践者需要一起工作，分享信息和决定。合作工作的概念和实施也是白皮书“我们的健康、我们的护理、我们的发言权”的核心内容，文中指出：如果我们要改善最脆弱群体的健康结果和减少健康的不平等，就必须加强伙伴关系的工作。

学者们对老年人健康和社会护理领域合作和伙伴关系的关注度也非常高，从概念界定、基本维度、主要障碍、关键领域等方面进行了深入的研究。林伯里指出，“伙伴关系”和“合作”经常互换着使用，由此也产生意义混乱。为了避免这种混乱，每个概念都以具体的方式使用。“伙伴关系”是指两个或多个机构建立制度安排以使它们一起工作。“合作”是指两种行为：一起工作建立伙伴关系的过程，一起工作期望获得伙伴关系结果的过程。二者有着紧密的联系。一方面，伙伴关系是合作的结果，没有紧密的合作不可能发展出伙伴关系。另一方面，合作是伙伴关系实践表达的行为。有效的结果依赖于合作的努力。①

克劳福德和沃克提出合作和伙伴关系有三个基本维度，即三个层次：宏观或结构层次、机构层次、微观或个体层次。②（1）宏观或结构层次的合作和伙伴关系，指老年人的健康和社会护理两个关键机构在战略层面的合作。老

① Mark Lymbery, “United We Stand? Partnership Working in Health and Social Care and the Role of Social Work in Services for Older People”, *British Journal of Social Work*, 2006, 36（7）: 1119-1134.

② Karin Crawford and Janet Walker, *Social Work with Older People*, Sage, 2008,p.150.

年人的健康和社会护理之间的边界有三个主要方面是交织在一起的。一是财务上，两个机构的资金来源不同，健康服务免费提供，而社会护理服务有偿提供。每个机构的资源都是有限的，应优先考虑支出。二是管理上，两个机构的责任在不断变化，健康服务和社会护理服务的定义也前后矛盾。三是职业竞争上，健康服务和社会护理服务的专业工作、实践模式、职业认同长期存在的差异。这些障碍的存在使得现实中健康服务机构和社会护理服务机构建立合作和伙伴关系阻力重重。[①] 如何促进合作工作的发展，克劳福德和沃克引用哈德森的观点，提出三个策略：一是合作策略，指通过相互理解形成合作；二是激励策略，指通过引诱和奖励来鼓励机构合作；三是权威策略，指机构被告知他们必须合作。[②]（2）机构层次的合作和伙伴关系。在老年人的服务中，潜在地需要许多机构和专业人员一起工作。克劳福德和沃克在案例研究中详细列出一名叫 Bundle 老年人的护理管理潜在涉及的专业人员和机构：独立部门、福利咨询中心、全科医生、医院工作人员、社会服务、社区医疗服务、志愿部门、必要的交通服务、地方政府房屋事务官员、私人房东、邻居和以前的同事、非正式照顾者。[③] 就老年人服务的正式支持网来说，潜在的要求来自志愿部门、独立部门和法定部门（政府部门）的职员一起工作才能满足老年人的需要。每一个机构都有政策、程序、结构、组织、目标。每个机构内有许多不同的专业人员，每个人又有不同的训练、资格、背景、实践准则和职业认同。所以，现实生活中有效地递送协调且全面的服务是非常复杂的。这种服务需要使用整合的方法，跨越机构和专业边界来递送，需要各机构之间建立有效的合作与伙伴关系。社会工作者在促进和协调多个机构介入老年人服务中要发挥重要作用。不仅要认识到自己在跨学科领域的贡献，而且要认识到其他专业人员的技能和知识的价值。认识到专业人员和机构之间的相互依存关系是有效的合作工作的根本出发点，而协调和沟通的核心技

---

① *Social Work with Older People*, p. 152.

② Ibid., p. 154.

③ Ibid., p. 160.

能是有效的合作工作的基础。（3）微观或个体层次的合作和伙伴关系，指从老年人、家庭成员和非正式照顾者的角度来看合作问题。老年人是社会工作的服务对象，也是最重要的参与者。对于意识清醒、精神正常的老年人，他们知道何时有困难，困难的本质是什么，解决困难的意愿是什么。家庭成员和非正式照顾者能帮助所有专业人员全面掌握老年人的真实需求。可以说，只有“以用户为中心”的服务才是真正合适的服务，这已被证明是合作与伙伴关系的重要的和基础的价值，将有助于机构和专业人士采取用户中心的方法，为共同的目标合作工作。

建立和维持合作与伙伴关系贯穿于满足老年人需求的全过程，其中，需求评估、中间护理、出院是三个最关键的实践领域[①]。（1）需求评估。良好的需求评估是有效实践的基础。如前文所述，“老年人国家服务框架”（2001）的标准 2 的关键因素是单一评估过程。通过单一评估过程的实施，政府旨在提高评估的连贯性，使得评估更加全面，减少重复，确保全面的评估带来协调的服务提供。而一项“更全面的评估”，必须由一系列不同机构的工作人员来执行，包括社会工作者、社区护士、职业治疗师、理疗师等等[②]。故此，在评估过程中需要进行有效的联合工作。（2）中间护理服务。“老年人国家服务框架”的标准 3 是中间护理。通过建立中间护理系统，政府旨在提供综合服务以促进快速康复，防止不必要的急性入院，支持及时出院，最大限度地提高独立生活能力。成功的中间服务能够减少健康和社会护理预算，减轻政府财政压力。同时，成功的中间服务也有赖于建立强有力的合作，因为“中间护理不能仅仅由一个专业团队或机构负责”[③]。（3）出院。“社区照顾（直接支付）法”（2003）设立了一个针对社会服务部门（SSDs）的罚款制度，如果社会服务部门不能完成评估，并在严格规定的时间表内提供合适的社会服务，以帮助人们从医院

---

① “United We Stand? Partnership Working in Health and Social Care and the Role of Social Work in Services for Older People”.

② Department of Health, *The National Service Framework for Older People*, London, HMSO, 2001, p.31

③ Ibid., p. 43.

快速出院，就要被征收每天100英镑（大伦敦地区每天120英镑）的罚款。虽然影响快速出院的原因多种多样，实践证明不那么容易解决。但是，该法判定一个人的延迟出院是由于地方社会服务部门的部分失败。格拉斯比和利特柴尔德认为，该法案有可能破坏医院和社会服务部门的合作，导致推诿和相互指责的非生产性文化。[①]不过，从政府鼓励机构合作的动机出发，政府期待出现另一种可能，这样的过程可能会导致加强两个机构的伙伴关系，两个机构决定合作工作，以避免资金方面的处罚。该法也有可能对老年人产生不利影响，因为财政压力而过早地让老年人出院。然而，政府期待出现相反的情况，为了加快出院率，地方机构将制定一个更大范围的适当和灵活的服务，以满足老年人需求。

行文至此，我们注意到，英国有大量的法律、政策和指南推动合作与伙伴关系的优先发展，政府和学者也在致力于解决这一问题。然而，有学者指出，对于在实践中实现跨边界的一致的有效的合作工作信心不足。[②]我们认为，这恰恰说明在老年社会工作中建立有效的合作与伙伴关系确实困难，而这又至关重要。英国在建立老年社会工作中合作与伙伴关系的举措值得我国学习和借鉴。一方面，系统梳理与老年社会工作相关的机构和专业人员，以法律、政策、指南等正式文件的形式规定每个机构的责任和权力、专业人员应遵循的职业守则，以及建立合作与伙伴关系的原则和方式，等等。另一方面，一些具体的制度设计和措施，如需求评估、中间护理、出院安排、个人综合信息电子记录系统等，可以结合我国国情进行消化、吸收、再创造。这些制度设计在英国实践的效果已经得以证明。

---

① Jon Glasby and Rosemary Littlechild, *The Health and Social Care Divide: the Experiences of Older People*, Associated University Press, 2004, p.57.

② "United We Stand? Partnership Working in Health and Social Care and the Role of Social Work in Services for Older People".

四、加强老年社会工作人才队伍的培养

英国是社会工作教育的发源地，重视社会工作人才的培养，形成了研究导向的人才培养体系与实务导向的资格教育体系并行不悖的二元结构。[①]对于老年社会工作教育和人才培养，也有较深入的探讨。阿斯克姆曾提出实践、知识和态度三个有交叉的学习领域是老年健康和社会护理专业的必须教育内容。[②]

首先，实践学习是英国社会工作教育中非常重要的实践教育环节，在社会工作学位课程中占有很大的份额。英格兰社会照顾综合委员会（GSCC）明确规定，英格兰、威尔士与苏格兰的社会工作本科生和硕士生的最低实习时间为200天，北爱尔兰为240天，还规定本科生和硕士生必须在法定部门（政府部门）、志愿组织和私营部门三种机构中的两个机构实习，并至少为两种不同的服务对象（比如儿童或者老人等群体）提供服务。[③]可以看出，英国社会工作教育对于实践学习的重要性已经达成共识。但是，具体到社会工作分支的老年社会工作实践，情况有所不同。有调查研究指出，社会工作专业的学生缺少与老年人接触，在老年人生活环境（如养老院，日托中心）中的实践学习机会很有限。原因之一是大多数学生对老年人不感兴趣，在可选择条件下，学生更愿意从事儿童或其他成人社会工作实践。[④]而实践学习不足的社会工作专业的学生毕业后很难适应老年社会工作的职业要求，这又限制了实践领域中老年社会工作的作用发挥，进一步降低了老年社会工作者的社会地位。

其次，有关老年社会工作的知识学习也很缺乏。有学者对13个英国全日制

---

① 李迎生等：《英国社会工作教育发展概况及其启示》，《华东理工大学学报》（社会科学版）2007年第3期。

② Janet Askham, “The Role of Professional Education in Promoting the Dignity of Older People”, *Quality in Ageing and Older Adults*, 2005, 6（2）: 10-16.

③ 柴定红、熊贵彬：《英美社会工作教育模式及其对中国的启示》，《外国教育研究》2009年第11期。

④ “On the Edge of a New Frontier: Is Gerontological Social Work in the UK Ready to Meet Twenty-First-Century Challenges?”

和非全日制的硕士生的社会工作课程进行调查发现：13 份课程内容都反映出儿童社会工作主导着教学。只有 2 份课程包括一个关于老年社会工作的特定模块，其余的课程都把老龄化内容嵌入在人类发展或者社区护理成人实践中，在其他模块中有少量涉及老龄化内容的案例。是否增加老龄化内容还没有达成一致意见，有一位社会工作研究者明确表达不赞成增加老龄化内容。① 上述结论表明，英国社会工作课程中缺少老龄化内容，学生很少受到这方面的知识学习。针对这一不足，不少学者呼吁，老年研究理论是理解衰老和晚年生活的必要资源，而关于衰老和晚年生活的专业知识对于老年社会工作实践非常重要。② 老年人和他们的照顾者虽然高度重视社会工作者的一般技能和素质，同时明确表示，他们需要有专业知识的社会工作者。③

最后，就学习态度而言，伯克曼认为主要任务是提高老年人的知名度，提高学生对老年社会工作的兴趣。④ 比格斯认为，老年人缺乏社会联系和个人对衰老的抗拒排斥导致了消极的刻板印象，这反过来又阻碍了对老年人的同情。⑤ 降低消极态度的一个有效策略是，在社会工作专业学生和老年人之间创造直接的接触机会，以方便学习老年人的生活和应对策略。⑥ 接触那些成功应对老龄化挑战的老年人是非常重要的，可以对抗“治疗虚无主义”的预设观念，这种观点认为，老年是一次“厄运”，没有什么可以做。⑦ 但是如果他们认为老年人仍然“处在生活过程”，那么社会工作专业学生对老年社会工作的兴趣会增加。

---

① “On the Edge of a New Frontier: Is Gerontological Social Work in the UK Ready to Meet Twenty-First-Century Challenges?”

② Ibid.

③ Jill Manthorpe et al., “‘There Are Wonderful Social Workers but it's a Lottery’: Older People’s Views about Social Workers”, *British Journal of Social Work*, 2008（6）: 1132-1150.

④ B. Berkman, “The Changing Face of Health and Ageing”, paper presented at the 39th Annual Conference of the British Society of Gerontology, Brunel University, London, 5 July 2010.

⑤ Simon Biggs,“Professional Helpers and Resistances to Work with Older People”, *Ageing and Society*,1989（9）: 43-60.

⑥ See Denise Tanner, *Managing the Ageing Experience: Learning from Older People*, Policy Press, 2010.

⑦ Ann Quinn, “The Use of Experiential Learning to Help Social Work Students Assess Their Attitudes towards Practice with Older People”, *Social Work Education*, 1999, 18（2）: 171-182.

英国老年社会工作人才培养的经历带给我们的启示：第一，防止或纠正老年社会工作在社会工作教育的边缘化处境。也许如有些学者认为，英国已形成了从本科到博士的较为完整的社会工作教育体系，社会工作人才培养体系日臻完善①。但是在社会工作的理论教育和实践教育中，老年社会工作都被严重地边缘化，这也是促使老年社会工作成为社会工作中最不专业领域的重要原因。当前，我国的老年社会工作还只是社会工作二级学科的一个研究方向。这个研究方向在有些社会工作学科点设置，在有些点还没有设置。据从事老年社会工作教学的老师反映，学生对老年社会工作这门课接受度不高，缺少适用的《老年社会工作》教材②。可以说，我国老年社会工作人才培养面临起步低、需求大的双重挑战，非常有必要把老年社会工作人才培养置于社会工作人才培养体系的重要地位，在人才培养计划、课程设置、实习教育、考核评估等环节保证老年社会工作内容占有一定份额。第二，加强态度、实践和理论学习，三管齐下培养老年社会工作人才队伍。态度是前提，实践和理论是两个基本点，三者或有份额不同，但有机结合，成为不同层次（专、本、硕、博）、不同取向（务实和研究）的老年社会工作人才培养的必要环节。

英国是社会工作的发源地，比我国早进入人口老龄化社会，其人口老龄化的规律、后果及应对能够为我们提供一些参考，但政治、经济制度上的差异，文化传统上的不同，使得我国在借鉴其老年社会工作发展经验时尤其要注意食洋而化，注重老年社会工作的本土化研究，应当把英国老年社会工作的相关学科知识与中国的实际相结合，制定有效举措来应对我国人口老龄化的种种后果。

① 周湘斌：《关于英国社会工作资格教育的考察与思考》，《北京科技大学学报》（社会科学）2003年第1期。

② 郅玉玲：《对老年社会工作教育本土化的思考》，《杭州师范学院学报》（医学版）2006年第3期。

风险与邻避冲突生成机理研究

刘文婧

【导语】党的十八大以来，习近平总书记、李克强总理站在全局和战略高度，提出了应急处置能力是国家治理能力重要组成部分的科学论断，为加强应急管理工作注入了强大精神动力，提供了科学理论指导。随着我国经济社会的发展，邻避冲突日益增加并成为城市治理面临的重要问题。本文认为，邻避冲突反映了传统社会治理模式的困境，需要通过系统化重塑治理结构进行化解。

一、问题的提出

随着城市化、民营化改革和公民社会发展，由邻避设施导致的地方抗争行动在我国剧增，引发政府、公民和企业的激烈冲突，致使公共政策瘫痪或停滞，企业投资受损，公共利益无法得到保障，邻避冲突成为当下中国面临的一个重要问题。各地频发的反垃圾焚烧运动、环境运动更推动了中国社会对邻避冲突的关注与研究。目前，国内外学者对于邻避冲突的概念、特征、成因、发展过程和治理进行了大量的探讨，这些研究从多个方面论证了邻避设施的风险属性以及由此造成的治理困境。但当前邻避冲突的研究总的还是从利益分析的角度出发，认为冲突的根源在于利益分配不均，缺少一个风险视角下的整合的分析框架。

事实上，邻避冲突本质上是政府、专家、企业、民众基于风险认知、风险分配、风险规制的不同认识所采取的不同行动策略，其产生的原因、发展过程

刘文婧，中国人民大学博士。主要研究领域为公共安全与应急管理。

以及解决的方法都与其风险属性息息相关。纵观邻避冲突的诸多案例，可以发现，从重大公共项目建设演变为严重的群体性事件，其中一个共有的现象就是政府对公众的风险态度和风险认知没有给予应有的重视，民众从而质疑政府决策，进一步减少对政府、专家与生产企业的信任，并利用集体抗争使项目成为关注焦点，引起对立者或第三方的重视，以打断或阻碍政策议程。

因此，有必要从风险视角出发建立理论模型来对此进行解释。应该清醒地意识到，现代社会频发的邻避冲突，很大程度上代表了风险社会对当前治理模式的挑战，如何从风险的视角来理解邻避冲突，并寻求一条更具开放性和包容性的合作治理模式来化解邻避冲突，成为新的议题。本文拟在前景理论的规约下，借助“风险社会”研究之价值理念，将受邻避设施影响之公众的风险态度、风险认知与信任、问责和赞同进行统筹分析，探析邻避现象，并寻求治理方案。

二、概念模型：邻避设施与公众个体的行为决策

邻避现象的构成，可分为邻避设施、整体社会和当地居民三部分。邻避设施一般指为公众提供社会、文化、经济、政治等公共服务的设施，但该设施具有潜在的风险，可能威胁到设施附近的居民，增加其实际的或潜在的外部成本，如危害身体健康、造成房产贬值、环境污染、交通堵塞，以致令居民排斥或感到嫌恶，但社会民众却因此间接获得该设施所带来的利益。邻避设施兴建所带来外部负效果，即有污染环境等风险，必须由设施附近居民直接承受，因此邻避设施往往将周边民众置于风险与不确定的情境中，造成地方居民反邻避的受害意识。

前景理论认为，不确定状态下个体决策的两个主要影响因素是风险态度和风险认知。其中，风险态度（Risk Attitude）是指决策者对于同一风险事件会做出不同的决策，即风险厌恶（Risk Averse）、风险中性（Risk Neutral）和风险偏好（Risk Appetite）。前景理论指出人们对损失和获得的敏感程度是不同的，人们对损失比对等量获得更敏感，人们对损失的痛苦要远远大于等量获得所带

来的快乐。在邻避冲突中，虽然决策者个人的偏好、价值观、社会经济地位、邻避设施特征、信息环境等会影响其风险态度，但邻避设施的特殊之处在于其周围民众面对该设施是较确定的厌恶型。因此，与其他情境不同，邻避设施周边民众行为决策模型的主要激励是规避风险而非获得收益。简言之，在前景理论的视野下，个体是否接受设施的问题就是个体是否接受风险的问题，个体之所以选择集体对抗邻避设施，其根本动机在于规避风险。

基于前景理论和邻避现象的情境，本文的核心命题为：个体是否接受邻避设施，主要取决于其风险认知，民众认为设施的风险越大，越倾向于邻避；设施风险越小，越可能倾向迎臂[①]。那么什么是风险认知，以及影响风险认知的要素有哪些呢？

风险认知是指人们对风险的直觉判断，广义上，它也包括人们对风险的一般评估和反应。[②]因此，风险认知并不是基于流行病学、保险学、工程学或经济学中的严密逻辑计算，而是根据决策者本人知识和经历的直觉性判断，是一种主观判断。社会学家史蒂夫·雷纳指出：风险（R）= 概率（P）* 后果大小（M）+ 信任（T）* 责任（L）* 赞同（C）。在概念链的工程学一端，这个公式应为 R=PM；在社会一端，公式变为 R=TLC，人们对风险的关注集中于：风险议题的决策机构是否值得信任（T）？风险议题是否得到大多数人的赞同（C）？用于分摊不良后果的责任是否明确并可接受（L）？[③]相比之下，政府与专家往往侧重强调风险概念的工程学端，认为可以通过测算及计算来找出并控制风险，由此民众与政府在风险认知上往往存在巨大差异。

其他研究也进一步支持了史蒂夫·雷纳风险认知的概念：第一种观点指出风险的不可计算性以及传统科学理性的不足。与传统风险相比，现代风险主要“来源于科学与技术的不受限制的推进。科学理应使世界的可预测性增强，但与此同时，科学已造成新的不确定性——其中许多具有全球性，对这些捉摸

---

① 迎臂效应：对设施建设的支持态度及行为称为“YIMBYS”（Yes in My Back Yard）。

② 刘金平、周广亚、黄宏强：《风险认知的结构，因素及其研究方法》，《心理科学》2006 年第 2 期。

③ See S. Rayner, *Risk in Cultural Perspective: Acting Under Uncertainty*, Norwell, MA: Kluwer, 1990.

不定的因素，我们基本上无法用以往的经验来消除”。[①]“因此，科学理性声称能够客观地研究风险的危险性的断言，已经成为一个问题”。[②]在这种情况下，想凭借现代技术和管理手段来干预或消除邻避设施风险，在普通民众看来是不可能完成的任务，公众对风险的认知打破了技术专家和科学理性的垄断统治，加之科学研究的商业化、政治化使科学权威地位进一步衰落，大大动摇了民众对于“专家系统”的基本信任。

第二种观点指出风险分配背后的政治问题。“不同于工业化时期以前人类所遭遇的各种自然灾害，因为那些自然灾害并非是人类的某些决策导致的，而风险则肯定源于人们的重大决策，当然这些决策往往并不是由无数个体草率做出的，而是由整个专家组织、经济集团或政治派别权衡利弊得失后所做出的”。[③]“从风险分配的实践来看，拥有风险分配权的人们往往是按照科学理性的原则去从事风险分配的，而那些被迫去承担风险的人们在风险分配的过程中往往是依据社会理性而进行博弈的，他们的博弈目标只是希望在接受风险分配的基本框架下能够更少一点地承担风险。”[④]风险社会的到来使处于边缘的人群会分配到更多风险，这增加了不公的因素。因此，未获同意而被置于风险之中，往往使民众产生极大的被剥夺感，影响民众风险认知。

第三种观点指出风险社会可能出现的“有组织不负责任”。贝克指出，公司、政策制定者和技术专家结成的联盟制造了当代社会中的危险，而他们同时又否认危害的存在，建立一套话语来推卸责任，这样一来，他们把自己制造的危险转化为某种“风险”，掩盖其产生的真实原因等。[⑤]这种“有组织的不负责任”使得平时看上去高度完整、关系紧密、几乎覆盖了各个环节的制度在灾难出现时却无法有效应对，难以承担起事前预防和事后解决的责任。各种治理主

① 〔英〕安东尼·吉登斯：《现代性的后果》，田禾译，译林出版社 2000 年版，第 115 页。

② 〔德〕乌尔里希·贝克：《风险社会》，何博闻译，译林出版社 2004 年版，第 29 页。

③ 张劲松：《论风险社会人造风险的政策防范》，《天津社会科学》2010 年第 6 期。

④ 张康之、熊炎：《 风险社会中的风险治理原理》，《 南京工业大学学报》（社会科学版）2009 年第 6 期。

⑤ 杨雪冬：《风险社会理论述评》，《国家行政学院学报》2005 年第 1 期。

体反而利用法律和科学作为辩护之利器进行着"有组织地不承担真正责任的活动"。所以行为主体的复杂性和多元化，往往使责任主体悬置，形成谁都有责任，但谁都不负责任的可悲格局。

基于当前邻避冲突的研究，总结学者对于邻避冲突成因的分析，发现从风险视角导致邻避冲突的因素如表 1 所示：

表 1　邻避冲突原因的风险认知要素整理

作者	邻避冲突原因	风险环节	决策因素	影响因素
Morell①	担心邻避设施可能对人体健康及其生命财产造成严重威胁、影响地方形象或不动产价值	风险评估	风险认知	概率 * 后果
	选址的公平性问题，为何该设施要设置在我家后院	风险分配	风险认知	赞同
	由于政府对环保工作长期的漠视，更增加民众心理不安	风险规制	风险认知	信任与责任
Lake②	社会整体价值判断与社区价值判断的差异；社会与社区的关注焦点及出发点不一致；经济增长与环境保护之间的冲突	风险评估	风险态度	设施特征 个体特征
	政府放任与自由市场下的发展模式，促进私有财产的极大化与保障资本积累，政府的作为自然是偏袒资本家而牺牲社区居民的利益。	风险分配 风险规制	风险认知	信任与责任
Kraft 和 Clary	不信任政府和项目发起人；知识与信息欠缺	风险评估	风险认知	信任
	对问题、风险和成本的狭隘和局部的观点；对邻避设施的情绪化评价	风险分配	风险认知	信任与赞同
	一般的和特别的风险规避倾向	风险评估	风险态度	设施特征 个体特征

根据前景理论、风险社会理论以及当前邻避冲突的研究，本文提出一个邻避设施周围民众个体行为决策影响模型，如图 1 所示：

① D. Morell, "Siting and the Politics of Equity", *Hazardous Waste*, 1984（1):555-571.

② R. W. Lake, "Rethinking NIMBY", *Journal of the American Planning Association*, 1993（59): 87-93.

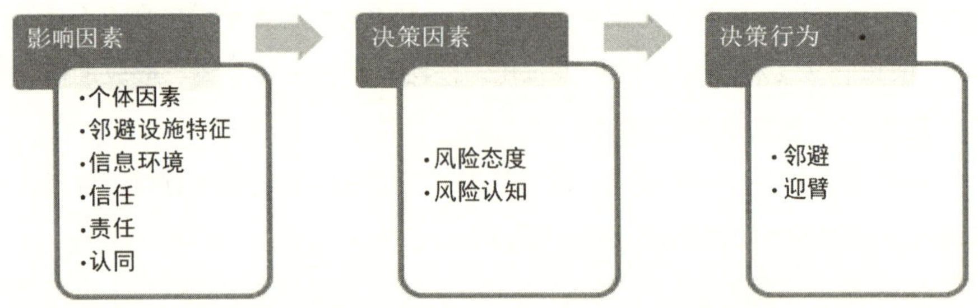

图1　受邻避设施影响之民众个体行为决策影响因素概念模型

面对邻避设施，作为个体理性的受影响民众，其遵循风险最小化原则，风险越高，其接受设施的意愿越低。从个体行为决策模型看，如果邻避设施的风险特征一致，个体越不信任政府、专家、经济团体，风险责任边界越不清楚，并且设施建设未获同意，则越倾向于认为邻避设施的风险很高，从而选择邻避行为。综上所述，邻避冲突及各种紧张状态的根源是个体对于风险的认知差异以及据此而采取的行动。

三、结　论

从风险视角出发，邻避冲突本质上是围绕风险评估、风险分配与风险规制的传统社会治理模式产生的问题，代表了民众想要从官僚体系、科技专家及经济集团手中取回他们自己的政治权力。因此，邻避冲突所造成的紧张状态无法像传统的理论所主张的利益重新划分而得以缓解，而只能借助于人们对风险的重新认知以及系统化的重塑治理结构。以风险视角来观察邻避冲突，进一步说明了邻避设施合作治理的必要性和合理性，因为面对风险所造成的不确定性环境，“无论是国家、市场还是被许多人寄予厚望的公民社会都无法单独承担其应对风险的重任，因为它们本身也是风险的制造者”。[①] 因此，我们将不得不在

① 杨雪冬：《全球化风险社会与复合治理》，《马克思主义与现实》2004年第4期。

合作治理与风险治理的框架下去构建邻避冲突的解决方案，目标则是增加信任，落实问责，达成最大限度的赞同。

按照这一前提，邻避冲突化解应着眼于设施的风险治理，但这一治理不同于单向性、技术性、客观性的风险管理，而应该参照合作治理的行为法则：（1）多元参与。邻避设施规划建设不能仅靠国家、市场或公民社会的任何一方，而是一种包括政府、企业、社会团体、专家、公民个人等风险分担者的共同参与网络结构，这一结构有助于增加项目透明度并补充技术信息的不足，也可提升公众对风险的正确应知，最终增加公众对于项目发起人的信任以及邻避设施决策的认可。（2）开放透明。邻避设施建设运营涉及多重委托—代理，不同主体存在不同目标和风险偏好，存在明显的信息不对称，只有保持高度的公开性和透明度，才能够赢得信任、达成共识并落实问责。（3）责任明确。责任问题始终与风险相伴随。风险社会的运行越来越基于各方承担自身造成的风险的责任，即所谓各负其责。风险治理要求尽可能清晰地明确风险责任，尽可能精细地划分风险责任，尽可能如实地追究风险责任。（4）公正合理。邻避设施规划建设不应只局限于效率目标，它还包括风险分配的公平公正等其他目标。在实践中，邻避设施决策中会出现各种形式的公平问题，这些问题会影响到公共利益和公众福祉，共同决定着邻避设施合作治理结果。

冲突互动的社会心理机制：一个个案研究

陈家浩

【导语】以个案研究方法考察城市两大群体农民工与市民冲突互动的心理机制，研究发现，双方冲突的原因，在程度分类法下分为传统文化因素与制度性因素，冲突的结果集中表现为偏见和歧视心理。双方冲突性互动的心理机制在于原因推断，责任认定、情感和冲突反应之间的认识过程。由于责任认定的不同，传统性因素加剧了冲突的程度，而制度性因素弱化双方的冲突关系。最后，把上述结果拓展到冲突管理领域，以期得到关于冲突管理的一般模型。

一、引　言

通常，大规模的移民会引起移民与移入地国家或地区居民的摩擦、冲突。中国的民工潮引发了与国际间移民遇到的类似问题，即农民工与城市居民的冲突性互动问题。作为冲突管理理论和城市社会管理实践的重要课题，农民工与市民互动关系的研究在取得不少成果的同时①，却未能对冲突关系后面的机制有一个清楚的回答。换言之，之前的研究在以下几个方面存在明显不足：

陈家浩，任职于中国中信集团公司人力资源部。主要研究方向为行政体制改革和国有企业改革。

① 目前的研究基本上认同了双方的关系是一种摩擦性互动，即冲突是双方关系的基调，而且农民工群体一般处在劣势地位，如史柏年定义的城市边缘人，周晓虹认为的边际人角色，刘颂的角色边缘化，李强研究的情绪倾向，以及朱考金认为的弱势群体等。定量测量的冲突关系，如人格、身份、就业、执法和文化等方面对农民工的歧视现象，农民工群体的边缘感、歧视感、人力资本素质劣势感与自卑感、失落感与城市隔离感等弱势心理，农民工与“城里人”的群际心理位差等，这些研究对我们了解当前农民工与城市居民的互动关系具有相当的重要性；而且这些研究也为我们提供了某些现象的解释性分析，如从制度性歧视和农民工自身局限性的角度解释冲突根源，以认同、社会网络和制度供给等视角对农民工城市适应的影响因素的研究，解释农民工消极心理的交往歧视和制度歧视。

第一，在解释两者冲突的原因时由于采用了类型分类（categorical approach）的方法，使得研究内容像一个个毫不相关的章节。①

第二，在描述冲突结果时，现有研究缺乏抽象的类聚，欠缺理性的整合。

第三，与上述不足相关，支撑冲突原因与冲突结果的关联性只存在于人们日常生活感性层次的理解，两者恰恰缺少规范性的推断。②

这意味着，我们在研究中有必要对目前已经形成的范式做一次突破。本文的研究是基于对上述方法论上的认识所做的一次尝试，以期从现实出发，得出明确有效的冲突机制，揭示城市群体冲突性互动的生长过程。

二、研究方法

确定采用个案研究方法，来源于笔者受到这次事件发生和进展的启示，其原因具体表现在两个方面。首先是这种方法能够较为深入完整地看清特定情景下市民与农民工冲突性互动的过程。但此方法的困难在于中国人在社会互动中具有相当程度的他人取向③，如果他发现自己处于一种被他人研究的境地，他的表现可能就是不真实的。

个案中的访谈对象现年34岁，某机关公务员，妻子为某大学正科级干部。从家庭收入、社会分层、文化背景和受教育程度等角度看，该个案符合城市居民的若干特征。近期所在城市会向社会公开招聘350名治安员，同等条件下优先聘用本市户籍失业人员。笔者的研究是从当天在报纸上看见这则消息开始的，当大家翻阅报纸，聊一些感兴趣的话题，这种情况下，人的精神状态是比较放

① 杨宜音等学者认为类型分类方法的最大特点是视"关系"为不连续的变量，即解释关系的因素之间不存在关联性和直接联系，是研究"平面"上一个个孤立的"点"。与此相反，维度分类法（dimension approach）则把行为和态度中抽象出来的因素视为连续变量，以一些尺度对关系进行分析。

② 笔者认为既有研究提供的因果关系模式类似于艾什比（William Ross Ashby）在《控制论导论》中提出的"黑箱原理（Black box）"，"输入要素（冲突的原因）和输出要素（冲突的结果）之间的转换过程像是技术上不能打开直接观察的系统"。

③ 参见杨国枢、徐安邦主编：《中国人的心理与行为——理念及方法篇》，台北桂冠图书公司1993年版。

松的，防范意识较弱。笔者引出了对上述消息的讨论，询问大家对农民工生活现状的看法，尤其是这则消息所强调的“户籍优先”条件，以及近距离面对农民工的反应，并进行了一些追踪性提问，例如是否存在对农民工的歧视性称谓、居住社区的居民是否存在类似看法。当然，笔者关注的只是被访谈者的回答和反应。整个谈话时间持续约 35 分钟，笔者分步分类进行提问、展开讨论，较好地引导了谈话过程；结束后，着重整理记录了被访谈者的回答和看法。因此，笔者在着手研究时，由于事先作为互动参与者，后作为研究者研究，尽可能避免了访谈对象表现可能不真实这一难题，使被研究者不存有任何戒心地把笔者当作一个生活中的个体来互动。

另一方面，选择个案方法是出于本研究的需要，笔者不仅要讨论个案现象自身，还希望在此基础上提出一种一般性模式。即笔者使用个案研究是想尽可能以研究对象为起点，逐步向他身边的同一群体的其他人转移（同一群体的其他人作为研究对象来说具有其自身的随意性）。这样一来，如果我们能发现同一群体的人们普遍存在着一种较为一致的行为模式，那么，这种行为模式作为存在于农民工与市民两个群体关系中一个普遍原则的假设就可以成立。因而，此次谈话首先针对在家庭收入、社会分层、文化背景和受教育程度等方面符合城市居民的特征的对象，就为具有代表性的研究奠定了基础。

三、研究结果

笔者在研究中发现了一个有趣的现象，当提到制度性的冲突原因时，如以工作环境为代表的用工制度，以及谈话中提到的福利制度、医疗制度和教育制度等，被访谈者显得十分同情农民工；而当提到涉及农民工自身局限性的原因时，如相对封闭的交往范围、较弱的文化适应能力、对物质欲望的强烈渴求以及保守的意识观念，被访谈者的表现则与先前截然对立，对农民工充满厌恶感，并且被访谈者证实这种感受也普遍存在于他周围的个体间。那么，如何从理论上对这一现象做出解释，它应引起我们怎样的思考？

通过个案材料分析，本文主要形成以下研究结果。

（一）理性层次的冲突表现形式

日常生活中，市民与农民工的冲突性互动表现出多种形式，既可以分为肢体上的对抗和言语上的对立，又可以分为思想上的冲撞和行为上的互逆，本研究中的个案则对农民工颇有微词。多种多样的表现形式背后实质上是市民对农民工的偏见和歧视心理，换言之，双方冲突在深层次上是一种群体性的偏见与歧视[①]。研究发现，市民对农民工的偏见一般表现为在缺乏足够证据的情况上，根据某个人的身份而对其做出定论，例如被访谈者认为城市居民比农村人在素质上要高出一等。此外，偏见又呈现知觉防御（perception defense）的心理特征，即市民对不利于自己的信息会视而不见或加以歪曲以达到防御的目的。例如，被访谈者所言“农民工进城抢了城市人的工作；农民工素质低、愚昧无知，破坏了城市的秩序；农民工是一个犯罪率较高的群体”等等。偏见观念导致的外显行为，即日常生活中我们见到的市民对农民工的歧视行为主要有：

1. 语言轻蔑

对所谓“低等”的人出言不逊，表现出反感和敌意。如社会上普遍存在的“乡下人”，其他研究中提到的“江北人”等一类称法。

2. 职业排斥

谈话中被访谈者多次提及不少单位制定和奉行保护城市居民、排斥农民工的政策，明确规定农民工不得进入福利待遇较高的职业。

---

① 偏见包含两个成分：信念和态度。偏见的信念成分叫刻板印象（stereotype），即关于一个类型中所有人、物或环境的简单化的或未加证实的概括；态度部分由对于偏见对象的评价性判断构成。“因此，也许可以把偏见正式定义为以刻板印象的方式对人、物或环境做出判断。一种偏见既可能是肯定的，也可能是否定的”。“歧视是指由于某些人是某一群体或类属的成员而对他们施以不公平或不平等的待遇”。偏见是一种基于某种信念上的认识态度，歧视则是一种基于偏见上的外显的行为。

3. 有意回避

在回答“近距离接触农民工的反应”时，被访谈者认为自己一般不愿意和农民工走得很近，不希望有近距离的接触。

4. 人格侮辱

在城市执法过程中，执法人员或市民对农民工的人格不尊重。同样是骑自行车违章，警察对城市居民态度比较和蔼，但对农民工模样的人却较恶劣。

（二）维度分类下的冲突原因

在农民工与市民的冲突关系研究领域，不少学者试图通过制度分析的方法说明原因，这些制度包括户籍制度、就业制度、保障制度、医疗制度和教育制度等；个案中被访谈者在对农民工表示同情时就提到了工作环境等用工制度和不平等的就业制度所造成的冲突。因此，笔者将制度性（institution）原因界定为解释冲突的一个维度。除制度性原因外，其他研究还提到农民工自身的局限性、个体认同和个体交际影响等因素，个案也反映了由于农民工的自身素质问题而造成的在市民中的不良印象。试图寻找与制度性匹配的另一个因素，建立解释冲突的维度分类法框架以避免类型分类法的不足，上述内容可以界定为传统性（tradition）。笔者认为农民工的传统性体现在：（1）平均主义倾向，即“不患寡而患不均”。（2）保守主义倾向，他们对“变革充满怀疑，因为他们意识到那些所谓的进步可能把他们带入比现在还糟糕的地步”。（3）实际和狭隘的功利主义倾向。由于农民工长期生活在生理需要、安全需要、生存需要等低层次激励水平上，他们有着极强的实用主义生活观。（4）内向的封闭主义倾向。这主要指交际范围，农民工的交往范围普遍不超过“家人”和“熟人”范畴。

本文建构的制度性——传统性维度分类法之所以有效，主要在于二者的内含呈现渐变关系的因子。从制度的影响范围来看，制度天生就存在外部性问题，制度安排也常常被看作不可抗拒的因素和变量，制度问题乃是由不可控制的原因而造成的。与此相反，传统性恰恰把不可控的因素转化为可控的内容，因为传统表现在个体身上就是一个人的性格特征，属于个体意识控制的范畴。其次，不可控—可控还指造成冲突的制度性和传统性因素存在社会起因——个体化起因之分，前者被认为是社会造成的，后者则是个体造成的。第三，不可控—可控的分类说明了制度性和传统性因素包含的显性与隐性关系，因为制度作为公共物品是面向全体社会成员的，具有非排他性的特点，而传统性只能通过个体或群体的行为、语言等外显方式表现出来。

（三）冲突性互动的心理过程

谈话过程中，笔者发现个案对象在制度因素和传统因素下表现出充满矛盾的心理状态，即同情与厌恶并存。现在的关键问题是，如何做出合理的解释？当然，我们可以从人的恻隐之心展开，但试图通过心理学表达出来，在这种视野下笔者不得不提出"责任"（responsibility）这一核心概念，因为制度性和传统性相互"通透"的基础正是"责任"：制度因素的特征如"不可控"和"社会起因"说明了某一群体或个体对冲突不负有责任，传统因素的特征如"可控"和"个体化"则说明了某一群体或个体对冲突负有责任。事实上，一方面，人们认为传统文化导致了双方的冲突，如农民工低素质造成的影响，这样，农民工对冲突负有责任。另一方面，人们同样没有忽视各种制度层面的歧视和偏见，这是由不可控制的原因而导致的冲突。这样一来，传统性和制度性都可能是农民工与市民冲突的真正原因，但笔者在前面已经指出两者引起冲突的程度是不等价的，制度性引起了同情，传统性引起的是厌恶，同情起着弱化冲突的作用，厌恶则强化了冲突。

如果我们视同情和厌恶为情感维度的两个端点，这里的一个发现就是责任推断与情感是关联的。如果这些情感被假定为冲突反应（弱化或强化冲突）的最直接的决定因素，那么，我们已经找到了连接双方冲突的原因与结果的心理过程（图 1）。下一步只需论证情感与冲突反应之间的关系，就可以揭示两者冲

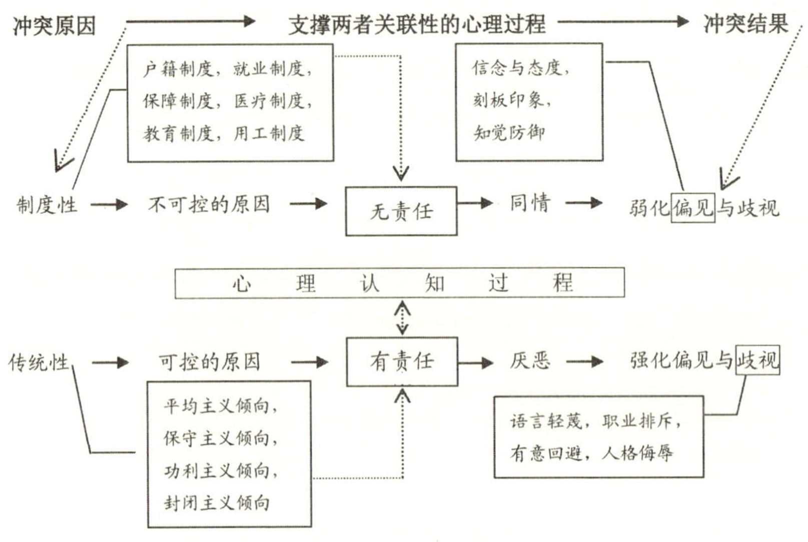

图1　冲突互动的社会心理过程

回到这个问题上，在研究情感和行为反应的领域，斯克特卡和泰特洛克通过试验研究的发现无疑具有重大意义。他们在探讨贫困的起因时，给被试验者呈现几个故事情境，其中有人要求帮助。一个要求是寻找低租金的住房，这种要求的理由由需要的人分成可控或者不可控进行操纵。研究旨在展现由要求者所引起的情感。在这种需要的起因是与外在的、不可控的需求相对立的内在的、可控的需求的时候，积极的情感如同情和怜悯较低，而消极的情感如厌恶和不喜欢较高。这支持了笔者所求解的责任认知与情感之间的心理连接的问题。这些发现表明，原因认知和情感在决定预期的行动中起作用，在本研究中体现为责任认知和情感在决定预期的冲突反应时起作用（显出同情或言语偏激）。

实际上，在笔者解释该机制的同时，上述分析中便取得了一个重大的进展，从只证明一种介于两群体冲突的原因和冲突结果之间的关系（其中存在一种对所涉及的冲突心理机制的理论）到建立这种联系。这一心理机制是原因信念、责任推断和情感之间联系的序列：

市民对农民工的偏见与歧视→制度性因素→不可控的原因→无责任→同情→弱化冲突性互动；

市民对农民工的偏见与歧视→传统性因素→可控的原因→有责任→厌恶→强化冲突性互动。

该心理机制的发现使我们可以从深层次上分析农民工与市民的冲突性互动过程，相关原因的可控性引起责任推断的不同结果，责任的分配引发情感，情感又反过来引发市民的反应，反应会调整市民与农民工的冲突性互动关系。

四、扩展与小结

原因信念、责任认定、情感和冲突反应之间的心理过程能否用于解释普遍存在的冲突关系？[①]杜布林认为，冲突可以分为有益和有害的，前者可以"增加激励、提高能力"，后者则使"组织效能达不到最佳化，组织目标被歪曲"[②]，而农民工与市民的摩擦性互动属于典型的有害冲突，不利于双方关系的和谐发展。那么，基于有害冲突提出的理论适用于有益冲突吗？因此，推广这个模型是否存在限制只需判断有益冲突的特殊条件。行为主体往往基于有益冲突可能带来的积极结果而主动促成冲突的产生。因此，有益冲突从一开始就处在行为者的控制之下。这是与有害冲突差异明显的特征，认识到有益冲突是朝向积极结果发展的，冲突者将会迅速抵消强化冲突的意向。而且，有益的结果正是此种冲突的最终目的，换言之，如果发生的是有益冲突，人们在心理上会减轻对冲突者的责任认定，可以认为这个原因被打折扣了。[③]因此，决定责任推断的主要成分可以描绘成下图（图2）。

---

① 从普遍主义与特殊主义出发，笔者认为两个概念是因为本体的不同而产生了内涵的不同，笔者下一步的讨论正是要把围绕特定对象的研究结果过渡到围绕不特定对象的解释。按照这对概念的提出者T. 帕森斯和E. A. 希尔斯的解释，特殊主义"凭借与行为之属性的特殊关系而认定对象身上的价值的至上性"，而普遍主义则是"独立于行为者与对对象在身份上的特殊关系"。

② See Andrew J. DuBrin, *Winning Office Politics*, New York: Prentice Hall Press, 2003.

③ See Kelley, H. H, *Causal Schemata and the Attribution Process*, Morristown, NJ: General Learning Press, 1972.

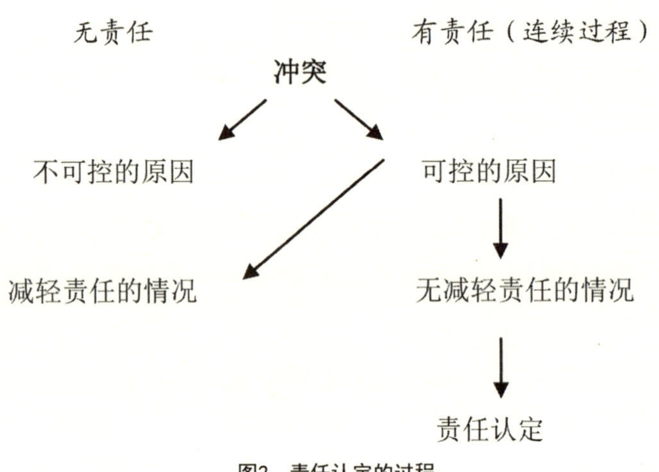

图2　责任认定的过程

为了得出具有广泛解释性的模型，有害冲突的核心环节责任认知过程在此需要做出调整，即加入有无减轻责任的情况（图3）。

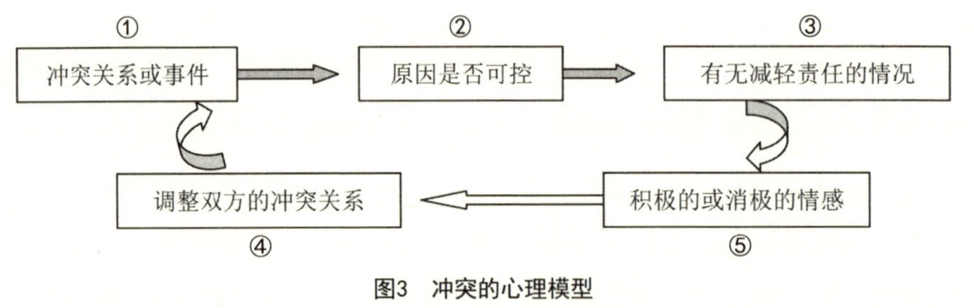

图3　冲突的心理模型

从图3中可以看出，城市农民工群体与市民冲突性互动的心理机制是这一模型缺省第3环节时的特例。因此，这一模型既是从个案研究中推导出来的，又可以返回解释个案。

在以上研究和分析过程中，笔者先后完成了概念界定、理论建构和模型推导三个环节，从而解释了冲突发生的心理机制。本文的研究既是对传统冲突理论的回顾，又是对冲突心理研究的一次诠释和突破，同时，本文兼有中国文化性的心理学特色。社会管理实践中可以把上述结论运用到观察群体的心理现象和反应中，深化对冲突事件和危机心理的理解，研究城市内部群体矛盾的发生机制并提出化解措施，从而掌握冲突管理的规则。

【参考文献】

[1] 杨宜音主编：《中国社会心理学》，社会科学文献出版社 2005 年版。

[2] 朱力：《中国民工潮》，福建人民出版社 2002 年版。

[3]〔美〕J.S. 米格代尔：《农民、政治与革命——第三世界政治与社会变革的压力》，中央编译出版社 1996 年版。

[4]〔美〕戴维·波诺普：《社会学》（第十版），中国人民大学出版社 2003 年版。

[5] 周晓虹：《传统与变迁——江浙农民的社会心理及其近代以来的嬗变》，生活·读书·新知 三联书店 1997 年版。

[6] 史柏年：《城市边缘人——进城农民工家庭及其子女问题研究》，社会科学文献出版社 2005 年版。

[7] Bernard Weiner, *Judgments of Responsibility: A Foundation for a Theory of Social Conduct*, New York: The Guilford Press, 1996.

移动互联网时代的舆情治理创新

刘小丰

【导语】党的十八届三中全会指出，要加大依法管理网络的力度，加快完善互联网管理领导体制，确保国家网络和信息安全。当前，随着信息技术的发展，信息传播已进入了一个以移动传播、融合传播、微传播、个性化交互式传播为主要特征的移动互联网时代，网络舆论的生成更加多样，网络舆情治理面临着新的挑战。需要引入多元协同治理，实现网络舆情治理创新。

网络舆情治理是社会治理的重要内容。在移动互联网时代，网络舆论的生成更加多样，生态更加复杂，舆情治理工作面临新的形势和挑战。必须要切实转变观念，实施有效治理，牢牢掌握工作主动权，使网络空间持续清朗起来，为推进经济社会健康有序发展营造良好的舆论环境。

一、信息传播进入移动互联网时代

社会生产生活的智能化、信息化、网络化是21世纪的主要态势。随着信息技术的革新和应用，信息传播已进入了一个以移动传播、融合传播、微传播、个性化交互式传播为主要特征的移动互联网时代。当前，移动互联网正深度嵌入中国社会，在信息传播上引发了革命性的变革。

刘小丰，北京市委讲师团研究室副主任，中国国际经济交流中心博士后。

（一）传播终端移动化迅猛发展

网络和数字技术的裂变式发展深刻改变着信息传播格局和生态。“当前，中国移动互联网整个产业硬件、软件、应用、流量、用户都以惊人的速度增长，其发展速度超过 PC 互联网的 3 倍，已远远超越摩尔定律，迭代周期从 18 个月缩减到 6 个月，超出想象。”[①] 以往以 PC 为主的网络传播已让位于移动网络传播。2014 年，中国手机网民数量首次超过传统 PC 端网民数量。截至 2015 年 6 月，中国网民中使用手机上网的比例为 88.9%，达 5.94 亿人。随着 4G 网络的普及，以及手机等移动终端的进一步智能化和以用户为本的应用体验的提升，人们将更多地使用移动终端获取信息。据《中国网络媒体的未来 2014》，有 69% 的用户会选择通过移动终端来了解新闻，选择 PC 端的用户仅占 9.5%。与网络移动终端迅猛发展相对应的是，微博、微信等移动应用也呈现出爆发式增长。截至 2015 年一季度，微信月活跃用户已经达到 5.49 亿，品牌微信公众号已超过 800 万个，每天还以 1.5 万个持续增长。未来新媒体将会更加深刻地嵌入人们的日常生活中，对人们的思维方式、行为模式、行为习惯产生越来越大的影响。

（二）平台基础上融合发展加速

在移动互联网时代，各种媒介越来越呈现出多功能一体化的趋势，媒体融合发展成为趋势。融合发展以平台建设为基础。与传统网络传播相比，移动网络传播提供的终端是一个集综合服务为一体的开放平台，涵盖信息生产、传播与消费的许多环节。移动互联网终端的平台化快速发展，促成了传统媒体和新兴媒体内容、渠道、经营、管理等全要素的重组和整合以及生产方式、体制机制的变革。在信息生产上，实现了“一次采集，多次生成，多渠道传播”的全媒体生产，文字、图像、视频、音频等多种产品形态，分别提供给报纸、杂志、电视、微博、微信等媒体进行传播。在平台接入共享上，用户可以通过微信、

---

① 官建文主编：《中国移动互联网发展报告（2015）》，社会科学文献出版社 2015 年版，第 18 页。

微博、QQ 等账号在移动终端上实现一个账号共同登录，各种端口渠道也可在同一个平台上操控，实现转接互通。“媒体还可以打造成社会化的开放平台，让用户创造内容，让消费者产生媒体。媒体打开边界，资源面向社会开放，建立起多层次资源开放体系和‘透明化’运营机制，构建起全社会参与内容创造和共享、共建、共赢的开放平台。通过打造高性能、高黏性、低门槛的用户创造内容（UGC）服务平台，提供智能化的移动客户终端”[①]，实现媒体与用户的高度整合。当前，信息技术正处于加速更新换代的重大变革期。随着移动通信技术、大数据、物联网、可穿戴智能设备、人机交互等技术的应用，未来媒体发展更呈现出平台化、智能化趋势，将会出现一个提供集传输、分析、管理和服务为一体的更高层次上的传播云平台，真正实现一个移动终端在手，即可体验不同形态的信息传播和功能应用。

（三）微传播逐渐占据主导地位

随着微博、微信、社交网站等自媒体技术和平台的大量涌现和普及应用，信息传播进入了一个以微传播为主要特征的时代，各种微内容、微信息高速、跨平台流动。[②]一是传播形态的“微”。微传播是以短小精炼为文化特征的一种传播方式。与传统网站传播的长篇大论相比，信息传播内容更加简短，一个表情符号和图片的使用，都可以完成信息的有效传播。这符合现代社会人们对简单化、快餐化信息偏好的特点。“短、平、快”以及以“混搭”、“跨界”、“碎片”等信息出场方式和“轻阅读”，一定程度上已经成为网络文化的表征。二是传播载体的“微”。其两大代表是微博和微信。微博兼具门户网站和博客、论坛的功能，在当下和今后一段时期内的活跃度仍会很高。微信是手机社交软件，主要功能是拓展即时通信，支持文字、语音和视频的聊天及分享。[③]与传统网络

① 人民日报社编：《融合元年——中国媒体融合发展年度报告（2014）》，人民日报出版社2015年版，第 50 页。

② 刘奇葆：《加快推动传统媒体和新兴媒体融合发展》，《人民日报》2014 年 4 月 23 日。

③ 人民日报社编：《融合元年——中国媒体融合发展年度报告（2014）》，第 110 页。

传播相比，微博、微信等社交应用，自身集合网站的多种功能，并能有效满足用户需求，特别是其开放性、即时性、互动性，以及更及时地分享和更高效链接的优越性，使其更能够吸引用户。当下，陌陌、易信、YY 等“微媒体”均拥有相当数量的用户。这些传播载体，和其他移动传播媒体一起，加速改变着既有的传播生态。

（四）个性化互动成为重要特征

移动互联网是个性化互联网和社交平台。通过移动客户端，每个人都可以按照话题、主题、专题来参与信息的生产、传播和消费。移动互联网对个性化的推崇，使得价值取向、兴趣爱好相似的网民形成各种群组、朋友圈，迅速地将信息传播出去。信息传播方式由集纳、展示向推送、分享转变。“无社交，不网络”，网络文化的本质，就是人与人之间的互动。分享与创造是网民使用移动互联网的心理诉求。“移动互联网时代信息传播多是‘蒲公英式’传播，一条好的信息会被用户以各种方式分享、重复发送，每个人都成为信息的发散源头，并形成持续影响。”①2014 年 10 月，中国人民大学新闻学院新媒体研究所联合腾讯企鹅智酷对移动媒体的用户进行了两轮调查，表示经常和偶尔因别人分享而关注某新闻的占比达 83.01%；表示经常和偶尔因别人的分享或评论而加深对新闻的了解的占比达 84.71%。②

二、舆情治理面临新形势新挑战

移动互联网时代的到来，对舆情生成和治理带来了新的挑战。一方面，移动互联网使信息传播更加顺畅，为群众表达意愿和利益诉求以及社会事务参与提供了便捷通道，有效缓解了社会压力，促进了社会和谐。另一方面，也使得

---

① 彭波：《用互联网的方式搞定移动互联网难题》，http://yuqing.hsw.cn/system/2014/12/18/052059737.shtml，2014 年 12 月 18 日。

② 官建文主编：《中国移动互联网发展报告（2015）》，社会科学文献出版社 2015 年版，第 26 页。

网络舆论生态更加复杂多样，治理难度加大。

（一）网络舆论格局生态更加复杂

当前，微博、微信等移动互联网传播工具被公众广泛接受，影响力不断扩大，成为人们获取和传达信息的主要渠道。人们可以通过无处不在的移动终端获取所需要的服务，传递不同的信息。舆论变得更加具有大众性。舆论形成与传播的“去中心化”越来越明显，人人都是“麦克风”，都是信息源。信息传播出现全民交互式传播的趋势，实现了由被动接受的“被时代”向定制和分享的“我时代”的转变。这使得官方和民间、主流和非主流舆论场之间的关系变得更加复杂。打破了传统传播模式中传播主体的权威性，实现了信息接收双方的对等性。传统媒体的舆论主导地位正在逐渐丧失，出现边缘化、影响力下降问题。移动互联网空间的进一步拓展，给广大网民提供了平等表达自己意见的“新公共领域”。调查显示，有43.8%的网民表示喜欢在互联网上发表评论，其中非常喜欢的占6.7%，比较喜欢的占37.1%。网络空间已经成为人们发表言论的重要场所。[①]网络社会“全民发声”，“集体围观”的新变化使网络舆情变得错综复杂。分众传播、个性化传播凸显以及随之而来的群体集聚，会强化放大其所关注的舆论。为适应新形势新任务的需要，近年来，从中央到地方媒体，体制内传统媒体都在大力拓展移动传播，在“两微一端”发力。但在实际工作中，也存在着观念陈旧、手段单一、供给不足、传播力不强、工作碎片化问题。

（二）网络传播秩序需进一步规范

民间舆论场连接媒体与群众，在网络舆论的酝酿和发酵中扮演独特的角色。一方面，这一舆论场较为真实地反映了网民的具体利益诉求和情绪。另一方面，又存在着一定的乱象。一些蔓延于网络的“情绪型舆论”，会产生很大的负面

① 《中国互联网络发展状况统计报告》（第35次CNNIC报告），http://it.sohu.com/20150203/n408394292.shtml，2015年2月3日。

影响，加剧群众的盲从与冲动，也使网络冲突与网络暴力现象日益突出，不断冲击权威主流声音。还有一些不法账号和谣言“大V”，捏造事实，混淆视听，利用网络的匿名性与快速传播性为谣言助推和放大，以谋取私利。而商业网站出于经济利益考量，不愿监管。根据中国互联网络信息中心报告，中国网民的主体是30岁及以下的年轻人，这个群体占到网民总数的68.6%；从文化程度看，高中学历比例最大，占39%。青年人心智相对不成熟，容易为谣言所鼓动和欺骗。这也是主流媒体舆论场与民间舆论场在一些突发事件和公共议题上经常存在较大的分歧的原因。

（三）网络舆论引导和斗争任务艰巨

移动互联网兼具媒体、意识形态和社交三大属性，是舆论引导的最前沿和意识形态领域建设的主阵地。当前，网络舆论生态十分复杂，网络舆论引导和斗争态势仍很严峻。一方面，增长速度换挡期、结构调整阵痛期、前期刺激政策消化期“三期叠加”的因素，使得国内利益格局多元化、社会矛盾多样化的现实更加呈现复杂性，会出现局部问题全局化、简单问题复杂化的现象。网络舆论引发的社会关注前所未有，正能量与负能量交织，主旋律与“杂音”、“噪音”并存，网上舆论引导的难度持续增加，出现失序和无序状态。另一方面，网络意识形态安全问题仍然严峻。外部敌对势力利用自身的话语强势、技术优势和传播经验设置议题，抢夺移动互联网话语权，对我国进行全方位的攻击，以实现价值观渗透和文化输出的目的。近年来，境外政要、使领馆、媒体、国际组织纷纷落地微博、微信。截至2014年，美国驻华使领馆及下设处室在新浪微博开设账号13个，吸引粉丝超过135万个。与此同时，西方势力从国家战略层面频频举起网络自由棍子，对我国网络监管横加指责，要求所谓的网络开放，甚至由政府公开支持“翻墙软件”等网络技术对我国进行反制。

（四）网络舆情有效治理难度增大

移动互联网的快速发展，不断改变着社会舆论的生成、存在与传播方式，不断对既有的社会治理模式提出新的挑战。当前，新兴媒体发展之快、覆盖之广超乎想象，传播“私域化”和“众筹式”以及网络的泛媒体化趋势更加明显。作为一种高度整合的社会性传播，具有相同爱好、相同价值取向的人很容易形成相对封闭的圈子。网民从各自的“小门”进入互联网世界，网络空间从一个大群体变成无数个小群体。这意味着：舆论场很难再有传统意义全网通吃的舆论引领者，价值观多元，线上和线下的社交都更加圈子化。[①]如相比微博、客户端场域公开，舆论处于显性状态，微信则场域封闭，舆论处于隐性状态，很容易出现监管空白。与此同时，泛媒体化进一步发展，不断增多的媒体新形式也带来监管盲区。一些没有“新闻”类内容的企业，随时具有从事媒体和信息服务的可能。此外，面对思维活跃的青年网民群体，传统的自上而下的管理方式，以及信息逐级传播的方式也不再适用。

三、全方位创新网络舆情治理

网上舆论工作是宣传思想工作的重中之重，也是社会治理工作的热点和难点。能否做好网络舆情工作，事关意识形态安全，事关国家长治久安。要加大工作力度，勇于迎接数字化生存的挑战，按照网络生态和运行规律，全方位创新网络舆情治理，综合运用法律手段、技术手段、舆论引导手段，多措并举、标本兼治，着力营造健康和谐的网络环境。

（一）切实转变观念，实现网络多元协同治理

在网络舆情治理上，传统的控制论思想，维稳思维下的管理方式效果欠佳。要切实转变观念，实现由政府作为单一管理主体，向政府主导社会力量共同参与的多元治理主体协同的转变，由管理向治理的转变。一是树立互联网思维。

---

① 彭波：《用互联网的方式搞定移动互联网难题》，http://yuqing.hsw.cn/system/2014/12/18/052059737.shtml，2014 年 12 月 18 日。

网络舆情在相当程度上是社情民意的体现。加强网络舆情治理是社会治理的应有之义。当前，网络已成为广大网民反映民情、表达民意、参与社会管理的重要渠道。要以开放、平等、协作的态度面对舆情，处理问题，而不是一味地封堵。要在复杂性和系统性认知的基础上，把网络作为一个有机体、一个生态系统来考察和治理。二是坚持多元治理、协同治理。党组织、政府、行业协会、群众等各方密切配合，形成合力。"坚持在实践中探索形成有效的体制机制，正确处理好管理与治理、维稳与维权、活力与秩序的关系，创新网络舆情治理方式"，"不断完善法治、德治、自治相结合"，[①]他律和自律相结合的网络治理机制，综合施治，统筹抓好网络治理创新等各项工作。发挥互联网协会等的功能和作用，引导网站强化自我服务、自我管理、自我监督。

（二）壮大主流舆论，巩固和拓展网络主阵地

加强网络舆情治理，必须要高举旗帜，突出"正能量是总要求"，发挥主流思想引领作用，不断巩固和拓展网络主阵地。加强体制内网络阵地建设，鼓励党政机关等开设公众账号，办好官方微博、微信、微视和客户端，开展舆论引导。统筹图书馆、文化馆、高校等资源，搭建优质数字内容平台，培育壮大积极健康向上的网络文化。尽可能扩大红色地带，争夺灰色地带，挤压黑色地带。当前，媒体融合发展在信息传播领域引发了一场广泛深刻的革命，为壮大主流声音，开辟舆论新阵地提供了新的机遇。媒体融合发展给理论传播工作带来了新的机遇和挑战。加强顶层设计，实现主流思想传播与媒体融合发展的同步思考、部署和推进。走好网上群众路线，组织网军队伍，引导包括社会各界干部群众在内的广大群众，唤起社会"沉默的大多数"，弘扬主旋律，传播正能量。发挥组织优势，加强商业网站党组织建设，积极探索党组织在网站管理中发挥作用的方式方法。

① 翟云：《网络舆情的未来愿景、现实困境与实现路径》，《行政管理体制改革》2015年第1期。

（三）实施依法治理，坚持“管得住是硬道理”

依法管网、依法治网是网络舆情治理的根本要求。网络不是法外之地，情况越是复杂、越是严峻，就越是要借助于法治这个利器，以法治的思维和手段确保“管得住是硬道理”，牢牢掌握网络舆论斗争主动权。首先是加强舆情立法，“做到网络舆情治理有法可依。出台体系完备、有机衔接、可操作性强、紧跟网络发展趋势、体现大数据新技术特点的网络管理法律法规，构建由法律、行政法规、部门规章和司法解释共同组成的规范系统的体系”①。第二是加强执法。健全基础管理、内容管理、行业管理以及网络违法犯罪防范打击等工作联动机制。结合《互联网信息服务管理办法》、《即时通信工具公众信息服务发展管理暂行规定》、《互联网用户账号名称管理规定》等一系列法律法规的贯彻执行，针对当前网络舆情的突出问题开展专项行动，有效地规制网络上的言论行为，清除移动网络空间违法和不良信息，切实改善网络空间环境。第三是依法依规开展落实“共守七条底线”、“治理九大乱象”，打击网络谣言、清理有害政治类信息等专项行动。加强网络法制宣传，牢固树立依法办网、依法上网意识。加大网站联合辟谣平台建设，加大网络违法信息的曝光力度。

（四）加强技术应用，提高治理针对性、科学性

在信息超载的今天，实施对网络舆情的有效治理必须要强化网络舆情治理的技术支撑，增强工作的整体性、针对性和科学性，有的放矢，实现精准化治理。具体而言，就是要在掌握总体舆情动态的基础上，在优质信息的供给和劣质信息的清除这两个关键环节上用好力，做出成效。建立由中央至地方、涵盖不同部门的全方位的综合舆情监测体系以及网络舆情分析中心，提高对于网络舆情的处理技术，实现利用信息技术对网络群体事件进行精确的分析与预警。②

---

① 翟云：《网络舆情的未来愿景、现实困境与实现路径》，《行政管理体制改革》2015 年第 1 期。

② 北京大学新闻与传播学院课题组：《新媒体时代：舆论引导的机遇和挑战》，《光明日报》2012 年 3 月 27 日。

面对海量的同质化且价值密度低、传播速度快的信息流，满足用户对个性化高质量的信息需求问题变得日益突出。要增强服务意识，对信息诉求给予及时准确的回应。加强以大数据为重点的技术攻关和运用，通过分析网上数据，建立网民意见倾向分析模型，了解网民的喜好和特点，从而有效满足需求，并不断提升用户的使用体验，培养用户消费习惯。做好数据监测，实现对各种网络平台数据的全面抓取和记录，分析网上意见倾向及其关联性，揭示舆情发展趋势。以技术平台为支撑，做好应急处置和协调引导工作，打通各环节，形成工作联动，做到有效屏蔽有害信息。

（五）有效纾解民意，做好信息服务沟通

移动互联网推动了政府信息服务与公开的进程，也对政府信息服务与公开提出了新要求。做好网络舆情治理必须要着力源头治理，解决群众的思想困惑和意见情绪之源。在许多情况下，信息不对称，政府与群众的沟通不畅是负面网络舆情出现的原因。要搭建政府公共服务信息平台，迅速准确权威地向群众公布政府信息，实现政务公开和便民服务，保障群众的知情权、监督权与表达权，维护群众利益。对待易引发舆情的事件以及群众共同关注的热点问题，及时利用政务微博、微信、QQ 群等信息服务平台，让群众充分了解事件真相，化解群众情绪。围绕公共政策的制定出台和突发事件，关注网上舆情，回应网民关切，引导网上热点。通过搭建信息平台主动集纳群众意愿、服务群众，体现善治要求，有效纾解民意。同时，针对问题根源，把网上工作和网下工作结合起来，把倾听群众网上意见和网下解决群众实际问题结合起来，切实转变工作作风，多做解民忧、顺民意的实际工作，做到网上问题网下解决。

后 记

本书以习近平总书记系列讲话为指导，贯彻党的十八届五中全会精神，紧紧围绕“十三五”国民经济和社会发展规划的研究制定，对我国经济社会改革与发展的一些热点、难点问题，进行了深入的思考与积极探索。

特别致谢国务院研究室乔尚奎司长、国家行政学院王满传秘书长、张占斌主任、许耀桐教授和中国国际经济交流中心的任海平副部长。他们在百忙之中为本书撰文，贡献了高水平的思想与智慧。

感谢国家行政学院龚维斌教授、王满传教授、李江涛教授。他们对每一篇文稿都给予了专业指导和修改意见，很好地保证了全书质量。

感谢各位作者的贡献。本书文章的作者大多是所在单位骨干人员，在相关领域深耕多年，有较高的学术造诣和丰富的实践经验，更有报效国家的宏图大志。收入本书的文章，正是他们研究水平与学术情怀的反映。

感谢中国行政体制改革研究会的资助。作为国内知名智库，中国行政体制改革研究会以推动中国行政体制改革为己任，多年支持、资助“中国改革与发展热点问题”的系列研究，并给予了多方面的指导与支持。

感谢商务印书馆的支持。正是因为出版社相关领导和编辑人员夜以继日的辛勤付出，本书才得以在极其有限的时间内如期面世。

本书由刘青松、冯俏彬、蒲实统领编撰，余佳、张茉楠、安森东、陈鹏负责各板块编务，朱瑞、陈家浩、巢小丽、杨志荣、李娣、韩亚栋、艾永梅等担任执行编辑，何奎联系出版事宜，刘铮承担了重要组织工作。在此一并致谢！

编 者

2015 年 11 月 1 日